当代中国马克思主义的最新理论成果

学习习近平新时代中国特色社会主义思想

王伟光 著

中国社会科学出版社

图书在版编目（CIP）数据

当代中国马克思主义的最新理论成果：学习习近平新时代中国特色社会主义思想 / 王伟光著 . —北京：中国社会科学出版社，2021.3
ISBN 978 - 7 - 5203 - 2415 - 1

Ⅰ.①当⋯　Ⅱ.①王⋯　Ⅲ.①马克思主义—发展—理论研究—中国　Ⅳ.①D61

中国版本图书馆 CIP 数据核字（2018）第 085133 号

出 版 人	赵剑英
责任编辑	田　文
责任校对	赵雪姣
责任印制	王　超

出　　版	中国社会科学出版社
社　　址	北京鼓楼西大街甲 158 号
邮　　编	100720
网　　址	http://www.csspw.cn
发 行 部	010 - 84083685
门 市 部	010 - 84029450
经　　销	新华书店及其他书店
印　　刷	北京君升印刷有限公司
装　　订	廊坊市广阳区广增装订厂
版　　次	2021 年 3 月第 1 版
印　　次	2021 年 3 月第 1 次印刷
开　　本	710×1000　1/16
印　　张	32.5
字　　数	514 千字
定　　价	128.00 元

凡购买中国社会科学出版社图书，如有质量问题请与本社营销中心联系调换
电话：010 - 84083683
版权所有　侵权必究

前　言

党的十九大最重要的理论贡献，就是提出习近平新时代中国特色社会主义思想，并确立为党与时俱进的指导思想。习近平新时代中国特色社会主义思想，牢牢把握新时代坚持和发展什么样的中国特色社会主义、怎样坚持和发展中国特色社会主义这个重大时代课题，系统回答了中国特色社会主义一系列基本问题，提出了一系列重大思想、重要观点、重大战略、重大举措，形成了一个主题鲜明、主线突出、观点创新、逻辑严谨、系统完整的理论体系，是当代中国马克思主义的最新理论成果，是全党全国人民在新时代坚持和发展中国特色社会主义的理论指南和行动纲领。

学懂弄通做实习近平新时代中国特色社会主义思想，是摆在全党全国人民面前第一位的政治任务。本书是我在十九大前后，学习研究习近平新时代中国特色社会主义思想的一些体会文章、演讲稿汇编而成。学习体会是初步的，仅供读者参考。

本书分三篇：首篇、上篇和下篇。首篇是我发表在《中国社会科学》2017年第12期的论文《当代中国马克思主义的最新理论成果——习近平新时代中国特色社会主义思想学习体会》，作为本书的开篇。上篇是我在十九大之前撰写的文章与演讲稿。因时间局限，文中使用的是十九大之前的提法，如"习近平总书记系列重要讲话精神和治国理政新理念新思想新战略"等。按照唯物史观的态度，对这些文章只做文字上的技术修订，并无重大提法的改换，敬请读者见谅。下篇是我在十九大之后撰写的文章与演讲稿。因本人水平有限，不当之处也敬请读者赐教。

党的十八大以来，党和国家事业取得了伟大的历史性成就，发生了伟大的历史性变革。按照马克思主义的观点，这无疑归功于人民、归功于党，但也必须充分肯定伟大历史人物的伟大贡献，这也无疑归功于全党的领导核心——习近平同志，归功于正确的指导思想——习近平新时代中国特色社会主义思想。本书将我的学习研究成果修订汇编成册，力图进一步学习阐述习近平新时代中国特色社会主义思想。

本书在出版过程中，有关审稿专家提出了宝贵的修改意见；中国社会科学出版社党委书记、社长赵剑英同志给予了大力支持，副总编辑王茵同志对本书的编排、设计和出版付出了辛劳；中国社会科学院办公厅张博同志对文章汇集和分类编辑做了许多认真仔细的工作；责任编辑田文同志为本书的编辑出版做了前期准备和反复校阅，在这里一并致以诚挚的感谢！

王伟光

2020 年 8 月于北京

目　录

首　篇

当代中国马克思主义的最新理论成果
　　——习近平新时代中国特色社会主义思想学习体会…………（3）

上　篇

不断巩固马克思主义的指导地位
　　——学习习近平总书记关于加强党的意识形态工作的
　　　重要论述…………………………………………………（43）
认真践行"三严三实"，切实发挥好思想库智囊团作用…………（49）
学会运用马克思主义哲学，指导中国特色社会主义伟大实践
　　——学习习近平总书记关于学习马克思主义哲学重要讲话
　　　精神体会…………………………………………………（52）
"四个全面"战略布局丰富和发展了中国特色社会主义
　　理论体系……………………………………………………（62）
马克思主义政治经济学是坚持和发展马克思主义的
　　必修课………………………………………………………（68）
加快构建中国特色哲学社会科学的纲领性文献
　　——学习习近平总书记在哲学社会科学工作座谈会上的
　　　重要讲话体会……………………………………………（88）

开创当代中国马克思主义新境界 …………………………（94）
用马克思主义世界观方法论指导中国特色社会主义伟大实践
　　——深入学习贯彻党的十八届五中全会精神 …………（101）
不断推进理论创新是我们党的重要法宝 …………………（109）
学习贯彻落实习近平总书记关于哲学社会科学重要讲话
　　精神，加快构建中国特色哲学社会科学 ………………（115）
关于治国理政新理念新思想新战略的时代背景、实践基础、
　　科学体系和哲学依据 ……………………………………（139）
坚持用马克思主义政治经济学的立场、观点和方法
　　指导实践 …………………………………………………（153）
创新21世纪马克思主义 ……………………………………（160）
坚持不忘初心　坚定理想信念
　　——学习习近平总书记"七一"重要讲话 ………………（167）
深入学习贯彻党的十八届六中全会精神　坚定不移推进全面
　　从严治党 …………………………………………………（172）
治国理政新理念新思想新战略是21世纪中国马克思主义的
　　最新理论成果 ……………………………………………（183）
牢固树立核心意识，坚决维护党中央权威 ………………（195）
深入把握新的历史特点的伟大斗争，敢于斗争、善于斗争，
　　创新发展中国特色社会主义 ……………………………（201）
加快构建中国特色哲学社会科学创新体系 ………………（213）
把"三严三实"作为终身追求 ………………………………（219）
全面从严治党的强大思想武器与行动指南
　　——深入学习领会习近平总书记全面从严治党
　　　重要论述 ………………………………………………（224）
开辟21世纪中国马克思主义哲学发展新境界 ……………（234）
坚持马克思主义无神论是大原则 …………………………（246）

努力接受《实践论》《矛盾论》的哲学滋养　运用科学的

　　世界观方法论指导实践

　　　　——纪念毛泽东同志《矛盾论》《实践论》发表 80 周年 …… （256）

下　篇

夺取新时代中国特色社会主义伟大胜利的政治宣言和

　　行动纲领 ……………………………………………………… （273）

学懂弄通做实习近平新时代中国特色社会主义思想，

　　扎扎实实学习宣传贯彻党的十九大精神 ………………… （281）

新时代坚持和发展中国特色社会主义的政治宣言和

　　行动纲领 ……………………………………………………… （292）

立足国情和实践　努力构建中国特色社会主义政治

　　经济学 ………………………………………………………… （317）

马克思主义执政党建设和反腐倡廉理论的创新发展

　　——学习习近平新时代中国特色社会主义思想关于

　　　　反腐倡廉重要论述的体会 ……………………………… （323）

实现伟大梦想必须进行伟大斗争 ……………………………… （333）

坚定不移推进新时代全面从严治党 …………………………… （338）

开启全面建设社会主义现代化国家新征程 …………………… （343）

全面准确把握习近平新时代中国特色社会主义思想关于

　　文化的重要论述 ……………………………………………… （349）

学会运用习近平新时代中国特色社会主义思想所贯穿的

　　马克思主义思想方法和工作方法 …………………………… （356）

不忘初心，牢记使命，为共产主义奋斗终身 ………………… （366）

用习近平新时代中国特色社会主义思想指导新型

　　智库建设 ……………………………………………………… （374）

以习近平新时代中国特色社会主义思想为指导，加快构建

　　中国特色哲学社会科学 ……………………………………… （379）

对马克思最好的纪念就是始终不渝地高举马克思主义伟大旗帜
　　——学习习近平总书记在纪念马克思诞辰200周年大会上的
　　　讲话（之一） ………………………………………………（388）
把学好马克思主义作为共产党人的看家本领
　　——学习习近平总书记在纪念马克思诞辰200周年大会上的
　　　讲话（之二） ………………………………………………（406）
坚持和发展马克思的伟大事业，不断丰富21世纪
　中国马克思主义的实践贡献和时代价值
　　——学习习近平总书记在纪念马克思诞辰200周年大会上的
　　　讲话（之三） ………………………………………………（417）
坚持党对人民政协民族宗教工作的全面领导，坚定不移
　走中国特色解决民族宗教问题的道路 ………………………（425）
坚持和完善党对人民政协的集中统一领导，加强和改进
　新时代人民政协工作 …………………………………………（438）
文化自信：在改革开放中砥砺坚定 ………………………………（446）
不断夺取新时代伟大斗争新胜利 …………………………………（456）
唯物史观大的"历史时代"与习近平新时代中国特色
　社会主义思想 …………………………………………………（460）
从中华优秀传统思想中汲取智慧
　　——学习习近平总书记关于继承弘扬中华优秀传统的
　　　重要论述 ……………………………………………………（474）
辩证唯物主义世界观方法论是中国共产党全部理论与实践的
　思想基础 ………………………………………………………（482）
马克思主义哲学是中国共产党人的必修课 ……………………（503）
马克思主义中国化时代化大众化伟大进程的70年
　　——纪念中华人民共和国成立70周年 ……………………（505）

首　篇

当代中国马克思主义的最新理论成果

——习近平新时代中国特色社会主义思想学习体会

党的十九大最重要的贡献,就是提出习近平新时代中国特色社会主义思想,并确立为党与时俱进的指导思想。习近平新时代中国特色社会主义思想具有广阔的时代背景,强远的历史根据,深厚的理论渊源,坚实的实践基础,鲜明的主题主线,科学的理论体系,创新的理论观点,扎实的哲学依据,通俗的话语特色,重要的历史地位,重大的指导意义,是马克思主义中国化的最新理论成果,为全党全国人民在新时代坚持和发展中国特色社会主义、实现中华民族伟大复兴中国梦而奋斗提供了行动指南。要在学懂、弄通、做实习近平新时代中国特色社会主义思想上下功夫,武装头脑、指导实践。

一 中国特色社会主义进入了以习近平同志为主要代表、全国人民共同创造的新时代

时代是思想之母,实践是理论之源。任何科学理论都不是凭空产生的,都是历史经验的总结、社会实践的产物、时代精神的精华。经过长期努力,中国特色社会主义进入了新时代,这是我国发展新的历史方位。新时代新方位,新征程新要求,呈现出许多新特征,提出许多新问题,迫切需要从理论上回答。

第一,中国特色社会主义伟大事业,奠基于毛泽东同志,开创于邓小平同志,推进于江泽民同志和胡锦涛同志,发展于习近平同志,进入了一个新的时代。

中国特色社会主义是改革开放新时期开创的，也是建立在党长期奋斗基础上的，是由党的几代中央领导集体团结带领全党全国人民历经千辛万苦、接力探索取得的。中国特色社会主义发展的每一个时期都是在前一个时期的基础上发展起来的，每一个时期都有每一个时期的主要代表人物。中国特色社会主义已经走过了以毛泽东同志为代表的奠基时期，以邓小平同志为代表的开创时期，以江泽民同志和胡锦涛同志为代表的推进时期，如今进入了以习近平同志为代表的、全国人民努力奋斗共同创造、全面发展的新时代。

以毛泽东同志为核心的党的第一代中央领导集体，拉开了中国社会主义建设的历史大幕，为探索中国特色社会主义道路奠定了坚实基础，这是中国特色社会主义奠基时期。中华人民共和国成立后，毛泽东同志领导全党全国人民经过短暂的和平恢复过渡，成功开辟了具有中国特色的社会主义改造和革命道路，建立了人民民主专政的社会主义国体，确立了社会主义制度，开启了社会主义建设伟大征程。他率先提出以苏联为鉴戒，探索适合中国国情、具有中国特点的社会主义建设道路，领导了大规模的社会主义建设，在经济、政治、文化、社会等各个方面取得了伟大成就，奠定了中国特色社会主义的制度前提和物质基础，提供了中国特色社会主义的经验积累和理论准备，是中国特色社会主义历史进程的起点和准备。

以邓小平同志为核心的党的第二代中央领导集体，带领中国进入了改革开放和社会主义现代化建设的新时期，成功开创了中国特色社会主义，这是中国特色社会主义开创时期。"文化大革命"结束后，邓小平同志领导全党全国人民实现了思想上、政治上、组织上的拨乱反正，解决了科学评价毛泽东同志历史地位和毛泽东思想、根据新的实际和发展要求确立中国社会主义现代化建设的正确道路这两个相互联系的重大历史课题。他带领全党全国人民既不走改旗易帜的邪路，也不走封闭僵化的老路，而是紧紧围绕建设中国特色社会主义这个主题，在"第二次伟大革命"的进程中，开创了中国特色社会主义道路。

以江泽民同志为核心的党的第三代中央领导集体和以胡锦涛同志为总书记的党中央，在坚持和发展中国特色社会主义的进程中不断谱写新的历史篇章，成功推进了中国特色社会主义，这是中国特色社会主义推进时期。江泽民同志带领全党全国人民，坚持和加强党的领导，确立了社会主义市场经济体制的改革目标和基本框架，推进党的建设新的伟大工程，成功地把中国特色社会主义推向21世纪。胡锦涛同志带领全党全国人民，坚持以人为本、全面协调可持续的科学发展，提出构建社会主义和谐社会、加快生态文明建设，推进党的执政能力和先进性建设，坚持和发展了中国特色社会主义。

党的十八大以来，以习近平同志为核心的党中央在历史成就的基础上，把中国特色社会主义推进到了一个全面发展的新阶段，这就是中国特色社会主义全面发展的新时代。

第二，中国特色社会主义新时代具有鲜明特征和时代标志。

中国特色社会主义进入新时代的重大政治论断，是在深刻把握我国社会发展新时代及其阶段性特征的基础上，立足于党和国家事业发展的角度，总结改革开放以来特别是党的十八大以来所取得的伟大成就和历史性变革提出的。"新时代"特指中国特色社会主义发展的新的历史方位，具有特有的鲜明特征和中国标志。

党的十八大以来的历史性新变革标志着中国特色社会主义进入新时代。十八大以来的五年，是党和国家事业发展进程中极不平凡的五年。面对困难和挑战，以习近平同志为核心的党中央科学把握当今世界和中国发展大势，顺应实践要求和人民愿望，以巨大的政治勇气和强烈的责任担当，进行具有许多新的历史特点的伟大斗争，提出一系列新理念新思想新战略，出台一系列重大方针政策，推出一系列重大举措，推进一系列重大工作，解决了许多长期想解决而没有解决的难题，办成了许多过去想办而没有办成的大事，推动党和国家事业发生历史性变革。这些重大的历史性成就是全方位的、开创性的，所实现的变革是深层次的、根本性的。我国已经进入世界前列，国际地位得到了前所未有的提升，中华民族正以崭新姿态屹立于世界的东方，社会主义中国正走向世界舞台的中央，中国发展站到了新的历史起点上。这些变革的力度之大、范围之广、效果之显、影响之深，在党的历史上、在中华人民共和国历史上、在中华民族发展史上，都具有开创性意义，标志着中国特色社会主义进入了一个新的时代。

社会主义初级阶段主要矛盾的新变化决定中国特色社会主义进入新时代。中国特色社会主义进入新时代，是习近平同志客观分析我国主要矛盾变化得出的具有重大创新意义的政治结论。1981年，党恢复并发展了1956年八大对我国社会主要矛盾的正确判断，提出人民日益增长的物质文化需要同落后的社会生产之间的矛盾，是我国社会主义初级阶段的主要矛盾。经过近40年的改革开放，主要矛盾两个方面的内涵都发生了深刻变化：一方面，从人民需要来看，过去人们还停留在对较低层次的物质文化产品的消费需求，现在人们在继续满足物质文化需要的基础上，追求更高层次、更高质量生活的需要日益广泛、更加强烈，对民主、法治、公平、正义、安全、环境等方面的要求也日益增长，人民的需求已然提升到包括满足物质文化需求的对"美好生活"全方位、高层次的需要了；另一方面，从社会生产来看，我国的社会生产力水平总体上显著提高、极大增强，经济总量已稳居世界第二，生产相对落后的提法显然已经不符合当前实际。但是在某些领域短板突出，凸显了发展不平衡不充分的问题，这已经成为满足人民日益增长的美好生活需要的主要制约因素。

正基于此，习近平总书记在党的十九大报告中作出一个重大的新判断——我国社会主要矛盾已经转化为人民日益增长的美好生活需要和不平衡不充分的发展之间的矛盾。社会主要矛盾的变化是关系全局的历史性变化，对党和国家的工作提出了许多新要求。要继续抓住生产力这个根本任务，着力解决发展不平衡和不充分问题，以更好满足人民群众的需要。必须清醒认识到，社会主要矛盾变化了，但"一个中心，两个基本点"的基本路线并没有变。社会主要矛盾的历史性转化，是判断我国发展新历史方位的客观依据，决定着中国特色社会主义进入了一个新的时代。

中国社会发展变化的新特征显示中国特色社会主义进入新时代。经过近40年的改革开放，特别是党的十八大以来的全面深化改革，我国经济社会发展呈现出一系列新的特征。

一是执政方式和基本方略有了重大创新。党带领人民贯彻依法治国基本方略，坚定不移走中国特色社会主义法治道路，不断完善中国特色社会主义法治体系，建设社会主义法治国家；积极推进多层次多领域的依法治理，运用法治思维和法治方式深化改革、促进发展、化解矛盾、维护稳定，不断推进国家治理体系和治理能力现代化；坚定不移全面从严治党，提高党决策的法治化、规范化和科学化水平。

二是发展理念和发展方式发生重大转变。党领导人民科学把握社会主义本质要求和发展方向，破解发展难题，厚植发展优势，提出以人民为中心的创新、协调、绿色、开放、共享的新发展理念，形成新发展理念导引下的新的发展方式。这是关系我国发展全局的一场深刻变革，集中体现了新阶段发展思路、发展方向、发展着力点的转折。

三是发展环境和发展条件形成深刻变化。党正确认识我国经济发展的阶段性特征，深刻认识引领经济发展的新常态，准确把握发展速度变化、结构优化、动力转换新特点，顺应推动经济保持中高速增长、产业迈向中高端水平新要求，指明破解发展难题新路径，主动适应发展条件的变化，不断提高发展质量和效益。

四是发展水平和发展要求出现更高期望。新的发展阶段给党的执政方式和执政水平提出了更高的要求和期望，党既要政治过硬，也要本领高强。我国经济发展已经由高速增长阶段转向注重高质量发展阶段，正处在转变发展方式、优化经济结构、转换增长动力的攻关期，建设现代化经济体系是跨越关口的迫切要求和我国发展的战略目标。这就要求党员干部特别是领导干部全面增强执政本领，不断提高政治领导本领、改革创新本领、科学发展本领、依法执政本领、群众工作本领、狠抓落实本领、驾驭风险本领，提高贯彻新发展理念的能力和水平，成为领导经济社会发展的行家里手，推动我国发展不断朝着更高质量、更有效率、更加公平、更可持续的方向前进。社会发展变化的新阶段、新特征，显示着中国特色社会主义进入了一个新的时代。

历史交汇期新的历史任务和奋斗目标表明中国特色社会主义进入新时代。改革开放之始，党对我国社会主义现代化建设作出战略安排，提出"三步走"战略目标。第一步解决温饱问题，第二步到20世纪末人民生活总体上达到小康水平，第三步到21世纪50年代达到中等发达国家水平。20世纪末，前两个目标已提前实现。进入21世纪，党的"两个一百年"奋斗目标，即到中国共产党成立100年时，建成经济更加发展、民主更加健全、科教更加进步、文化更加繁荣、社会更加和谐、人民生活更加殷实的小康社会；然后再奋斗30年，到中华人民共和国成立100年时，基本实现现代化，把我国建成社会主义现代化国家。

当前正处于全面建成小康社会的决胜期。习近平同志提出了全面建成小康社会的新要求：紧扣我国社会主要矛盾变化，统筹推进经济建设、政治建设、文化建设、社会建设、生态文明建设，坚定实施科教兴国战略、人才强国战略、创新驱动发展战略、乡村振兴战略、区域协调发展战略、可持续发展战略、军民融合发展战略，突出抓重点、补短板、强弱项，坚决打好防范化解重大风险、精准脱贫、污染防治的攻坚战，确保如期实现得到人民认可、经得起历史检验的小康社会。

习近平同志在党的十九大报告中指出，从十九大到二十大，是"两个一百年"奋斗目标的历史交汇期，既要全面建成小康社会、实现第一个百年奋斗目标，又要乘势而上开启全面建设社会主义现代化国家的新征程，向第二个百年奋斗目标进军，在提前15年基本实现社会主义现代化的基础上，努力把我国建设成为富强民主文明和谐美丽的社会主义现代化强国。这个重大时代使命，要求我们必须牢牢把握"两个一百年"奋斗目标的历史交汇期，如期实现第一个百年奋斗目标，承续第二个百年奋斗目标，做好"两个一百年"奋斗目标的有效衔接，抓住从十九大到二十大这五年的重大历史节点，找准工作坐标，把当代中国发展得更为繁荣昌盛，把党建设得更加坚强有力，不断增强人民的获得感、幸福感和安全感，不断推进全体人民共同富裕。历史交汇期的新任务、新目标、新要求，表明中国特色社会主义发展进入了一个新的时代。

党的理论和实践与时俱进的创新说明中国特色社会主义进入新时代。党的十八大以来，党紧紧围绕坚持和发展中国特色社会主义进行了艰辛的努力，不断推进新的历史条件下的实践创新：贯彻新的发展理念，转变发展方式，提高发展质量，促进经济社会健康发展；全面深化改革，不断完善中国特色社会主义制度，提高国家治理体系和治理能力现代化水平；积极发展社会主义民主政治，完善中国特色社会主义法治体系，建设中国特色社会主义法治国家；加强党对意识形态工作的领导，提高全社会的思想凝聚力、向心力；坚持以人民为中心的发展思想，不断改善人民生活，维护社会稳定和国家安全；大力推进生态文明建设，贯彻绿色发展理念，构建生态文明制度体系；发扬我党我军光荣传统和优良作风，坚定不移走中国特色强军之路；全面推进中国特色大国外交，形成全方位、多层次、立体化的外交布局，实施共建"一带一路"倡议，倡导构建人类命运共同体，促进全球治理体系变革；全面从严治党，推进党的建设新的伟大工程，增强党的创造力、凝聚力和战斗力。这些实践创新给党和国家事业发展带来了重大而深远的影响，使党的面貌、国家的面貌、人民的面貌、军队的面貌、中华民族的面貌发生了前所未有的变化。

实践创新呼唤并产生理论创新。以习近平同志为核心的党中央始终坚持马克思列宁主义、毛泽东思想、中国特色社会主义理论体系的指导，结合新的时代条件和实践要求，形成了习近平新时代中国特色社会主义思想这一重大创新理论。实践和理论上的重大创新，说明着中国特色社会主义进入了一个新的时代。

第三，中国特色社会主义进入新时代具有丰富内涵和深远意义。

习近平同志全面阐述了中国特色社会主义新时代的科学内涵，明确了新时代党和国家事业发展的新定位、新目标和新要求。中国特色社会主义进入新时代是承前启后、继往开来、在新的历史条件下继续夺取中国特色社会主义伟大胜利的时代，是决胜全面建成小康社会、进而全面建设社会主义现代化强国的时代，是全国各族人民团结奋斗、不断创造美好生活、逐步实现全体人民共同富裕的时代，是全体中华儿女勠力同心、奋力实现中华民族伟大复兴中国梦的时代，是我国日益走近世界舞台中央、不断为人类作出更大贡献的时代。

时代概念具有广义和狭义之分。广义的时代概念是从历史观的角度对人类社会形态发展大的"历史时代"的判定。狭义的时代概念是从某个特定的角度对社会发展某个历史阶段的判定。马克思主义唯物史观关于时代的概念，是从生产力所决定的生产关系出发，以社会经济形态为标准对大的历史时代的判定。要把历史观上从社会形态出发判断的时代与从其他角度出发判断的时代区别开来。

时代在变化，社会在发展，马克思主义唯物史观关于大的历史时代的科学判断依然是科学真理。尽管我们所处的时代同马克思所处的时代相比发生了巨大而深刻的变化，但从人类历史发展的大视野来看，当今依然处于马克思主义所指明的历史时代，就是马克思、恩格斯在《共产党宣言》中所判定的"我们的时代，资产阶级时代"①，即资本主义生产方式在全世界占统治地位、资本主义社会形态在全世界成为主导社会形态的历史时代。从1640年英国资产阶级革命至今，资本主义社会时代有近400年的历史，资本主义历经革命兴盛阶段，已进入衰落下降阶段；尽管社会主义这一新的社会形态从1917年成为现实，到如今中国特色社会主义成功发展，但社会主义社会形态在世界上仍不占统治地位。从资本主义社会形态一确立，就充满了社会主义与资本主义两种社会制度、两条发展道路的斗争，且历史越前行，这种斗争越激化。资本主义基本矛盾至今没有改变，人类社会演进的历史趋势没有改变，社会主义这一新的社会形态必然代替资本主义的历史必然性没有改变。

人类社会演进的历史趋势和必然性是什么呢？邓小平同志说，"封建社会代替奴隶社会，资本主义代替封建主义，社会主义经历一个长过程发展后必然代替资本主义。这是社会历史发展不可逆转的总趋势"②。这是从马克思主义唯物史观角度，按照社会形态演变理论及其揭示的演变规律，对大的"历史时代"所作的历史观判断，也就是说，人类由原始社会时代，到奴隶社会时代，到封建社会时代，到资本主义社会时代，再经过社会主义的长过程，到共产主义社会时代，这是一个不可逆转的历史趋势。马克思主义关于大的"历史时代"的判断是绝对不能否定的，如果否定了，就会否定马克思主义，

---

① 《马克思恩格斯文集》第2卷，人民出版社2009年版，第32页。
② 《邓小平文选》第3卷，人民出版社1993年版，第382—383页。

否定社会主义代替资本主义的历史必然性，就会误认为资本主义的基本矛盾不存在了，误认为马克思主义过时了。正如邓小平同志所说："不要认为马克思主义就消失了，没用了，失败了。哪有这回事！"①

中国特色社会主义新时代所使用的时代概念不是历史观上的大的"历史时代"概念，是从我们党和国家事业发展的角度提出来的。这两种时代概念在唯物史观基础上既有区别，又是辩证统一的：从党和国家事业出发认定的时代服从于广义的大的"历史时代"，大的"历史时代"又是由狭义的具体的时代所组成。依据唯物史观所作出的大的"历史时代"的结论是正确的；新时代特指中国特色社会主义已经站在一个新的历史起点上，进入一个新的历史阶段，处在一个新的历史方位上，这个重大政治判断也是正确的。

习近平同志指出："中国特色社会主义进入新时代，在中华人民共和国发展史上、中华民族发展史上具有重大意义，在世界社会主义发展史上、人类社会发展史上也具有重大意义。"② 只有站在马克思主义唯物史观关于大的"历史时代"的广阔视野中，站在中国特色社会主义进入新时代的特定角度上，将两种时代判断角度结合起来，才能真正理解中国特色社会主义进入新时代的伟大意义。也只有深刻理解新时代的伟大意义，才能深刻理解习近平新时代中国特色社会主义思想的伟大价值。

首先，中国特色社会主义进入新时代，开辟了中华民族伟大复兴的新格局，在当代中国和中华民族发展史上具有重大意义。

在中华人民共和国发展史上，我们现在已经踏上了建设社会主义现代化强国的新征程，在站起来、富起来的基础上，进一步解决强起来的时代主题，建设社会主义的现代化强国。这说明中华人民共和国的发展已经进入一个新的历史阶段，正致力于到 21 世纪中叶实现中

---

① 《邓小平文选》第 3 卷，人民出版社 1993 年版，第 383 页。
② 习近平：《决胜全面建成小康社会 夺取新时代中国特色社会主义伟大胜利——在中国共产党第十九次全国代表大会上的报告》，人民出版社 2017 年版，第 12 页。

华民族伟大复兴，这在中华民族发展史上也是一件了不起的大事。

中华民族是人类最伟大的民族之一，曾经创造了人类历史上最为辉煌的中华文明。然而，在17世纪中叶资本主义工业革命后，中华民族却停滞了巨人的脚步，落后于时代，从1840年鸦片战争开始，逐步沦落为西方资本主义列强欺压剥削的半殖民地半封建国家。从那时起，中华民族有志之士为了中华民族的重振前仆后继，流血牺牲，不懈奋斗。从鸦片战争到太平天国起义，从洋务运动到甲午海战，从戊戌变法到辛亥革命，中华民族先进分子所发动的中华民族复兴大业一次一次遭受失败。毛泽东同志一针见血地指出："帝国主义的侵略打破了中国人学西方的迷梦。很奇怪，为什么先生老是侵略学生呢？中国人向西方学得很不少，但是行不通，理想总是不能实现。多次奋斗，包括辛亥革命那样全国规模的运动，都失败了。"① 这些失败的根本原因就在于，没有科学理论的指导，没有先进政党的领导，没有找到正确的道路。

十月革命的成功给中国人民带来了新的希望。"这时，也只是在这时，中国人从思想到生活，才出现了一个崭新的时期。中国人找到了马克思列宁主义这个放之四海而皆准的普遍真理，中国的面目就起了变化了。"② 从失败的教训中，从比较借鉴中，在十月革命的启发下，中华民族的先进分子深刻认识到，当人类历史进入到资本主义历史时代，资本主义列强绝不允许落后国家独立自主地选择资本主义的富民强国之路，只能成为资本主义的附庸。只有选择社会主义、走非资本主义的现代化道路才是唯一的出路。中华民族的先进分子，坚定地选择了马克思主义，选择了社会主义和共产主义，创建了中国工人阶级和中国人民的先锋队组织——中国共产党。

以马克思主义为行动指南的中国共产党成立后，中华民族伟大复兴就有了成功的希望。中国共产党的初心和使命，就是为中国人民谋幸福，为中华民族谋复兴。这个初心和使命激励着一代又一代中国共

---

① 《毛泽东选集》第4卷，人民出版社1991年版，第1470页。
② 同上。

产党人，高举社会主义和共产主义的旗帜，不断前进、不断探索、勇于变革、勇于创新，开创了具有中国特色的新民主主义和社会主义革命道路、具有中国特色的社会主义发展道路，取得了革命、建设、改革和党的十八大以来的伟大成就，创造了一个又一个人间奇迹，中华民族正以崭新姿态屹立于世界的东方，社会主义中国正走向世界舞台的中央。

不到百年的中国社会主义现代化建设，所取得的成就远比西方资本主义国家现代化发展几百年所取得的成就大得多、快得多。社会主义道路和前途，给中华民族注入了强大动力和无限希望。进入新时代，我们的目标不但要提前15年在2035年基本实现现代化，达到中等发达国家水平，而且要在21世纪中叶把我国建设成为富强民主文明和谐美丽的社会主义现代化强国，中华民族将以更加昂扬的姿态屹立于世界民族之林。

中国特色社会主义进入了一个新的时代，使中华民族伟大复兴的基础更加雄厚，道路更加宽广，保障更加有力，精神更加振奋，力量更加强大，意味着近代以来久经磨难的中华民族迎来了从站起来、富起来到强起来的伟大飞跃，迎来了实现中华民族伟大复兴的光明前景。我们今天比历史上任何时期都更接近、更有信心和能力实现中华民族伟大复兴的目标。这充分表明，中国特色社会主义新时代开辟了中华民族伟大复兴的新格局。

其次，中国特色社会主义进入新时代，开启了世界社会主义运动走向发展的新纪元，在世界社会主义发展史上具有重大意义。

1848年《共产党宣言》发表，科学社会主义问世，社会主义思想从空想变成科学，科学社会主义理论日益走向世界工人运动实践，日益成为工人阶级夺取政权并建立社会主义制度的现实运动，成为世界普遍性的客观存在。这是人类历史特别是世界社会主义发展史上划时代的事件。

在马克思主义的指导下，列宁成功领导了十月革命，建立了世界上第一个社会主义国家，科学社会主义从理论变成了实践。在十月革命和社会主义苏联的带动下，世界社会主义运动在20世纪上半叶迎来一次高潮，民族解放和无产阶级革命运动风起云涌，一大批社会主义国家纷纷建立。社会主义作为崭新的社会形态，嵌入资本主义世界，登上世界历史舞台，成为历史的真正现实，开辟了人类历史、世界社会主义发展史上的新纪元。

社会主义作为新生事物，其发展并不是一帆风顺的。由于自身的主客观原因，在西方资本主义势力的强大攻势及"和平演变"下，苏联以及东欧社会主义国家在社会主义道路的探索进程中偏离了马克思主义的正确方向，离开了科学社会主义基本原则，最终导致20世纪后期发生了东欧剧变、苏联解体等一系列重大事件，世界社会主义遭受了严重挫折，进入低谷。

正是在这一大的历史背景下，中国特色社会主义开始了极不平凡的历史进程。毛泽东同志带领全党独立探索适合中国国情的社会主义建设道路的实践，取得了伟大成就但也遭遇了重大曲折。邓小平同志带领全党以巨大的政治勇气和理论勇气，开始了通过改革开放建设社会主义现代化的新时期，开辟了中国特色社会主义道路。江泽民同志带领全党把中国特色社会主义推向21世纪。胡锦涛同志带领全党坚持和发展了中国特色社会主义。党的十八大以来，习近平同志带领全党根据世情国情党情的新变化新挑战，在治国理政各个方面提出了一系列新理念新思想新战略，开启了全面建设社会主义现代化强国的新征程，把中国特色社会主义领入了一个新时代。

中国特色社会主义进入新时代，意味着科学社会主义在21世纪的中国焕发出强大生机与活力，在世界上高高举起了中国特色社会主义伟大旗帜。改革开放近40年，党以强大的战略定力，牢牢坚持科学社会主义基本原则，坚定不移地走中国特色社会主义道路，经受住了社会主义低潮的考验，西方敌对势力搞"颜色革命"的考验，资本主义世界经济危机的考验，抵制了西方所鼓吹的"普世价值""宪政民主"等错误思潮，开拓了中国特色社会主义的新局面。在2008年以来资本主义世界出现严重危机的情况下，中国特色社会主义呈现出"风景这边独好"的繁荣局面，有力地打破了所谓的"共产主义失败论""历史终结论"，有力地回击了"社会主义低潮综合征"。中国特色社会主义的成功，充分证明了社会主义作为人类历史最新社会形态的历史必然性，科学社会主义的基本原则是有强大生命力的，马克思主义关于"两个必然"的历史趋势是不可逆转的，人类社会发展的客观规律是不可替代的。

如果说20世纪是社会主义拯救了中国，那么21世纪则是中国拯救了社会主义。正是中国在21世纪扛起了社会主义的大旗，以新时代的伟大成就和伟大目标再次证明了科学社会主义的正确性和社会主义的优越性，为科学社会主义注入了新的原创性成果。正如十月革命在20世纪初开辟了人类历史和世界社会主义发展新纪元一样，中国特色社会主义新时代在21世纪初揭开了世界社会主义运动驶出低谷走向发展的新纪元。

最后，中国特色社会主义进入新时代，拓展了发展中国家通过非资本主义道路走向现代化的新途径，在人类社会发展史上具有重大意义。

马克思通过对人类历史发展特别是资本主义历史发展的科学研究，提出了著名的"世界历史"理论。他认为，世界进入资本主义社会时代，把世界连成一片，人类历史由此进入了"世界历史"时代，即资本主义时代。在"世界历史"时代，先进入资本主义而成为世界列强的资本主义国家，在第一次世界大战前就已经把世界瓜分完毕了，它们从自身资本利益出发绝不允许落后国家独立自主地走资本主义的强国之路，强迫后发国家变成自己的附庸，服从自己的剥削利益，半殖民地半封建社会中国的悲惨遭遇就是铁证。

马克思晚年研究东方社会，研究非资本主义发展道路，提出落后国家可以不经过资本主义制度的"卡夫丁峡谷"，走出一条非资本主义的发展道路，即落后国家可以不经过资本主义制度的苦难，而通过社会主义制度实现现代化。这就是著名的"跨越卡夫丁峡谷"的科学设想，中国特色社会主义的成功发展使这个科学设想成为现实，为落后国家实现现代化和赶超提供了新希望新选择，人们已经看到了经由社会主义而进入共产主义的历史必然曙光。

资本主义囿于固有的本质，总是竭力阻止其他国家的独立发展，以利于自己转嫁危机和掠夺资源，它们不仅动用经济的、政治的、军事的力量来制约其他国家，而且动用意识形态机器，利用文化软实力向全世界兜售所谓的"普世价值论""西方现代性"等观念，打造西方现代化模式唯一性的神话。综观当今世界，许多国家已经深陷这种神话的陷阱难以自拔。第二次世界大战以后在民族解放运动中争得独立的新兴国家，选择走资本主义民主道路的，罕见有成功的，要么发展不起来，要么即便获得了某种程度的发展，也摆脱不了西方资本主义大国的控制而难以获得完全的独立。一些国家为了捍卫独立主权和利益，拒绝接受西方现代化模式，则往往因为西方资本主义发达国家的制裁或"颜色革命"而陷入了混乱境地。如何开辟出一条新路，既实现快速发展又保持社会稳定，既对外开放吸收世界先进文明又保持自身的独立自主，既同发达资本主义国家在竞争中合作又不成为它们的附庸，成为世界上发展中国家共同追索的重大问题。

中国特色社会主义成功地破解了这个难题。它把市场经济与社会主义制度、经济快速发展与保持社会稳定、对外开放与独立自主等有机结合起来，开辟了一条在改革开放中实现社会主义现代化的新路，实现了从站起来、富起来到强起来的历史性跨越。中国特色社会主义的成功探索表明，中国作为一个曾经相对落后的半殖民地半封建国家，不经过资本主义社会制度的折磨，走出一条非资本主义的中国特色社会主义发展道路，一跃成为世界第二大经济体，极大地拓展了发展中国家通向现代化的途径，给世界上那些既希望加快发展又希望保持自身独立性的国家和民族提供了全新选择，为解决人类问题贡献了中国智慧和中国方案。

有什么样的时代，就会产生什么样的时代主题，就会产生什么样的时代人物，解答历史提出的时代课题。只有彻底把握理论时代背景、历史根据、实践基础和经验积累，才能深刻洞悉习近平新时代中国特色社会主义思想的真谛。中华人民共和国发展历史、中华民族发展历史、世界社会主义发展历史、人类社会发展历史，为习近平新时代中国特色社会主义思想提供了坚实的历史根据。大的"历史时代"和在该时代大的历史框架中的中国特色社会主义新时代，为习近平新时代中国特色社会主义思想提供了宏大的时代背景。中国共产党领导革命、建设、改革的历史实践和十八大以来的新鲜实践，为习近平新时代中国特色社会主义思想提供了深厚的实践基础和经验积累。

二 习近平新时代中国特色社会主义思想是主题鲜明、主线突出、思想创新、逻辑严谨、系统完整的理论体系

有什么样的时代，就会产生什么样的时代英雄。伟大的时代，产生杰出的代表人物，适应时代的发展趋势，代表人民的时代意愿，把握时代社会规律，回答解决时代提出的问题，带领人民进行伟大的时代实践，从而顺应时代潮流，推动时代前进。

中国特色社会主义是中国当代一切发展进步的根本方向。习近平同志抓住时代特征、定标历史方位、揭示主要矛盾、提升实践经验，以巨大的政治勇气、责任担当和理论智慧，从理论和实践结合上系统回答了在大的历史时代视野中，人类走向何处，中国走向何处，这就是经过社会主义道路，走向新的社会形态的大命题；在中国独特的时代视野中，中国人民走向何处，这就是建设社会主义现代化强国、实现中华民族伟大复兴的大命题。习近平同志把两个时代视角有机结合起来，系统科学地回答了新时代坚持和发展中国特色社会主义这一重大时代课题，创立了习近平新时代中国特色社会主义思想，实现了马克思主义基本原理与中国具体实际相结合的又一次飞跃。

第一，习近平新时代中国特色社会主义思想的鲜明主题、突出主线和明确目标。

习近平新时代中国特色社会主义思想，牢牢抓住且科学回答了"新时代坚持和发展什么样的中国特色社会主义、怎样坚持和发展中国特色社会主义"这个重大时代问题，是其鲜明主题；深刻阐述了新时代如何治国理政、实现国家治理能力和治理体系现代化，是其突出主线；建设富强民主文明和谐美丽的社会主义现代化强国，是其明确目标。

中国特色社会主义是中华人民共和国成立以来特别是改革开放以来全部理论与实践创新的根本主题，习近平新时代中国特色社会主义思想一以贯之地坚持了这个根本主题。在探索中国特色社会主义过程中，毛泽东同志率先提出要实现马克思主义同中国实际的"第二次伟大结合"，探索适合中国国情、具有中国特点的社会主义建设道路，形成了"建设有中国特色的社会主义"科学论断的思想源头，是中国特色社会主义理论体系的逻辑起点和直接理论来源。在开创中国特色社会主义过程中，邓小平同志创造性地揭示了中国特色社会主义这一根本主题，牢牢抓住并科学回答了"什么是社会主义、怎样建设社会主义"这个基本的首要问题，创立了邓小平理论，创立了中国特色社会主义理论体系。在进一步回答"什么是社会主义、怎样建设社会主义"的同时，江泽民同志围绕"建设什么样的党、怎样建设党"，创立了"三个代表"重要思想，丰富了中国特色社会主义理论体系；胡锦涛同志在深入回答"什么是社会主义、怎样建设社会主义"和"建设什么样的党、怎样建设党"的同时，围绕"实现什么样的发展、怎样发展"，创立了科学发展观，进一步丰富了中国特色社会主义理论体系。中国特色社会主义理论体系的创立和发展，极大地推进了当代中国马克思主义的创新。

中国特色社会主义进入新时代之际，进一步深化认识"什么是社会主义、怎样建设社会主义"，"建设什么样的党、怎样建设党"，"实现什么样的发展、怎样发展"，就突出地落脚到"新时代坚持和发展什么样的中国特色社会主义、怎么坚持和发展中国特色社会主义"这一重大的历史性课题上。习近平同志紧紧抓住这个重大时代课题，坚持以马克思列宁主义、毛泽东思想、中国特色社会主义理论体系为指导，坚持解放思想、实事求是、与时俱进、求真务实，坚持辩证唯物主义和历史唯物主义，紧密结合新时代条件和新实践要求，以全新的视野，进行艰辛理论探索，创立了习近平新时代中国特色社会主义思想，把当代中国的马克思主义——中国特色社会主义理论体系推到了一个新的高度。

第二，习近平新时代中国特色社会主义思想的精神实质和核心内涵。

习近平同志的一系列重要论述,包括中国特色社会主义是既坚持科学社会主义基本原则,又具有鲜明实践特色、理论特色、民族特色、时代特色的社会主义,是中国特色社会主义道路、理论、制度、文化四位一体的社会主义,是统揽伟大斗争、伟大工程、伟大事业、伟大梦想的社会主义,是根植于中国大地、反映中国人民意愿、适应中国和时代发展进步要求的社会主义。这深刻揭示了新时代中国特色社会主义的质的规定性,构成了习近平新时代中国特色社会主义思想的精神实质。

习近平同志运用科学社会主义基本原理,结合中国实际国情,抓住新时代中国特色社会主义的本质规定,对新时代坚持和发展中国特色社会主义的总目标、总任务、总体布局、战略布局和发展方向、发展方式、发展动力、战略步骤、外部条件、政治保证等一系列基本问题进行了系统阐述,构成了习近平新时代中国特色社会主义思想的核心内涵:坚持和发展中国特色社会主义,总任务是实现社会主义现代化和中华民族伟大复兴,在全面建成小康社会的基础上,分两步走,在21世纪中叶建成富强民主文明和谐美丽的社会主义现代化强国;我国的社会主要矛盾是人民日益增长的美好生活需要和不平衡不充分的发展之间的矛盾,必须坚持以人民为中心的发展思想,不断促进人的全面发展、全体人民共同富裕;中国特色社会主义事业总体布局是"五位一体"、战略布局是"四个全面",强调坚定道路自信、理论自信、制度自信、文化自信;全面深化改革总目标是完善和发展中国特色社会主义制度、推进国家治理体系和治理能力现代化;全面推进依法治国总目标是建设中国特色社会主义法治体系、建设社会主义法治国家;党在新时代的强军目标是建设一支听党指挥、能打胜仗、作风优良的人民军队,把人民军队建设成为世界一流军队;中国特色大国外交要推动构建新型国际关系,推动构建人类命运共同体;中国特色社会主义最本质的特征是中国共产党领导,中国特色社会主义制度的最大优势是中国共产党领导,党是最高政治领导力量,提出新时代党的建设总要求,突出政治建设在党的建设中的重要地位。这"八个明确"是习近平新时代中国特色社会主义思想的基本内涵。

新时代中国特色社会主义的基本方略,是习近平新时代中国特色社会主义思想的具体化,是习近平新时代中国特色社会主义思想的有机构成。基本方略从具体操作上,从理论和实践的实际落实上,明确提出了新时代坚持和发展中国特色社会主义必须牢牢把握的"十四个坚持":坚持党对一切工作的领导,坚持以人民为中心,坚持全面深化改革,坚持新发展理念,坚持人民当家作主,坚持全面依法治国,坚持社会主义核心价值体系,坚持在发展中保障和改善民生,坚持人与自然和谐共生,坚持总体国家安全观,坚持党对人民军队的绝对领导,坚持"一国两制"和推进祖国统一,坚持推动构建人类命运共同体,坚持全面从严治党。这"十四个坚持"从行动纲领和实际举措上深刻回答了新时代怎样坚持和发展中国特色社会主义,对经济、政治、法治、科技、文化、教育、民生、民族、宗教、社会、生态文明、国家安全、国防和军队、"一国两制"和祖国统一、统一战线、外交、党的建设等各方面作出深刻的理论分析和政策指导,是习近平新时代中国特色社会主义思想的实际展开。

第三,习近平新时代中国特色社会主义思想的完整体系和创新观点。

习近平新时代中国特色社会主义思想内容极其丰富,是一个包括一系列新思想、新理论、新观点的完整系统的理论体系。它以马克思列宁主义、毛泽东思想、中国特色社会主义理论体系为指导,贯穿辩证唯物主义和历史唯物主义的立场、观点和方法,以习近平新时代中国特色社会主义哲学思想为内在依据,包括新时代政治、经济、文化、法治、军事、生态文明和党建思想,治国理政,民族、宗教、反腐倡廉、统一战线、外交、"一国两制"等理论。

习近平新时代中国特色社会主义思想,不仅从理论指南和行动纲领层面上系统地回答了重大时代课题,而且从理论和实践的结合上提出了一系列重大创新性观点。这些创新观点主要是:关于在新时代坚持和创新马克思列宁主义、毛泽东思想和中国特色社会主义理论体系,创造21世纪中国马克思主义,推动马克思主义中国化、时代化和大众化的重要观点；关于高举中国特色社会主义伟大旗帜，坚持和发展中国特色社会主义是改革开放以来我们党全部理论和实践的鲜明主题的重要观点；关于中国特色社会主义进入新时代，开启社会主义现代化强国建设新征程的重要观点；关于中国共产党的初心、使命和新时代使命是激励中国共产党人不断前进的根本动力的重要观点；关于稳中求进的工作总基调是治国理政的重要原则，要长期坚持的重要观点；关于社会主义初级阶段的主要矛盾发生新的变化，但基本国情没有改变的重要观点；关于统筹推进中国特色社会主义"五位一体"总体布局，协调推进"四个全面"战略布局的重要观点；关于全面贯彻落实以人民为中心，创新、协调、绿色、开放、共享的新发展理念的重要观点；关于发挥社会主义市场经济的决定性作用，更好地发挥政府的作用，建立现代化经济体系，加快完善社会主义市场经济体系的重要观点；关于适应经济发展新常态，推动经济发展质量变革、效率变革、动力变革，深化供给侧结构改革，由高速增长阶段向高质量发展阶段推动经济社会持续健康科学发展的重要观点；关于推动高质量的发展是当前和今后一个时期确定发展思路，制定经济政策，实施宏观调控的根本要求的重要观点；关于必须高度重视实体经济，把制造业、创新驱动搞好，掌握和运用好关键技术，实施国家大数据发展战略，不能走单一发展、脱实向虚的路子的重要观点；关于中国经济是全球化的受益者，更是贡献者，中国开放的大门只会越开越大，中国的发展是世界的机遇的重要观点；关于建设社会主义民主政治，发挥社会主义协商民主重要作用，走中国特色社会主义政治发展道路的重要观点；关于培育和弘扬社会主义核心价值观，建设社会主义文化强国的重要观点；关于加强和改进宣传思想工作，牢牢掌握意识形态工作领导权管理权话语权的重要观点；关于保障和改善民生，精准扶贫，打赢脱贫攻坚战，打造共建共治共享的社会治理格局，加强社会管理创新和制度建设，让改革发展成果更多惠及全体人民的重要观点；关于正确处理好经济发展同生态环境保护、建设社会主义生态文明和美丽中国的重要观点；关于实现国家治理体系和治理能力现代化的重要观点；关于坚决维护国家核心利益、推进全球治理体系改革，建立以合作共赢为核心的新型国际关系，共建人类命运共同体和走和平发展道路的重要观点；关于牢牢把握党在新形势下的强军目标，实施军民融合发展战略，加强国防和军队建设的重要观点；关于伟大斗争、伟大工程、伟大事业、伟大梦想的重大意义及其内在的逻辑递进关系的重要观点；关于坚持和贯彻新时代中国特色社会主义基本理论、基本路线和基本方略的重要观点；关于党的政治建设摆在首位，加强新时代党的领导和党的建设总体要求，确保党始终成为中国特色社会主义事业坚强领导核心的重要观点；等等。

三 习近平新时代中国特色社会主义思想攀登了马克思主义哲学新高峰

任何一种科学理论都是这个时代精神精华的体现，都必然以时代哲学强音作为内在根据。习近平新时代中国特色社会主义思想是新时代中国哲学精神的高度凝练，蕴含着辩证唯物主义和历史唯物主义的哲学精华，开创了当代中国马克思主义哲学的新境界。

第一，在立场、观点、方法层面上提出了新论断，把马克思主义哲学世界观方法论的坚持和运用提升到了一个新高度。

马克思主义哲学是中国化马克思主义理论创新的"大本大源"。习近平新时代中国特色社会主义思想最根本的哲学依据，就是马克思主义哲学世界观方法论。习近平同志高度重视并带头运用辩证唯物主义和历史唯物主义，提出了一系列具有深邃哲学内涵的新观点。

首先，阐发了以人民为中心的马克思主义哲学基本立场，在坚持马克思主义哲学立场方面有了新认识。

始终为无产阶级和广大劳动人民服务，是马克思主义哲学的核心立场。习近平同志结合新时代的特征和要求，创造性地坚持了这个核心立场。习近平新时代中国特色社会主义思想的突出特色就是坚持以人民为中心的核心立场，坚持人民主体地位的根本原则，始终把满足人民日益增长的美好生活需要当作判断执政党执政能力的根本标准。习近平同志突出地强调，人民群众是历史的创造者，是决定党和国家前途命运的根本力量，必须牢牢坚持以人民为中心的发展思想，坚持立党为公、执政为民，积极践行全心全意为人民服务的根本宗旨，把党的群众路线贯彻到治国理政的具体实践中，把人民对美好生活的向往作为奋斗目标，依靠人民创造中国特色社会主义的历史伟业。

其次，阐发了马克思主义哲学基本观点，在发展马克思主义哲学观点方面有了新认识。

生产的、阶级的、群众的观点是马克思主义哲学最重要的基本观点。习近平同志特别重视生产观点，毫不动摇地坚持党在社会主义初级阶段的基本路线，坚持以经济建设为中心，大力解放和发展生产力，推动党和国家事业实现重大跃升。他运用阶级观点分析我们面临的国际形势、我国社会现阶段国内阶级关系和人民内部矛盾，突出强调人民当家作主，把坚持党的领导、人民当家作主、依法治国三者统一起来，发展社会主义民主政治，坚持工人阶级领导的、以工农联盟为基础的人民民主专政的社会主义国体，健全社会主义制度，保证人民当家作主落实到国家政治生活和社会生活之中。他坚决贯彻一切为了群众，一切依靠群众，从群众中来，到群众中去的群众路线，突出地强调必须多谋民生之利、多解民生之忧，在发展中补齐民生短板，促进社会公平正义，保证人民群众共享发展成果，提高人民群众生活的幸福红线。

最后，阐发了马克思主义哲学基本方法，在运用马克思主义哲学方法方面有了新认识。

矛盾分析方法是马克思主义哲学的基本方法。习近平同志特别善于应用矛盾分析法来分析当代国际局势、国内问题、时代特征、历史方位，坚持抓重点、抓关键、抓节点、抓主要矛盾，创造性地继承和发展了马克思主义哲学关于矛盾的基本原理，如关于主要矛盾发生新变化的重大政治判断；关于开展伟大斗争的重大提法等，都是矛盾分析方法的实际运用和充分发挥。阶级分析法是矛盾分析方法运用于阶级现象分析的基本方法。他创造性地将阶级分析方法运用于现实社会生活，如关于坚持阶级分析方法就是坚持马克思主义的政治立场；关于牢牢坚持人民民主专政的社会主义国体不动摇；关于大力推进全面从严治党，着力开展反腐败斗争；关于抵制西方反动势力对我国西化分化、和平演变、"颜色革命"；关于牢牢把握意识形态工作的领导权、管理权、话语权等，都突出地体现了对马克思主义阶级分析方法的出色运用和实际发挥。

第二，在思想路线、社会历史发展规律理论、辩证思维和认识改造世界功能等方面提出了新思想，把马克思主义哲学重要原理及其应用提升到了一个新高度。

马克思主义哲学的内在力量在于其真理性、科学性和逻辑性，其生命力在于永不枯竭的思想创新，其内在要求在于同具体实践相结合。习近平同志科学把握马克思主义哲学要领，从变化发展的实际中提炼出事关全局的根本问题，结合新时代的特点和要求，实现了新时代马克思主义哲学创新。

首先，丰富了实事求是思想路线这一马克思主义哲学精髓，在阐述实践创新与理论创新的互动方面形成了新见解。

理论联系实际是马克思主义哲学的基本原则，实事求是是中国化马克思主义哲学的精髓。习近平同志强调：必须从我国处于并将长期处于社会主义初级阶段这个最大的国情实际出发，决不能离开这个实际陷入空想；必须牢记空谈误国、实干兴邦，切实做到求真务实、敢于担当；必须把党领导人民发展奋斗中产生的丰富经验提升到理论的高度，丰富和发展马克思主义理论，坚持和发展中国特色社会主义；必须高度重视理论的作用，增强理论自信和战略定力。他指出，在新的时代条件下，要进行伟大斗争、建设伟大工程、推进伟大事业、实现伟大梦想，仍然需要保持和发扬马克思主义政党与时俱进的理论品格，勇于推进实践基础上的理论创新；在坚持马克思主义基本原理的基础上，以更宽广的视野、更长远的眼光来思考和把握国家未来发展面临的一系列重大战略问题，在理论上不断拓展新视野、作出新概括；更加深入地推动马克思主义同当代中国发展的具体实际相结合，实现实践创新和理论创新的互动，让当代中国马克思主义哲学放射出更加灿烂的真理光芒。

其次，论述了中国特色社会主义共同理想与共产主义远大理想的辩证关系，在丰富马克思主义历史发展规律理论方面形成了新见解。

习近平同志反复强调，共产主义是人类历史不可逆转的大趋势，马克思主义所揭示"两个必然"的历史发展趋势没有改变，要坚持共产主义理想信念这个安身立命的根本。要明确共产主义远大理想和中国特色社会主义共同理想的辩证统一关系，我们正在做的是社会主义初级阶段的事情，我们的事业是中国特色社会主义的事业，这个事业的本源和依据就是共产主义远大理想。我们依据共产主义和社会主义理想确立了中国特色社会主义道路、理论、制度、文化，这样整个逻辑才成立。如果前提都不要了，就完全变成了实用主义。要回到我们的本源上去认识。全党同志特别是党的领导干部，必须准确把握中国特色社会主义的逻辑前提和理论依据，不能只看到眼前的事情而忘记了根本，只关注当下而忘记了初衷。实现共产主义是一个漫长的过程，需要一代又一代人接续奋斗，但决不能因此就不去努力，必须立足党在现阶段的奋斗目标，脚踏实地推进我们的事业。中国特色社会主义是党的最高纲领和基本纲领的统一，既是从我国正处于并将长期处于社会主义初级阶段的基本国情出发的，也没有脱离党的最高理想。既要坚定走中国特色社会主义道路的信念，也要胸怀共产主义的崇高理想，集中精力办好自己的事情，不断壮大综合国力，不断改善人民生活，扎扎实实地为共产主义远大理想而努力。

最后，阐释了富有时代特点和哲学意蕴的科学方法论，在发展马克思主义唯物辩证法方面形成了新见解。

习近平同志出色地运用和发展马克思主义唯物辩证法思想，创造性地提出和阐述了战略思维、系统思维、辩证思维、创新思维、法治思维、历史思维、底线思维、精准思维等科学方法，形成了习近平新时代中国特色社会主义思想的科学方法论体系。

习近平新时代中国特色社会主义思想中处处闪耀着战略思维的光辉。习近平同志认为战略问题是一个政党和国家的根本性问题，战略上判断得准确，谋划得科学，赢得主动，事业就大有希望。领导干部要有战略思维、战略眼光和战略定力："各级党政'一把手'要站在战略的高度，善于从政治上认识和判断形势，观察和处理问题……要努力增强总揽全局的能力,放眼全局谋一域,把握形势谋大事……用战略思维去观察当今时代,洞悉当代中国……"① 他从战略上对治国理政的各个方面进行了谋划:从顶层设计的角度出发,向世界描绘了一幅中华民族伟大复兴中国梦的图景及其路线图,也就是"两个一百年"奋斗目标;立足中国实际,坚持问题导向,形成了"五位一体"的总体布局和"四个全面"的战略布局;在具体操作层面上形成了一个个战略矩阵,例如提出京津冀协同发展、长江经济带发展、东北振兴、雄安新区、粤港澳大湾区等发展战略;提出决胜全面建成小康社会,实施科教兴国、人才强国、创新驱动发展、乡村振兴、区域协调发展、可持续发展、军民融合发展等一系列战略举措;提出中国特色大国外交、"一带一路"、人类命运共同体等战略构想。

系统思维就是从系统与要素、要素与要素、系统与环境的相互联系、相互作用中去把握和思考问题,处理好整体与部分、结构与功能的关系。习近平同志强调系统思维是要求在推进改革开放和社会主义现代化建设的过程中不能盲人摸象,不能以偏概全,以整体考量实现驾驭全局,以统筹协调实现协同推进。他提倡系统思维,一个突出的表现就是协调推进"四个全面"战略布局。"四个全面"作为一个完整统一体,既有目标又有举措,既有全局又有重点,展现了"一个目标、三个支撑点"的系统思维,其中全面建成小康社会是战略目标和前进方向,全面深化改革、全面依法治国、全面从严治党是战略举措和路径方法。"四个全面"各个方面是相辅相成、相互支撑、内在统一的关系,是一项系统工程,统一于实现中华民族复兴伟大梦想的实践之中。他指出,系统思维落实到实际工作中,就要求各级领导干部要具有全局意识、协同意识、整体意识和互补意识,注重把握好事物的整体性、协调性、次序性和各要素之间的衔接性,推动经济社会改革不断深入。

关于辩证思维,据不完全统计,党的十八大以来,习近平同志在

---

① 《习近平〈之江新语〉文章选登(十一)》,《思想工作研究》2013 年第 11 期。

公开场合的阐述就多达 60 多次。他强调：要学习掌握唯物辩证法的根本方法，不断增强辩证思维能力，提高驾驭复杂局面、处理复杂问题的本领。我们的事业越是向纵深发展，就越要不断增强辩证思维能力。当前，我国社会各种利益关系十分复杂，这就要求我们善于处理局部和全局、当前和长远、重点和非重点的关系，在权衡利弊中趋利避害、作出最为有利的战略抉择。"在推进改革中，要坚持正确的思想方法，坚持辩证法，处理好解放思想和实事求是的关系、整体推进和重点突破的关系、全局和局部的关系、顶层设计和摸着石头过河的关系、胆子要大和步子要稳的关系、改革发展稳定的关系"[1]；"要注重抓主要矛盾和矛盾的主要方面，注重抓重要领域和关键环节"[2]。他把辩证思维运用到各项工作的部署之中。比如，在干部工作上，强调要坚持全面、历史、辩证看干部，注重一贯表现和全部工作。

习近平同志提出正确认识新时代主要矛盾"变与不变"的辩证关系。他认为，正确认识主要矛盾的变化，必须做到两个"必须认识到"，从变中看到不变，从不变中看到变。一是必须认识到，我国社会主要矛盾的变化是关系全局的历史性变化，对党和国家工作提出了许多新要求。要在继续推动生产力发展的基础上更好地解决发展的不平衡不充分问题，解决好全面和充分发展的问题，大力提升发展质量和效益，更好满足人民在经济、政治、文化、社会、生态等各方面日益增长的需要。二是必须认识到，虽然我国社会主要矛盾发生变化，但我国仍处于并将长期处于社会主义初级阶段的基本国情没有变，我国是世界最大发展中国家的国际地位没有变，以经济建设为中心、发展生产力的根本任务没有变。全党要牢牢把握社会主义初级阶段这个基本国情，牢牢立足社会主义初级阶段这个最大实际，

---

[1] 《习近平关于全面深化改革论述摘编》，中央文献出版社 2014 年版，第 47 页。

[2] 中共中央宣传部编：《习近平总书记系列重要讲话读本（2016 年版）》，学习出版社、人民出版社 2016 年版，第 79 页。

牢牢坚持党的基本路线这个党和国家的生命线、人民的幸福线。关于主要矛盾、基本国情、国际地位、基本路线上的"变与不变"辩证关系的重大论断，是对唯物辩证法的对立统一规律的创造性运用和发展。

创新思维就是要敢于打破思维定式，解放思想、超越陈规、因地制宜、与时俱进、求真务实、锐意进取，通过思想认识的创新打开工作新局面。习近平同志高度重视创新问题，党的十八大以来他使用"创新"一词超过千次之多。他指出："创新是一个民族进步的灵魂，是一个国家兴旺发达的不竭动力，也是中华民族最深沉的民族禀赋。在激烈的国际竞争中，惟创新者进，惟创新者强，惟创新者胜。"[①]他把创新思维体现在改革发展稳定、治党治国治军、内政外交国防的方方面面，贯彻到重大战略和发展理念中，形成了创新发展理念和创新驱动战略等。

法治思维是与人治、特权思维相对立的思维方式，强调将法律作为判断是非和处理事务的准绳，要求崇尚法治、尊重法律，善于运用法律手段解决问题和推进工作，善于运用法治思维和法治方式解决涉及群众切身利益的矛盾和问题。习近平同志指出："各级领导干部要提高运用法治思维和法治方式深化改革、推动发展、化解矛盾、维护稳定能力，努力推动形成办事依法、遇事找法、解决问题用法、化解矛盾靠法的良好法治环境，在法治轨道上推动各项工作。"[②]"各级领导机关和领导干部要提高运用法治思维和法治方式的能力，努力以法治凝聚改革共识、规范发展行为、促进矛盾化解、保障社会和谐。"[③]习近平同志把全面依法治国即把法治思维运用于各项重大工作之中，注重用法治的方式来认识分析和处理解决问题，充分体现了马克思主义的历史辩证法。

习近平同志一向重视对历史的学习和历史思维的培养，要求用唯

---

① 《习近平谈治国理政》，外文出版社2014年版，第59页。
② 同上书，第142页。
③ 同上书，第145页。

物史观来认识社会、指导实践。他认为:"历史是一面镜子,它照亮现实,也照亮未来。了解历史、尊重历史才能更好把握当下,以史为鉴、与时俱进才能更好走向未来。"① 学习历史、研究历史、借鉴历史,可以给人类带来很多了解昨天、把握今天、开创明天的智慧。观察和认识中国,要从大历史的角度去看待问题,中华民族几千年的历史是一脉相承、不可割裂的,脱离了中国的历史和文化,脱离了当代中国的深刻变革,是难以正确认识中国的。在谈到中国道路的由来时,他明确提出这条道路"是在中华人民共和国成立60多年的持续探索中走出来的,是在对近代以来170多年中华民族发展历程的深刻总结中走出来的,是在对中华民族5000多年悠久文明的传承中走出来的,具有深厚的历史渊源和广泛的现实基础"②。树立历史思维就必须正确地看待自己的历史。在对改革开放前后两个三十年关系问题上,他指出,"不能用改革开放后的历史时期否定改革开放前的历史时期,也不能用改革开放前的历史时期否定改革开放后的历史时期"③。他在国家治理问题上提出,要治理好今天的中国,需要对我国历史和传统文化有深入了解,也需要对我国古代治国理政的探索和智慧进行积极总结;在中华优秀传统文化问题上要进行创造性转化和创新性发展。

底线思维是辩证思维方面的新提法。习近平同志多次强调,底线就是不可逾越的警戒线、是事物质变的临界点,一旦突破底线,则会出现无法接受的坏结果。要善于运用底线思维,防患于未然,这样才能赢得工作的主动权。当前我国经济社会发展中各种结构性的深层次矛盾日益凸显,在全面深化改革进程中必须管控风险、守住底线,这是决定工作成败的重要前提。他针对各项工作指出底线或"红线":对于有的地方在经济建设上急于上项目搞开发,没有考虑生态环境和

---

① 习近平:《携手共创丝绸之路新辉煌——在乌兹别克斯坦最高会议立法院的演讲》,《人民日报》2016年6月23日。
② 《习近平谈治国理政》,外文出版社2014年版,第39—40页。
③ 同上书,第23页。

社会民生的承受能力，从而激化社会矛盾甚至引发群体性事件的情况，提出要严守资源消耗的上限、环境质量的底线、生态保护的红线；对于农村土地制度改革，提出要坚持土地公有制性质不改变、耕地红线不突破、农民利益不受损三条底线；对于国家主权的底线，宣示中国将坚定不移维护自己的主权、安全、发展利益，任何国家都不用指望我们会吞下损坏中国主权、安全、发展利益的苦果；对于贪腐问题，提出干部要守住做人、做事、用权、交友的底线，对法纪制度要时刻怀有敬畏之心，做到不越边界、不踩红线、不碰高压线，这样才能少走"弯路"、不入"歧途"。

精准思维是一种强调精细务实的辩证思维方式，要求具体和准确到位，在一个个具体的点上去解决问题，拒绝那种大而化之、笼而统之地抓工作的做法。习近平同志重视精准化做事的方式方法。精准思维首先要求有强烈的问题意识，抓住了问题才能对症下药找到对策，无论是作决策、定方案，还是抓落实，都要紧紧抓住核心问题和关键问题不放，在问题的症结点和关键点上做文章、出实招。他提倡精准思维突出地体现在"精准扶贫"理念上。他强调，首先要解决好"扶持谁"的问题，即确保把真正的贫困人口弄清楚，把贫困人口、贫困程度、致贫原因等搞清楚，以便做到因户施策、因人施策；其次要解决好"谁来扶"的问题，加快形成中央统筹、省（自治区、直辖市）负总责、市（地）县抓落实的扶贫开发工作机制，做到分工明确、责任清晰、任务到人、考核到位。① 正是在精准扶贫思想指导下，党的十八大以来我国有七千多万贫困人口稳定脱贫，贫困发生率从百分之十点二下降到百分之零点六以下。

第三，在系统完整性、逻辑严谨性和实际操作性方面提出了新认识，把马克思主义哲学认识和改造世界的作用提升到了一个新高度。

首先，习近平新时代中国特色社会主义思想"八个明确"的提法，涉及生产力与生产关系、经济基础与上层建筑的辩证关系，涵盖了经济建设、政治建设、文化建设、社会建设、生态文明建设以及国

---

① 《习近平总书记谈精准扶贫》，《新华每日电讯》2016年3月7日。

防、外交、党的建设各个领域，体现了马克思主义哲学认识世界的系统性、严谨性和科学性。

第一个明确侧重于国家发展层面，阐明了坚持和发展中国特色社会主义的总目标、总任务和战略步骤，用"富强民主文明和谐美丽"界定了社会主义现代化强国的总特征。第二个明确侧重于人的发展层面，阐明了新时代我国社会主要矛盾，用"促进人的全面发展、全体人民共同富裕"表达了人的全面发展的理想愿景。第三个明确侧重于中国特色社会主义的总体布局和战略布局，阐明了中国特色社会主义事业的发展方向，要求建设充满自信的社会主义中国。第四至第七个侧重于保障条件，分别从改革、法治、军队、外交四个方面，阐明了新时代坚持和发展中国特色社会主义的改革动力、法治保障、军事安全保障和外部环境保障，描绘了新时代中国特色社会主义的理想蓝图。第八个明确侧重于政治保证和领导力量，阐明了新时代坚持和发展中国特色社会主义的根本政治保证，提出了新时代党的建设总要求。"八个明确"逻辑上层层递进，内容上内在关联，环环相扣，相辅相成，涵盖了新时代坚持和发展中国特色社会主义的总目标、总任务、总体布局、战略布局和发展方向、发展方式、发展动力、战略步骤、外部条件、政治保障等问题，构成内容极其科学、丰富、严谨的思想体系。

其次，新时代坚持和发展中国特色社会主义基本方略"十四个坚持"的提法，是习近平新时代中国特色社会主义思想的具体化，是具有可操作性的现实对策和实际举措，体现了马克思主义哲学改造世界的实践功能。

"十四个坚持"从领导力量、发展思想、根本路径、发展理念、政治制度、治国理政、思想文化、社会民生、绿色发展、国家安全、军队建设、祖国统一、国际关系、党的建设等方面作出理论分析和政策指导，深刻回答了新时代怎样坚持和发展中国特色社会主义的一系列重大问题，对习近平新时代中国特色社会主义思想的理论精髓和思想要义展开具体阐述，形成了可付诸实践的战略策略和对策举措。"十四个坚持"的基本方略，同党的基本理论、基本路线一起，成为引领党和人民事业发展的具体方针和行动纲领，是习近平新时代中国特色社会主义思想的重要内容，充分体现了马克思主义哲学的实践品质。

最后，从时代与哲学的关系上深刻回答了当代中国与人类社会发展所面临的一系列重大问题，为解决当代人类问题提供了中国智慧、中国思想，体现了马克思主义哲学智慧。

纵览人类哲学史，学派林立，观点众多。如何判断一种哲学的历史价值，如何标识一派思想的哲学高度？归根到底要从哲学与时代的关系来说明，要看这种哲学是否回答了时代的根本问题，能否以巨大的理论穿透力和现实影响力来引领时代前进。真正的哲学，是社会变革的先导，时代的格言。黑格尔在论述哲学与时代的关系时曾经写道："每个人都是他那时代的产儿。哲学也是这样，它是被把握在思想中的它的时代。"① 黑格尔敏锐地看到了哲学与时代的关系，但没有找到推动时代进步的真正物质力量并进行理论上的提炼，只能回到"绝对精神"这种抽象的精神形式去说明世界历史的变迁。马克思主义的诞生，是人类思想史上壮丽的日出，破天荒地建构起了辩证唯物主义和历史唯物主义的理论大厦，破解了"人类历史的发展规律"和"现代资本主义生产方式和它所产生的资产阶级社会的特殊的运动规律"②，使得世界社会主义运动不仅拥有了"心脏"，而且拥有了"头脑"，不仅获得了强大的物质武器，而且获得了锐利的思想武器，真正做到以理论指导实践，以哲学引领时代。这正是马克思主义不同于思想史上任何一种思想理论的特质所在、品格所在、力量所在、高度所在。

时代的车轮滚滚向前，要求在思想中进一步把握时代、推动时代、引领时代的哲学标尺也在不断攀升。在漫长而曲折的科学社会主义发展进程中，社会主义有高潮，也有低谷，当前则正在随着中国特

---

① ［德］黑格尔：《法哲学原理》，范扬、张企泰译，商务印书馆1961年版，"序言"，第12页。

② 《马克思恩格斯文集》第3卷，人民出版社2009年版，第601页。

色社会主义开辟新时代而迎来恢宏的勃兴。历史发展不存在终结,它总是引导人们从现实的深层眺望未来。通观我们的历史、当下和未来,可以看到,时代的命题、时代的呼声,一方面随着社会现实的变迁而不断发生变化,另一方面又具有内嵌于自身社会形态的稳定性。这就是中国向何处去,共产党向何处去,社会主义向何处去,人类社会向何处去的时代问题。这是当今时代最本质、最根本、最深层的理论问题,是需要思想家耗费无穷心血智慧去加以探索解答的哲学最高命题。习近平新时代中国特色社会主义思想,对这个时代问题作了解答。习近平同志思考问题,从来不是局限于一时一地,总是从大的历史尺度和全球大视野出发,立足于问题的深层和本质进行研究。习近平新时代中国特色社会主义思想,以广阔的历史视野、邃远的理论思维、科学的哲学创造、博大的天下情怀,聚合中国十三亿多人民攻坚奋进的磅礴力量,总揽世界社会主义运动五百年的兴衰沉浮,放眼人类文明丰富多彩的发展道路,"从世界的原理中为世界阐发新原理"①,将 21 世纪中国马克思主义推进到了一个新的哲学境地和哲学深度。

四　习近平新时代中国特色社会主义思想具有里程碑式的伟大意义

创立习近平新时代中国特色社会主义思想,在中国共产党发展史上、中华人民共和国发展史上、马克思主义理论发展史上、马克思主义中国化发展史上都具有里程碑式的、划时代的重要政治意义、理论意义和实践意义。我们必须认真理解和深刻把握党的这个重大理论创新成果的深远意义、历史地位和重大价值。

第一,形成马克思主义中国化的最新成果,为马克思主义在当代中国的发展作出重大贡献。

习近平新时代中国特色社会主义思想有着从马克思列宁主义到毛

---

① 《马克思恩格斯文集》第 10 卷,人民出版社 2009 年版,第 9 页。

泽东思想、中国特色社会主义理论体系一脉相承的深厚理论渊源。马克思主义是行动指南而不是教条，其运用必须同各个时代和各个国家的具体实际相结合，马克思主义正是在这种结合的过程中不断丰富和发展的。

中国共产党人从一开始就高高举起马克思主义旗帜，毫不动摇地坚持马克思主义指导地位，在长期的革命建设改革的历史进程中，坚持把马克思主义基本原理同当代中国实际和时代特点紧密结合起来，实现理论创新和实践创新的双向互动，不断推进马克思主义中国化的历史进程，实现重大的历史性飞跃，形成重大的理论创新成果。

以毛泽东同志为主要代表的中国共产党人，把马克思列宁主义的基本原理同中国革命的具体实践结合起来，创立了毛泽东思想。毛泽东思想是马克思列宁主义在中国的运用和发展，是被实践证明了的关于中国革命和建设的正确的经验总结和理论原则。在中国革命战争年代，毛泽东创造性地把马克思主义和中国实际进行了第一次伟大结合。在社会主义建设探索时期，毛泽东提出"第二次伟大结合"的任务，开始探索适合中国特点的社会主义建设道路，为开创中国特色社会主义奠定了基础，毛泽东思想得到了进一步的丰富和发展。

以邓小平同志为主要代表的中国共产党人，牢牢立足于中国特色社会主义的伟大实践，把马克思列宁主义的基本原理同当代中国实践和时代特征相结合，回答了中国这样的经济文化比较落后的国家建设什么样的社会主义、如何巩固和发展社会主义的首要的基本问题，创立了邓小平理论，实现了"第二次伟大结合"，谱写了中国特色社会主义理论体系的开篇。邓小平理论是中国特色社会主义理论体系的开创之作，奠定了中国特色社会主义理论体系的基本框架。

以江泽民同志、胡锦涛同志为主要代表的中国共产党人，深刻认识和准确把握世情、国情、党情的发展变化，抓住重要战略机遇期，创立了"三个代表"重要思想和科学发展观，继续推进"第二次伟大结合"，把对中国特色社会主义规律的认识提高到新的水平，撰写了中国特色社会主义理论体系续篇。

在中国特色社会主义进入新时代之际，习近平同志继承和发展马克思列宁主义、毛泽东思想、中国特色社会主义理论体系的理论精髓和活的灵魂，以当代世界格局和时代特征为背景，以发展着的中国特色社会主义为实践基础，着眼于全面建成小康社会、实现中华民族伟大复兴的中国梦，紧紧围绕坚持和发展中国特色社会主义这个主题，对全面坚持和发展中国特色社会主义的指导思想、奋斗目标、根本要求、总体布局、战略格局、发展理念、军队国防外交、党的建设等重大问题作出了科学回答，创立了习近平新时代中国特色社会主义思想，开创了再次"伟大结合"，极大地推进了马克思主义中国化的历史进程。

习近平新时代中国特色社会主义思想，开辟了马克思主义新境界，实现了马克思主义基本原理与中国具体实际相结合的又一次飞跃；开辟了中国特色社会主义新境界，深刻揭示了新时代中国特色社会主义的本质特征、发展规律和建设路径；开辟了治国理政新境界，团结带领人民推动党和国家事业取得了历史性成就，发生了历史性变革；开辟了管党治党新境界，以坚定的决心、空前的力度，推进全面从严治党，管党治党实现从"宽松软"到"严紧硬"的深刻转变。这一切充分体现了习近平新时代中国特色社会主义思想对马克思主义当代发展所作出的历史性贡献。

第二，习近平新时代中国特色社会主义思想具有极其重要的历史地位，习近平同志是主要创立者，作出了决定性的贡献。

习近平新时代中国特色社会主义思想：既是对马克思列宁主义、毛泽东思想的继承和发展，又是马克思主义中国化的最新理论创新成果。一方面，它牢牢坚持马克思列宁主义的基本原理，继承和发展了毛泽东思想和中国特色社会主义理论体系的活的灵魂和理论精髓。另一方面，它以发展着的中国特色社会主义实践为基础，以当代世界格局和时代特征为背景，不断深入总结实践经验，推进理论创新，在坚持马克思主义基本原理的基础上，以更宽广的视野、更长远的眼光，深入思考并科学回答了党和国家发展面临的一系列重大战略问题，拓展了新视野，作出了新概括，形成了当代中国马克思主义的最新理论成果。

既是中国特色社会主义理论体系的组成部分，又是中国特色社会主义理论体系的发展和丰富。一方面，它继承和发展了包括邓小平理论、"三个代表"重要思想、科学发展观在内的中国特色社会主义理论体系，继续牢牢抓住中国特色社会主义这个根本主题，进行深入的理论探索。另一方面，它科学把握中国特色社会主义进入新时代的历史方位和主要矛盾，从实践和理论的结合上科学回答新时代坚持和发展中国特色社会主义这个重大时代课题，阐述了新时代中国共产党的历史使命，确定了决胜全面建成小康社会、开启全面建设社会主义现代化国家新征程的目标，对新时代推进中国特色社会主义伟大事业和党的建设新的伟大工程作出了全面部署，创造性地阐述了党的基本理论、基本路线和基本方略，形成了一个主题鲜明、逻辑严谨、系统完整的科学理论体系，进一步丰富和发展了中国特色社会主义理论体系，是中国特色社会主义理论体系的最新成果。

既是全党集体智慧的结晶，又以习近平同志为主要创立者。习近平同志以非凡的政治智慧、顽强的意志品质、强烈的责任担当，团结带领全党全国各族人民进行具有许多新的历史特点的伟大斗争，推动党和国家事业全面开创新局面，赢得全党全军全国各族人民高度评价和衷心爱戴，成为党中央的核心、全党的核心。在领导全党全国推进党和国家事业的实践中，习近平同志以马克思主义政治家、理论家、战略家的深刻洞察力、敏锐判断力和战略定力，提出了一系列具有开创性意义的新理念新思想新战略，为习近平新时代中国特色社会主义思想的创立发挥了决定性作用，作出了决定性贡献。

用为创立党的理论作出决定性贡献的党的领袖来命名理论是国际共产主义运动中的通行做法，比如马克思主义、列宁主义、毛泽东思想、邓小平理论等。习近平新时代中国特色社会主义思想是全党智慧的结晶，是人民群众实践经验的总结，但主要创立者是习近平同志，他为这个理论的创立作出了重大贡献，发挥了重大作用，用他的名字命名这一理论是名副其实、当之无愧的，而且体现了我们党在理论上的成熟和自信。

第三，习近平新时代中国特色社会主义思想具有鲜明的理论特色。

习近平新时代中国特色社会主义思想具有鲜明的科学性、传承性、时代性、人民性和创新性等理论特色。

科学性。在人类社会的发展历史中，没有哪一种理论可以超越马克思主义，也没有哪一种理论能够比马克思主义更能指导人类社会的发展，习近平新时代中国特色社会主义思想的科学性主要表现为：对马克思主义立场的彻底尊重，对马克思主义真理的彻底坚信，对马克思主义方法的彻底遵循，对客观世界的实事求是的彻底把握；它立足我国基本国情，准确认识我国发展的历史方位和我国社会主要矛盾的深刻变化，形成创新性的思想理论来指导新时代的伟大实践，推进新时代中国特色社会主义事业的繁荣发展，使我们党和国家的各项事业打开了新局面。

传承性。它继承和发展了马克思列宁主义、毛泽东思想、邓小平理论、"三个代表"重要思想和科学发展观，旗帜鲜明地坚持、捍卫和发展了马克思主义及其中国化理论，使马克思主义不断在新的历史条件下释放出耀眼的真理光芒。它充分吸收中华优秀传统文化的丰厚滋养，不断推进中华优秀传统文化的创造性转化和创新性发展，使马克思主义进一步与中华优秀传统文化相结合，将马克思主义中国化推向新高度。它以包容的胸怀和宽广的视野，积极借鉴世界各国各民族治国理政的良好经验，充分吸收人类文明的有益成果，使当代中国的马克思主义站到了人类文明发展的制高点上。

时代性。新时代催生新理论，新理论响应新时代。习近平新时代中国特色社会主义思想正是在新时代背景下应运而生的，深刻认识到了我国和世界的新变化动向，准确把握了我国和世界发展的新时代特征，不仅成为新时代中国特色社会主义的行动指南，而且适应了世界社会主义事业复苏的新需求，同时为全人类发展提供了重要指导，具有鲜明的时代特点。

人民性。它牢牢坚持唯物史观关于人民群众创造历史的基本观点，紧紧依靠人民群众发展新时代中国特色社会主义事业，实现中华民族伟大复兴的中国梦；坚持将人民放在至高无上的地位，坚持以人民为中心的发展思想，将全心全意为人民服务贯彻到一切工作中去，彻底贯彻立党为公、执政为民的执政理念；坚持把实现人民群众的美

好生活作为全部工作的出发点和落脚点，把人民对美好生活的向往作为奋斗目标，实现人的全面发展和社会全面进步。

创新性。它着眼于新时代中国特色社会主义的时代特征和发展要求，立足于我国社会主义事业的发展实践，直面国际国内的困难与挑战，讲了许多前人没有讲过的新话，用了前人没有用过的新表达，前瞻性地提出了治国理政的新理念新思想新战略，成功指导十八大以来党和国家各项事业的长足进步和重大突破，并将长期持续引领我国社会主义事业的新发展。

习近平新时代中国特色社会主义思想还具有鲜明的话语特点。习近平同志的话语表达具有独特的风格，活泼生动、简明、接地气，为普通群众所喜闻乐见。一是引经据典，文采彰显。他善用古今中外的优秀文化元素广征博引，对经典的古代诗词运用驾轻就熟、画龙点睛，使论述更加形象生动。例如，引用"奢靡之始，危亡之渐"，说明生活奢侈糜烂就会导致危急败亡；引用"观于明镜，则瑕疵不滞于躯；听于直言，则过行不累乎身"，提醒党员干部经常用明镜照照自己，时时注意自己的言行，虚心接受批评。二是贯穿俗语，活泼生动。善于引用大家耳熟能详的民间俗语、谚语、歇后语、网络用语加以形象化的比喻，去阐述深刻的道理。例如，引用"伤其十指，不如断其一指"，强调作风建设必须突出重点、聚焦问题；用"一张报纸一包烟，优哉游哉过一天"来描述部分干部的作风散漫；用"风来一阵雨，雨过地皮湿"警示作风建设必须抓常抓细抓长；用"牛栏关猫是不行的"，强调必须改进制度疏漏、规章笼统、纪律松弛等问题……这些话语形象生动，通俗易懂，增强了感染力、说服力、吸引力。三是通俗易懂接地气。善于用大白话、大实话，讲群众语言，深入浅出、解惑释疑，干部群众听得懂、记得住，有浓郁的生活气息。例如，用"打铁还需自身硬"说明正人先正己；用"缺钙""软骨病"来比喻理想信念的缺失；用"墙头草""推拉门"来描述干部队伍中的好人主义等。这些语句口语化味道浓，对接大众话语体系，轻松自然，很容易让人接受。

第四，习近平新时代中国特色社会主义思想为全党全国人民提供了强大的思想武器,是我们党一脉相承又与时俱进的指导思想。

习近平新时代中国特色社会主义思想,深刻回答了新时代中国特色社会主义的理论渊源、历史根据、本质特征、独特优势、发展规律和举措路径,为在新的时代条件下坚持和发展中国特色社会主义提供了科学的理论指引。它源于实践、指导实践,为新时代坚持和发展中国特色社会主义、推进党和国家事业发展提供了基本遵循,为马克思主义的当代发展作出了历史性贡献,必须长期坚持并不断发展。将它确立为党与时俱进的指导思想,是中国特色社会主义进入新时代的必然要求,是符合党心民意的重大决策,对党和国家事业发展必将产生重大而深远的影响。

理论武装要紧跟理论创新的步伐,新时代新任务新实践需要新的思想来指引。实现新时代党的历史使命,必须用党的最新理论成果武装全党、指导实践、推动工作。当前,深入学习和全面贯彻落实党的十九大精神,用习近平新时代中国特色社会主义思想武装头脑、指导行动,是首要政治任务。必须在学懂弄通做实上下功夫,切实增强学习贯彻习近平新时代中国特色社会主义思想的自觉性和坚定性,深刻领会其科学体系、精神实质、实践要求,下功夫把学习习近平新时代中国特色社会主义思想同学习马克思主义基本原理贯通起来,同把握党的十八大以来进行伟大斗争、建设伟大工程、推进伟大事业、实现伟大梦想的实践贯通起来,同把握十九大作出的各项战略部署贯通起来,联系地而不是孤立地、系统地而不是零碎地、全部地而不是局部地把握习近平新时代中国特色社会主义思想的理论精髓,把握好贯穿其中的马克思主义立场观点方法,更加自觉地为实现党的历史使命和人民的时代重托不懈奋斗。

(原载《中国社会科学》2017年第12期)

上 篇

不断巩固马克思主义的指导地位
—— 学习习近平总书记关于加强党的
意识形态工作的重要论述

马克思主义理论研究和建设工程实施以来，取得了一系列重要成果，为巩固马克思主义在意识形态领域的指导地位、巩固全党全国人民团结奋斗的共同思想基础，为促进改革发展稳定、推动中国特色社会主义事业发展作出了重要贡献。

一　马克思主义是颠扑不破的真理

作为无产阶级政党，我们共产党只相信真理，服从真理，为真理奋斗，为真理献身。什么是真理？真理就是人们对于客观事物本质及其规律的正确认识。我们共产党人坚信马克思主义，始终不渝地坚持把马克思主义作为自己的指导思想，就是因为马克思主义是颠扑不破的真理。

马克思主义是由哲学、政治经济学和科学社会主义等部分组成的严密的、完整的、科学的理论体系。马克思主义哲学是马克思主义整个科学理论体系的灵魂、基础和根据，揭示了自然、社会和人类思维的最一般规律，既是世界观也是方法论。世界观和方法论是一致的，用什么样的观点看世界，就是世界观；把马克思主义世界观用于认识和改造世界，就是方法论。习近平总书记强调："辩证唯物主义是中国共产党人的世界观和方法论"，"努力把马克思主义哲学作为自己的看家本领"。这是对马克思主义哲学真理性的科学评价，也是对待马克思主义的根本态度。

马克思主义经典作家运用马克思主义立场、观点、方法分析客观世界形成了一系列基本原理，如劳动价值和剩余价值的原理，社会形态和社会形态演变规律的原理，社会基本矛盾运动规律的原理，关于阶级、阶级斗争和国家的原理，关于无产阶级政党的原理，关于社会主义革命和无产阶级专政的原理，关于社会主义、共产主义必然代替资本主义的原理，关于社会主义本质特征和社会主义建设的原理，等等。这些基本原理共同构成了马克思主义的科学理论体系，是指引我们前进的强大思想武器。

实践是不断发展的，人们对于客观事物的认识也在不断发展。马克思主义是革命的、批判的、开放的、与时俱进的理论体系，必将随着实践的发展、时代的变迁、条件的变化而不断有所发现、有所前进、有所创新。马克思主义经典作家一再强调，正确的理论必须结合具体情况并根据现存条件加以阐明和发挥。恩格斯说过："我们的理论是发展着的理论，而不是必须背得烂熟并机械地加以重复的教条。"① 列宁反对用教条主义的态度对待马克思主义。他认为，如果把马克思主义变成一种片面的、畸形的、僵死的东西，就会抽掉马克思主义的活的灵魂，就会破坏它的根本的理论基础——辩证法，即关于包罗万象和充满矛盾的历史发展的学说，就会破坏马克思主义同时代的一定实际任务，即可能随着每一次新的历史转变而改变的一定实际任务之间的联系。任何僵化与停滞，都与马克思主义的理论品格背道而驰。一部马克思主义的历史，就是马克思主义创始人及其后继者，对已经改变的实践进行新的理论概括，又用创新理论指导发展了的实践的历史。因此，对待马克思主义，切忌把它在特定历史条件下作出的个别结论僵死化、凝固化，而应当根据不同历史条件，创造性地加以运用。例如，马克思主义经典作家曾预言社会主义革命会在少数几个西欧国家同时爆发、同时取得胜利，这被概括为"数国同时胜利论"。按照这个论断，就无法解释列宁领导的十月社会主义革命，

---

① 《马克思恩格斯选集》第4卷，人民出版社1995年版，第681页。

因此就必须解放思想、实事求是、大胆创新。任何理论的产生发展，都处于具体的历史条件之中。不能因为个别结论过时，就得出马克思主义已经过时，更不能因此否定马克思主义的真理性、科学性。

马克思主义诞生以来的历史雄辩地证明了马克思主义的真理性。马克思主义在历史上和现实中所发挥的作用，是其他任何理论、学说都不可比拟的。历史上资产阶级学者曾经无数次宣布"马克思主义过时了"，"马克思主义死亡了"，"马克思主义被送进墓地了"，"马克思主义的幽灵已经消失了"，"马克思主义作为一种意识形态已经终结了"，等等，但每一次这种宣布都被历史无情地嘲弄了。20世纪以来，特别是第二次世界大战结束以后，尽管世界发生了巨大变化，尽管时代主题发生了重大转换，但马克思主义所揭示的资本主义必然灭亡、社会主义必然胜利的历史趋势没有变，所揭示的时代本质没有发生根本转变，马克思主义世界观、方法论及其基本原理没有过时。邓小平同志说得好："我坚信，世界上赞成马克思主义的人会多起来的，因为马克思主义是科学。"①

二 马克思主义是认识与改造世界的最锐利的思想武器

指导我们思想的理论基础是马克思列宁主义，这是毛泽东同志留给我们的至理名言，也是中国共产党最宝贵的历史经验。中国共产党人最注重马克思主义的指导作用，最注重结合实际，运用马克思主义的立场、观点和方法。靠马克思主义建党、立党、兴党，靠马克思主义建国、立国、兴国，靠马克思主义挽救中华民族于危亡之际，靠马克思主义取得革命、建设、改革的伟大成就。历史一再昭示，不断推动马克思主义中国化时代化大众化，是我们不断从胜利走向胜利的根本思想保证，是我们党最为宝贵的经验。

没有先进理论，无法成就事业。毛泽东同志指出："代表先进阶

---

① 《邓小平文选》第3卷，人民出版社1993年版，第382页。

级的正确思想,一旦被群众掌握,就会变成改造社会、改造世界的物质力量。"① 马克思主义理论的真理性,突出体现在它为我们认识、改造世界提供了最透彻最全面最科学的理论指南。

马克思主义坚定我们的理想信念。习近平总书记指出:理想信念是共产党人的精神之"钙",必须加强思想政治建设,解决好世界观、人生观、价值观这个"总开关"问题。坚定的理想信念、不懈的精神追求始终是共产党人的标志,从来都是共产党人的强大优势。对马克思主义、共产主义的信仰,对社会主义的信念,是共产党人的政治灵魂,是我们党经受任何考验、不断攻坚克难、始终奋力前进的精神支柱。邓小平同志说过:"对马克思主义的信仰,是中国革命胜利的一种精神动力。"② 马克思主义揭示了社会主义、共产主义取代资本主义的不可抗拒的历史趋势,这是我们共产党人为实现伟大理想而不畏流血牺牲、英勇奋斗的理论支撑。只要坚信马克思主义、共产主义,我们就会始终胸怀远大理想,坚定革命信仰,牢记全心全意为人民服务的宗旨,无论遇到什么险阻,都不会丧失信念;就会始终保持革命英雄主义,无论遇到多大困难,都不会退缩不前;就会始终保持革命乐观主义,无论遇到什么挫折,都坚信历史潮流滚滚向前。现实生活中,一些党员、干部出现这样那样的问题,遇到风雨就东摇西摆,说到底是信仰缺失、精神迷茫,丧失了共产党人的理想信念。

马克思主义赋予我们立场、观点和方法,为我们提供理论支撑。马克思主义哲学世界观方法论就是马克思主义立场、观点和方法。立场,就是指马克思主义代表的是工人阶级和最广大人民群众的根本利益;观点,就是马克思主义哲学基本观点和把它运用于实际而得出的基本原理;方法,就是把马克思主义世界观方法论及其一般原理运用于分析解决实际问题时形成的思维方法和工作方法。坚持马克思主义立场、观点和方法,就要坚定地站在工人阶级及最广大人民群众的立场上,运用马克思主义世界观方法论,运用马克思主义基本原理和基

---

① 《毛泽东文集》第8卷,人民出版社1999年版,第320页。
② 《邓小平文选》第3卷,人民出版社1993年版,第63页。

本观点分析问题、认识问题和解决问题。列宁以马克思主义为指导，结合俄国具体国情，制定出符合俄国实际的战略和策略，夺取了十月革命的胜利。以毛泽东同志为主要代表的中国共产党人把马克思主义与中国实际相结合，运用马克思主义的立场、观点和方法，深刻研究中国革命的特点和规律，探索出了符合中国国情的农村包围城市、武装夺取政权的新民主主义革命道路，带领人民取得了革命的成功。改革开放以来，中国共产党人解放思想、实事求是、与时俱进，毫不动摇地坚持马克思主义，坚定不移地推进马克思主义理论创新，开创和发展了中国特色社会主义，带领中国人民取得了改革开放的辉煌成就。历史已经证明，马克思主义具有强大的生命力。掌握和运用马克思主义的立场、观点和方法，是我们克敌制胜、做好一切工作的看家本领。

三　马克思主义是不断发展的科学理论

马克思主义之所以始终是我们的强大思想武器，之所以具有旺盛生命力，就在于它是发展的理论，就在于它要求理论联系实际，与具体条件、具体实践相结合。列宁在领导俄国革命和建设的实践中，概括19世纪末到20世纪初自然科学、社会科学发展的最新成果，研究资本主义发展到帝国主义阶段的本质规律，总结无产阶级革命和社会主义建设的新经验，创造性地运用和发展了马克思主义，从而将马克思主义推到了一个新阶段。中国共产党人根据马克思列宁主义的基本原理，把中国革命、建设、改革实践中的一系列独创性经验进行理论概括，实现了马克思主义中国化的两次历史性飞跃，形成了两大理论成果。

党的十八大以来，习近平总书记从坚持和发展中国特色社会主义全局出发，发表了一系列重要讲话，提出了一系列新思想、新观点、新论断，形成了"四个全面"战略布局，进一步丰富和发展了中国特色社会主义理论体系，开辟了我们党治国理政的新境界。

在新的历史起点上，实现"两个一百年"奋斗目标和中华民族伟大复兴的中国梦，面临着十分艰巨的任务，呼唤着21世纪中国马克思主义的大发展。马克思主义理论研究和建设工程是坚持和发展马克思主义、巩固马克思主义指导地位的铸魂工程和基础工程，是党的一项根本性建设。在新的历史条件下深入实施这一工程，必须强化问题导向，回应时代关切，把研究阐释当代中国马克思主义作为主攻方向，一定要有发展的观点，一定要着眼于新的实践和新的发展；必须深入研究阐释习近平总书记系列重要讲话的重大意义，深入研究阐释讲话蕴含的新思想新观点新论断；必须围绕落实党的十八大以来党中央战略部署来确定研究重点，深入回答事关全局的实践课题，着力探究深层次思想理论问题，正确解析热点难点问题；必须紧紧围绕坚持和发展中国特色社会主义这一主题，回答中国特色社会主义的一系列重大理论与实际问题，引导干部群众坚定道路自信、理论自信和制度自信；必须着力构建中国特色哲学社会科学体系和学术话语体系，坚持用中国理论阐释中国实践，立足中国实践升华中国理论。总之，坚持和发展马克思主义，更好地推动马克思主义中国化时代化大众化，只有进行时，没有完成时，思想理论工作者必须自觉承担起这一光荣使命。

（原载《求是》2015年第4期）

认真践行"三严三实",切实发挥好思想库智囊团作用

党的十八大以来,以习近平同志为核心的党中央作出全面从严治党的重大决策部署,把作风建设作为推进党的建设的切入点和突破口,从出台"八项规定",到部署开展党的群众路线教育实践活动,再到当前正在深入开展的以"严以修身、严以用权、严以律己,谋事要实、创业要实、做人要实"为主题的专题教育,树立新风气、开创新局面,赢得全党全国各族人民高度赞誉和衷心拥护,凝聚起全面建成小康社会、全面深化改革、全面依法治国、全面从严治党的战略思想的强大力量。中国社会科学院作为党中央直接领导的国家哲学社会科学研究机构、马克思主义坚强阵地和党的意识形态重镇、中国特色新型高端智库,要认真贯彻落实习近平总书记系列重要讲话精神,把继续深化"三严三实"专题教育,同贯彻党的十八届五中全会精神紧密结合起来,同树立和贯彻五大发展理念紧密结合起来,以严和实的作风,筑牢改革发展的思想根基,努力把中国社会科学院建设成为马克思主义坚强阵地、哲学社会科学研究的最高殿堂、党中央国务院重要的思想库智囊团。

一要深刻领会"三严三实"的精神实质。要深入学习习近平总书记关于"三严三实"的重要论述,深刻理解"三严三实"的科学内涵。"三严三实"明确了领导干部的修身之本、为政之道、成事之要,体现了共产党人的价值追求和政治品格,是我们党的核心价值、独特优势、优良传统,其中蕴含着马克思主义信仰、共产主义远大理想、中国特色社会主义共同理想,体现了全面从严治党的时代内涵和政治

要求。"三严三实"体现了我们党的思想路线和群众路线的有机统一，体现了世界观、人生观、价值观、权力观的有机统一，其中蕴含着修身用权律己、谋事创业做人等多方面的统一。"三严三实"的着力点就在一个"严"字，一个"实"字。"三严"是内在要求，"三实"是行为取向，"三严""三实"是内在联系的统一的整体。我们要不断深化对其科学内涵和精神实质的理解，不断增强党员干部践行"三严三实"的自觉性，以思想自觉引领行动自觉，以行动自觉深化思想自觉。

二要深入把握"三严三实"的实践要求。领导干部践行"三严三实"，要聚焦对党忠诚、个人干净、敢于担当，始终做到有信仰、敢担当、重实干、崇廉洁，以实际行动对党负责、对人民负责、对历史负责。一是有信仰。党的本质是政治信仰组织，舍此就没有党，就没有无产阶级政党。这个政治信仰，就是对马克思主义的信仰，对社会主义和共产主义的信念。党员领导干部要加强党性锻炼，把对党信仰铸入思想、融入灵魂、见于行动，做到虔诚而执着、至信而深厚。二是敢担当。担当是一种责任，一种自觉。担当是共产党人的优秀品格。共产党人干革命、干工作，不是为了图享受，而是为了实现国家富强和人民幸福。领导干部要敢于担负政治责任，敢于担负领导发展的责任，敢于担负党建主体责任。三是重实干。"三严三实"最终要落在实干上。领导干部以求真务实的态度，发扬实干精神，出实策、鼓实劲、办实事，坚持一切从实际出发、实事求是的根本工作方法，深入实际调查研究，推动工作落实。四是尚廉洁。"三严三实"的核心要义，在于崇尚自律，保持共产党人清正廉洁的政治品质。领导干部要做践行"三严三实"的模范，努力做到思想上一尘不染，行动上一身正气。

三要以严和实的精神积极打造具有国际影响力的世界知名智库。在开展"三严三实"专题教育过程中，中国社会科学院要始终坚持围绕大局、服务大局，做到两手抓、两促进，把专题教育的实效，体现在推进以科研为中心的各项工作上。

一是在加强党的意识形态工作上见实效。中国社会科学院是党的意识形态重镇，是党在思想理论领域的重要战线，中国社会科学院党员领导干部要深入学习领会习近平总书记关于意识形态工作的系列重要讲话和重要批示精神，进一步强化意识形态工作领导责任制，建立意识形态工作协调会议制度，组建马克思主义学术网军和理论写作组，加大理论斗争、舆论斗争和网上斗争的力度；成立马克思主义理论创新智库和意识形态研究智库，大力推进马克思主义理论创新研究和意识形态问题研究，确保哲学社会科学研究正确的政治方向和学术导向。

二是在深入推进哲学社会科学创新工程上见实效。创新工程是哲学社会科学创新体系建设的重要载体。实施创新工程，有力推动了中国社会科学院阵地功能、殿堂功能、智库功能的有效发挥，激发了创新动力，释放了科研活力，解放了科研生产力。深入推进创新工程，要积极推进学术观点创新、学科体系创新和科研方法创新，逐步建立完善一整套完整的适应社科研究规律的、有社科院特色的哲学社会科学创新制度，努力推出能够引领学术方向、具有时代高度、代表国家水准、经得起历史和人民检验的标志性创新成果。

三是在推进中国特色高端智库建设上见实效。党中央和习近平总书记高度重视中国特色新型智库建设，中国社会科学院要认真贯彻落实中央指示精神，抓住机遇、乘势而上，努力把中国社会科学院建设成具有国际影响力的世界知名智库。要坚持殿堂功能和智库功能并重并举，基础理论研究和应用对策研究并重并举，多出原创性、创新性的思想、理论、观点，以深厚扎实的基础研究、理论功底和学术涵养为支撑，切实发挥好党中央国务院重要思想库和智囊团作用。

四是在推进全面从严治党上见实效。中国社会科学院要认真学习贯彻习近平总书记关于党要管党、从严治党的重要指示精神，坚持从严治党、思想建党、制度治党，贯彻落实主体责任和监督责任，把全面从严治党的要求落到实处。要把思想理论建设放在第一位，不断完善中国社会科学院体现从严治党要求的制度规范，抓好组织落实、思想落实、制度落实、活动落实。把党建工作与科研工作融为一体，为实现中央为中国社会科学院提出的"三个定位"目标要求、深入实施创新工程、推进高端智库建设提供坚强保证。

（原载人民网 2015 年 10 月 23 日）

学会运用马克思主义哲学，指导中国特色社会主义伟大实践

——学习习近平总书记关于学习马克思主义哲学重要讲话精神体会

习近平总书记高度重视全党的马克思主义哲学武装问题，他号召全党"努力把马克思主义哲学作为自己的看家本领"①，组织全党开展马克思主义哲学学习运动，学会用马克思主义哲学指导实践。他躬亲带领十八届政治局两次集体学习马克思主义哲学，第一次是2013年12月3日第十一次集体学习，学习历史唯物主义基本原理和方法论；第二次是2015年1月23日第二十次集体学习，学习辩证唯物主义基本原理和方法论。关于学习和掌握马克思主义哲学，他发表了一系列重要讲话，强调学习掌握马克思主义哲学，对于全党夺取中国特色社会主义伟大胜利的至关重要性。

一 马克思主义哲学是放之四海而皆准的真理

马克思主义立场观点方法贯穿于马克思列宁主义、毛泽东思想和中国特色社会主义理论体系之中，是马克思主义科学思想体系的精髓。马克思主义立场观点方法，就是马克思主义的哲学世界观和方法论，就是我们通常讲的辩证唯物主义（包括历史唯物主义）世界观和

---

① 参见习近平总书记在中共中央政治局2013年12月3日下午就历史唯物主义基本原理和方法论进行第十一次集体学习时的讲话。

方法论，这是管总的，是共产党人观察和解决一切问题的政治上的望远镜和显微镜，是我们党解决关系党和国家全局的一系列重大理论和现实问题的哲学依据，是全党思想统一、行动一致的最根本的思想基础。

　　作为工人阶级政党，我们共产党只相信真理，服从真理，为真理奋斗与献身。什么是真理？真理是人们对于客观事物本质及其固有规律的正确的、科学的反映与认识。马克思主义哲学就是真理。马克思主义哲学揭示了自然、社会和人类思维的最一般规律，是放之四海而皆准的。马克思主义是当今人类理论思维的最高峰。马克思主义是由哲学、政治经济学和科学社会主义等部分组成的严整的、科学的理论体系，马克思主义哲学是马克思主义整个科学理论体系的灵魂、基础和根据。毛泽东同志曾经指出："马克思主义有几门学问：马克思主义的哲学，马克思主义的经济学，马克思主义的社会主义——阶级斗争学说，但基础的东西是马克思主义哲学。这个东西没有学通，我们就没有共同的语言，没有共同的方法，扯了许多皮，还扯不清楚。有了辩证唯物论的思想，就省得许多事，也少犯许多错误。"[①] 马克思主义最根本的东西是什么？就是马克思主义哲学。辩证唯物主义揭示了自然、人类社会和人类思维的三大规律。历史唯物主义把辩证唯物主义运用到社会历史领域，是关于社会历史领域总的历史观和方法论。辩证唯物主义与历史唯物主义是不可分割的一块整钢，构成系统完整的马克思主义哲学体系。马克思主义的哲学世界观和方法论是一致的，用什么样的观点看世界，就是世界观；把世界观运用到认识和改造世界中，就是方法论。习近平总书记强调，"辩证唯物主义是中国共产党人的世界观和方法论"[②]。这是对马克思主义哲学真理性的科学评价，也是对待马克思主义的根本态度。

　　习近平总书记系列重要讲话就是活生生的马克思主义哲学教材，

[①] 《毛泽东文集》第6卷，人民出版社1999年版，第396页。
[②] 参见习近平总书记在中共中央政治局2015年1月23日下午就辩证唯物主义基本原理和方法论进行第二十次集体学习时的讲话。

为我们树立了运用马克思主义哲学的立场观点方法分析、认识、解决问题的典范。习近平总书记系列重要讲话通篇贯穿了一脉相承、一以贯之的一条红线，这也是马克思主义、列宁主义、毛泽东思想和中国特色社会主义理论体系所贯穿的基本立场、观点和方法，这就是贯穿于习近平总书记系列重要讲话之中的活的灵魂和精神实质，即马克思主义哲学世界观和方法论。习近平总书记指出，毛泽东同志在革命战争年代写下的《反对本本主义》《实践论》《矛盾论》等著作，在社会主义建设时期写下的《论十大关系》《关于正确处理人民内部矛盾的问题》等著作，灵活运用了辩证唯物主义世界观和方法论，形成了具有鲜明中国特色的马克思主义哲学思想，为我们党掌握和运用辩证唯物主义树立了光辉典范。掌握和运用马克思主义立场观点方法来研究和解决中国的实际问题，是以毛泽东同志为代表的中国共产党人留给我们的传家宝。

不断发展的新的实践迫切需要马克思主义哲学指导。习近平总书记指出，今天，我们党要团结带领人民协调推进全面建成小康社会、全面深化改革、全面依法治国、全面从严治党，实现"两个一百年"奋斗目标，实现中华民族伟大复兴的中国梦，必须不断接受马克思主义哲学智慧的滋养，更加自觉地坚持和运用辩证唯物主义世界观和方法论。

习近平总书记鲜明地指出，能否做好意识形态工作，事关党的前途命运，事关国家长治久安，事关民族凝聚力和向心力。当前意识形态斗争错综复杂，各种错误思潮，诸如历史虚无主义、民主社会主义、新自由主义、普世价值观以及资产阶级民主、自由、人权、宪政观等否定马克思列宁主义、毛泽东思想，否定党的领导、党的历史，否定社会主义、人民民主专政、社会主义改革开放等邪说谬误一定程度上扰乱了我们的思想阵线，这些错误思潮让人特别是年轻人感到困惑，给人以莫衷一是、不知所措的感觉。靠什么来批判错误思潮，靠什么来解疑释惑，靠什么来统一思想、提高认识，靠什么来指导实践，战胜各种艰难险阻，克服各种困难，不断把人民的事业推向前进，就要靠马克思主义的立场、观点、方法，就要靠马克思主义哲学世界观方法论。

学习习近平总书记系列重要讲话，掌握其中贯穿的哲学精要，心里就有了一以贯之的"主心骨"，就可以任凭风浪起，我自岿然不动。有了马克思主义的立场、观点和方法这个"主心骨"，掌握了哲学武器，筑牢了思想根基，把住了理论底线，无论遇到什么样的风险，我们都可以应对自如、从容处置，都能够找到解决难题的方针、思路和办法。深入学习贯彻习近平总书记系列重要讲话精神，最根本的是学习讲话贯穿的思想精髓即科学的世界观方法论，学会用马克思主义的立场观点方法研究和解决我们面临的实际问题，不断提高马克思主义哲学素养和运用马克思主义哲学处理问题的能力。

二 坚持实事求是哲学精髓，一切从中国实际出发

实事求是，一切从实际出发，是马克思主义哲学的精髓，是我们党始终坚持的根本思想方法，掌握马克思主义哲学，最根本的一点就是牢记实事求是精髓，在一切工作中自始至终坚持实事求是思想路线。

习近平总书记深刻阐述了坚持实事求是的重大意义和基本要求。他认为，应对当前我国发展面临的一系列矛盾和挑战，关键在于一切从实际出发，尊重和把握客观规律，按客观规律办事。摸着石头过河就是摸规律，从实践中获得真知。实事求是关键在于认识和掌握客观事物固有的规律。在革命、建设、改革各个历史时期，我们党系统、具体、历史地分析中国社会运动及其发展规律，在认识世界和改造世界过程中不断把握规律、积极运用规律，推动党和人民事业取得了一个又一个胜利。他身体力行，"求客观实际之真，务执政为民之实"，客观分析我国国情实际、党情实际和世界发展变化的世情实际，从客观事物本身具有的规律出发，观察问题、认识问题，导引出解决当前中国一切复杂难题的良方益药。

实事求是思想路线是马克思主义哲学实践第一观点的中国化表述

和创新。习近平总书记要求我们，坚持实事求是思想路线，就要学习掌握认识和实践辩证关系的原理，坚持实践第一的观点，不断推进实践基础上的理论创新。他指出，我们党一贯重视理论工作，强调理论必须同实践相统一。理论一旦脱离了实践，就会成为僵化的教条，失去活力和生命力。当然，实践如果没有正确理论的指导，也容易"盲人骑瞎马，夜半临深池"。实践没有止境，理论创新也没有止境。要使党和人民事业不停顿，必须在实践中推进理论创新，实践不停顿，理论也不能停顿。要根据时代变化和实践发展，不断深化认识，不断总结经验，不断进行理论创新，坚持理论指导和实践探索辩证统一，实现理论创新和实践创新良性互动，在这种统一和互动中发展21世纪中国的马克思主义。

习近平总书记强调，坚持实事求是，一定要从中国实际出发，把一切从实际出发作为我们党制定政治路线、方针、政策的根本出发点。他认为，世界物质统一性原理是辩证唯物主义最基本、最核心的观点，是马克思主义哲学的基石。坚持物质第一性的观点，最重要的就是坚持一切从客观实际出发，而不是从主观愿望出发。

当代中国最大的客观实际是什么？习近平总书记认为，就是我国仍处于并将长期处于社会主义初级阶段。这是认识当下、规划未来、制定政策、推进事业的客观基点，不能脱离这个基点，否则就会犯错误，甚至犯颠覆性的错误。一切从长期处于社会主义初级阶段这个最大国情实际出发，这是我们党的中国特色社会主义基本理论、基本路线的基本点。在实际工作中，主观主义作怪，出现这样或那样的问题，劳民伤财、得不偿失，从思想根源来看，就是没有做到一切从实际出发，背离了实事求是思想路线。当然，客观实际不是一成不变的，而是不断发展变化的。坚持一切从实际出发，既要看到社会主义初级阶段基本国情没有变，也要看到我国经济社会发展每个阶段都会呈现出来的新特点。经过三十多年改革开放，我国社会生产力、综合国力、人民生活水平实现了历史性跨越，我国基本国情的内涵不断发生变化，我们面临的国际国内风险、面临的难题也发生了重要变化。过去长期困扰我们的一些矛盾不存在了，但新的矛盾不断产生，其中很多是我们没有遇到、没有处理过的。坚持实事求是，一切从实际出发，就是要善于适应国际国内环境新变化，辩证分析我国经济发展阶段性特征，准确把握我国不同发展阶段的新变化新特点，特别要准确把握、主动适应经济发展新常态，使主观世界更好符合客观实际，按照客观实际来决定我们的工作方针。

怎样才能做到实事求是、从实际出发呢？这就必须深入实际，调查研究。习近平总书记认为，一切结论皆产生于调查研究之后，一切正确的主张皆来自调查研究，一切创新的思路皆得益于调查研究。调查研究是贯彻实事求是思想路线的最佳途径。他高度重视调查研究，指出，调查研究是谋事之基，成事之道。没有调查就没有发言权，更没有决策权。重视调查研究是我们党的重要传家宝，提高调查研究能力是做好领导干部工作的基本功，是提高领导干部素质的重要方面，调查研究有利于领导干部正确认识世界、改造世界，改造世界观，转变工作作风，增进同人民群众的感情。调查研究必须要深入实际、深入实践、深入基层、深入群众，不仅要"身入"基层，更要"心到"基层，不仅"身入"群众，更要"心入"群众，真正了解基层普通干部群众的所想、所急、所求，只有通过调查研究，发现了事物的基本面貌，才能找到事物的本质和规律，才能找到解决问题的办法和途径。他是这样说的，也是这样做的。无论在地方工作期间，还是到中央工作，担任总书记以来，他推动全党开展党的群众路线教育实践活动，大兴调查研究之风，坚持调查研究开路，深入基层和部门调查研究。在他的带领下，全党上下深入基层、深入群众，围绕改革发展中的矛盾问题问计于民，指导实践，凝聚力量，作出了一系列正确判断和科学结论，提出了一系列正确主张和重大举措。

实际上，习近平总书记系列重要讲话本身就是坚持解放思想、实事求是的思想路线，准确把握客观实际、科学掌握客观规律的创新产物，就是对当今中国实际和世界实际全面把握和实事求是分析的科学成果。学习习近平总书记系列重要讲话精神，最根本的一点，就是坚持实事求是思想路线。

三 照辩证法办事，大力提倡辩证思维、战略思维、系统思维、创新思维和底线思维

毛泽东同志要求我们的领导干部"要照辩证法办事"。习近平总书记主张，辩证唯物主义是我们共产党人观察分析处理一切问题的思想方法。学习辩证唯物主义，最重要的是要用辩证法看问题，照辩证法办事，提高辩证思维能力。照辩证法办事，就要客观地而不是主观地、发展地而不是静止地、系统地而不是零散地、普遍联系地而不是孤立地、全面地而不是片面地、一分为二地而不是绝对地分析问题、解决问题，在矛盾双方对立统一的过程中把握事物的发展规律，这是学习和掌握辩证思想方法的基本要求。任何主观主义、形式主义、机械主义、教条主义、经验主义的观点都是形而上学的思想方法，在实际工作中不可能有好的结果。

科学判断形势是作出正确决策的前提。习近平总书记指出，要科学判断形势，就"要始终坚持全面的辩证的历史的观点，善于抓住事物的本质，在认清形势中统一思想，做到审时度势、因势利导、顺势而为、乘势而上"[①]。他在谈到"统筹兼顾"问题时指出，这是中国共产党的科学方法论，其哲学内涵就是马克思主义辩证法，强调以辩证法来思考和解决问题。在谈到学习实践科学发展观时，他提出，"要特别注意掌握蕴含其中的辩证法"，"科学发展观是充分贯彻和体现马克思主义唯物辩证法的发展观。它所强调的发展，是正确处理局部与全局、数量与质量、速度与效益关系的又好又快发展，是正确处理人与人、人与社会、人与自然关系的协调发展，是正确处理城市与农村、发达地区与欠发达地区、国内发展与对外开放关系的统筹发展，是正确处理经济、政治、文化、社会以及生态等各方面关系的全面发展，是正确处理当前与长远、现在与未来关系的可

---

① 习近平：《在新的历史起点上推动浙江实现又快又好发展——在浙江省第十届人民代表大会第四次会议闭幕时的讲话》（2006年1月22日）。

持续发展"①。习近平总书记灵活地运用辩证法思考和处理改革开放问题,要求从纷繁复杂的事物表象中把准改革脉搏,把握全面深化改革的内在规律。

对立统一规律即矛盾规律是辩证法的核心和实质,掌握了矛盾分析方法,也就掌握了辩证法。习近平总书记系列重要讲话通篇贯穿了对立统一的辩证法和矛盾分析方法。他娴熟地运用辩证法的"矛盾论""两点论""重点论"和"全面论"来观察和处理问题。他认为,矛盾是普遍存在的,矛盾是事物联系的实质内容和事物发展的根本动力,人的认识活动和实践活动从根本上说就是不断认识矛盾、不断解决矛盾的过程。要采取对待矛盾的正确态度,积极面对矛盾、解决矛盾,运用矛盾相辅相成的特性,在解决矛盾的过程中推动事物发展。他要求,要承认矛盾、分析矛盾、解决矛盾,善于抓住主要矛盾、抓住关键、抓住问题所在,找准重点。他认为坚持问题导向就是承认矛盾的普遍性、客观性,要有强烈的问题意识,以重大问题为导向,善于把认识和化解矛盾作为打开工作局面的突破口。他主张既要坚持两点论、全面论,又要坚持重点论,一分为二地看问题,全面把握深化改革的一系列重大关系,处理好解放思想和实事求是的关系、整体推进和重点突破的关系、顶层设计和摸着石头过河的关系、胆子要大和步子要稳的关系,以及改革发展稳定的关系。他关于既要以经济建设为中心,又要重视党的意识形态工作;既要看到物质决定意识,坚持从中国社会主义初级阶段实际出发,以经济建设为中心,又要看到意识的反作用,始终把思想建设放在党的建设第一位,毫不放松理想信念教育、思想道德教育和意识形态工作,大力培育和弘扬社会主义核心价值观;既要坚定不移地抓好党的建设、反腐倡廉建设,又要坚定不移地、大胆地推进改革开放;反腐倡廉既要治标也要治本;既要在新的历史起点上全面深化改革,又必须要牢牢坚持正确方向,坚持和完善我国基本经济制度;既要重视市场资源配置的决定性作用,又要

---

① 习近平:《深入学习中国特色社会主义理论体系 努力掌握马克思主义立场观点方法》,《求是》2010年第7期。

更好发挥政府作用；改革开放既要循序渐进又要竞相突破，既要胸怀全局又要抓好局部；深化改革既要胆子大，又要步子稳，战略上既要勇于进取，战术上又要稳扎稳打；社会治理既不要管得太死，一潭死水不行，又不要管得太松，波涛汹涌也不行；既要统筹兼顾又要突出重点，既要立足当前又要放眼长远，既要把握国情又要了解世界；既要看到国际形势中有利的一面，也要看到不利的一面，等等，为我们提供了成功运用辩证法的范例。

习近平总书记指出，学习和运用唯物辩证法，就要运用辩证思维方式认识问题、分析问题和解决问题，反对形而上学的思想方法，准确把握客观实际，真正掌握客观规律。习近平总书记系列重要讲话处处体现着高超的辩证思维水平。他精通辩证法，善于运用辩证思维方式分析复杂事物，全面把握事物变化及其关系，通透辩证思维方式和辩证分析方法。他反复强调要增强辩证思维、战略思维、系统思维、创新思维和底线思维能力，正确地观察分析事物，研究解决改革发展中的困难和问题，不断增强决策的科学性、前瞻性、主动性。辩证思维，就是承认矛盾、分析矛盾、解决矛盾，善于抓住关键和重点，全面洞察事物发展规律。战略思维、系统思维、创新思维和底线思维实质上都是辩证思维。所谓战略思维，就是高瞻远瞩，统揽全局，善于从全面、根本、长远的角度看问题，善于把握事物发展总体趋势和方向。他强调，要树立全局意识、大局观念，要善于从全局看问题，放眼世界，放眼未来，放眼一切方面，也不能忘记当前；要善于观大势，谋大事，把握工作主动权；要加强战略思维，增强战略定力，做到"任凭风浪起，稳坐钓鱼船"，在重大原则问题上旗帜鲜明、态度明确，在复杂多变的国际局势中平心静气、静观其变，在制定策略时冷静观察、谨慎从事，谋定而后动。要视野开阔，胸襟博大，紧跟时代前进步伐，站在战略和全局的高度观察和处理问题，从政治上认识和判断形势，透过纷繁复杂的表面现象把握事物的本质和发展的内在规律。所谓系统思维，就是用整体的、联系的、全面的观点看问题。世界上一切事物都是系统的存在，要用系统的观点看问题。他指出，全面深化改革是一项复杂的系统工程，应有总体设计和总体规划，包括总体方案、路线图、时间表以及战略目标、工作重点、优先顺序等。要加强顶层设计，增强改革措施的系统性、协调性，对经济体制、政治体制、文化体制、社会体制、生态文明体制改革进行整体谋划，加强各领域改革的关联性、系统性、协同性研究，使改革举措具有可行性和可操作性，使各项改革举措在政策取向上相互配合、在实施过程中相互促进、在实际成效上相得益彰。所谓创新思维，就是破除迷信，超越过时的陈规，善于因时制宜、知难而进、开拓进取，不断推进思想进步、实践进步、发展进步，创新思维是辩证发展观的具体体现。习近平总书记把创新理念运用于创新发展，提出了创新发展战略。他要求，要深入实施创新驱动发展战略，加快形成以创新为主要引领和支撑的经济体系和发展模式。所谓底线思维，就是考虑问题、办事情要留有充分余地，从最坏处着眼，从最好处着手，善于做转化争取工作，掌握主动权。他指出，做决策、办事情，要善于运用底线思维的方法，凡事从坏处准备，努力争取最好的结果，做到有备无患，遇事不慌，牢牢把握主动权。

（原载《马克思主义哲学论丛》2015 年第 4 辑）

"四个全面"战略布局丰富和发展了中国特色社会主义理论体系

党的十八大以来,以习近平同志为核心的党中央从坚持和发展中国特色社会主义全局出发,提出并形成了全面建成小康社会、全面深化改革、全面依法治国、全面从严治党的战略布局。"四个全面"战略布局,丰富和发展了中国特色社会主义理论体系,为在新的历史条件下深化改革开放、加快推进社会主义现代化提供了科学理论指导和行动指南。

一 新的历史阶段的重大思想创新

理论是对时代问题的回答。习近平总书记强调,要从马克思主义关于人类社会发展规律的高度来认识当今世界的变化及趋势。从1848年《共产党宣言》发表到今天,科学社会主义思想已成为现实,成为正在探索建设中的社会主义新的社会形态,巨大的历史变迁雄辩地证明了马克思主义唯物史观关于资本主义必然灭亡、社会主义必然胜利的时代判断的真理性。

当前,世界金融危机造成国际形势发生了重大转变,世界力量对比发生了深刻变化,西强我弱的局面正在悄然发生转化。世界金融危机的爆发,是资本主义阵发性危机的必然产物,也是影响我国社会发展进入新阶段的重要国际因素。世界历史时代与国际环境大背景,决定中国已进入一个有着许多不同以往特点的新的发展阶段。

今天,中国特色社会主义事业正处在发展的决定性关口。经过三十多年改革开放，中国特色社会主义事业取得了伟大成就，证明了中国特色社会主义道路是中国人民正确的历史选择，证明了马克思主义、毛泽东思想、中国特色社会主义理论体系是我们事业的科学的思想指南，证明了中国特色社会主义制度是我们必须始终坚持的社会制度。但同时又面临着国内外复杂形势所带来的巨大压力、挑战和风险。在这样的关键时期，全党迫切需要在马克思主义立场观点方法的基础上，作出科学判断，制定并实施正确路线、方针、政策和举措，统一思想和行动。"四个全面"战略布局应运而生。

习近平总书记站在时代的战略高度，顺应了新起点、新阶段的历史性转折与变化，把握了新起点新阶段的基本特征和客观规律，指明了党领导的中国人民事业前进的方向，提出了实现"两个一百年"中华民族伟大复兴中国梦的远大目标，提出了"四个全面"重大战略布局，形成了一整套新看法新论断新观点新思想，为治党治国治军提供了基本遵循，是高举中国特色社会主义旗帜的政治宣言，是坚定不移地走中国特色社会主义道路的行动纲领。

二 指引中国特色社会主义发展的科学指南

中国特色社会主义是全面发展的社会主义。习近平总书记科学地分析了国际共产主义和社会主义运动的历史发展进程，特别是我们党探索中国特色社会主义的伟大实践，全面系统深刻地阐述了坚持和发展中国特色社会主义需要把握的重大理论和现实问题，提出"四个全面"战略布局，起到了正本清源、把关定向、明辨是非、提高认识、凝聚力量的重大作用。

"四个全面"战略布局，既有战略目标，也有战略举措，每一个"全面"都具有重大战略意义。全面建成小康社会是我们的战略目标。当前，我们已经进入全面建成小康社会的决定性阶段。全面建成小康社会的目标，与中国特色社会主义事业总体布局是一致的，也是实现中华民族伟大复兴中国梦的关键一步。全面深化改革，是当代中国发展进步的动力源泉，是坚持和发展中国特色社会主义的关键环节。全面依法治国，事关我们党执政兴国，事关人民幸福安康，事关党和国家长治久安，是坚持和发展中国特色社会主义的本质要求和重要保障。中国共产党是中国特色社会主义事业的领导核心，处在总揽全局、协调各方的地位。全面从严治党，是推进党的建设新的伟大工程的必然要求，是坚持和发展中国特色社会主义的根本保证。

"四个全面"战略布局的提出，为中国特色社会主义未来发展指明了方向，使全党同志认识统一、步调一致。习近平总书记系列重要讲话，特别是"四个全面"战略布局思想，对于"坚持什么、反对什么"，"肯定什么、否定什么"，"做什么、不做什么"，都发出了明确无误的政治信号，有利于我们坚定"主心骨"，筑牢"压舱石"，知道"为什么做""做什么""怎么做"，更加坚定了对马克思主义、对科学社会主义、对毛泽东思想和中国特色社会主义理论体系的信仰，更加坚定了对共产主义远大理想和中国特色社会主义共同理想的信念，更加坚定了走中国特色社会主义道路的决心和信心。"四个全面"战略布局，成为我们应对新的机遇和挑战的"定海神针"，使我们能够经得起任何风浪的考验。

三 对"三大规律"认识的科学升华

提出"四个全面"战略布局，标志着我们党对共产党执政规律、社会主义建设规律、人类社会发展规律有了更高的科学认识，为在新的历史条件下深化改革开放、加快推进社会主义现代化提供了科学理论指导和行动指南。

马克思主义使我们拥有了认识三大规律的理论钥匙。首先，"四个全面"战略布局是辩证唯物主义的科学把握。辩证唯物主义是关于自然、社会和思维发展一般规律的概括，是共产党人观察分析处理问题的思想方法。习近平总书记强调要增强战略思维、辩证思维、系统思维、创新思维和底线思维能力，要善于运用辩证法正确地观察分析事物，研究解决改革发展中的困难和问题，不断增强决策的科学性、前瞻性、主动性。其次，"四个全面"战略布局是对立统一规律的具体实践。对立统一规律即矛盾规律是辩证法的核心和实质，掌握了矛盾分析方法，也就掌握了辩证法。习近平总书记娴熟地运用"矛盾论"和"两点论"来观察和处理问题，科学把握全面建成小康社会、全面深化改革、全面依法治国、全面从严治党的各种重大关系，为我们提供了成功运用辩证法的范例。最后，"四个全面"战略布局是历史唯物主义的现实应用。历史唯物主义是马克思主义关于社会历史发展问题的哲学总说明，是共产党人认识与解决社会问题、推动社会进步的思想武器。社会基本矛盾原理是历史唯物主义的基本思想，社会基本矛盾分析方法是历史唯物主义的基本方法。习近平总书记科学地把握人类历史发展的总趋势，既看到历史发展的光明前景，又清醒地看到当前存在的困难和问题，从唯物史观社会基本矛盾原理和分析方法出发，把生产力和生产关系的矛盾运动同经济基础和上层建筑的矛盾运动结合起来观察，要求我们必须树立坚定的共产主义理想和中国特色社会主义共同理想，要把最高纲领和最低纲领统一起来，把远大理想和共同理想统一起来，振奋了全党的革命斗争精神。

习近平总书记在一系列重要讲话中指出：马克思主义世界观深刻揭示了人类社会发展的一般规律，在当今时代依然有着强大的生命力，依然是指导我们共产党人前进的强大思想武器。在革命、建设、改革各个历史时期，我们党运用马克思主义世界观，系统、具体、历史地分析中国社会运动及其发展规律，在认识世界和改造世界过程中不断把握规律、积极运用规律，推动党和人民事业取得了一个又一个胜利。今后，我们更加深入把握共产党执政规律、社会主义建设规律、人类社会发展规律的内涵，还要不断认识和把握现代化一般规律、普遍规律和特殊规律，认识和把握中国共产党执政规律，认识和把握可持续发展背后的自然规律、科学发展背后的经济规律、包容性发展背后的社会规律，把中国特色社会主义伟大事业推向更加辉煌的未来。

四 协调推进"四个全面"战略布局,必须坚持马克思主义理论指导,坚持科学社会主义方向

习近平总书记指出,认真学习马克思主义理论,是我们做好一切工作的看家本领,也是领导干部必须普遍掌握的工作制胜的看家本领。"四个全面"战略布局,是坚持解放思想、实事求是思想路线,准确把握客观实际、科学掌握客观规律的创新产物。协调推进"四个全面"战略布局,就要牢牢把握实事求是精髓,一切从中国国情实际出发,从客观事物的规律出发,分析问题、认识问题、说明问题,更加有效地应对各种风险和挑战,继续集中力量把自己的事情办好,不断开拓发展新境界。

高举中国特色社会主义伟大旗帜,坚定不移地走中国特色社会主义道路,协调推进"四个全面"战略布局,必须坚持马克思主义理论指导。"四个全面"战略布局,贯穿了一脉相承、一以贯之的一条红线,这就是马克思列宁主义、毛泽东思想和中国特色社会主义理论体系所贯穿的基本立场、基本观点、基本方法,这就是马克思主义哲学世界观方法论,这也是贯穿于习近平总书记系列重要讲话中的活的灵魂和精神实质。深入学习贯彻习近平总书记系列重要讲话精神,协调推进"四个全面"战略布局,最根本的是学习讲话贯穿的思想精髓即科学世界观方法论,学会用马克思主义的立场观点方法认识问题、分析问题和解决问题,不断提高马克思主义理论素养和运用马克思主义处理问题的能力,进一步深化对共产党执政规律、社会主义建设规律、人类社会发展规律的认识。

中国特色社会主义,是科学社会主义理论逻辑和中国社会发展历史逻辑的辩证统一,是根植于中国大地、反映中国人民意愿、适应中国和时代发展进步要求的科学社会主义。中国特色社会主义,就是科学社会主义基本原则与中国国情和时代特征相结合的产物。只有社会主义才能救中国,只有中国特色社会主义才能发展中国。中国特色社

会主义不是其他什么主义，而是科学社会主义。当然，我们也要看到，马克思主义必定随着时代、实践和科学的发展而不断发展，不可能一成不变，社会主义从来都是在开拓中前进的；坚持马克思主义，坚持社会主义，一定要有发展的观点，一定要以我国改革开放和现代化建设的实际问题、以我们正在做的事情为中心，着眼于马克思主义理论的运用，着眼于对实际问题的理论思考，着眼于新的实践和新的发展。

总之，坚持和发展中国特色社会主义，必须协调推进"四个全面"战略布局，为实现第二个百年奋斗目标、实现中华民族伟大复兴的中国梦而努力奋斗。

（本文系作者 2015 年 8 月 7 日在长春召开的中国辩证唯物主义研究会 2015 年年会上的主题报告）

马克思主义政治经济学是坚持和发展马克思主义的必修课

2015年11月23日，中共中央政治局就马克思主义政治经济学基本原理和方法论进行了第二十八次集体学习，习近平总书记发表重要讲话。他强调："马克思主义政治经济学是马克思主义的重要组成部分，也是我们坚持和发展马克思主义的必修课。"要认真学习贯彻习近平总书记关于坚持和发展马克思主义政治经济学的重要讲话精神，学会运用马克思主义政治经济学的立场、观点、方法，真学、真懂、真信、真用马克思主义政治经济学。要通过学习马克思主义政治经济学，深化对我国社会主义经济发展规律的认识和把握，提高我们领导中国特色社会主义经济发展的能力和水平。要通过学习马克思主义政治经济学，正确认识当代资本主义的内在矛盾及其发展趋势，科学认识人类社会发展规律、社会历史发展必然趋势和当代世界发展格局及其国际形势，提高我们处理国际问题的能力和水平。要通过学习马克思主义政治经济学，总结中国特色社会主义建设新鲜经验，回答我国经济社会发展面临的新阶段、新情况、新问题，构建中国特色社会主义政治经济学，实现马克思主义政治经济学的创新发展。

学习马克思主义政治经济学的基本原理，学习习近平总书记的重要讲话精神，掌握马克思主义政治经济学的立场、观点、方法，掌握科学的世界观、方法论，一定要运用于对我国经济发展的研究、对党和国家重大理论和现实问题的研究、对中国特色社会主义政治经济学的研究。

一 马克思主义政治经济学是揭示经济社会发展客观规律的真理,是工人阶级政党领导革命、建设和改革的理论指南

恩格斯评价马克思一生有两个伟大发现,一个是唯物史观,一个是剩余价值。他指出:"正像达尔文发现有机界的发展规律一样,马克思发现了人类历史的发展规律……不仅如此。马克思还发现了现代资本主义生产方式和它所产生的资产阶级社会的特殊的运动规律。由于剩余价值的发现,这里就豁然开朗了,而先前无论资产阶级经济学家或者社会主义批评家所做的一切研究都只是在黑暗中摸索。""一生中能有这样两个发现,该是很够了。"① 在马克思之前,人类对自身社会及其历史的认识,是唯心主义历史观占据统治地位。如果没有马克思的唯物史观和剩余价值理论,人类对历史规律和资本主义社会规律的认识还在黑暗中摸索前进。可以说,迄今为止没有任何一个历史观能够超过马克思的历史观对人类社会及其历史规律的科学揭示。马克思运用科学的历史观分析资本主义社会的经济现象,创立了剩余价值理论,从而揭示了资本主义的内在矛盾,预示了资本主义必然要灭亡,要由更高的社会形态来代替资本主义这样一个历史发展的客观规律,从而使社会主义由空想变成了科学,创立了科学社会主义理论。科学社会主义的创立,为无产阶级政党领导无产阶级及其劳动人民群众推翻剥削制度,建立一个没有剥削、没有压迫的新的社会形态,提供了全部的理论根据和思想武器。马克思主义政治经济学是建立在剩余价值理论基础上的科学的理论体系,它是经过时间和实践检验的真理。

马克思主义政治经济学最基本的代表著作就是《资本论》,是马克思耗费四十年时间倾力所著。《资本论》耗时之长久,内容之丰富,道理之深邃,是我们所处的这个时代任何社会科学著作都无可比拟

---

① 《马克思恩格斯文集》第3卷,人民出版社2009年版,第601页。

的。马克思在伦敦写作《资本论》，主要依靠大英博物馆的资料，从早到晚付出了极其艰辛的劳动，创造了科学的巨作。《资本论》从商品二重性、劳动二重性分析入手，揭示了整个资本主义内在矛盾，逻辑性之严密，理论论证之精湛，是任何理论思维不经过多次的深入研读所无法理解的。《资本论》被称赞是"射向资产者最厉害的炮弹"，是献给工人阶级的"圣经"，是马克思主义的"百科全书"。恩格斯认为无产阶级政党的"全部理论内容来自对政治经济学的研究"。列宁称其为马克思主义理论"最深刻、最全面、最详尽的证明和运用"。马克思的《资本论》为我们今天研究人类历史发展规律、我国经济和世界经济提供了基本的立场、观点和方法。一是立场。什么立场？就是站在工人阶级和劳动人民群众的立场上。马克思主义政治经济学，前面两个字叫"政治"，政治是什么？在阶级社会中，讲政治，首先讲站在什么阶级立场上，也就是说，政治的根本问题是站在什么人的立场上来看问题。马克思和恩格斯虽然不是工人阶级家庭出身，但他们是站在工人阶级立场上来看待资本主义经济现象的。立场问题是非常重要的，是第一位的。我们反复讲，在今天，在社会主义条件下，哲学社会科学研究必须首先解决为什么人的问题，也就是为什么人研究问题，站在什么立场上为谁说话，这是个根本立场问题、根本政治问题。马克思主义政治经济学为我们提供了研究问题所必须解决的基本立场。二是观点。马克思主义政治经济学，为我们提供了认识问题的基本原理和重要观点。马克思主义政治经济学最基本的原理一个是劳动价值论，一个是剩余价值论，马克思把这两个问题都解决了，马克思的劳动价值论必然导引出剩余价值论，马克思主义政治经济学超越了英国古典经济学。英国古典经济学提出了劳动价值论，认为劳动创造价值，劳动是价值的源泉。但是由于英国古典经济学不懂得劳动的二重性，不懂得具体劳动创造使用价值、抽象劳动创造价值，把劳动与劳动力二者混淆，因而英国古典经济学的劳动价值论是不彻底的，不可能得出剩余价值的正确结论。马克思突破了英国古典经济学的劳动价值论，创立了彻底的劳动价值论，回答了英国古典经济学所不能回答的问题。马克思告诉我们，只有人的活劳动和生产资料相结合，才能增值，即才能产生新的价值，其他任何生产要素本身都不能带来原有价值基础上的增值。再一个就是剩余价值论。在马克思主义政治经济学中，劳动和劳动力是有区别的。在资本主义市场经济中，劳动力成为商品，工人出卖了自己的劳动力，资本家购买了工人的劳动力。工人在生产过程中付出了自己的活劳动，与生产资料相结合，创造出了新的价值。然而，资本家付给工人的工资只是劳动力作为商品的价值，并不是工人劳动创造的全部价值。这样，工人付出劳动所创造的价值减去劳动力的价值，就是剩余价值，这就是资本主义剥削的秘密。从劳动价值论和剩余价值论出发，马克思创造了一系列范畴、观点和原理，如商品与商品的二重性、劳动与劳动的二重性、价值与价值规律、资本与劳动、生产与再生产、周期性经济危机，等等，从而揭示了资本主义内在矛盾、经济运行规律以及必然灭亡的历史趋势。三是方法。唯物辩证法是马克思《资本论》的方法论。《资本论》是马克思主义政治经济学巨著，也是一本马克思主义哲学巨著，正是运用唯物辩证法、唯物史观，马克思才精辟地揭示了资本主义的经济发展规律及其内在矛盾。从基本经济事实出发认识资本主义，这就是唯物论的分析方法。从商品的二重性分析入手引出劳动的二重性决定商品的二重性，从商品与劳动的二重性分析入手引出了资本主义不可克服的内在矛盾，引出了资本主义阵发性的经济危机，揭示出资本主义在周期性的经济危机中，不断地走向坟墓的历史必然性。同时指出在资本主义发展进程中，造就了它的对立面，造就了它的掘墓人，必然孕育出新的社会因素，最终要为新的社会形态所替代，这就是历史的必然逻辑。这就是辩证法、矛盾分析法的运用。在《资本论》的唯物辩证的分析下，资本主义就是这么一个历史发展的必然进程，当然这个过程会有一个很长很长的历史时期，正是对历史必然性的科学分析，马克思得出一个结论，资本主义作为一种社会形态是一定要灭亡的，共产主义作为代替它的一种新的社会形态，是必然要取代资本主义的，这是不可避免的历史必然趋势。我们共产党人要有最高理想，就是共产主义。当然也要有最低纲领，就是实现中国特色社会主义的共同理想。这是有科学依据的，是符合历史发展规律的，而这科学依据恰恰是马克思主义政治经济学得出来的。

中国共产党人历来重视对马克思主义政治经济学的学习、研究和运用，一直把马克思主义政治经济学作为领导中国人民不断奋斗的理论基础。"十月革命一声炮响，给我们送来了马克思列宁主义。"中国的先进分子，开始用马克思主义的宇宙观，观察国家命运，考虑自己的问题。1926年毛泽东同志在《中国社会各阶级的分析》中，运用马克思主义政治经济学原理，从生产关系入手，分析不同阶级的经济地位，以及它们之间的经济关系，分析由此而决定的他们的阶级立场和政治态度，从而分清谁是我们的敌人，谁是我们的朋友，得出了中国革命的正确的路线、方针、政策、战略和策略，引导中国革命走向胜利。在新民主主义革命时期，成功地领导了根据地的经济建设，创造性地提出了新民主主义经济纲领。在社会主义建设时期，毛泽东同志在探索社会主义建设道路的进程中，始终坚持马克思主义政治经济学基本原理，运用马克思主义政治经济学的立场、观点和方法认识中国社会主义建设的规律，解决中国社会主义建设的理论和实践问题，提出了许多独创性的观点，发展了马克思主义政治经济学，取得了中国社会主义建设的伟大成就，为今天的中国特色社会主义奠定了理论基础和物质基础。

改革开放以来，我们也正是靠马克思主义政治经济学指导，提出了建立社会主义市场经济的创新理论，走出了一条中国特色社会主义市场经济的繁荣发展的成功之路。马克思主义政治经济学是真理、是指南、是武器，中国共产党人从来都是把马克思主义政治经济学作为自己的理论指导的。当然，要掌握马克思主义政治经济学的立场、观点和方法，而不是生搬硬套某些个别的结论。

二 马克思主义政治经济学没有过时，它依然闪烁着真理的光辉，仍然是我们今天观察和解决问题的最锐利的思想武器

有些人认为，马克思主义政治经济学过时了，《资本论》过时了，

这个论断是不对的。远的不说，就从国际金融危机来看，许多资本主义国家经济持续低迷、失业问题严重、两极分化加剧、社会矛盾加深。事实说明，《资本论》所揭示的资本主义社会基本矛盾，即资本主义固有的生产社会化和生产资料私人占有之间的矛盾依然存在，只不过表现形式、存在特点有所不同。这恰恰说明马克思主义政治经济学并没有过时，仍然管用。

习近平同志在全国党校工作会议上和十八届中央纪委六次全会上的重要讲话一再强调，领导干部要树立看齐意识。习近平总书记强调的看齐意识，首先是要求思想理论上的看齐，思想理论不一致，言行就会走调走板走偏，甚至跑到反面。马克思列宁主义是党在意识形态的指导思想，是全国全党全军共同的理论基础。我们共产党人的全部理论基础是马克思主义，这是我们共产党人的共同语言。我们所从事的事业是伟大的中国特色社会主义事业，根本任务是以经济建设为中心。发展社会主义生产力，抓好社会主义经济建设，离开马克思主义政治经济学的指导就会偏离方向。今天，就要向马克思主义看齐，向当代中国马克思主义看齐，向中央看齐，向习近平总书记看齐。一定要学习和掌握马克思主义政治经济学的基本原理，学习中国特色社会主义政治经济学，学习习近平总书记系列重要讲话。今天世界形势发生了根本变化，出现了过去所没有出现过的新特点、新情况、新问题，时代已经发生阶段性的变化，看不到这个根本变化就不是马克思主义者。但是必须清醒地认识到，当今时代的主题、特点虽然有阶段性变化，但时代本质没有变，时代根本性质并没有改变，马克思主义政治经济学作为时代本质的概括和反映，仍然闪烁着真理的光辉。

目前，仍然处在马克思所揭示的资本主义的世界历史时代。1879—1882年，马克思晚年运用唯物史观，把研究重心和注意力转向俄国乃至东方社会，其中形成了著名的世界历史理论。马克思主义唯物史观及其世界历史理论揭示了人类社会历史依次由原始社会到奴隶社会、封建社会、资本主义社会，最终经由社会主义社会发展到共产主义社会的演变规律，指明了自从资本主义代替封建主义以来，人类历史即进入了一个新时代，这就是马克思所揭示的资本主义的世界历史进程。自从人类历史进入资本主义发展阶段,就孕育产生了埋葬资本主义的物质力量,酝酿产生了新的社会形态因素,世界历史发展展示了一系列整体性的时代变化。其特征,一是资本主义社会化大生产的发展打破了人类社会的旧的分割与隔绝,资本主义市场经济把人类社会连成一气,构成一个密不可分的统一的世界整体,谁也离不开谁。二是在资本主义发展的同时,社会主义因素产生并在发展,世界历史始终贯穿着资本主义与社会主义两个前途、两种命运、两条道路、两大力量的较量。三是资本主义与社会主义两种前途和力量呈交叉递进态势。资本主义由革命阶段的上升期经成熟阶段的发展期开始逐步衰退,资本主义虽强,仍顽强地表现自己,不可能轻易地退出历史舞台,但总体由兴盛走向衰落。社会主义由新生阶段的初生期步入成长阶段的曲折期,由小到大,在曲折中坚强地发展前进,社会主义虽弱,但代表了人类历史的新前途。四是资本主义世界历史进程必然为共产主义世界历史进程所替代,这是历史发展不可抗拒的潮流。五是实现现代化是现今世界历史发展的核心问题。实现现代化有两条道路,一条是资本主义现代化道路,一条是社会主义现代化道路。资本主义现代化必然为社会主义现代化所替代。世界历史进程决定经济相对落后的国家选择社会主义现代化道路,可以避免资本主义现代化道路的苦难。六是马克思所判断的资本主义世界历史进程已历经三个阶段,即马克思主义产生时的自由竞争资本主义阶段,该阶段一方面是资产阶级财富的积累,另一方面是工人阶级贫困的积累,两极分化和工人阶级社会主义运动兴起,是该阶段的主题;列宁所判定的垄断资本主义阶段,该阶段的主题是战争与革命,资本主义社会基本矛盾激化引起世界性战争,战争又引起一系列社会主义革命,如十月革命、中国等东方国家的革命;邓小平所判定的美苏两个超级大国冷战结束后的和平与发展为两大世界性问题的新阶段,资本主义世界历史的总的时代性质没有改变,资本主义社会基本矛盾依然存在,但和平与发展成为两大世界性问题。七是时代阶段性主题的转化,虽然没有改变马克思主义经典作家所揭示的总的时代性质,社会主义必然代替资本主义的历史总趋势依然不可逆转,资本主义内在矛盾仍然不可调和,但时代主题的阶段性转换却为中国特色社会主义和平发展提供了战略机遇。

资本主义，一方面它在一开始是进步的，取代了封建社会，带来了生产力和人类社会的巨大发展。马克思在《共产党宣言》中指出资本主义给人类社会生产力带来了巨大的发展，数百年间资本主义社会生产力取得了远远超过封建社会数千年所无法比拟的巨大发展。资本主义发展的一个巨大特点是，市场化打通了全世界，使全世界连成一片，打破了国与国、地区与地区、民族与民族之间的隔绝与孤立。谁闭关锁国，谁就死路一条，大门就会硬被人家打开，成为人家的附庸。唯一生路是自觉打开大门，融于世界化。所以马克思讲，资本主义发展使人类历史成为世界历史，这是"世界性"。今天，就是"全球化"。全球化是一把双刃剑，一方面推动了世界的进步与发展，特别是从最近几十年的情况来看。然而，另一方面，资本主义的内在矛盾又是不可克服的，资本主义越来越走向它的反面，给人类带来了战争、流血和苦难，第一次世界大战、第二次世界大战，直到今天，战乱不已，世界两极分化严重，穷的越穷，富的越富，资本主义造成全球化，又通过全球化掠夺全世界。马克思《资本论》的科学论证告诉我们，在资本主义发展的同时，造就了它的对立面和掘墓人，即社会主义新的因素和工人阶级。中国特色社会主义就是《资本论》的成功案例。马克思主义政治经济学，说明了这个世界历史时代的历史规律和必然发展的历史趋势，马克思主义政治经济学基本原理并没有过时。

正在推进的社会主义市场经济，同样需要马克思主义政治经济学的指导。落后国家怎么建设社会主义呢？马克思和恩格斯没有具体讲。《资本论》告诉我们，公有制必然代替私有制，共产主义社会形态必然代替资本主义社会形态。马克思在《哥达纲领批判》中说："在资本主义社会和共产主义社会之间，有一个从前者变为后者的革命转变时期。同这个时期相适应的也有一个政治上的过渡时期，这个时期的国家只能是无产阶级的革命专政。"资本主义到共产主义必然有一个过渡阶段，这是"共产主义社会的第一阶段"，即社会主义社会阶段，社会主义社会与共产主义社会的区别是按劳分配。马克思作出这样的重要判断，只是根据历史发展的总趋势作出的理论概括。社会主义到底什么样子、共产主义到底什么样子、社会主义怎么建设、共产主义怎么建设，他只是提出了一个总的原则，规划了一个总的蓝图，并没有实践，他不可能讲得那么具体。马克思只是认为，在生产力高度发达的资本主义社会，社会矛盾激化到一定程度，资本主义的生产关系再也容纳不下其生产力了，社会主义革命就到来了，革命成功，建立了无产阶级专政的社会主义社会。社会主义社会，也就是共产主义社会的第一阶段，实行全社会的公有制，没有私有制，劳动者直接按劳分配，实行计划经济。事实上，现今社会主义革命都发生在落后国家，如俄国、中国等，并没有发生在欧美发达的资本主义国家。列宁领导十月革命成功以后，一开始他设想搞纯之又纯的计划经济的社会主义，设计整个俄国是一个大"辛迪加"，即俄国是一个全部实行公有制的大工厂，劳动者按付出的劳动时间取得劳动券，直接按劳分配。但是他的设想还没开始实行，就赶上十四个帝国主义国家与俄国国内白匪联合发动的内战，妄图把苏维埃扼杀在摇篮里。列宁领导打了几年苏维埃政权保卫战，实行按需分配，搞军事共产主义，把帝国主义和白匪打败了，巩固了苏维埃政权。但是，战争后的具体实践促使列宁开始深思，社会主义到底是什么样子，应该怎样建设社会主义。在落后国家到底怎么建设社会主义？马克思没有讲到。列宁开始考虑在落后国家搞社会主义要搞商品经济，要有商品，有价值，有价值规律，也不完全都是公有制，要有一部分私有制，或者其他所有制，要有国家资本主义的发展，要引进外资。列宁发表了一系列文章，即晚年的八篇文章，提出新经济政策思想，这就是列宁对在落后的俄国建设什么样的社会主义、怎样建设社会主义的理论思考，也可以说，开始考虑运用马克思主义政治经济学指导在俄国这样落后的国家怎么建设社会主义的问题。把马克思主义政治经济学运用于俄国社会主义建设的实践，列宁开始创新、发展马克思主义政治经济学。

当然，列宁还没有来得及全面推开新经济政策，就逝世了。斯大林接替了列宁，我们党对斯大林的评价是"三七开"，成绩是主要的，当然也犯有严重的错误。就总体来说，斯大林主持了苏联的社会主义建设，实现了社会主义工业化和农业集体化，打败了德国法西斯，把苏联建设成为能与美国抗衡的大国，这是斯大林的历史功绩，是抹杀不了的。在经济建设方面，斯大林既突破了马克思经典著作的某些结论，又囿于马克思经典著作的某些结论，苏联最终形成了僵化的计划经济体制，使社会主义应有的制度优越性没有充分发挥出来，严重束缚了苏联社会主义生产力的发展。然而，斯大林也没有完全照搬社会主义不能搞商品、市场的具体结论，而是在一定范围内肯定了商品经济和价值规律，发挥了价值规律的作用，这些思想体现在他的《苏联社会主义经济问题》一书中。

十月革命胜利后，在俄国流行"社会主义制度下不存在政治经济学"的观点，直到公开发表了列宁的《在尼·布哈林〈过渡时期经济学〉一书上作的批注和评论》，才否定了这个观点。斯大林重视社会主义政治经济学的理论建设。1952年10月，他发表了《苏联社会主义经济问题》。《苏联社会主义经济问题》是斯大林的最后一部重要著作，是其经济思想的代表作，他力图运用马克思主义政治经济学概括总结苏联三十多年社会主义经济建设的经验，力图阐述马克思主义的社会主义政治经济学。应当用历史的眼光来评价这本书，尽管有其不可克服的历史局限性，但在对社会主义政治经济学的阐释上还是提出了很有价值的思想。一是针对否定社会主义制度下的经济规律是不以人的意志为转移的客观规律的观点，指出不管人们愿意不愿意或承认不承认，经济规律总是客观存在的和发生作用的，人们不能消灭这些规律，也不能创造新的规律。人们可以认识经济规律，并利用其为人类社会服务。在阶级社会中，对待发现和利用经济规律，不同的阶级有着不同的认识。二是社会主义虽然消灭了私有制，但由于社会主义公有制存在全民所有制和集体所有制，所以存在社会主义的商品生产。三是社会主义商品生产与资本主义商品生产是根本不同的，不能把二者混同一谈。社会主义商品生产不会造成资本主义产生的条件，不会引导到资本主义。四是在社会主义制度下，由于存在商品生产，价值规律必然存在并发生作用，这是不以人的意志为转移的，在社会主义制度下，价值规律是为社会主义经济服务的。价值规律是很好的实践学校，利用价值规律的作用对社会主义经济有着重要意义。斯大林第一次论证了社会主义条件下存在商品生产、商品交换和价值规律的客观必然性，强调了社会主义商品经济与资本主义商品经济的根本区别。这些认识对于我们认识经济规律的客观性，自觉按经济规律的要求办事，充分认识社会主义市场经济的必然性，发展和完善社会主义市场经济，重视价值规律在社会主义条件下存在的必然性，充分发挥价值规律在社会主义条件下的作用，是有借鉴意义的。当然斯大林的理论认识也有历史局限性，但这并不能否定斯大林对马克思主义政治经济学的贡献。

新中国成立以后，毛泽东同志就主张要搞一部社会主义的政治经济学。他主张学习《资本论》，主张学习斯大林的《苏联社会主义经济问题》和苏联经济研究所编的《政治经济学教科书》（社会主义部分）。1959年底到1960年初，毛泽东同志带领几位党内专家集中了二十五天，读《政治经济学教科书》（社会主义部分），边学边研究社会主义到底怎么建设。毛泽东同志认为，为了推进中国社会主义经济建设，既要坚持马克思主义政治经济学的基本原理，又要立足中国国情，总结中国经验，不断推进马克思主义理论创新，产生自己的理论家，创造自己的经济学理论，形成具有中国自己特色的政治经济学理论。他在读苏联《政治经济学教科书》时强调："马克思这些老祖宗的书，必须读，他们的基本原理必须遵守，这是第一。但是，任何国家的共产党，任何国家的思想界，都要创造新的理论，写出新的著作，产生自己的理论家，来为当前的政治服务，单靠老祖宗是不行的。"① 毛泽东同志总结苏联社会主义建设的经验教训，对社会主义政治经济学进行创造性的理论探索，在商品经济、经济体制、对外开放等方面提出了一系列重要理论论断，率先提出社会主义要大力发展商品生产和商品交换。这些认识构成了社会主义市场经济理论的重要前提。毛泽东同志认为，商品生产本身是没有什么制度性的，它只是一种工具，看一种商品经济的制度特征，"要看它是同什么经济制度

---

① 《毛泽东文集》第8卷，人民出版社1999年版，第109页。

相联系，同资本主义制度相联系就是资本主义的商品生产，同社会主义制度相联系就是社会主义的商品生产"①。社会主义时期，必须充分利用商品经济这个工具，使之为社会主义建设服务，中国的商品经济很不发达，一定要"有计划地大力发展社会主义的商品生产"；一味否定商品经济的观点"是错误的，这是违背客观法则的"。他明确指出，价值规律在我国的社会主义建设中发挥着作用，价值法则"是一个伟大的学校，只有利用它，才有可能教会我们的几千万干部和几万万人民，才有可能建设我们的社会主义和共产主义。否则一切都不可能"②。对干部要进行教育，使他们懂得价值规律、等价交换，违反就要碰得头破血流。他从中国实际国情出发明确指出，基于中国经济发展的现实状况，在对待资本主义和私营经济问题上，既不搞教条化，也不搞西化，可以在搞国营的基础上搞私营，坚持社会主义的前提下搞资本主义，"可以搞国营，也可以搞私营"，可以消灭资本主义，又搞资本主义，因为"它是社会主义经济的补充"。在经济体制和所有制结构方面，他对传统计划经济提出质疑，明确提出要调动两个积极性的思想，"我们不能像苏联那样，把什么都集中到中央，把地方卡得死死的，一点机动权都没有"，一定要划分好中央和地方的经济管理权限，充分发挥好中央和地方两个积极性。在对外开放的问题上，他提出"向外国学习"的口号，在对外开放问题上，要搞两点论而不是一点论，"一切民族、一切国家的长处都要学，政治、经济、科学、技术、文学、艺术的一切真正好的东西都要学。但是，必须有分析有批判地学，不能盲目地学，不能一切照抄，机械搬用"③。他在经济建设的基本方针和方法上提出：既要反对保守又要反对冒进，在综合平衡中稳步前进，以农业为基础，以工业为主导，按农轻重的次序安排国民经济计划，从中国的具体情况出发，搞好综合平衡，统筹兼顾，适当安排，勤俭办事。他还提出实行按劳分配、反对平均主

---

① 《毛泽东文集》第7卷，人民出版社1999年版，第439页。
② 《毛泽东文集》第8卷，人民出版社1999年版，第34页。
③ 《毛泽东文集》第7卷，人民出版社1999年版，第41页。

义和过分悬殊的问题等。这些重要论断为改革开放时期我们党提出社会主义市场经济体制改革和对外开放做了重要的理论储备。

在改革开放新时期，邓小平同志提出，社会主义可以搞市场经济。我们经过三十多年的改革开放，初步构建了社会主义市场经济体系，取得中国特色社会主义的伟大成绩，走出了一条中国道路，坚持了中国制度，创造了中国理论。这是对马克思主义政治经济学的创新和发展，是对《资本论》的创新和发展。

今天，我们在中国特色社会主义新的发展阶段新的历史起点上正在从事一场新的伟大斗争。社会主义市场经济与全世界的市场经济是联系在一起的，在资本主义世界市场环境下搞社会主义市场经济，就更需要学习掌握《资本论》，更需要坚持和发展马克思主义政治经济学。因为马克思主义政治经济学对市场经济规律做了全面的揭示，对资本主义市场经济做了深刻分析，对如何发挥价值和价值规律的作用做了充分论证。马克思主义政治经济学没有过时，不坚持不发展马克思主义政治经济学，就无从指导社会主义市场经济建设，指导中国特色社会主义事业发展。

三 立足我国国情和我国发展实践，构建当代中国的马克思主义政治经济学，即中国特色社会主义政治经济学

习近平总书记指出："面对极其复杂的国内外经济形势，面对纷繁多样的经济现象，学习马克思主义政治经济学的基本原理和方法论，有利于我们掌握科学的经济分析方法，认识经济运动过程，把握社会经济发展规律，提高驾驭社会主义市场经济能力，更好地回答我国经济发展的理论和实践问题，提高领导我国经济发展的能力和水平。"坚持马克思主义政治经济学的基本原则，构建中国特色社会主义政治经济学，这是时代赋予我们的伟大历史重任。

我们党历来重视对马克思主义政治经济学的学习、研究、运用和发展。早在1984年10月《中共中央关于经济体制改革的决定》通过

后，邓小平同志就高度评价说："写出了一个政治经济学的初稿，是马克思主义基本原理和中国社会主义实践相结合的政治经济学。"十一届三中全会以来，我们党把马克思主义政治经济学基本原理同改革开放新的实践结合起来，不断丰富和发展马克思主义政治经济学，形成了一系列重要理论成果。例如，关于社会主义本质的理论、关于社会主义初级阶段基本经济制度的理论、关于社会主义市场经济的理论、关于生产要素参与收入分配的理论、关于国有企业改革和股份制改造的理论、关于经济全球化与对外开放的理论、关于自主创新和建立创新型国家的理论……这些理论观点深化了我们对社会主义经济发展规律的认识，创造性地构建了中国特色社会主义政治经济学，有力地指导了我国经济发展实践。

党的十八大以来，习近平总书记坚持和发展马克思主义政治经济学，在一些重大社会主义经济问题上，提出了很多新思想、新观点，发展了当代中国马克思主义政治经济学，开拓了马克思主义政治经济学的新境界。

第一，提出中国特色社会主义政治经济学的重大原则。他提出："要坚持以人民为中心的发展思想，坚持新的发展理念，坚持和完善社会主义基本经济制度，坚持和完善社会主义基本分配制度，坚持社会主义市场经济改革方向，坚持对外开放基本国策。"这是发展中国特色社会主义政治经济学应当遵循的重大原则。这六个原则是具有鲜明的时代意义和深远的理论意义的。

第二，提出坚持以人民为中心的发展思想。坚持以人民为中心的发展思想，是以习近平同志为核心的党中央关于经济发展思想的鲜明特点，充分体现了马克思主义唯物主义历史观，充分反映了社会主义的本质要求，充分表达了马克思主义政治经济学的原则立场。一定要牢固树立为人民做学问的思想，把为最广大人民群众谋利益作为科学研究的出发点和落脚点，把人民群众的伟大实践作为检验科学研究成果的最高标准，把人民群众作为评价科学研究价值的最高裁决者。深入实践、深入基层、深入群众，从火热的社会实践和人民群众的伟大创造中，获取营养，激发灵感，为实现国家富强、民族振兴、人民幸福提供不竭思想动力和精神源泉。

第三，提出我国经济发展进入新常态的理论。我国经济发展进入新常态，是党的十八大以来以习近平同志为核心的党中央在科学分析国内外经济发展形势、准确把握我国基本国情的基础上，针对我国经济发展的阶段性特征所作出的重大战略判断，是对我国迈向更高级发展阶段的理论指南。当前，我国经济正在向形态更高级、分工更复杂、结构更合理的阶段演化，正从高速增长转向中高速增长，经济发展方式正从规模速度型粗放增长转向质量效率型集约增长，经济结构正从增量扩能为主转向调整存量、做优增量并存的深度调整，经济发展动力正从传统增长点转向新的增长点，正在推进供给侧结构性改革。认识新常态，适应新常态，引领新常态，是当前和今后一个时期我国经济发展的大逻辑，也是我们运用马克思主义政治经济学分析方法，把握经济运动规律的基本遵循。我们要认真总结经验、深入分析问题，为实现我国经济发展迈向更高级发展阶段提供智力支持、理论支撑。

第四，提出了要坚持新的发展理念。经济发展进入新常态，必须要有新理念、新思路、新举措。创新、协调、绿色、开放、共享五大发展理念，是协调推进"四个全面"战略布局、适应和引领经济发展新常态的重要理论创新，是党关于发展理论的重大升华。创新是引领发展的第一动力，协调是持续健康发展的内在要求，绿色是永续发展的必要条件和人民对美好生活追求的重要体现，开放是国家繁荣发展的必由之路，共享是中国特色社会主义的本质要求。要坚持用新的发展理念，深入研究新常态下我国经济速度变化、结构优化、动力转换的新特点，不断破解经济发展新难题，为开创经济发展新局面提供智力支持。

习近平总书记还提出了关于认清马克思主义政治经济学与西方经济学的本质区别，巩固马克思主义政治经济学的指导地位，深入研究中国特色社会主义政治经济学，促进社会公平正义，逐步实现全体人民共同富裕，推动新型工业化、信息化、城镇化、农业现代化相互协调，发挥市场在资源配置中的决定性作用和更好发挥政府作用，实行混合所有制改革，推进供给侧结构性改革，用好国际国内两个市场、两种资源等一系列重要观点。习近平总书记对马克思主义政治经济学的创造性发展，开拓了当代中国马克思主义政治经济学的新境界，为我们树立了运用马克思主义政治经济学的立场、观点、方法解决问题的典范。

马克思主义政治经济学是不断发展、与时俱进的科学。当前，世界经济和我国经济都面临许多新的重大课题，需要作出科学的理论回答，更需要形成新的历史条件下的中国特色社会主义政治经济学，以指导伟大的实践。要立足我国国情和我国发展实际，揭示新特点新规律，提炼和总结我国经济发展实践的规律性成果，把实践经验上升为系统化的经济学说，为努力推进马克思主义政治经济学的创新与发展贡献智慧与力量。

四　坚持和发展马克思主义政治经济学，坚定不移地把马克思主义政治经济学和当代中国马克思主义政治经济学作为经济工作和经济研究的指导思想

坚持和发展马克思主义政治经济学、系统地构建和发展当代中国的马克思主义政治经济学是哲学社会科学，特别是经济学科的一项重要理论任务，更是一项政治任务。马克思主义政治经济学基本理论的研究宣传，中国特色社会主义政治经济学的创新研究，是构建中国特色哲学社会科学的题中应有之义。习近平总书记提出："要深入研究世界经济和我国经济面临的新情况新问题，为马克思主义政治经济学创新发展贡献中国智慧。"[①] 要按照习近平总书记的要求，坚持和发展马克思主义政治经济学，深入地、系统地研究世界经济和我国经济面临的新情况新问题，为马克思主义政治经济学研究宣传，为中国特

---

① 习近平总书记在中共中央政治局2015年11月23日下午就马克思主义政治经济学基本原理和方法论进行第二十八次集体学习时的讲话。

色社会主义政治经济学的创新发展，贡献心智。

第一，始终坚持马克思主义政治经济学的指导。马克思主义是由马克思主义哲学、马克思主义政治经济学、科学社会主义三个部分组成的，马克思主义是我们党的思想基础和理论指南，同样包括马克思主义政治经济学。必须牢牢巩固马克思主义政治经济学在我国主流意识形态和经济工作、经济研究中的指导地位，善于运用马克思主义政治经济学基本立场观点方法，分析国内社会主义市场经济和国际资本主义世界经济的各种经济现象及其经济思潮，增强政治敏锐性和政治鉴别力，始终保持立场坚定、头脑清醒。要把马克思主义政治经济学的指导作用贯穿到经济学的学科建设、科研工作、学术活动、人才培养中，按照马克思主义政治经济学的基本原理和方法论，扎实地开展科学研究工作，努力构建当代马克思主义政治经济学理论体系。

第二，深入研究中国特色社会主义经济活动中的重大理论和现实问题。从国内情况看，虽然经济长期向好基本面没有改变，但发展不平衡、不协调、不可持续问题仍然突出，粗放型发展模式存在一定的惯性，部分行业产能过剩严重，城乡区域发展不平衡，资源约束紧张，生态环境恶化，创新能力不强，企业效益下滑，基本公共服务供给不足，全面建成小康社会的任务依然艰巨。面对繁杂的国内情况，必须保持马克思主义政治经济学的定力和判断力，着眼于中国特色社会主义建设的新实践和新发展，把研究和阐释中国特色社会主义重大经济理论和实践问题作为主攻方向；把认真研究习近平总书记关于当代马克思主义政治经济学的新理念新思想新战略作为中心课题，把深入研究"四个全面"战略布局、五大发展理念、经济发展新常态、供给侧结构性改革等作为必选题目，多出在马克思主义政治经济学指导下所取得的研究成果，为党和国家提供有价值的决策参考依据。

第三，全面研判世界经济和世界资本主义发展出现的新动向、新情况。从国际局势看，国际金融危机深层次影响在相当长时期依然存在，全球经济贸易增长乏力，保护主义抬头，地缘政治关系复杂变化，传统和非传统安全威胁交织，外部环境不稳定不确定因素增多。世界经济的现状、发展趋势和出现的问题是与世界资本主义的发展变化相一致的。马克思主义政治经济学所揭示的资本主义的内在矛盾仍然起作用,这是我们观察世界经济问题与趋势,作出科学判断的根本所在。对世界经济的判断离不开对资本主义内在矛盾的分析,离不开马克思主义政治经济学基本原理的指南。一定要把马克思主义政治经济学基本原理运用于对当代资本主义的分析,运用到对世界经济形势的判断。离开马克思主义政治经济学的基本判断是看不清、认不透世界经济趋势的。面对复杂的国际问题必须头脑清醒,树立马克思主义政治经济学的自信自觉,始终坚持运用马克思主义政治经济学的立场、观点和方法认识问题,增强马克思主义对重大国际经济命题的解释力和指导力。

第四,坚决批判西方经济学的原则性错误。习近平总书记要求我们要认清西方经济学的错误本质。我们要认真领会,分清马克思主义政治经济学和西方经济学这两种理论体系在指导理论、研究对象、研究方法、目标任务上是有根本区别的。

西方经济学作为资产阶级意识形态在经济领域的理论体现,根本使命就是为资本的利益服务,但它欺骗性地标榜自己是科学客观、公平正义的学说,以此网罗了大批信众,一定要认清它的资产阶级意识形态本质。当然,也不可否认,西方资本主义国家经过几百年的发展实践,积累了丰富的市场经济经验。西方经济学者们不断从多个角度和层次上提炼概括、归纳总结出反映现代市场经济运行发展一般规律及其特点的观点,形成了一套分析范式和范畴体系,有值得我们学习和借鉴的地方。一方面,西方经济学所运用的西方市场运行的实践材料及其具有合理性的观点,完全可以用马克思主义政治经济学去粗取精,去伪求真,吸收到当代马克思主义政治经济学的理论构建中。但另一方面,如果仅仅因为西方经济学说存在一些可借鉴性,就把它奉若神明、不假思索地认为其是放之四海而皆准的学说,则无疑是一种立场错误、学术浅薄的表现。对于西方经济理论反映资本主义制度属性、阶级立场、意识形态倾向和价值观念的内容,要坚决批判,决不能照抄照搬;对西方经济学理论反映的社会化大生产和市场经济一般规律的合理方面,要注意借鉴,不可全盘否定。

马克思主义政治经济学，最重要的是讲政治。政治是经济的集中表现，政治指导经济，当然政治是为经济服务的。政治经济学不是政治和经济的简单相加，经济学虽然是研究经济问题的，但不可能脱离社会政治。按照经济决定政治、政治反作用于经济，经济基础决定上层建筑、上层建筑反作用于经济基础的原理来认识经济问题。不能仅仅把经济问题看成为纯粹的物与物之间的关系，经济学实际上反映了人与人之间的经济关系和社会关系，特别是所有制关系、分配关系，当然也包括一切生产流通消费环节中人与人之间的关系。所谓从政治上看问题，就是站在工人阶级的、马克思主义的、社会主义的政治立场上看问题。马克思主义政治经济学从来都是把一个国家政治和经济看作一个有机的整体，从经济的角度分析社会政治发展中存在的问题，从政治角度认识经济问题，反作用于经济，让经济发展始终保持正确的方向。马克思主义政治经济学主要是从生产关系分析入手来看问题，主要从生产资料所有制这个根本问题分析出发来看问题。西方经济学回避政治原则问题，把经济学抽象为纯粹的物与物之间的关系，回避人与人之间关系的研究，其真正目的是掩盖资本主义剥削的本质，进而为生产资料私有制辩护，为资本主义制度辩护。

马克思主义政治经济学不是温室里的花朵，而是在汲取各种思想养分并同各种错误思想斗争中创立起来并不断发展的。在研究马克思主义政治经济学的过程中，必须要彻底摒弃传统的教条主义，不能食洋不化，不能让马克思主义政治经济学边缘化，也不能从马克思主义经典著作中寻章摘句，搞僵化那一套。要真正地从立场、观点、方法上来研究马克思主义政治经济学，创新中国特色社会主义政治经济学。不能把马克思主义政治经济学作为幌子，不断地塞进那些不符合马克思主义政治经济学的所谓学说和观点。在新的历史时期，面对生机勃勃的中国特色社会主义经济的丰富实践，发展和创新中国特色社会主义政治经济学，建设具有中国特色、中国风格、中国气派的政治经济学理论和学术话语体系的任务，比任何时候都更加迫切、更加重要。这是在经济领域树立理论自信、道路自信、制度自信的根本保证，也为我们每一个科研工作者提出了重大迫切的现实任务。

第五，要坚持马克思主义理论联系实际的学风。2014年7月习近平总书记在主持召开经济形势专家座谈会时提出："希望广大专家学者深入实际、深入群众、深入基层，倾听群众呼声，掌握真实情况，广泛调研，潜心研究，不断拿出具有真知灼见的成果，为党中央科学决策建言献策，为推进决策科学化、民主化多作贡献。"要认真开展贯彻落实习近平总书记"三个深入"重要讲话的学习活动，学、懂、信、用马克思主义政治经济学，不断改进学风，从实际出发，完善研究方法，在中国特色社会主义实践中提炼当代中国马克思主义政治经济学研究的素材，坚决摆脱西方经济学脱离实际的研究范式的影响，努力构建出有中国特色社会主义的马克思主义政治经济学。为推动中国特色社会主义经济建设，为中国特色社会主义伟大事业作出更多更大的贡献。

（原载《经济研究》2016年第3期；本文系作者2016年1月15日在中国社会科学院经济学部、马克思主义研究院处室级以上领导干部马克思主义政治经济学培训班上的讲话）

加快构建中国特色哲学社会科学的纲领性文献

——学习习近平总书记在哲学社会科学工作座谈会上的重要讲话体会

2016年5月17日，习近平总书记在哲学社会科学工作座谈会上发表重要讲话。讲话站在党和国家事业长远发展的战略高度，强调坚持和发展中国特色社会主义，必须高度重视哲学社会科学；必须坚持马克思主义在我国哲学社会科学的指导地位；必须加快构建中国特色哲学社会科学；必须加强和改进党对哲学社会科学的领导。讲话充分肯定我国哲学社会科学在中国特色社会主义伟大事业中的地位和作用，科学阐述了繁荣发展哲学社会科学的极端重要性，明确提出了构建中国特色哲学社会科学的指导思想、根本要求和主要任务，深刻阐明了事关哲学社会科学性质、方向和前途的一系列重大原则问题。习近平总书记的重要讲话，立意深远、思想深刻，富有时代性、战略性、前瞻性，具有很强的思想性、理论性、政治性、针对性和指导性，通篇贯穿着马克思主义立场观点方法，凝结着我们党对哲学社会科学工作者的殷切希望和对哲学社会科学事业的迫切期待，体现了我们党对哲学社会科学工作规律的新思想新认识。讲话具有巨大的理论说服力和思想引领力，是一篇加快构建中国特色哲学社会科学的纲领性文献，为做好新时期哲学社会科学工作提供了根本遵循和行动指南。哲学社会科学战线要认真学习领会、贯彻落实习近平总书记重要讲话精神，全面推进哲学社会科学创新发展。

一 坚持和发展中国特色社会主义，迫切需要哲学社会科学

习近平总书记全面论述了我国哲学社会科学在发展中国特色社会主义伟大事业中的重要地位和作用。他强调，一个没有发达的自然科学的国家不可能走在世界前列，一个没有繁荣的哲学社会科学的国家也不可能走在世界前列。坚持和发展中国特色社会主义，哲学社会科学具有不可替代的重要地位，哲学社会科学工作者具有不可替代的重要作用。坚持和发展中国特色社会主义，必须高度重视哲学社会科学。

哲学社会科学在经济社会发展中发挥着极其重要的作用。哲学社会科学是解放和发展社会生产力的精神力量。在生产力与生产关系、经济基础与上层建筑的矛盾运动过程中，哲学社会科学不仅提供了关于社会发展的规律性认识，而且提供了理论思维方式方法，指导人们的社会实践沿着正确的方向前进，推动社会生产力的解放和发展。历史证明，社会的发展和进步，不能没有自然科学，也同样不能没有哲学社会科学，哲学社会科学具有与自然科学同等重要的地位。而且，对于经济社会发展的方向和目标来说，对于塑造和提升人的素质来说，哲学社会科学发挥着不同于自然科学的独特作用。哲学社会科学又是实现社会变革、创建制度文明的理论先导。作为世界哲学社会科学发展最高成果的马克思主义理论，是认识、变革人类社会的根本性理论武器。自马克思主义诞生开始，哲学社会科学通过对社会矛盾和社会发展规律的正确把握和运用，使人类的社会变革活动逐步由自发趋向自觉，并进而指引一些国家和民族建立了符合社会发展规律和历史发展总趋势、反映时代和实践要求的社会制度。

我们党历来高度重视哲学社会科学。1940年2月5日，毛泽东同志明确将自然科学和社会科学相提并论，提出了一个极富创见的观点："自然科学是要在社会科学的指挥下去改造自然界。"[①] 邓小平同

---

① 《毛泽东文集》第2卷，人民出版社1993年版，第269页。

志明确指出:"科学当然包括社会科学","自然科学固然重要,要搞好,社会科学也很重要"。他还说:"哲学、社会科学同自然科学一样,决不能忽视基础理论的研究,这些研究是理论工作的任何巨大前进所不可缺少的。"① 江泽民同志提出"四个同样重要"思想:"在认识和改造世界的过程中,哲学社会科学与自然科学同样重要;培养高水平的哲学社会科学家,与培养高水平的自然科学家同样重要;提高全民族的哲学社会科学素质,与提高全民族的自然科学素质同样重要;任用好哲学社会科学人才并充分发挥他们的作用,与任用好自然科学人才并发挥他们的作用同样重要。"② 胡锦涛同志特别强调,哲学社会科学的发展水平和繁荣程度,是一个民族的综合素质和文化力量的重要体现和标志。党的十八大以来,以习近平同志为核心的党中央,多次强调要大力加强中国特色新型智库建设,高度重视哲学社会科学的独特地位和重要作用。习近平总书记强调指出,要从推动科学决策、民主决策,推进国家治理体系和治理能力现代化、增强国家软实力的战略高度,把中国特色新型智库建设作为一项重大而紧迫的任务切实抓好。习近平总书记的一系列重要指示和重要讲话,向我国哲学社会科学界明确了新的任务、提出了新的要求。

哲学社会科学是中国特色社会主义事业不可或缺的重要组成部分,发挥着不可替代的作用。当前,我们党站在一个新的历史起点上,带领全国各族人民把中国特色社会主义伟大事业进一步推向前进,向我国哲学社会科学事业提出了崭新的时代课题,繁荣发展哲学社会科学是坚持和发展中国特色社会主义事业的必然要求。哲学社会科学大有可为,哲学社会科学大有展示才华的舞台。

---

① 《邓小平文选》第 2 卷,人民出版社 1994 年版,第 179 页。
② 《江泽民论有中国特色社会主义(专题摘编)》,中央文献出版社 2002 年版,第 275 页。

二 坚持正确的政治方向和学术导向,自觉接受马克思主义对哲学社会科学的指导

习近平总书记科学阐述了马克思主义的真理性、实践性、科学性和创新性。他强调,坚持以马克思主义为指导,是当代中国哲学社会科学区别于其他哲学社会科学的根本标志,必须旗帜鲜明加以坚持。我国广大哲学社会科学工作者,必须自觉接受马克思主义指导,自觉把中国特色社会主义理论体系贯穿研究和教学全过程,转化为清醒的理论自觉、坚定的政治信念、科学的思维方法。

坚持马克思主义指导,对于以科学研究为终生追求的哲学社会科学工作者来说,应该主动地、自觉地学习马克思主义,做到真学、真懂、真信、真用,真正树立马克思主义世界观,掌握马克思主义方法论,不断提高用马克思主义指导工作的能力,学会运用马克思主义指导科学研究。要在马克思主义指导下,自觉把正确的政治方向和学术导向统一起来,寓政治于学术之中,寓马克思主义道理于学理之中,将把住正确方向贯穿于一切科研活动的学术导向之中。

坚持马克思主义对哲学社会科学的指导,最核心的是解决哲学社会科学为什么人的问题。为什么人的问题,是马克思主义唯物史观的核心问题,是哲学社会科学研究的根本性、方向性、原则性问题。解决哲学社会科学为什么人的问题,说到底,就是要解决哲学社会科学工作者为什么人从事学术研究的问题,为谁服务的问题。为人民群众做学问、为人民群众拿笔杆子,是我国哲学社会科学工作者的神圣职责,是实现哲学社会科学价值的必然途径。

坚持马克思主义对哲学社会科学的指导,最重要的是解决好理论联系实际的马克思主义学风问题。哲学社会科学工作者要积极投身于创新实践,要面向经济社会发展主战场、面向人民群众新需求,深入一线,深入群众,深入实际,坚持从人民群众的生产和生活中,从中国特色社会主义的伟大实践中,汲取智慧营养,获取发展源泉和动力。

坚持马克思主义对哲学社会科学的指导，关键是要坚持问题导向，以党和人民关注的重大理论和现实问题为科研主攻方向。问题导向是马克思主义的鲜明特色。问题是时代的声音，每个时代总有属于它自己的问题，只有树立强烈的问题意识，才能实事求是地对待问题、解决问题。

坚持以马克思主义为指导，必须大力推进马克思主义中国化、时代化、大众化，继续发展21世纪马克思主义、当代中国马克思主义。马克思主义是开放的、创新的，永远不会停留在一个水平上。我们所要坚持的马克思主义，绝不是僵化的教条的马克思主义，而是在实践中不断发展的生机勃勃的马克思主义。

坚持正确的政治方向和学术导向，坚持以马克思主义为指导，必须坚持和改进党对哲学社会科学的领导。党的领导是繁荣发展哲学社会科学事业的根本保证。各级党委要重视和加强对哲学社会科学工作的政治领导和工作指导，一手抓繁荣发展，一手抓管理，从政治方向、学术导向、科研课题、机构设置、人才培养、物质保障等方面关心和支持哲学社会科学事业发展。哲学社会科学研究机构和广大哲学社会科学工作者，也要自觉接受党的领导。

三　结合中国特色社会主义伟大实践，加快构建中国特色哲学社会科学

习近平总书记指出，观察当代中国哲学社会科学，需要有一个宽广的视角，需要放到世界和我国发展大历史中去看。人类社会每一次重大跃进，人类文明每一次重大发展，都离不开哲学社会科学的知识变革和思想先导。在深刻把握当今时代、当代中国新形势新实践新需要的基础上，他提出了加快构建中国特色哲学社会科学的战略任务和历史使命。习近平总书记强调，加快构建中国特色哲学社会科学，要按照立足中国、借鉴国外，挖掘历史、把握当代，关怀人类、面向未来的思路，在指导思想、学科体系、学术体系、话语体系等方面充分体现中国特色、中国风格、中国气派。

一要体现继承性、民族性。要善于继承、吸收借鉴人类优秀文明成果，善于融通马克思主义的资源、中华优秀传统文化的资源、国外哲学社会科学的资源，坚持不忘本来、吸收外来、面向未来。体现继承性，就要坚定文化自信，挖掘和阐发中华优秀传统文化，努力实现中华传统美德的创造性转化、创新性发展，把具有当代价值的中国文化精神弘扬起来，把继承优秀传统文化又弘扬时代精神、立足本国又面向世界的当代中国文化创新成果传播出去。

二是要体现原创性、时代性。习近平总书记指出，我们的哲学社会科学有没有中国特色，归根到底要看有没有主体性、原创性。创新是哲学社会科学的本质所在，是一个国家、民族、政党发展的不竭动力。只有以我国实际为研究起点，提出具有主体性、原创性的理论观点，构建具有自身特质的学科体系、学术体系、话语体系，我国哲学社会科学才能形成自己的特色和优势。

三要体现系统性、专业性。中国特色哲学社会科学应该涵盖历史、经济、政治、文化、社会、生态、军事、党建等各领域，囊括传统学科、新兴学科、前沿学科、交叉学科、冷门学科等诸多学科，不断推进学科体系、学术体系、话语体系建设和创新，努力构建一个全方位、全领域、全要素的哲学社会科学体系，敢于创立中国学派、中国理论、中国观点，使中国哲学社会科学真正屹立于世界哲学社会科学之林。

（原载《光明日报》2016年5月24日；《学习活页文选》2016年第35期转载）

开创当代中国马克思主义新境界

党的十八大的胜利召开,标志着党领导的中国特色社会主义伟大事业前进到一个新的历史起点上,党领导的伟大历史实践进入到一个新的发展阶段,我们开始并正在进行着具有许多新的历史特点的伟大斗争。习近平总书记系列重要讲话是新起点新阶段马克思主义中国化的最新理论成果,是党在新起点新阶段团结全党、统一全党,开展伟大斗争,继而赢得伟大胜利的强大思想武器。

顺应世界历史时代潮流的理论应答

习近平总书记站在历史的高度和时代的前沿,灵活运用马克思主义立场观点方法,科学观察、分析、判断和把握国际国内复杂形势、发展趋势和客观规律,顺应时代潮流和历史趋势,站在治国理政的高度,对中国特色社会主义建设各个方面提出了一系列新理念新思想新战略。只有看清吃透时代大背景、世界大环境、国际大走势,才能深刻把握新起点新阶段的特征、规律和需求,才能深刻理解习近平总书记系列重要讲话的精神实质。

习近平总书记指出,要从马克思主义关于人类社会发展规律的高度来认识当今世界的变化及趋势。1879—1882年,马克思成功地运用唯物史观,形成了著名的世界历史理论,揭示了人类社会历史依次由原始社会到奴隶社会、封建社会、资本主义社会,最终经由社会主义社会发展到共产主义社会的演变规律。但资本主义不甘心退出历史舞台,世界历史始终贯穿着资本主义与社会主义的生死博弈。世界历史进程决定，中国只有选择社会主义，进而选择中国特色社会主义，才能实现现代化，才能实现中华民族伟大复兴的中国梦。

2008年由美国次贷危机引发的席卷全球的金融危机造成国际形势发生了重大转变，世界力量对比发生了深刻变化，形势越发有利于我国，但争斗却更为激烈。国际上的复杂形势必然反映到国内，各种社会力量、各种思潮在国际大背景的支撑下纷纷登台，试图影响舆论、影响民众、影响道路选择。马克思主义、社会主义的正确主张和形形色色的错误主张之间的争论格外激烈。是走资本主义的邪路，走高度集中的僵化、封闭、闭关锁国搞建设的老路，还是继续沿着中国特色社会主义改革开放的道路坚定不移地走下去，这是在新的历史条件下摆在中国人民面前的重大选择。习近平总书记系列重要讲话是对世界历史进程国际形势新变化的反映和概括，是在科学判断世界格局、历史走势、发展规律、时代特征的基础上，对中国究竟"举什么旗，走什么路，坚持什么样的发展方向和路线，采取什么样的改革开放的战略举措"这一带有根本性问题的科学解决，是对在新的历史起点上"什么是中国特色社会主义，怎样坚持和发展中国特色社会主义"这一当代中国主题的理论回答。

新的历史起点上新发展阶段的科学指南

我们党正在领导人民从事与以往历史时期有着许多新的不同特点的伟大实践。全面建成小康社会，进而实现"两个一百年"奋斗目标，坚定不移走中国特色社会主义道路，把中国建设成为社会主义现代化强国，真正使中华民族伟大复兴的中国梦成为现实，这是新起点新阶段的历史性重任。在这样一个关键时期，全党迫切需要在马克思主义立场观点方法的基础上，在科学的时代判断、形势判断、理论判断和战略判断的基础上，在制定并实施正确的路线、方针、政策和举措的基础上，统一思想，统一行动，坚定不移高举中国特色社会主义伟大旗帜，坚持"一个中心，两个基本点"的基本路线，坚持中国特色社会主义道路、理论体系和制度，这是摆在全党面前十分紧迫的政治任务。

习近平总书记站在时代的战略高度，顺应了新起点新阶段的历史性转折与变化，把握了新的历史起点上这一发展阶段的基本特征，概括了这一发展新阶段的客观规律，指明了党领导的中国人民事业的前进方向，对"面临新形势新需求新挑战，为什么坚持和发展中国特色社会主义，怎样坚持和发展中国特色社会主义"这一当代最重大课题所引发的一系列重大理论和现实问题作出了全面的理论回答。习近平总书记系列重要讲话对"坚持什么、反对什么"，"肯定什么、否定什么"，"倡导什么、抵制什么"，"为什么做"，"做什么"，"怎么做"，发出了明确无误的政治信号，展示了坚如磐石的理论定力，制定了切实可行的战略举措，是指导我们党在新的历史起点上迈进新阶段、坚持和发展中国特色社会主义的政治纲领，是带领全党全国各族人民从事更伟大斗争、取得更大胜利的行动指南。

习近平总书记系列重要讲话全面阐发和深度丰富了党的十八大精神，是对中国特色社会主义道路、理论体系和制度，对中国特色社会主义基本理论、基本路线、基本纲领、基本经验和基本要求的科学论述，是全面阐述事关中国特色社会主义前途命运一系列重大原则问题的当代中国马克思主义重要文献，是对中国特色社会主义理论体系的丰富、发展和创新。

灵活运用马克思主义哲学的光辉典范

习近平总书记系列重要讲话是活生生的马克思主义哲学教材，为我们树立了运用马克思主义哲学分析、认识、解决问题的典范。讲话通篇贯穿了一脉相承、一以贯之的一条红线，这也是马克思列宁主义、毛泽东思想和中国特色社会主义理论体系所贯穿的基本立场、观点和方法，这就是马克思主义哲学的世界观和方法论，即辩证唯物主义和历史唯物主义。

习近平总书记指出，辩证唯物主义是我们共产党人观察分析处理一切问题的思想方法。学习辩证唯物主义，最重要的是要用唯物论、辩证法看问题，按唯物论、辩证法办事。

习近平总书记要求我们坚持唯物主义的基本原则。坚持唯物主义就是要坚持从客观实际出发制定政策、推动工作。习近平总书记指出，我国仍处于并将长期处于社会主义初级阶段是当代中国最大的客观实际，这是我们认识当下、规划未来、制定政策、推进事业的客观基点，不能脱离这个基点，否则就会犯错误，甚至是颠覆性的错误。既要看到社会主义初级阶段基本国情没有变，也要看到我国经济社会发展每个阶段呈现出来的新特点。经过 30 多年改革开放，我国社会生产力、综合国力、人民生活水平实现了历史性跨越，我国基本国情的内涵不断发生变化，我们面临的国际国内风险、面临的难题也发生了重要变化。我们提出要准确把握、主动适应经济发展新常态，就是适应国际国内环境变化、辩证分析我国经济发展阶段性特征作出的判断。准确把握我国不同发展阶段的新变化新特点，使主观世界更好符合客观实际，按照实际决定工作方针，这是我们必须牢牢掌握的工作方法。

习近平总书记要求全党提高辩证思维能力。习近平总书记系列重要讲话通篇贯穿了对立统一的辩证法和矛盾分析方法。他认为，坚持问题导向就是承认矛盾的普遍性、客观性，要有强烈的问题意识，以重大问题为导向，善于把认识和化解矛盾作为打开工作局面的突破口。习近平总书记强调，既要坚持两点论、全面论，又要坚持重点论，一分为二地看问题，全面把握深化改革的一系列重大关系，处理好整体推进和重点突破的关系、顶层设计和摸着石头过河的关系、胆子要大和步子要稳的关系，以及改革发展稳定的关系。习近平总书记系列重要讲话的许多重要观点论断，比如既要以经济建设为中心，又要重视党的意识形态工作；既要坚持从中国社会主义初级阶段实际出发，以经济建设为中心，又要始终把思想建设放在党的建设第一位，毫不放松理想信念教育、思想道德教育和意识形态工作，大力培育和弘扬社会主义核心价值观；既要坚定不移地抓好党的建设、反腐倡廉建设，又要坚定不移地、大胆地推进改革开放；既要重视市场资源配置的决定性作用，又要更好发挥政府作用；深化改革既要胆子大，又要步子稳；战略上既要勇于进取，战术上又要稳扎稳打；等等。这些都为我们提供了成功运用辩证法的范例。

历史唯物主义是马克思主义关于社会历史发展问题的哲学总说明，是我们共产党人认识社会问题、解决社会问题、推进社会进步的思想武器。历史和现实表明，在革命、建设、改革各个历史时期，我们党运用历史唯物主义，系统、具体、历史地分析中国国情、中国社会运动及其规律，制定正确的革命、建设、改革的路线、战略和策略，推动党和人民事业取得一个又一个伟大胜利。离开历史唯物主义的指导，我们党的事业就不会有今天。习近平总书记高超的领导艺术和敏锐的历史眼光，来源于对历史唯物主义的把握和运用。他关于实现中华民族伟大复兴的中国梦、关于坚持和发展中国特色社会主义、关于协调推进"四个全面"战略布局、关于树立"创新、协调、绿色、开放、共享"的发展理念、关于促进经济持续健康发展、关于发展社会主义民主政治、关于建设社会主义文化强国、关于改善民生和创新社会治理、关于大力推进生态文明建设、关于全面推进国防和军队建设、关于国际关系和我国外交战略、关于科学的思想方法和工作方法的重要论述，等等，都说明他善于运用唯物史观认识社会发展规律，认识中国国情，分析国际国内形势，把握前进方向，指导现实工作。

建设中国特色社会主义的思想武器

建设中国特色社会主义是一项长期、艰巨、复杂的历史任务，我们必须像习近平总书记那样坚持运用和发展马克思主义，熟练掌握并灵活运用马克思主义立场观点方法，作为引导从胜利走向胜利的思想武器。

首先，要善于运用唯物论辩证法指导工作实践。

习近平总书记指出，学习和运用唯物论辩证法，就要运用唯物主义基本原理和辩证思维方式认识问题、分析问题和解决问题，反对主观唯心主义和形而上学的思想方法，准确把握客观实际，真正掌握客观规律。

实事求是是马克思主义哲学的精髓,是我们党始终坚持的根本思想方法。习近平总书记系列重要讲话本身就是坚持和发展解放思想、实事求是的思想路线的创新产物,就是对当今中国实际和世界实际全面把握和实事求是分析的科学成果。习近平总书记要求我们,坚持实事求是思想路线,就要学习掌握唯物论辩证法实践与认识辩证关系的原理,坚持实践第一的观点,不断推进实践基础上的理论创新。要根据时代变化和实践发展,不断深化认识,不断总结经验,不断进行理论创新,坚持理论指导和实践探索辩证统一,实现理论创新和实践创新良性互动,在这种统一和互动中发展 21 世纪中国的马克思主义。

习近平总书记反复强调,要增强辩证思维、战略思维、系统思维、创新思维和底线思维能力,正确地观察分析事物,研究解决改革发展中的困难和问题,不断增强决策的科学性、前瞻性、主动性。辩证思维,就是承认矛盾、分析矛盾、解决矛盾,善于抓住关键和重点全面洞察事物发展规律。战略思维、系统思维、创新思维和底线思维实质上都是辩证思维。所谓战略思维,就是高瞻远瞩,统揽全局,善于从全面、根本、长远的角度看问题,善于把握事物发展总体趋势和方向。所谓系统思维,就是用整体的、联系的、全面的观点看问题。所谓创新思维,就是破除迷信,超越过时的陈规,善于因时制宜、知难而进、开拓进取,不断推进思想进步、实践进步、发展进步,创新思维是辩证发展观的具体体现。所谓底线思维,就是考虑问题、办事情要留有充分余地,从最坏处着眼,从最好处着手,善于做转化争取工作,掌握主动权。

其次,要善于运用唯物史观引领前进方向。

习近平总书记大力倡导提高唯物史观的思维能力,加强对中国历史、党史、国史、社会主义发展史和世界历史的学习,这对于始终坚持唯物史观、深刻总结历史经验、把握历史规律、认识历史趋势、坚定中国特色社会主义方向,更好地做好当前工作、走向未来,意义重大。

生产的观点是唯物史观的首要观点,用生产观点看问题是唯物史观的基本方法论。习近平总书记指出，学习和掌握物质生产是社会的基础，生产力是推动社会进步的最活跃、最革命的要素，生产力是社会基本矛盾的主要方面的基本观点，就必须坚持发展生产力仍是解决我国所有问题的关键这个重大战略判断。社会主义的根本任务是解放和发展生产力，不断推动我国社会生产力不断向前发展，推动实现物的不断丰富和人的全面发展的统一。群众的观点是唯物史观的根本观点。从群众中来、到群众中去，是建立在唯物史观基础上的党的根本工作路线。习近平总书记指出，人民群众中有的是能者和智者，要虚心向他们求教问策，把政治智慧的增长、执政本领的增强、领导艺术的提高深深扎根于人民群众的实践沃土之中，不断从人民群众中吸收营养和力量。他坚持走群众路线，要求以"天下大事必作于细"的态度，抓实做细事关群众切身利益的每项工作，努力办实每件事，赢得万人心。他指出，要进一步实现社会公平正义，通过制度安排更好保障人民群众各方面权益。要坚持把实现好、维护好、发展好最广大人民根本利益作为推进改革的出发点和落脚点，让发展成果更多更公平地惠及全体人民。

社会基本矛盾的观点是历史唯物主义的基本观点，社会基本矛盾分析方法是历史唯物主义的基本方法，阶级分析方法是运用社会基本矛盾分析方法认识阶级及阶级斗争现象的延伸。习近平总书记主张必须坚持马克思主义政治立场，认为马克思主义政治立场，首先就是阶级立场，进行阶级分析。他认为，社会基本矛盾是不断发展的，调整生产关系、完善上层建筑相应地不断进行下去，要适应我国社会基本矛盾运动的新变化推进改革开放；提出要以经济建设为中心，发挥经济体制改革的牵引作用，带动全面改革，推动我国生产关系与生产力、上层建筑与经济基础相适应；提出社会主义市场经济体制改革的总体目标、原则方针和实施步骤，以进一步解放和发展社会生产力，促进经济社会全面健康科学发展。

（原载《光明日报》2016年6月8日）

用马克思主义世界观方法论指导中国特色社会主义伟大实践

——深入学习贯彻党的十八届五中全会精神

党的十八届五中全会是在全面建成小康社会进入决胜阶段召开的一次重要会议,具有十分重大的现实意义和深远的历史意义。全会审议通过了《中共中央关于制定国民经济和社会发展第十三个五年规划的建议》,明确提出了"十三五"发展的指导思想、基本原则、目标要求、重大举措,是动员全党全国各族人民夺取全面建成小康社会伟大胜利的纲领性文件。全会指出:"党的十八大以来,以习近平同志为总书记的党中央毫不动摇坚持和发展中国特色社会主义,勇于实践、善于创新,深化对共产党执政规律、社会主义建设规律、人类社会发展规律的认识,形成一系列治国理政新理念新思想新战略,为在新的历史条件下深化改革开放、加快推进社会主义现代化提供了科学理论指导和行动指南。"认真学习领会习近平总书记一系列治国理政新理念新思想新战略,深入贯彻落实十八届五中全会精神,用马克思主义世界观方法论指导改革发展新实践,协调推进"四个全面"战略布局,为全面建成小康社会,实现中华民族伟大复兴的中国梦而努力奋斗。

第一,坚持运用马克思主义世界观方法论,深刻理解把握习近平总书记系列重要讲话,这是我们做好一切工作的前提和基础。习近平总书记系列重要讲话贯穿了一条一脉相承、一以贯之的红线,这就是马克思主义的立场观点方法。马克思主义立场观点方法,归结到最根本之处,就是马克思主义的哲学世界观和方法论,就是辩证唯物主义和历史唯物主义，这是我们党把握和解决当前和今后一个时期关系党和国家战略全局的一系列重大理论和现实问题的哲学依据，是全党思想统一、行动一致的最根本的思想基础，是我们共产党人观察和解决一切问题的望远镜和显微镜，是我们共产党必须掌握的克敌制胜的看家本领。深入学习贯彻习近平总书记系列重要讲话精神，最根本的是学习讲话的精神实质和"活的灵魂"，学会用马克思主义哲学的基本原理和方法论认识问题、分析问题和解决问题。

习近平总书记善于运用马克思主义哲学世界观和方法论分析复杂事物，全面把握事物发展变化及其关系，揭示其内在的客观规律。他反复强调要学习辩证唯物主义和历史唯物主义的基本原理，掌握唯物的、辩证的、矛盾的、实践的、生产的、阶级的和群众的观点，增强战略思维、辩证思维、系统思维、创新思维、历史思维、底线思维能力，正确全面地观察分析事物，研究解决我国改革发展中的困难和问题，不断增强决策的科学性、前瞻性、主动性。在十八届五中全会上，习近平总书记深刻提出"创新、协调、绿色、开放、共享"五大发展理念，为实现"十三五"时期发展目标、破解发展难题、厚植发展优势指明了方向，为我们提供了成功运用马克思主义世界观方法论的范例。

习近平总书记系列重要讲话，从马克思主义哲学世界观和方法论最高峰的视野出发，站在时代和实践发展的战略高度，立足国际国内发展全局，适应时代和实践发展的新要求，把握人民群众的新期待，继往开来，面向未来，提出了一系列治国理政的新思想新观念新论断，构成了全面推进中国特色社会主义事业的理论指南。从哲学的高度和厚度出发，深入学习贯彻习近平总书记系列重要讲话精神，坚持全面建成小康社会、全面深化改革、全面依法治国、全面从严治党的战略布局，坚持发展是第一要务，以提高发展质量和效益为中心，深化经济结构改革，加快形成引领经济发展新常态的体制机制和发展方式，保持战略定力，坚持稳中求进，统筹推进经济建设、政治建设、文化建设、社会建设、生态文明建设和党的建设，确保如期全面建成小康社会，为实现第二个百年奋斗目标、实现中华民族伟大复兴的中国梦奠定更加坚实的基础。

第二，坚持运用马克思主义世界观方法论，全面深化改革，不断激发全社会的发展动力和创造活力，推动经济社会持续健康发展。全面深化改革，必须坚持实事求是、一切从实际出发的思想路线，立足于我国长期处于社会主义初级阶段这个最大实际，坚持发展仍是解决我国所有问题的关键这个重大战略判断，以经济建设为中心，发挥经济体制改革牵引作用，推动生产关系同生产力、上层建筑同经济基础相适应，推动经济社会持续健康发展。

一方面，全面深化改革面临的最大国情和最大实际没有变，"我国仍处于并将长期处于社会主义初级阶段"。尽管经济总量已经跃居世界第二位，但是人均水平还较低，贫困问题依然突出。2014年国家统计局的统计监测数据表明，全国还有7017万现行标准下的贫困人口。贫困问题既是"三农"工作的难点，也是全面建成小康社会的最大短板。习近平总书记指出：发展是解决中国一切问题的金钥匙，是解决我国所有问题的关键，以经济建设为中心任何时候都不能偏离。一定要打好扶贫攻坚战。他还指出，坚持发展，最核心的问题是坚持创新发展，必须把创新摆在国家发展全局的核心位置，不断推进理论创新、制度创新、科技创新、文化创新等各方面创新，让创新贯穿党和国家一切工作，让创新在全社会蔚然成风。推动发展要尊重经济规律，坚持有质量、有效益、可持续，在不断转变经济发展方式、优化经济结构中实现增长，切实把发展的立足点转到提高质量和效益上来，再也不能简单以国内生产总值增长率论英雄。

另一方面，经过改革开放三十多年的发展，我国基本国情的内涵不断发生变化，面临的国际国内风险、面临的难题也发生了重要变化。中国经济呈现出新常态。要唯物地、辩证地、全面地看待我国经济社会发展新阶段的基本特征，认识新常态、适应新常态、把握新常态。我国正处于增长速度换挡期、结构调整阵痛期叠加的阶段，要坚持统筹稳增长、调结构、促改革，坚持宏观政策要稳、微观政策要活、社会政策要托底；要充分发挥市场资源配置的决定性作用和更好发挥政府作用，以经济体制改革为重点，牵引和带动其他领域的改革，使各方面改革协同推进、形成合力。全面深化改革的性质和方向，就是要坚持社会主义市场经济改革方向，中国是一个大国，不能出现颠覆性错误，坚决守住中国特色社会主义这条底线；加强和改善党对全面深化改革的领导，坚持一切从实际出发，以我为主，该改的坚决改，不能改的坚决守住，牢牢把握改革的主动权和领导权。

第三，坚持运用马克思主义世界观方法论，全面依法治国，建设中国特色社会主义法治体系，建设社会主义法治国家。"全面依法治国"是"四个全面"战略布局的重要内容。要从历史唯物主义关于经济基础决定上层建筑、上层建筑反作用于经济基础的基本原理出发，全面认识社会主义法治建设、依法治国的必要性和重要性。"十三五"规划建议指出：法治是发展的可靠保障。必须坚定不移走中国特色社会主义法治道路，加快建设中国特色社会主义法治体系，建设社会主义法治国家，推进科学立法、严格执法、公正司法、全民守法，加快建设法治经济和法治社会，把经济社会发展纳入法治轨道，从而全面推进中国特色社会主义经济社会发展。

唯物辩证法告诉我们，抓工作不要眉毛胡子一把抓，要善于抓住主要矛盾和矛盾的主要方面，主要矛盾和矛盾的主要方面解决了，其他问题也就迎刃而解了。全面依法治国必须抓住领导干部这个"关键少数"。只有领导干部认识上去了，以身作则、率先垂范，才能以上带下，带动全社会推进依法治国。在现实生活中，一些领导干部法治意识比较淡薄，有的存在有法不依、执法不严甚至徇私枉法等问题，影响了党和国家的形象和威信，损害了政治、经济、文化、社会、生态文明领域的正常秩序。领导干部这个"关键少数"，是影响事业成败的关键因素，是全面实现依法治国的关键。中国共产党是中国特色社会主义事业的领导核心，处在总揽全局、协调各方的地位。社会主义法治必须坚持党的领导，党的领导必须依靠社会主义法治。人民民主是我们党始终高扬的旗帜，社会主义政治文明是我们党始终不渝的追求。把坚持党的领导、人民当家作主、依法治国有机统一起来，是我国社会主义法治建设的一条基本经验，也是我国法治与西方所谓"宪政"的根本区别。

第四，坚持运用马克思主义世界观方法论，加强宣传思想工作，牢牢掌握意识形态工作领导权管理权话语权。习近平总书记指出，意识形态工作是党的一项极端重要的工作。在集中精力进行经济建设的同时，一刻也不能放松和削弱意识形态工作。"我们必须毫不放松理想信念教育、思想道德建设、意识形态工作，大力培育和弘扬社会主义核心价值观，用富有时代气息的中国精神凝聚中国力量。"马克思主义哲学原理说明，物质决定精神，精神反作用于物质；社会存在决定社会意识，社会意识反作用于社会存在。因此，我们要始终不渝地坚持和巩固马克思主义在意识形态领域的指导地位，坚持正确的政治方向和学术导向，做到守土有责、守土负责、守土尽责，巩固社会主义制度的思想理论基础。

马克思主义哲学基本原理认为，世界上的任何事物都是普遍性和特殊性的统一，普遍性寓于特殊性之中，特殊性包含着普遍性，不存在只有普遍性而没有特殊性或者只有特殊性而没有普遍性的东西。人类社会一切价值观念都是历史的、具体的，都是由社会经济关系决定的，不存在永恒的、不变的、抽象的价值观念。自由、民主、人权、公平、正义等价值观念也都不是抽象的，而是有着具体的特定的社会政治内容，并随着经济社会条件的变化而变化的。从这个意义上说，所谓"普世价值"实际上是一个伪命题，它在现实生活中是不存在的。正如一位美国学者所说的，普世主义是西方对付非西方社会的意识形态。西方某些国家把他们的那套价值观念标榜为"普世价值"，把他们诠释的自由、民主、人权等说成是放之四海而皆准的标尺，极力在世界范围内叫卖和推销，台前幕后策动了一场又一场"颜色革命"，其目的就在于渗透、破坏和颠覆别国政权。国内外一些敌对势力假借"普世价值"之名，抹黑中国共产党，抹黑中国特色社会主义制度，抹黑我国主流意识形态，企图用西方价值观念改造中国，其目的也就在于让中国人民放弃中国共产党的领导，放弃中国特色社会主义制度，使中国再次沦为某些发达资本主义国家的殖民地。对此，我们要敢于"亮剑"，敢于"发声"，不能当"好好先生"，当"绅士"，"过于爱惜自己的羽毛"。要组织力量批判新自由主义、民主社会主义、历史虚无主义、普世价值观，资产阶级民主、自由、人权、平等观，以及质疑改革开放等错误思潮，大力培育和弘扬社会主义核心价值观，开展积极的舆论斗争。我们要把思想统一到中央对意识形态工作的形势判断和工作措施上来，切实做好意识形态工作，把意识形态工作的领导权管理权话语权牢牢掌握在自己手中。

第五，坚持运用马克思主义世界观方法论，加强党的建设和反腐倡廉建设，切实提高从严管党治党的能力和水平。物质变精神、精神变物质的"两变"思想，是毛泽东同志对实践与认识、存在与思维、物质与精神辩证关系观点的发展。共产党人在重视物质条件的同时，高度重视思想、精神、理论、意识形态的反作用。习近平总书记指出："我们党始终把思想建设放在党的建设第一位，强调'革命理想高于天'，就是精神变物质、物质变精神的辩证法。"党的建设的关键在于思想建设，思想建设的首要在于加强理想信念教育。"坚定理想信念，坚守共产党人精神追求，始终是共产党人安身立命的根本。对马克思主义的信仰，对社会主义和共产主义的信念，是共产党人的政治灵魂，是共产党人经受住任何考验的精神支柱。"通过广泛开展多种形式的马克思主义、中国特色社会主义理论体系和习近平总书记系列重要讲话的深入学习，使广大党员干部方向更加明确、思想更加统一、力量更加凝聚、信心更加充足。

加强党的建设必须和反腐倡廉建设结合来抓，治国必先治党，治党务必从严。道私者乱，道法者治。党纪严于国法。"必须严明党的纪律，党的各项纪律都要严。遵守党的纪律是无条件的，要说到做到，有纪必执，有违必查，而不能合意的就执行，不合意的就不执行，不能把纪律作为一个软约束或是束之高阁的一纸空文。"严格执纪，铁面问责，将制度的笼子扎紧，架起制度的高压线，划出纪律的红线。习近平总书记围绕党要管党、从严治党，围绕坚持党的群众路线、密切联系群众，从思想建设、组织建设、作风建设、反腐倡廉建设和制度建设等方面，作了系统的阐述，这些重要论述深刻回答了党的建设的重大理论和现实问题，进一步明确了加强党的建设的关键和重点，为推进党的建设新的伟大工程指明了方向，为把我们党建设成为中国特色社会主义事业的坚强领导核心明确了任务和要求。习近平总书记强调:"要坚持全面从严治党、依规治党,深入推进党风廉政建设和反腐败斗争,巩固反腐败斗争成果,健全改进作风长效机制,着力构建不敢腐、不能腐、不想腐的体制机制,着力解决一些干部不作为、乱作为等问题,积极营造风清气正的政治生态,形成敢于担当、奋发有为的精神状态,努力实现干部清正、政府清廉、政治清明,为经济社会发展提供坚强政治保证。"

第六,坚持运用马克思主义世界观方法论,立足时代和实践,不断推进理论创新、思想创新,发展21世纪中国的马克思主义。实践第一的观点是马克思主义的基本观点。实践决定认识、产生认识、检验认识、推动认识,认识指导实践,正确的认识引导正确的实践。马克思主义必定随着时代变化和实践发展而不断发展,社会主义从来都是在开拓中前进的;坚持马克思主义,坚持社会主义,一定要有发展的观点,一定要以我国改革开放和现代化建设的实际问题、以我们正在做的事情为中心,着眼于马克思主义理论的运用,着眼于对实际问题的理论思考,着眼于新的实践和新的发展,始终坚持随着时代变化和实践发展,不断开辟马克思主义的新境界。

习近平总书记回顾近代以来中华民族的发展历程,展望中国未来的发展前景,在党的十八大确立"两个一百年"奋斗目标的基础上,鲜明提出实现中华民族伟大复兴的中国梦,论述了中国梦的重大意义、基本内涵、精神实质、实现路径和实践要求。中国梦之所以得到13亿中国人民发自内心的一致拥护,之所以成为海内外中华儿女的最大共识,之所以成为激励全体人民团结奋进的精神旗帜,就在于它将马克思主义的基本原理和当今中国实际和时代特征有机结合起来,深深植根于中国人民的伟大历史实践、现实实践,又高于实践、指导实践,并成功地转化成了人民群众听得懂的语言、摸得着的未来,鼓舞中国人民为争取更美好的未来而努力拼搏。习近平总书记关于中国梦的重要论述,升华了我们党的执政理念,是中华民族实现民族独立、民族自强的伟大觉醒,是中国特色社会主义理论体系的重大思想创新。中国梦,贯穿着中国的昨天、今天和明天的历史主轴,连接着国家、民族与个人的前途命运,蕴含着国家富强、民族振兴、人民幸福的丰富内涵。当代中国共产党人有责任以马克思主义的宽广视野把握世界,勇于站在时代前列,站在实践前沿,在实现中华民族伟大复兴中国梦的进程中,不断赋予马克思主义以新的时代内涵,在理论创新和实践创新的良性互动中发展21世纪中国的马克思主义,使马克思主义的旗帜永不褪色、高高飘扬。

(原载《马克思主义哲学论丛》2016年第2期)

不断推进理论创新是我们党的重要法宝

中国共产党走过的 95 年，是把马克思主义基本原理同中国具体实际相结合而不断追求真理、开拓创新的 95 年。不断推进理论创新，是我们党的一大显著特征和突出政治优势。习近平总书记在庆祝中国共产党成立 95 周年大会上的重要讲话中指出，坚持不忘初心、继续前进，就要坚持马克思主义的指导地位，坚持把马克思主义基本原理同当代中国实际和时代特点紧密结合起来，推进理论创新、实践创新，不断把马克思主义中国化推向前进。

一　不断推进理论创新使我们党开辟出民族复兴灿烂前景

我们党自诞生之日起，就以实现中华民族伟大复兴为己任。面对中国特殊国情，使中华民族从沉沦走向复兴应当走什么路？马克思主义经典作家并没有也不可能给出现成答案，完全靠我们党自己来摸索。我们党通过不断推进实践基础上的理论创新，实现了马克思主义中国化的两次飞跃，产生两大理论成果，即毛泽东思想和中国特色社会主义理论体系，成功地走出了中国革命和中国特色社会主义建设的新路，开辟出民族复兴光辉灿烂的远大前景。

指引中国革命走向胜利。十月革命一声炮响，给我们送来了马克思列宁主义，中国共产党应运而生，给灾难深重的中国带来光明和希望。但是，当时的中国不像欧洲那样处于资本主义社会，与十月革命前夕处在帝国主义链条最薄弱环节的俄国也有很大区别。在中国这样一个半殖民地半封建社会、经济文化极其落后的东方大国，如何选择适合自己的革命道路，是一个极为复杂的新课题。年轻的中国共产党人经验不足，思想理论准备不足，对中国社会的性质特点，对中国革命的固有规律认识不够，党内流行将马克思主义教条化、将共产国际决议和苏联经验神圣化的错误倾向，致使中国革命在起步阶段即遭受严重挫折。以毛泽东同志为代表的中国共产党人经过艰辛探索与实践，科学认识中国国情，正确揭示中国革命客观规律，把马克思主义与中国半殖民地半封建的具体国情结合起来，创立毛泽东思想，实现马克思主义中国化的第一次飞跃，给中国革命指出一条新路：中国革命要分两步走，先进行以中国工人阶级政党领导的反帝反封建的新民主主义革命，在农村创建根据地，以农村包围城市，最后夺取全国政权；然后不间断地转入社会主义革命。经过28年浴血奋战，党带领人民终于取得新民主主义革命胜利，建立新中国，实现了民族独立、人民解放，为实现中华民族伟大复兴创造了必要条件。

探索社会主义建设道路。新中国成立后，我们党把马克思主义基本原理创造性地运用于中国实际，带领人民完成社会主义改造，建立起社会主义基本制度，实现了中国历史上最广泛最深刻的社会变革，为当代中国一切发展进步奠定了根本政治前提和制度基础。在中国这样一个一穷二白、没有经历资本主义发展阶段的、落后的东方大国建设社会主义，同样是一个崭新课题。1956年，社会主义改造完成后，我国转入社会主义建设时期。在毛泽东同志领导下，我们党积极探索适合中国情况的社会主义道路。虽然在探索过程中走了弯路，包括经历"文化大革命"那样的严重曲折，但仍然取得了社会主义建设的伟大成就，积累了社会主义建设的经验，也创造性地提出了一系列适合中国国情的社会主义建设理论，这为新的历史时期开创中国特色社会主义提供了宝贵经验、理论准备、物质基础。

开创和发展中国特色社会主义。改革开放以来，我们党坚持在实践创新的基础上进行理论创新，在理论创新指导下推进实践创新，开创了中国特色社会主义成功之路。邓小平同志、江泽民同志、胡锦涛同志集中全党智慧，相继创立邓小平理论、"三个代表"重要思想、科学发展观，系统回答了在中国这样一个十几亿人口的发展中大国建设什么样的社会主义、怎样建设社会主义，建设什么样的党、怎样建设党，实现什么样的发展、怎样发展等重大问题，形成了中国特色社会主义理论体系，实现了马克思主义中国化的又一次历史性飞跃。沿着中国特色社会主义道路砥砺前行，我国取得举世瞩目的发展成就，迎来中华民族伟大复兴前所未有的光明前景。党的十八大以来，以习近平同志为核心的党中央围绕坚持和发展中国特色社会主义，提出一系列治国理政新理念新思想新战略，丰富和发展了中国特色社会主义理论体系，开辟了21世纪马克思主义发展新境界，续写了中国特色社会主义新篇章。

二 不断推进理论创新使我们党永葆活力

坚持用科学的态度对待马克思主义。不断推进理论创新，其实质就是必须做到坚持和发展马克思主义的统一。马克思主义基本原理不能丢，如果丢了就会丧失根本，我们的事业就会因为没有正确的理论基础和思想灵魂而迷失方向。同时，马克思主义具有与时俱进的理论品质，不是僵化的教条。这就提出了以何种态度对待马克思主义的问题：一种是从本本出发，用马克思主义经典作家说过的话来"裁剪"中国的实际；一种是从实际出发，运用马克思主义的立场观点方法来研究和解决中国的现实问题。前者是教条主义态度，会使马克思主义失去活力，使我们的指导思想产生偏差，进而使我们党失去活力；后者是科学态度，不是离开本国实际和时代发展来谈马克思主义，而是理论联系实际，在不断发展的实践中推进理论创新，又通过理论创新来解决现实紧迫问题，推动实践创新。中国特色社会主义道路、理论体系、制度，既体现了马克思主义基本原理，又凝结了中国共产党人的实践经验和中华民族的传统精华，进而赋予马克思主义强大生命力，赋予我们党无限活力。

坚持理论联系实际。党的七大将理论联系实际列为党的三大优良作风之一，并把"反对任何教条主义的或经验主义的偏向"写入党章,在全党确立了实事求是的马克思主义思想路线。党的十一届六中全会将实事求是概括为毛泽东思想活的灵魂之一。邓小平同志常说自己是"实事求是派",他在著名的南方谈话中指出:"实事求是是马克思主义的精髓。要提倡这个,不要提倡本本。我们改革开放的成功,不是靠本本,而是靠实践,靠实事求是。"① 江泽民同志在2001年"七一"讲话中强调:"社会实践是不断发展的,我们的思想认识也应不断前进,应勇于和善于根据实践的要求进行创新。"党的十五大提出了"一个中心、三个着眼于",即"一定要以我国改革开放和现代化建设的实际问题、以我们正在做的事情为中心,着眼于马克思主义理论的运用,着眼于对实际问题的理论思考,着眼于新的实践和新的发展"。胡锦涛同志在2011年"七一"讲话中指出:"党和人民的实践是不断前进的,指导这种实践的理论也要不断前进。"党的十八大以来,习近平总书记高度重视推进实践创新基础上的理论创新,强调要根据时代变化和实践发展,不断深化认识,不断总结经验,不断实现理论创新和实践创新良性互动,在这种统一和互动中发展21世纪中国的马克思主义。纵观我们党的历史,我们坚持理论创新,不断根据新的实践推出新的理论,为我们制定各项方针政策、推进各项工作提供了科学指导。

　　坚持理论创新与理论武装相结合。我国社会主义建设不时受到各种干扰,有人鼓噪"普世价值"、宪政民主、新自由主义、历史虚无主义等错误言论;有人把改革开放说成是"引进和发展资本主义",否定和质疑改革开放。我们党坚定地立足社会主义初级阶段这一当代中国的最大国情、最大实际,排除各种错误思潮的干扰,坚定不移地贯彻党在社会主义初级阶段的基本路线,坚持把思想理论建设放在党的自身建设的首位,面对从未遇到过的一个个艰巨课题,不断在实践基础上奋力开拓马克思主义的新境界。同时,我们党高度重视理论武装,努力做到理论创新每前进一步,理论武装就跟进一步,坚持用马克思主义中国化最新理论成果武装全党,坚持以发展着的马克思主义

---

① 《邓小平文选》第3卷,人民出版社1993年版,第382页。

指导新的实践，又努力从实践中作出新的理论概括，并把实践中已见成效的方针政策及时上升为党和国家的制度，将道路、理论体系、制度统一于中国特色社会主义伟大实践。通过发展马克思主义，我们党更好地坚持了马克思主义，有效抵御错误思潮的干扰和影响，做到"咬定青山不放松"，义无反顾地把改革开放不断向前推进，使中国特色社会主义道路越走越宽广。在这个伟大历史进程中，我们党充满生机活力，始终走在时代前列，当之无愧地成为中国特色社会主义事业的坚强领导核心。所有这些都得益于始终坚持在实践创新基础上从不间断地推进理论创新。

三 不断推进理论创新必须始终坚持以人民为中心

始终重视从人民群众中汲取智慧。人民群众是历史的创造者，是社会实践的主体力量，因而也是理论创新的主体力量。毛泽东同志在谈到反对教条主义，大兴调查研究之风时指出，"群众是真正的英雄"，"没有满腔的热忱，没有眼睛向下的决心，没有求知的渴望，没有放下臭架子、甘当小学生的精神，是一定不能做，也一定做不好的"。[①] 邓小平同志明确指出，"改革开放中许许多多的东西，都是群众在实践中提出来的"，"绝不是一个人脑筋就可以钻出什么新东西来"，"这是群众的智慧，集体的智慧"。[②] 习近平总书记也强调，"在人民面前，我们永远是小学生，必须自觉拜人民为师，向能者求教，向智者问策"。95年来，我们党始终尊重人民主体地位，聚焦人民实践创造，故而拥有理论创新的源头活水，充满创新的力量。正是在人民群众的创新实践基础上不断推进理论创新，才使我们党充满创新的生机和力量。

始终以人民群众根本利益为旨归。毛泽东同志提出，我们是为人

---

① 《毛泽东选集》第3卷，人民出版社1991年版，第790页。
② 《十六大以来重要文献选编》（中），中央文献出版社2006年版，第153页。

民服务的，是彻底地为人民的利益工作的。邓小平同志强调，要把人民拥护不拥护、赞成不赞成、高兴不高兴、答应不答应作为制定方针政策和作出决断的出发点和归宿。江泽民同志提出"三个代表"重要思想，强调我们党必须始终代表中国最广大人民的根本利益。胡锦涛同志提出科学发展观，强调必须始终把实现好、维护好、发展好最广大人民的根本利益作为党和国家一切工作的出发点和落脚点。习近平总书记在阐释中国梦时明确指出，中国梦归根到底是人民的梦，必须紧紧依靠人民来实现，必须不断为人民造福。党的十八届五中全会首次提出以人民为中心的发展思想。95年来，我们党深深植根于人民群众的伟大实践之中，在推进理论创新时始终重视契合人民意愿、顺应人民期盼，始终与人民群众心心相印，充分体现了党的群众路线，体现了党性与人民性的高度统一。中国特色社会主义之所以成为全党全国各族人民的共同理想，就是因为我们党能够把人民紧紧凝聚在一起，拥有取之不尽的力量源泉，造就源源不断的理论创新的动力，构成实现中国梦的牢固政治基础，从而永葆创造性的青春与活力。

（原载《求是》2016年第13期）

学习贯彻落实习近平总书记关于哲学社会科学重要讲话精神，加快构建中国特色哲学社会科学

习近平总书记2016年5月17日在哲学社会科学工作座谈会上的重要讲话，高度评价我国哲学社会科学在中国特色社会主义伟大事业中的重要地位和不可替代的作用，科学阐述繁荣发展哲学社会科学的极端重要性，充分肯定我国哲学社会科学所取得的成绩，正确分析我国哲学社会科学所面临的新形势、新任务和应着力解决的问题，明确提出推进中国特色哲学社会科学创新体系建设的历史使命、指导思想、根本要求、主要任务和政治保证，深刻阐明事关哲学社会科学性质、方向和前途的一系列重大原则问题。习近平总书记的重要讲话，立意深远、思想深刻，通篇贯穿着马克思主义立场观点方法，凝结着我们党对哲学社会科学工作规律的新思想新认识，富有时代性、战略性，具有很强的思想性、理论性和指导性。讲话具有巨大的理论说服力和思想引领力，是一篇指导我国哲学社会科学创新发展的马克思主义纲领性文献，为做好新时期哲学社会科学工作提供了根本遵循和行动指南。

一 深刻领会和全面把握关于哲学社会科学重要地位和不可替代作用的重要论述

习近平总书记指出，坚持和发展中国特色社会主义，必须高度重视哲学社会科学。习近平总书记站在人类历史规律的高度，站在中国

特色社会主义发展大局的高度，站在国家文化安全战略的高度，科学论述了哲学社会科学的地位和作用，高度肯定了哲学社会科学对于坚持和发展中国特色社会主义的极端重要性。

（一）哲学社会科学是人类认识世界、改造世界的重要工具，是推动历史发展和社会进步的重要力量

习近平总书记强调："哲学社会科学是人们认识世界、改造世界的重要工具，是推动历史发展和社会进步的重要力量，其发展水平反映了一个民族的思维能力、精神品格、文明素质，体现了一个国家的综合国力和国际竞争力。一个国家的发展水平，既取决于自然科学发展水平，也取决于哲学社会科学发展水平。一个没有发达的自然科学的国家不可能走在世界前列，一个没有繁荣的哲学社会科学的国家也不可能走在世界前列。坚持和发展中国特色社会主义，需要不断在实践和理论上进行探索、用发展着的理论指导发展着的实践。在这个过程中，哲学社会科学具有不可替代的重要地位，哲学社会科学工作者具有不可替代的重要作用。"①

哲学社会科学是以世界总体和社会历史各个特定领域为研究对象的通称，是认识和把握自然发展规律、社会发展规律和思维发展规律的理论体系。哲学社会科学和自然科学犹如车之两轮、鸟之两翼，在人类社会发展进程中具有同等重要的地位和作用。

第一，哲学社会科学是解放和发展社会生产力的思想动力。哲学社会科学同社会生产力之间是一种辩证统一的关系，对于社会生产力的解放和发展，对于人类物质文明的创造发挥着巨大的作用。一方面，在人类历史发展过程中，生产力是"伟大的历史杠杆"和"最明显的字面意义而言的革命力量"，哲学社会科学是在批判与揭露旧世界中发现新世界、建立新世界这一"一般历史发展过程的产物"和"这一发展过程的精华"，生产力和社会经济的发展决定和推动哲学社

---

① 习近平：《在哲学社会科学工作座谈会上的讲话》，人民出版社2016年版，第2页。

会科学的发展。另一方面，哲学社会科学对社会生产力有巨大的反作用，甚至在一定条件下起着决定性作用。恩格斯指出："政治、法、哲学、宗教、文学、艺术等等的发展是以经济发展为基础的。但是，它们又都互相作用并对经济基础发生作用。"①当生产力与生产关系、经济基础与上层建筑发生严重矛盾和根本冲突时，人们必须对旧制度或旧体制、旧观念进行批判和变革。在这个过程中，哲学社会科学不仅提供关于社会发展的规律性认识，而且提供理论思维方式方法，指导人们的社会实践沿着正确的方向发展，促进生产力的解放和发展。

第二，哲学社会科学是实现社会变革、创建制度文明的理论先导。对社会制度革故鼎新的要求，首先是以代表一定阶级的先进的哲学家和思想家提出的新思想、新理论反映出来的，这些新思想、新理论从而成为政治革命和社会变革的先导。恩格斯指出，哲学革命是政治变革的前导；列宁指出，"没有革命的理论，就不会有革命的运动"②。这都从不同的侧面阐明了哲学社会科学在人类社会发展和进步中所发挥的重要作用。作为世界哲学社会科学发展最高成果的马克思主义理论，是认识、变革人类社会的根本性理论武器。自马克思主义诞生开始，哲学社会科学通过对社会矛盾和社会发展规律的正确把握和运用，使人类的社会变革活动逐步由自发趋向自觉，进而指引一些国家和民族建立了符合社会发展规律和历史发展总趋势、反映时代和实践要求的社会制度。社会主义革命是人类历史上最伟大的历史性变革，社会主义制度的创立和发展是人类制度文明建设最突出的成就，而只有掌握了包括哲学社会科学在内的人类全部文化知识，才能更好地建设社会主义。

第三，哲学社会科学是创造精神文明、实现人的全面发展的精神支柱。哲学社会科学是精神文明的核心与灵魂，是传承、弘扬民族精神的最重要的文化载体。马克思曾经说过，"人民的最美好、最珍贵、最隐蔽的精髓都汇集在哲学思想里"，而"任何真正的哲学都是自己

---

① 《马克思恩格斯选集》第4卷，人民出版社2012年版，第649页。
② 《列宁专题文集·论无产阶级政党》，人民出版社2009年版，第39页。

时代的精神上的精华"。哲学社会科学的发展不断创造和丰富着精神文明的内涵，不断提升和加强着整个人类的素质。马克思指出："艺术对象创造出懂得艺术和具有审美能力的大众，——任何其他产品也都是这样。因此，生产不仅为主体生产对象，而且也为对象生产主体。"也就是说，在推动人类精神文明发展的同时，文化艺术、哲学社会科学也推动了人类自身的发展。

哲学作为时代精神的精华和"文化的活的灵魂"，在实现人的全面发展上起着指导性和方向性的作用；政治经济学以其对经济运行规律的探索和理性把握，指导人们更好地从事经济活动，更有效地调控社会经济的发展；政治学和法学通过揭示政治、法律与现实生活的本质联系，帮助我们优化对社会秩序的调控和管理；伦理学借助于对人际关系的伦理基础和道德准则的研究与阐释，帮助人们提高道德境界，实践伦理道德规范；文学理论和美学则是要促进人民提高审美意识和审美情趣，以陶冶人的情操，净化人的心灵，如此等等。

第四，哲学社会科学的发展水平和繁荣程度，是一个国家和民族综合素质和文化力量的重要标志。哲学社会科学的发展水平和繁荣程度，是一个民族的综合素质和文化力量的重要体现和标志。哲学社会科学的研究能力和成果，是国家的软实力，也是综合国力的重要组成部分。哲学社会科学是帮助人们解决世界观、人生观、价值观问题，解决理论认识和科学思维问题，解决把握和运用社会发展规律、社会管理规律问题的科学，对于人们正确认识纷繁复杂的社会现象，提高道德素养和精神境界是十分重要的。在当代中国，马克思主义对整个文化的前进方向具有导航作用，社会主义核心价值观对整个民族的精神文明状况和道德水准具有灵魂作用，马克思主义理论、社会主义核心价值观构成我国哲学社会科学的核心内容，是社会主义先进文化最重要的组成部分，凝聚着我国强大的民族精神。只有繁荣发展哲学社会科学，才能繁荣发展先进文化并坚持先进文化的前进方向。

（二）哲学社会科学在中国特色社会主义事业发展中具有不可替代的重要作用

习近平总书记指出，在当代中国，繁荣发展哲学社会科学，对于坚持马克思主义在我国意识形态领域的指导地位，对于探索中国特色社会主义的发展规律，增强我们认识世界、改造世界的能力，具有重要意义。

第一，哲学社会科学深刻而长远地影响着中国特色社会主义的前途命运。哲学社会科学研究的方向正确与否，发展状况如何，直接影响着人们的思想意识和社会道德风尚，影响着经济建设、政治建设、文化建设、社会建设、生态文明建设和党的建设，并深刻而长远地影响着中华民族的兴衰和中国特色社会主义的前途命运。早在20世纪50年代，毛泽东同志就指出："无产阶级没有自己的庞大的技术队伍和理论队伍，社会主义是不能建成的。"江泽民同志指出："哲学社会科学具有不可替代的重要作用，哲学社会科学工作者是一支不可替代的重要力量。我们必须始终重视哲学社会科学，加快发展哲学社会科学。"要努力使我国的哲学社会科学成为我们正确认识世界和改造世界，推动理论创新和先进文化发展，促进党和国家决策科学化民主化，推进全面深化改革和社会主义现代化建设的重要力量。习近平总书记对哲学社会科学特别是马克思主义哲学给予了高度重视。他说："我们的领导干部要正确判断形势，在错综复杂的形势变化面前保持头脑清醒，坚定理想信念，科学分析我国发展面临的机遇和挑战，全面看待前进道路上的主流和支流、出现的矛盾和问题，都离不开马克思主义哲学的指导，离不开辩证唯物主义和历史唯物主义的思想方法。"

第二，哲学社会科学深刻影响着人们的思想意识、道德风尚和精神风貌。作为文化观念形态的哲学社会科学，对我国人民群众的思想认识、道德情操、知识水平、理论素质、社会风尚等发生潜移默化的导向、影响和塑造作用。

第三，哲学社会科学为党和人民事业发挥着重要的思想库和智囊团作用。长期以来，党和国家对哲学社会科学的发展始终给予充分肯定并寄予厚望。2004年《中共中央关于进一步繁荣发展哲学社会科学的意见》中提出,要使哲学社会科学界成为党和政府工作的"思想库"和"智囊团"。2005年5月19日,胡锦涛同志主持召开中央政治局常委会议,专门听取中国社会科学院工作汇报,明确要求全党"一定要从党和国家事业发展全局的高度,把繁荣发展哲学社会科学作为一项重大而紧迫的战略任务切实抓紧抓好",强调要"进一步办好中国社会科学院"。2007年,党的十七大报告中明确提出,要"鼓励哲学社会科学界为党和人民事业发挥思想库作用",这是我们党第一次将哲学社会科学的"思想库"作用写进党的代表大会报告。党的十八大以来,以习近平同志为核心的党中央,基于哲学社会科学的独特地位和重要作用,多次强调要大力加强中国特色新型智库建设。2013年4月,习近平总书记就加强中国特色新型智库建设作出重要批示。2013年11月,党的十八届三中全会明确提出建设中国特色新型智库的重要任务。2014年10月27日,习近平总书记主持召开中央全面深化改革领导小组第六次会议,审议《关于加强中国特色新型智库建设的意见》。习近平总书记强调指出:要从推动科学决策、民主决策,推进国家治理体系和治理能力现代化、增强国家软实力的战略高度,把中国特色新型智库建设作为一项重大而紧迫的任务切实抓好;要统筹推进党政部门、社科院、党校行政学院、高校、军队、科技和企业、社会智库协调发展,形成定位明晰、特色鲜明、规模适度、布局合理的中国特色新型智库体系,重点建设一批具有较大影响和国际影响力的高端智库,重视专业化智库建设。习近平总书记的重要讲话及会议审议的《意见》,向我国哲学社会科学界明确了新的任务、提出了新的要求。

第四,哲学社会科学影响着我国社会主义的意识形态安全。哲学社会科学的政治方向、学术导向、理论学术观点,对意识形态具有举足轻重的作用。哲学社会科学战线是意识形态重要战线,哲学社会科学工作者是党的意识形态的重要方面军。我国哲学社会科学如何,直接关系到党的意识形态安全。

总之,哲学社会科学在中国特色社会主义大局中具有重要战略地位。以马克思主义为指导的当代中国哲学社会科学,为巩固全党全国人民团结奋斗的共同思想基础提供了重要的理论支撑,为党和政府决策的科学化民主化提供了重要的科学依据，为经济建设和社会发展提供了智力支持和发展思路，为全国各族人民提供了重要的精神食粮，为增强中华文明的影响力、促进祖国和平统一、实现中华民族伟大复兴，提供了强有力的思想保证、精神动力和智力支撑。

（三）坚持和发展中国特色社会主义，迫切需要哲学社会科学发挥更好的作用

习近平总书记强调：新形势下，我国哲学社会科学地位更加重要、任务更加繁重，并提出了"五个面对""五个迫切需要"的重要论述。

一是面对社会思想观念和价值取向日趋活跃、主流和非主流同时并存、社会思潮纷纭激荡的新形势，如何巩固马克思主义在意识形态领域的指导地位，培育和践行社会主义核心价值观，巩固全党全国各族人民团结奋斗的共同思想基础，迫切需要哲学社会科学更好发挥作用。

二是面对我国经济发展进入新常态、国际发展环境深刻变化的新形势，如何贯彻落实新发展理念、加快转变经济发展方式、提高发展质量和效益，如何更好保障和改善民生、促进社会公平正义，迫切需要哲学社会科学更好发挥作用。

三是面对改革进入攻坚期和深水区、各种深层次矛盾和问题不断呈现、各类风险和挑战不断增多的新形势，如何提高改革决策水平、推进国家治理体系和治理能力现代化，迫切需要哲学社会科学更好发挥作用。

四是面对世界范围内各种思想文化交流交融交锋的新形势，如何加快建设社会主义文化强国、增强文化软实力、提高我国在国际上的话语权，迫切需要哲学社会科学更好发挥作用。

五是面对全面从严治党进入重要阶段、党面临的风险和考验集中显现的新形势，如何不断提高党的领导水平和执政水平、增强拒腐防变和抵御风险能力，使党始终成为中国特色社会主义事业的坚强领导核心，迫切需要哲学社会科学更好发挥作用。

总之，坚持和发展中国特色社会主义，统筹推进"五位一体"总

体布局和协调推进"四个全面"战略布局,实现"两个一百年"奋斗目标、实现中华民族伟大复兴的中国梦,"我国哲学社会科学可以也应该大有作为"。

(四)我们党一贯高度重视哲学社会科学,重视发挥哲学社会科学工作者的作用

我们党历来高度重视哲学社会科学。1940年2月5日,毛泽东同志明确将自然科学和社会科学相提并论,提出了一个极富创见的观点:"自然科学是要在社会科学的指挥下去改造自然界。"他强调,必须"要用社会科学来了解社会,改造社会,进行社会革命"。邓小平同志明确指出,"科学当然包括社会科学","自然科学固然重要,要搞好,社会科学也很重要"。他还说:"哲学、社会科学同自然科学一样,决不能忽视基础理论的研究,这些研究是理论工作的任何巨大前进所不可缺少的。"① 江泽民同志提出"四个同样重要"的思想:"在认识和改造世界的过程中,哲学社会科学与自然科学同样重要;培养高水平的哲学社会科学家,与培养高水平的自然科学家同样重要;提高全民族的哲学社会科学素质,与提高全民族的自然科学素质同样重要;任用好哲学社会科学人才并充分发挥他们的作用,与任用好自然科学人才并发挥他们的作用同样重要。"② 胡锦涛同志特别强调,哲学社会科学的发展水平和繁荣程度,是一个民族的综合素质和文化力量的重要体现和标志。党的十八大以来,以习近平同志为核心的党中央,多次强调要大力加强中国特色新型智库建设,高度重视哲学社会科学的独特地位和重要作用。习近平总书记强调指出,要从推动科学决策、民主决策,推进国家治理体系和治理能力现代化、增强国家软实力的战略高度,把中国特色新型智库建设作为一项重大而紧迫的任务切实抓好。习近平总书记的一系列重要指示和重要讲话,向我国哲

---

① 《邓小平文选》第2卷,人民出版社1994年版,第179页。
② 《江泽民论有中国特色社会主义(专题摘编)》,中央文献出版社2002年版,第275页。

学社会科学界明确了新的任务、提出了新的要求。

（五）当代中国在经历伟大的社会变革和社会实践，为哲学社会科学繁荣发展提供了强大动力和广阔空间

习近平总书记指出："历史表明，社会大变革的时代，一定是哲学社会科学大发展的时代。当代中国正经历着我国历史上最为广泛而深刻的社会变革，也正在进行着人类历史上最为宏大而独特的实践创新。这种前无古人的伟大实践，必将给理论创造、学术繁荣提供强大动力和广阔空间。这是一个需要理论而且一定能够产生理论的时代，这是一个需要思想而且一定能够产生思想的时代。我们不能辜负了这个时代。"中国特色社会主义事业是前无古人的伟大实践，为哲学社会科学的发展提供了广大的舞台、空间和不竭的源泉，我国哲学社会科学大有可为，一定可为，一定能够创造出无愧于伟大时代和伟大实践的灿烂的哲学社会科学。

（六）全面肯定我国哲学社会科学的成绩，客观分析存在的问题，对哲学社会科学工作者提出了明确要求

习近平总书记回顾了我国哲学社会科学的发展历程，总结了我国哲学社会科学发展的经验，肯定了我国哲学社会科学取得的成绩，同时又指出了我国哲学社会科学面对新形势新要求，还存在一系列急需解决的问题：一是有一些同志对马克思主义认识不深、理解不透，在运用马克思主义立场、观点、方法上功力不足、高水平成果不多，在建设以马克思主义为指导的学科体系、学术体系、话语体系上功力不足、高水平成果不多。二是社会上也存在一些模糊甚至错误的认识。有的认为马克思主义已经过时，中国现在搞的不是马克思主义；有的说马克思主义只是一种意识形态说教，没有学术上的学理性和系统性。三是实际工作中，在有的领域中马克思主义被边缘化、空泛化、标签化，在一些学科中"失语"、教材中"失踪"、论坛上"失声"。四是哲学社会科学发展战略还不十分明确，学科体系、学术体系、话语体系建设水平总体不高，学术原创能力还不强。五是哲学社会科学训练培养教育体系不健全，学术评价体系不够科学,管理体制和运行机制还不完善。六是人才队伍总体素质亟待提高,学风方面问题还比较突出,等等。他认为,总的看,我国哲学社会科学还处于有数量缺质量、有专家缺大师的状况,作用没有充分发挥出来。这种状况必须引起我们高度重视。

习近平总书记要求我们哲学社会科学工作者加倍努力改变现状,解决存在的突出问题,推进哲学社会科学的发展。他要求我们:"一切有理想、有抱负的哲学社会科学工作者都应该立时代之潮头、通古今之变化、发思想之先声,积极为党和人民述学立论、建言献策,担负起历史赋予的光荣使命。"①

二 深刻领会和全面把握坚持马克思主义在哲学社会科学指导地位的重要论述

习近平总书记强调:"坚持以马克思主义为指导,是当代中国哲学社会科学区别于其他哲学社会科学的根本标志,必须旗帜鲜明加以坚持。"坚持以马克思主义指导我国哲学社会科学工作,是构建中国特色哲学社会科学必须解决好的首要问题。我国的哲学社会科学离开了马克思主义指导,也就失去了方向,丧失了灵魂。因此,必须牢牢把握坚持以马克思主义指导的灵魂和方向。

(一)哲学社会科学具有意识形态属性

为什么我国的哲学社会科学必须坚持以马克思主义为指导?这是由哲学社会科学的政治和意识形态属性所决定的。毫无疑义,哲学社会科学研究是以追求真理为宗旨、与自然科学一样严谨科学的学问。同时,就其总体而言,哲学社会科学具有鲜明的政治和意识形态属性,这是哲学社会科学与自然科学的一个重要区别。

为什么哲学社会科学具有政治和意识形态属性,而自然科学却没

---

① 习近平:《在哲学社会科学工作座谈会上的讲话》,《人民日报》2016年5月19日第2版。

有呢？

理由一，迄今为止的整个人类社会仍然是阶级社会，自从原始社会末期人类分裂为阶级对立的社会以来，人类社会总体上还处于阶级社会，当下世界主要还存在社会主义制度与资本主义制度、工人阶级与资产阶级的差别、对立和斗争。尽管我国社会的主要矛盾已经不是阶级矛盾了，但阶级斗争还在一定范围内存在。这就决定了当今世界哲学社会科学具有政治和意识形态属性。

理由二，唯物史观告诉我们，社会的经济基础决定上层建筑，而上层建筑又分为政治的上层建筑和意识形态的上层建筑。我国社会主义的经济基础决定了社会主义政治的上层建筑，即社会主义的国体和政体，而社会主义政治的上层建筑又决定社会主义意识形态的上层建筑。我国哲学社会科学作为意识形态的上层建筑部分，显然具有社会主义的政治和意识形态属性。

理由三，人类社会存在两大类社会现象，一是物质的、经济的现象，一是精神的、思想的现象。精神的、思想的现象又分为两部分，一部分是社会心理、情感、经验等感性认识，一部分是经济、政治、哲学、宗教等观点的总和，被称之为人类的理性认识，即上升为理论形态的认识，即意识形态。"'思想'一旦离开'利益'，就一定会使自己出丑。"哲学社会科学即是哲学、经济、政治、文学、艺术、历史、法律、宗教等观点的综合，当然具备鲜明的政治和意识形态属性。

理由四，哲学社会科学作为观念形态的文化，是一定社会政治经济的集中体现。毛泽东同志指出："一定的文化（当作观念形态的文化）是一定社会的政治和经济的反映，又给予伟大影响和作用于一定社会的政治和经济。"哲学社会科学作为文化的灵魂，是文化最概括的思想结晶，是一定社会的政治、经济最集中的理论反映，是为一定社会的政治、经济服务。迄今为止，任何社会形态（除去原始社会）的文化都是有着鲜明的政治和意识形态性，作为一定社会形态反映的哲学社会科学就必然具有该社会形态的鲜明属性，即政治和意识形态属性。

我国哲学社会科学作为理论学术的载体，作为思想精神的力量，作为观念形态的文化，首先是社会主义方向、性质的理论学术，为中国特色社会主义的政治、经济服务，是党的思想文化和意识形态的重要战线。就总体属性来说，首先是党领导的、工人阶级的、人民大众的、社会主义性质的观念形态的文化，从属、服务于社会主义主流意识形态，必须从总体上接受马克思主义指导，由此我国哲学社会科学带有强烈的意识形态属性和政治属性。有的学科虽然意识形态属性不强，或不具有意识形态属性，但其研究对象与内容也是某类社会历史现象，研究者本身也有一个为什么人服务的感情问题、立场问题，也有一个用什么样的立场、观点、方法指导学术研究的问题。

强调哲学社会科学具有政治和意识形态属性，绝对不会否定或削弱其科学属性和文化、学术价值。当然，我们也要反对把学术问题、理论问题和不同观点的讨论无限上纲，与政治问题、意识形态问题不加区别地混淆在一起，反对"打棍子、扣帽子、抓辫子、装袋子"的阶级斗争扩大化的做法。在这方面，我们有过惨痛教训，再也不能犯那样的错误。但是，这绝不意味着我们的哲学社会科学研究没有政治和意识形态属性，可以脱离党的政治领导和党的理论指导。正确认识这一问题，关系到哲学社会科学的性质、方向和繁荣发展。

世界上没有任何哲学社会科学研究可以与政治、意识形态完全不沾边，可以完全相脱离。我们不否认也不反对个人研究兴趣、爱好和追求，但作为党领导的社会主义哲学社会科学工作者，个人的兴趣要服务于人民、党和国家的需要。我们也不反对研究古人、研究洋人，借鉴古学问、借鉴洋学问是需要的，但要为现实服务、为人民服务。对外国和中国古代传统的学术，必须一分为二，去粗取精，去伪存真。必须处理好学术与政治和意识形态的关系，既要看到它们之间的区别，又要看到它们之间的必然联系，既坚持正确的政治方向和学术导向，又坚持贯彻落实党的"双百方针"，调动研究人员的积极性、主动性和创造性。

（二）中国特色哲学社会科学，特就特在坚持以马克思主义为指导上

哲学社会科学的意识形态属性和政治属性，决定了我国哲学社会科学必须坚持正确的政治方向和学术导向，决定了坚持马克思主义指导是我国哲学社会科学区别于其他哲学社会科学的根本标志。坚持以马克思主义为指导,是我国哲学社会科学最鲜明的特色。加强马克思主义理论学习,提高运用马克思主义指导科研的能力,不是权宜之计,也不是一时之策,而是事关我国哲学社会科学事业方向和发展的长远大计、根本大计。

从哲学社会科学的政治和意识形态属性来看,坚持以马克思主义为指导,是我们哲学社会科学繁荣发展的题中应有之义,是我们在错综复杂的形势下,保持清醒头脑,保持坚定正确的政治方向和学术导向的思想政治保证,是哲学社会科学第一位的政治任务。加强马克思主义指导,要落实在行动上而不是口头上,最根本的是抓住两条:一是坚持"老祖宗不能丢",要组织哲学社会科学工作者认真学习马克思主义理论,加强马克思主义学习型党组织和学习型研究机构建设,提高用马克思主义指导哲学社会科学研究的能力和水平,提高政治素质、理论素养和思想道德水平,坚定理想信念,自觉接受马克思主义指导。二是坚持马克思主义基本原理同中国具体实际相结合,在新的时代条件下积极推动马克思主义的中国化、时代化和大众化。总之,要在大是大非面前,保持头脑清醒,政治敏锐,是非分明,立场坚定,搞清楚哪些是正确的,哪些是错误的。要有勇气、有担当,旗帜鲜明地对错误思想观点进行说理斗争。扫帚不到,灰尘不会自己跑掉。错误的东西不加以批驳,照例也不会自动消失。

(三)马克思主义是科学的真理,是伟大的认识工具,是哲学社会科学研究的利器

习近平总书记指出:"无论时代如何变迁、科学如何进步,马克思主义依然显示出科学思想的伟力,依然占据着真理和道义的制高点",是伟大的认识工具。在我国,不坚持以马克思主义为指导,哲学社会科学就会失去灵魂、迷失方向,最终也不能发挥应有的作用。1954年9月15日,在中华人民共和国第一届全国人民代表大会第一次会议开幕式上,毛泽东同志郑重地强调:"领导我们事业的核心力量是中国共产党。指导我们思想的理论基础是马克思列宁主义。"这是掷地有声的至理名言，既是中国共产党及其领导的人民事业永远立于不败之地的根本原则，也是我国哲学社会科学的根本遵循。

有人认为现在时过境迁，时代变了，马克思主义过时了，不管用了。我们可以斩钉截铁地回答：马克思主义没有过时，马克思主义仍然具有强大的生命力，仍然具有强大的现实指导意义。

20世纪苏东剧变，世界社会主义运动遭受严重挫折。"历史终结论""社会主义失败论""马克思主义过时论"甚嚣尘上，邓小平同志以坚定的马克思主义信念，斩钉截铁地说："不要惊慌失措，不要认为马克思主义就消失了，没用了，失败了。哪有这回事！""我坚信，世界上赞成马克思主义的人会多起来的，因为马克思主义是科学。"马克思主义并不过时，在今天仍然是我们党的指导思想，这也是由马克思主义的科学性所决定的。马克思主义除了显著的阶级性之外，其科学性在于实践性、发展性和创造性。马克思主义的实践性、发展性和创造性，决定了马克思主义是科学，是有生命力的，不过时。

首先，马克思主义的立场、观点、方法，马克思主义的世界观、方法论，是科学的、正确的，是指南，是思想方法，是有生命力的。毛泽东同志说："马克思主义有几门学问……但基础的东西是马克思主义哲学。这个东西没有学通，我们就没有共同的语言，没有共同的方法，扯了许多皮，还扯不清楚。有了辩证唯物论的思想，就省得许多事，也少犯许多错误。"所谓具有普遍指导意义的真理，首先就是指马克思主义哲学世界观和方法论。学习马克思主义，正确的态度是从马克思主义中找立场、找观点、找方法，并且学会运用马克思主义的立场观点方法分析具体问题，从中找出规律，以指导我们的实践。所谓立场，就是工人阶级及其广大劳动人民的立场。用马克思主义看问题首先要站在工人阶级的立场上，从工人阶级和广大人民的立场出发。所谓观点，就是马克思主义对世界的基本看法，就是运用马克思主义的观点认识世界、解释世界、改造世界。所谓方法，马克思主义世界观同时就是方法论，就是运用马克思主义世界观作为方法论分析问题、解决问题。毛泽东同志认为，正确的哲学思维方法是经济学家写出好的经济学论著的必要条件。他说："没有哲学家头脑的作家，要写出好的经济学来是不可能的。马克思能够写出《资本论》，列宁能够写出《帝国主义论》，因为他们同时是哲学家，有哲学家的头脑，有辩证法这个武器。"正因为马克思有了辩证法、有了唯物论、有了正确的方法论，才创造了科学的论著。

其次，马克思主义的基本原理是有生命力的，马克思主义所揭示的客观规律和历史趋势而得出的一般结论，是科学的、正确的原理。

最后，即使马克思主义经典作家个别结论具有历史局限性，并不说明可以否定马克思主义的科学性。真理是具体的。从历史发展的规律来讲，任何一个历史人物都是有历史局限性的。任何一个理论形态也是一定历史时代的产物。马克思、列宁、毛泽东的某些具体结论，必然受到各自所处的历史和时代条件的制约，不能不具有一定的历史局限性。马克思主义的科学性主要在于它对社会历史发展客观规律的深刻洞察和揭示，个别结论和论断的局限性并不说明可以否定马克思主义的科学性。马克思主义的科学性决定了马克思主义永远是我们党的指导思想，这点是不可动摇的。一旦动摇了、放弃了马克思主义的指导，必然会发生苏东剧变之类的山崩地裂的蜕变。

（四）坚持马克思主义指导地位，哲学社会科学工作者必须做到：

第一，坚持马克思主义指导，首先要解决真懂真信的问题，自觉接受马克思主义指导。

习近平总书记指出："我国广大哲学社会科学工作者要自觉坚持以马克思主义为指导，自觉把中国特色社会主义理论体系贯穿研究和教学全过程，转化为清醒的理论自觉、坚定的政治信念、科学的思维方法。"

我们党虽然始终强调坚持以马克思主义为指导，但对于每一位哲学社会科学工作者来说，并不是都已经完全解决好了真懂真信问题。只有坚持以马克思主义为指导，才能推进我国哲学社会科学繁荣发展，构建中国特色哲学社会科学创新体系。每一个哲学社会科学工作者只有解决了对马克思主义真懂真信问题，才能真正掌握马克思主义立场、观点和方法，才能提高运用马克思主义指导科研的能力和水平，才能自觉接受马克思主义指导，才能把马克思主义真正用于指导哲学社会科学研究工作。

第二，坚持马克思主义为指导，核心要解决好为什么人的问题。

为什么人的问题是哲学社会科学的根本性、原则性问题。必须解决好为什么人的问题。为什么人的问题，是马克思主义群众观的根本问题。这就是刘云山同志所讲的"为了谁、依靠谁、我是谁"的问题。要解决为什么人的问题，就有一个坚持以什么样的世界观、价值观和方法论为指导的问题。如果坚持以错误的世界观、价值观和方法论为指导，那么搞科研就是为了个人，就是为了评职称，为了多拿钱，为了光宗耀祖，为了出名得利。如果以马克思主义的世界观、价值观为指导，那么搞科研就是为了中国特色社会主义，为了中华民族伟大复兴，为了发展社会主义文化事业，这样就不会把追逐个人名利放在第一位，而是把拿出让党和人民放心的科研成果放在第一位。所以，所有从事哲学社会科学研究的同志，都有一个为什么人的问题，为什么人做学问、为什么人服务的问题。哲学社会科学工作者当然要为人民搞科研，为人民服务，为党和政府的决策服务。在今天，就是为中国特色社会主义服务，为实现中国梦的总方针服务。

毛泽东同志曾经借用"皮之不存，毛将焉附"这句成语论述知识分子与人民大众的关系。知识分子就是附着在中国人民大众身上的"毛"。今天，社会主义中国的知识分子就要为人民群众服务，为什么人的问题，就是马克思主义立场问题。坚持马克思主义立场，就会对人民产生深厚感情，对党产生深厚感情，就会知道什么样的政治方向和学术导向是正确的，就会站在人民的立场上，为人民鼓与呼，为人民的利益发声，为党的事业发声。为人民做学问，就必须坚持正确的政治方向和学术导向，必须严格遵守政治纪律，不能跟人民唱反调。比如，有个别学者不为工人农民说话，这就有方向问题了。有个别学者言必称西，言必称洋，崇拜洋教条，甚至名词用语都照抄照搬外国的，这也是没有解决好为什么人的问题的表现。当然，崇拜土教条也是不对的。

为人民搞科研，有一个对人民负责和对党负责的一致性问题。对人民负责和对党负责是一致的，这就决定了我们要紧密地团结在以习近平同志为核心的党中央周围，这与为人民谋利益是一致的。就要从党和国家的需要出发，以实际工作中亟待回答和解决的重大理论和现实问题，以经济社会发展中的全局性、前瞻性、战略性问题，以干部群众普遍关注的热点焦点难点问题为科研工作的主攻方向。我们不反对和否认个人研究兴趣、爱好和追求，但是，科学研究必须首先解决好为什么人的问题。

第三，坚持以马克思主义为指导，最终要落实到怎么用上来。

1942年2月毛泽东同志在《整顿党的作风》一文中讲道："我们党校的同志不应当把马克思主义的理论当成死的教条。对于马克思主义的理论，要能够精通它、应用它，精通的目的全在于应用。如果你能应用马克思列宁主义的观点，说明一个两个实际问题，那就要受到称赞，就算有了几分成绩。被你说明的东西越多，越普遍，越深刻，你的成绩就越大。现在我们的党校也要定这个规矩，看一个学生学了马克思列宁主义以后怎样看中国问题，有看得清楚的，有看不清楚的，有会看的，有不会看的，这样来分优劣，分好坏。"①"真懂真信"是为了"真用"。马克思主义不仅在于解释世界，更重要的是在于"改造世界"，掌握马克思主义必须体现在用上。对于我们哲学社会科学工作者来说，体现在用马克思主义提出问题、分析问题、认识问题，找到解决问题的答案，用马克思主义指导哲学社会科学研究，出成果，出人才。

第四，坚持以马克思主义为指导，必须解决好学风问题。

习近平总书记强调："对待马克思主义，不能采取教条主义的态度，也不能采取实用主义的态度。"必须采取理论联系实际的学风，这是对待马克思主义的正确态度。

第五，坚持以马克思主义为指导，必须坚持问题导向。

习近平总书记指出："坚持问题导向是马克思主义的鲜明特点。"问题是时代的灵魂。具体问题具体分析是马克思主义活的灵魂。只有抓住时代问题、分析问题、解决问题，才能推进哲学社会科学发展。

---

① 《毛泽东选集》第3卷，人民出版社1991年版，第815页。

哲学社会科学工作者必须坚持问题导向,以党和国家当前重大理论和现实问题为科研主攻方向,把哲学社会科学研究落实在思考和解决重大问题上来。

第六,坚持以马克思主义为指导,必须不断推进马克思主义中国化、时代化、大众化的伟大任务。

习近平总书记指出:"马克思主义中国化取得了重大成果,但还远未结束。我国哲学社会科学的一项重要任务就是继续推进马克思主义中国化、时代化、大众化,继续发展21世纪马克思主义、当代中国马克思主义。"紧密结合中国特色社会主义伟大实践创新,不断推进马克思主义中国化理论创新,是摆在哲学社会科学工作者面前的重大的历史使命。

三 深刻领会和全面把握关于加快构建中国特色哲学社会科学历史使命的重要论述

习近平总书记指出:"观察当代中国哲学社会科学,需要有一个宽广的视角,需要放到世界和我国发展大历史中去看。人类社会每一次重大跃进,人类文明每一次重大发展,都离不开哲学社会科学的知识变革和思想先导。"在深刻把握当今时代、当代中国新形势新实践新需要基础上,他提出了加快构建中国特色哲学社会科学的战略任务和历史使命。

人类历史证明,社会大变革的时代,就是哲学社会科学大繁荣的时代。伟大的时代一定是产生伟大理论的时代,伟大的实践一定是推进学术繁荣的实践。放眼当代中国,中国特色社会主义实践是前无古人的伟大实践,当今我国正经历着中国历史上最为广泛而深刻的社会变革,中国人民正在进行着人类历史上最为宏大而独特的实践创新。这就为我国哲学社会科学提供了理论创造、学术繁荣的广阔舞台、材料源泉和强大动力,我国哲学社会科学正面临着发展的大好机遇。一切有理想、有抱负的哲学社会科学工作者应积极为党和人民述学立论、建言献策,努力担负起建构当代中国特色哲学社会科学的光荣使命。

当今世界正处于大发展大变革大调整时期，面对复杂的国际形势和国际环境，需要哲学社会科学认真研究、正确阐释、广泛宣传中国发展道路和发展理念，提升国家话语权和舆论主导权，为党和国家应对国际挑战和风险提供及时有效的建议；迫切需要建立与我国国际地位相称、能够为增强国家综合实力和国际竞争力提供有力支撑的哲学社会科学，使我国哲学社会科学以前所未有的崭新姿态出现在世界舞台上，进一步扩大我国学术和文化在国际上的影响力、吸引力、感召力。

构建中国特色哲学社会科学，是增强国家软实力、提高国际竞争力、争夺国际话语权的必然要求，也是我国哲学社会科学繁荣发展的必由之路。

（一）提出构建中国特色哲学社会科学的总思路

习近平总书记提出的加快构建中国特色哲学社会科学的总思路是：要按照立足中国、借鉴国外，挖掘历史、把握当代，关怀人类、面向未来的思路，着力构建中国特色哲学社会科学，在指导思想、学科体系、学术体系、话语体系等方面充分体现中国特色、中国风格、中国气派。这就要求我们必须立足中国大地，根据中国文明，凝练中国智慧，创新中国思想，解决中国问题，服务中国发展，真正体现中国特色、中国风格、中国气派。

（二）提出构建中国特色哲学社会科学的总特点

习近平总书记强调指出，构建中国特色哲学社会科学创新体系要突出六个特点。

要体现继承性、民族性。要善于继承、吸收借鉴人类优秀文明成果，善于融通马克思主义的资源、中华优秀传统文化的资源、国外哲学社会科学的资源，坚持不忘本来、吸收外来、面向未来。体现继承性，就要坚定文化自信，挖掘和阐发中华优秀传统文化，努力实现中华传统美德的创造性转化、创新性发展，把具有当代价值的中国文化精神弘扬起来，把继承优秀传统文化又弘扬时代精神、立足本国又面向世界的当代中国文化创新成果传播出去。中国特色哲学社会科学要具有鲜明的民族性,一不照抄照搬国外的东西,反对洋教条;二不照抄照搬本国已有的传统结论,反对土教条,而是深深扎根于中国的土地上,是在中国的土地上创造出来的思想学术成果。在弘扬民族优秀文化成果的同时,必须以宽广的视野观察世界,以主动的姿态面向世界,以积极的态度了解世界,以比天空更宽阔的胸怀对待不同文明,大胆吸收和借鉴人类社会一切有益思想成果。哲学社会科学只有在古今中外丰富的学术思想中汲取营养、推陈出新,才能传承中华文明、弘扬社会主义先进文化,才能健全完善具有中国特色、体现时代精神的哲学社会科学创新体系。

要体现原创性、时代性。习近平总书记指出,我们的哲学社会科学有没有中国特色,归根到底要看有没有主体性、原创性。创新是哲学社会科学的本质所在,是一个国家、民族、政党发展的不竭动力。只有以我国实际为研究起点,提出具有主体性、原创性的理论观点,构建具有自身特质的学科体系、学术体系、话语体系,我国哲学社会科学才能形成自己的特色和优势。要回答和解决实践当中遇到的各种新课题,在中国特色社会主义这项前无古人的伟大实践中发挥出哲学社会科学强大的助推力,就要始终坚持解放思想、实事求是、与时俱进、开拓创新,真正做到把马克思主义基本原理同中国具体实际相结合,积极推动马克思主义中国化进程;真正做到准确把握当今世界发展趋势和当代中国经济社会发展规律,积极推动学术观点创新、学科体系创新和科研方法创新。要赢得具有许多新的历史特点的伟大斗争,就应该以我们正在做的事情为中心,加强对改革开放和社会主义现代化建设实践经验的系统总结,加强对发展社会主义市场经济、民主政治、先进文化、和谐社会、生态文明以及党的执政能力建设等领域的分析研究,加强对党中央治国理政新理念新思想新战略的研究阐释,从我国改革发展的实践中挖掘新材料、发现新问题、提出新观点、构建新理论。

要体现系统性、专业性。中国特色哲学社会科学应该涵盖历史、经济、政治、文化、社会、生态、军事、党建等各领域,囊括传统学科、新兴学科、前沿学科、交叉学科、冷门学科等诸多学科，不断推进学科体系、学术体系、话语体系建设和创新，努力构建一个全方位、全领域、全要素的哲学社会科学体系，敢于创立中国学派、中国理论、中国观点，使中国哲学社会科学真正屹立于世界哲学社会科学之林。要加强以马克思主义为指导，努力瞄准世界学术发展前沿，立足当代中国学术实际，大力加强学科建设，完善学科布局，形成具有支撑作用的基础学科，具有较强优势的重点学科，具有重要现实意义和良好发展前景的新兴学科、交叉学科，具有重要文化价值的"绝学"和濒危学科。要与学科体系相配套，大力抓好教材建设，形成适应中国特色社会主义发展要求、立足国际学术前沿、门类齐全的哲学社会科学教材体系。要通过总结经验，探索规律，制定配套的制度和措施，创造有利于出成果、出人才的学科发展的新体制新机制。要实行基础研究和应用研究并重并举，鼓励那些能够为解决经济社会发展的重大问题提供认知新途径的科学研究，鼓励科研人员致力于原创性、原理性的重大发现，为应用研究和对策研究提供强大厚重的学理支撑。

（三）提出构建中国特色哲学社会科学的具体任务

习近平总书记指出了构建中国特色哲学社会科学的具体任务：一是抓好马克思主义经典著作的学习和研究；二是继续推进马克思主义中国化、时代化、大众化；三是加强对中华优秀传统文化的挖掘和阐发；四是系统总结改革开放和社会主义现代化建设实践经验，加强对党中央治国理政新理念新思想新战略的研究阐释，提炼出有学理性的新理论，概括出有规律性的新实践；五是按照突出优势、拓展领域、补齐短板、完善体系的要求，加强学科体系建设，统筹抓好基础学科、优势重点学科、新兴学科和交叉学科、冷门学科建设；六是抓好教材体系建设，形成适应中国特色社会主义发展要求、立足国际学术前沿、门类齐全的教材体系；七是加强话语体系建设，善于提炼标识性概念，打造易于为国际社会所理解和接受的新概念、新范畴、新表述，引导国际学术界展开研究和讨论；八是推进评价体系改革，建立科学权威、公开透明的成果评价体系；等等。对这些重要任务和工作，要一项一项进行梳理研究，明确远期、中期、近期的目标要求，有路线图、有时间表，有具体分工和责任单位，以钉钉子精神抓好各项任务和举措的落实。

（四）提出构建中国特色哲学社会科学，要从人抓起，久久为功

要实施以育人育才为中心的哲学社会科学整体发展战略，构筑学生、学术、学科一体的综合发展体系。要实施哲学社会科学人才工程，建立哲学社会科学人才体系。关心好、培养好、发挥好哲学社会科学工作者队伍，让他们成为现今思想的倡导者，社会风尚的引导者，党执政的坚定支持者。

（五）提出构建中国特色哲学社会科学，要注意顶层设计、统筹协调

习近平总书记指出，构建中国特色哲学社会科学是一个系统工程，是一项极其繁重的任务，要加强顶层设计，统筹各方面力量协同推进。

四 深刻领会和全面把握加强和改善党的领导是繁荣发展哲学社会科学根本保证的重要论述

习近平总书记指出："哲学社会科学事业是党和人民的重要事业，哲学社会科学战线是党和人民的重要战线。加强和改善党对哲学社会科学工作的领导，是繁荣发展我国哲学社会科学事业的根本保证。"[①]

坚持正确的政治方向和学术导向，坚持以马克思主义为指导，必须坚持和改进党对哲学社会科学的领导。党的领导是繁荣发展哲学社会科学事业的根本保证。一方面，各级党委要重视和加强对哲学社会科学工作的政治领导和工作指导，一手抓繁荣发展，一手抓管理，从

---

① 习近平：《在哲学社会科学工作座谈会上的讲话》，《人民日报》2016 年 5 月 19 日第 2 版。

政治方向、学术导向、科研课题、机构设置、人才培养、物质保障等方面，关心和支持哲学社会科学事业发展。哲学社会科学研究机构和广大哲学社会科学工作者，要自觉接受党的领导。另一方面，要切实改进党对哲学社会科学工作的领导。各级党委和政府要尊重哲学社会科学发展规律，不断改进领导方式，提高领导水平。要认真贯彻"二为""双百"方针，重视人才、爱惜人才，实施哲学社会科学人才工程。要落实知识分子政策，调动科研人员积极性，实施以育人育才为中心的哲学社会科学整体发展战略。要大力实施哲学社会科学创新工程，积极倡导学术民主，充分尊重学术自由，正确处理思想理论领域的问题，注意区分学术问题和政治问题的界限，引导哲学社会科学工作者在坚持正确政治方向的前提下，进行大胆探索和创造。

习近平总书记发表的关于哲学社会科学的重要讲话，提出了关于哲学社会科学的一系列新理念新思想新战略，是我国哲学社会科学发展进程中具有里程碑意义的标志性大事。学习贯彻习近平总书记重要讲话，必须吃透精神、领会实质、掌握要领、真学会用。

习近平总书记的重要讲话，集中回答了面对新形势"发展什么样的哲学社会科学，怎样发展哲学社会科学"这样一个核心问题。全面提出了结合中国特色社会主义伟大实践，繁荣发展哲学社会科学，构建中国特色哲学社会科学这样一项战略任务。科学阐述了关于哲学社会科学重要地位和作用；关于哲学社会科学"五个面对""五个迫切"需要更好发挥作用；关于马克思主义是哲学社会科学的指导思想和根本遵循；关于加快构建中国特色哲学社会科学的目标任务；关于加强和改善党的领导是繁荣发展创新哲学社会科学根本保证等这样五个方面的重要思想。

学习领会习近平总书记关于哲学社会科学重要讲话精神，要紧密结合"一个核心问题""一项战略任务""五个方面的重要思想"，全面地深刻领会和把握以下重要论述：关于坚持和发展中国特色社会主义，必须高度重视哲学社会科学的重要论述；关于坚持以马克思主义为指导，是当代中国哲学社会科学区别于其他哲学社会科学的根本标志，必须旗帜鲜明加以坚持的重要论述；关于继续推进马克思主义中国化、时代化、大众化，继续发展21世纪马克思主义、当代中国马克思主义的重要论述；关于我国哲学社会科学工作者要自觉以马克思主义为指导，自觉把中国特色社会主义理论体系贯穿研究和教学全过程，转化为清醒的理论自觉、坚定的政治信念、科学的思维方法的重要论述；关于哲学社会科学工作者以马克思主义为指导，首先要解决真懂真信的问题，核心要解决好为什么人的问题，最终要落实到怎么用上来的重要论述；关于哲学社会科学工作者要自觉担负起为党和人民述学立论、建言献策光荣使命的重要论述；关于按照立足中国、借鉴国外，挖掘历史、把握当代，关怀人类、面向未来的思路，加快构建全方位、全领域、全要素中国特色哲学社会科学创新体系，在指导思想、学科体系、学术体系、话语体系等方面充分体现中国特色、中国风格、中国气派的重要论述；关于构建中国特色哲学社会科学创新体系要体现继承性、民族性、原创性、时代性、系统性、专业性要求的重要论述；关于实施以育人育才为中心的哲学社会科学整体发展战略，构筑学生、学术、学科一体的综合发展体系的重要论述；关于构建中国特色哲学社会科学，要从人才抓起，久久为功，实施哲学社会科学人才工程，建设哲学社会科学人才体系的重要论述；关于落实党的知识分子政策，切实做到政治上充分信任、思想上主动引导、生活上关心照顾的重要论述；关于繁荣哲学社会科学，必须解决好学风问题的重要论述；关于落实"双百"方针，提倡哲学社会科学理论创新和知识创新，营造哲学社会科学风清气正、互学互鉴、大胆探索、积极向上学术生态的重要论述；关于加强和改善党对哲学社会科学的领导，是繁荣发展我国哲学社会科学的根本保证的重要论述；等等。

我们一定要把习近平总书记的重要讲话学深吃透，切实用到哲学社会科学的实际工作中，牢牢把握马克思主义指导的地位和方向，始终坚持党对哲学社会科学领导这个政治保证，按照习近平总书记关于构建体现中国特色、中国风格、中国气派，富有中国话语的哲学社会科学创新体系的建设总思路，有针对性地着力解决哲学社会科学工作中存在的问题，实实在在地推进我国哲学社会科学繁荣发展。

(原载《中国社会科学》2016年第12期)

关于治国理政新理念新思想新战略的时代背景、实践基础、科学体系和哲学依据

党的十八大标志着中国特色社会主义实践前进到了一个新的历史阶段，我们党所领导的中国特色社会主义事业站在了一个新的发展起点上。党的十八大以来，以习近平同志为核心的党中央针对新世纪、新阶段、新起点、新实践、新形势、新需求、新问题、新任务，形成了一系列治国理政的新理念新思想新战略，这些新理念新思想新战略集中体现在习近平总书记系列重要讲话中。治国理政新理念新思想新战略构成了十八大以来党的理论创新的新成果，是对中国特色社会主义理论体系的丰富和发展，是当代中国马克思主义的最新成果，也是全党全国人民集体智慧的结晶。作为哲学社会科学的工作者，我们应当按照习近平总书记在哲学社会科学工作座谈会上的讲话精神，以马克思主义为指导，加快构建中国特色哲学社会科学，积极推进党的理论创新。全面地、系统地、深入地研究、阐释和宣传治国理政新理念新思想新战略，研究、阐释和宣传我们党的创新理论新成果，研究和阐释它的时代背景、科学体系、精神实质、哲学依据和创新观点，对于加快构建哲学社会科学创新体系，丰富发展21世纪中国化的马克思主义，科学推进中国特色社会主义伟大实践，具有重大意义。

一 关于时代背景问题

哲学是时代的精华。任何一个理论成果的产生都是时代的产物，

都是根据时代的需要回答重大时代问题的理论应答。要全面地阐释一个理论成果的价值与意义，搞清楚它解决了什么问题，在前人的基础上有哪些前进，搞清楚它的精神实质，就必须首先搞清楚该理论所产生的时代条件，必须把该理论成果放在一定的时代背景下来看。治国理政新理念新思想新战略是顺应时代潮流的理论创新，是对时代问题的理论解决，也是时代条件的理论产物。

那么我们现在处在一个什么样的时代，面临着什么样的时代问题，这是理论应该回答的问题，是哲学应该回答的问题，也是马克思主义唯物史观应该回答的问题。

关于时代问题，有各种各样的说法。比如，有的提出"人类社会经过了石器时代、铁器时代、铜器时代、机器时代、电子时代"，现在"进入了信息时代"。还有的说，"人类历史经过了渔猎时代、农耕时代、工业时代，现在进入到后工业时代"。还有的说，"人类文明发展划分为原始文化时代、农业文明时代、工业文明时代和知识文明时代"等。这些说法是从某个学科角度，从某个视角出发对时代问题的概括，是有可取之处的。但是从马克思主义观点来看，一定要以马克思主义唯物史观来定义时代，来判断我们所处的时代。

现在到底是什么时代，具有哪些特点，要回答的时代问题是什么？这就必须坚持马克思主义唯物史观，坚持马克思主义时代观。只有坚持唯物史观，搞清楚我们所处的时代及其时代问题，才能把握治国理政新理念新思想新战略的科学体系、精神实质和创新观点。

党的十八大以来，习近平总书记反复强调必须坚持以马克思主义为指导，发展21世纪中国的马克思主义。坚持和发展马克思主义，是针对"马克思主义过时论"，"马克思主义不灵了、不管用"的谬论而提出来的。马克思主义"过时论""无用论"的根据是什么？其根据就是错误地认为，现在已经进入了一个根本性质完全不同于马克思所判断的历史时代了。这样，马克思主义也就过时了，无用了。按照对时代问题的误判，必然导致马克思主义"过时论""无用论"的错误逻辑结论。"时代根本性质改变了"，"马克思主义过时了""不灵了""不管用了"，自然而然导致一系列的错误思潮出笼、泛滥，如什么"社会主义历史终结论"、"普世价值"、新自由主义、历史虚无主义、民主社会主义等。所谓历史虚无主义就是从根本上否定唯物史观，否定马克思主义时代观，其具体表现就是"虚无革命""否定革命""告别革命"，就是虚无、否定、告别我们党所领导的新民主主义革命，虚无、否定、告别我们党所领导的社会主义革命，虚无、否定、告别列宁所领导的十月社会主义革命……因为"时代性质根本改变了"，马克思主义经典作家所提出的无产阶级革命和科学社会主义理论也就过时了，从而否定党，否定马克思主义，否定无产阶级专政，否定社会主义和共产主义。

我们到底处在什么样的时代，回答这个问题，就要依次回答两个问题：一是以什么标准判断时代；二是用正确的标准判断时代，我们现在究竟处在什么时代。

判断时代问题，必须以唯物史观作为时代的根本判断标准。我在这里引用马克思、恩格斯在《共产党宣言》中的经典论述，来说明论证时代判断标准和对时代的判断问题。

第一段是在《共产党宣言》1883 年德文版序言中。恩格斯说："每一历史时代的经济生产以及必然由此产生的社会结构，是该时代政治的和精神的历史的基础；因此（从原始土地公有制解体以来）全部历史都是阶级斗争的历史，即社会发展各个阶段上被剥削阶级和剥削阶级之间、被统治阶级和统治阶级之间斗争的历史；而这个斗争现在已经达到这样一个阶段，即被剥削被压迫的阶级（无产阶级），如果不同时使整个社会永远摆脱剥削、压迫和阶级斗争，就不再能使自己从剥削它压迫它的那个阶级（资产阶级）下解放出来，——这个基本思想完全是属于马克思一个人的。"[①]

恩格斯的这段话，**一是明确提出"历史时代"概念**。马克思主义唯物史观所讲的历史时代，是指占统治地位的社会形态所历经的整个历史进程，该历史进程从该社会形态取代前一社会形态在人类社会占据统治地位起，历经兴盛、衰落，直到为下一社会形态所取代而不再

---

① 《马克思恩格斯选集》第 1 卷，人民出版社 1995 年版，第 252 页。

占据统治地位止。

二是说明历史时代的判断标准。判断一个历史时代，标准就是该时代的经济基础是什么，生产关系是什么，生产力是什么。也就是说，判断一个时代，要从经济生产、经济基础出发来判断，从生产力所决定的生产关系、经济基础，以及由这一基础所决定的社会经济形态出发，来判断历史时代。看一看占据统治地位的社会形态是什么，社会形态的根本性质是什么，也就知道该历史时代是什么。这就是马克思主义判断时代问题的根本标准和方法。

三是判定人类社会正处于资本主义社会形态占据统治地位的历史时代，而这个时代又是新的社会形态即社会主义和共产主义社会逐步并最终取代资本主义社会的历史时代。用唯物史观标准和方法来判断，马克思主义经典作家认为人类社会的历史时代已经前进到资本主义社会代替封建社会而占据统治地位的时代。在该时代无产阶级及其广大被剥削阶级如果不通过推翻最后一个剥削社会，即通过消灭最后一个剥削阶级的社会革命，使整个社会永远摆脱剥削、压迫和阶级斗争，否则就不能解放全人类，从而就不能最终使无产阶级自己解放自己。也就是说，在资本主义历史时代，无产阶级及其广大人民群众通过无产阶级革命和无产阶级专政彻底消灭阶级差别、阶级压迫、阶级剥削和阶级斗争，才能解放全人类，乃至最终解放无产阶级自己，否则就不能以一个新的社会形态取代资本主义社会形态，进入一个新的历史时代。

四是指出该历史时代所要解决的时代问题。也就是说，经过了无产阶级革命和无产阶级专政，消灭人类历史最后一个阶级社会——资本主义社会，使人类进入一个没有剥削、压迫、阶级差别和阶级斗争的无阶级的新的社会形态。

第二段是在《共产党宣言》"一、资产者和无产者"中。马克思、恩格斯进一步说明："在过去的各个历史时代，我们几乎到处都可以看到社会完全划分为各个不同的等级，看到社会地位分成多种多样的层次。在古罗马，有贵族、骑士、平民、奴隶，在中世纪，有封建主、臣仆、行会师傅、帮工、农奴，而且几乎在每一个阶级内部又有一些特殊的阶层。"紧接着,他们又说:"从封建社会的灭亡中产生出来的现代资产阶级社会并没有消灭阶级对立。它只是用新的阶级、新的压迫条件、新的斗争形式代替了旧的。"①

马克思、恩格斯按照唯物史观关于社会形态演变理论来判断划分历史时代,认为,一是在人类已然过去的各个历史时代顺次经历了原始社会、奴隶社会、封建社会,现在进入了资产阶级社会;二是运用唯物史观的时代判断标准,从社会经济形态出发来分析判断历史时代,把历史时代划分为原始社会时代、奴隶社会时代、封建社会时代、资产阶级社会时代,未来人类将进入消灭阶级剥削、压迫与阶级斗争的新时代,即进入共产主义社会时代。

第三段也是在《共产党宣言》"一、资产者和无产者"中。 马克思、恩格斯明确指出:"我们的时代,资产阶级时代,却有一个特点:它使阶级对立简单化了。整个社会日益分裂为两大敌对的阵营,分裂为两大相互直接对立的阶级:资产阶级和无产阶级。"②

马克思、恩格斯在这里明确指出,我们所处的时代,"即资产阶级时代"。也就是说,我们人类正处在资本主义社会形态占统治地位的历史时代。当然,在这个历史时代,资本主义一步一步由兴盛走向衰亡,社会主义、共产主义由小到大,一步一步走向最终取代资本主义。

根据以上马克思、恩格斯的论述,可以得出这样的认识:

第一,我们今天仍然处于马克思、恩格斯所判断的大的历史时代。

今天,马克思、恩格斯判定的历史时代变了没有?我认为时代的根本性质没有改变,大的历史时代没有改变。运用唯物史观的标准判断时代,现在处在什么时代,从时代的根本性质和大的历史进程来看,仍然处于马克思、恩格斯当时所揭示的历史时代。也就是说,从全球范围来讲,现在仍然是资本主义社会形态占主要地位的历史时

---

① 《马克思恩格斯选集》第1卷,人民出版社1995年版,第272—273页。
② 同上书,第273页。

代。当然，在该时代社会主义、共产主义必然代替资本主义，但是需要经过一个相当长的历史过程。据一位学者研究认为，"当今世界95%以上的国家建立的是资本主义制度。在资本全球化的进程中，不仅自然资源、土地、矿产等公共资源被私有资本所圈占，就连我们赖以生存的水源、空气、语言、文化，甚至物种和人类基因等也被逐步私有化了。按照西方左翼学者的说法，这种私有化已经把人类逼到整体灭绝的边缘"①。当然，在世界资本主义体系内已经产生了相当的社会主义因素；在全世界已经产生了若干社会主义国家，但是是少数，其社会形态在全世界并不占据统治地位。

从英国的资产阶级革命到现在，上下几百年的历史进程，人类社会历经了封建社会在世界的解体，到资本主义生产方式在全世界占统治地位，从资本主义繁荣、兴盛再到资本主义内在矛盾不断激化而至衰落，全世界总体上仍处于资本主义历史时代。实际上，资本主义一产生，就带有其固有的、不可克服的内在矛盾，在资本主义内部一开始就产生了反对资本主义的力量和因素：工人阶级和新的社会形态萌芽。在资本主义时代，始终贯穿着社会主义与资本主义、工人阶级与资产阶级两种命运、两种力量、两种前途的斗争，一直到工人阶级通过无产阶级革命和无产阶级专政消灭压迫、剥削和阶级斗争，最终迎来新的社会形态为止，这是由资本主义不可克服的内在矛盾所决定的。

第二，资本主义历史时代代替封建主义历史时代是历史的进步。

在短短几百年中，资本主义创造了能够最大限度发展社会生产力的市场经济，资本主义市场经济在其历史条件下最大限度地释放了生产力，创造了远远超过封建社会几千年所创造的生产力和社会财富。资本主义社会形态是优于封建社会的社会形态，这是人类历史时代的前进。当今世界科技创新，生产力发展，创造财富的周期越来越短，就拿手机来讲，几乎几个月就换一代，互联网飞快发展，新科学新技术日新月异，推动社会生产力迅猛发展。

---

① 秦宣：《大数据与社会主义》，《教学与研究》2016年第5期。

第三，资本主义社会固有的不可克服的内部矛盾必然导致其灭亡。

在资本主义的整个发展进程中，其内在矛盾不断激化，经历了激化、缓和，再激化、再缓和……直至激化到再也不能缓和而走上灭亡。其表现就是不可解脱的两极分化，且这种两极分化又不断得到强化。资本主义社会的两极分化表现为两个层次：一是资本主义国家本国内部的阶级与阶级、民族与民族、阶层与阶层之间的两极分化不断强化；二是世界范围内国家与国家、地区与地区、民族与民族、阶级与阶级之间的两极分化也不断强化。两极分化的一极是高度垄断的资产阶级利益集团，垄断资本主义国家的国民也只是享受到资本主义利益集团高额利润的一杯羹。另一极是整个工人阶级及其广大劳动人民的贫困、落后；发展中的国家、地区和民族的贫困、落后。资本主义国家内部越来越两极分化，整个世界也越来越两极分化。当代资本主义国家内部的动荡，全球的动荡都跟两极分化有关系，两极分化的背后则是不可克服的资本主义内在矛盾。

第四，资本主义历史时代最终要为社会主义和共产主义历史时代所替代。

习近平总书记指出："事实一再告诉我们，马克思、恩格斯关于资本主义社会基本矛盾的分析没有过时，关于资本主义必然消亡、社会主义必然胜利的历史唯物主义观点也没有过时。这是社会历史发展不可逆转的总趋势，但道路是曲折的。资本主义最终消亡、社会主义最终胜利，必然是一个很长的历史过程。"① 资本主义社会在创造巨大社会财富的同时，创造了贫富差距、两极分化与不可克服的矛盾，从而也创造了自己的掘墓人，一步一步走向自己的反面，最终要为新的社会形态所代替。2008年爆发的金融危机说明了资本主义的内在矛盾是不可避免的、不可调和的、不可克服的。中国特色社会主义表现出了新社会形态强劲的生命力，说明社会主义和共产主义是不可战胜的，是必然的历史发展趋势。然而目前全球总体上还是资本主

---

① 《十八大以来重要文献选编》（上），中央文献出版社2014年版，第117页。

强、社会主义弱，但社会主义是新生事物，一定能够战胜并代替资本主义。

第五，时代的根本性质没有变化，但当今时代的具体特点和表现形式却发生了一系列重大变化。

我们的时代仍然是马克思主义经典作家所判断的历史时代，大的历史时代没有改变。但历史在发展，条件在变化，时代的具体内容、形式和特点都不断地发生变化，这就是历史辩证法。认识当今时代，要清醒地认识到既没变，又有变，根本性质没有变，具体特征形式变化了。不变中有变，变中有不变。只看到不变的一面，看不到变的一面，也不是马克思主义。

习近平总书记反复强调，我们是站在新的历史起点上，正在进行具有许多新的历史特点的伟大斗争，这正是对我们所处的伟大的历史时代及其发展新阶段巨大变化的科学判断。从马克思、恩格斯创立马克思主义至今，尽管他们所判定的时代根本性质没有改变，但世界已经发生了天翻地覆的深刻变化，时代的发展阶段变化了，国际环境变化了，具体特征形式变化了，出现了许多新的问题和新的风险挑战。对于历史时代的判断，认为马克思、恩格斯所判定的历史时代根本改变了，放弃马克思主义，丢弃老祖宗，忘记我们的初衷，是违背马克思主义的；然而，如果看不到巨大变化的另一方面，不承认变化，就跟不上新形势，落后于时代，解决不了新问题，就会犯教条主义错误。

不变中有变，其中一大变是马克思主义经典作家们判断的历史时代发生了阶段性的变化，已经过了两个发展阶段，正处于第三个发展阶段。每一人类大的历史时代，都会呈现出不同的发展阶段，每个发展阶段都有每个阶段的主题与特点。

第一个阶段是自由竞争资本主义阶段。这是马克思、恩格斯创建马克思主义所处的阶段，也是工人运动和社会主义运动兴起的阶段，又是资本主义更多地剥夺工人阶级绝对剩余价值，露骨地、直接地残酷压迫剥削工人阶级的阶段。

第二个阶段是垄断资本主义阶段。这就是列宁的《帝国主义论》所揭示的帝国主义和无产阶级革命的阶段。习近平总书记要求我们要学习列宁的《帝国主义论》，是有现实意义的。有人说《资本论》过时了，《帝国主义论》也过时了，这是不对的。资本主义由自由竞争阶段进入了垄断资本发展阶段，对于这个阶段，列宁作出概括，认为该阶段的主题，即主要问题是战争与革命。资本主义内部矛盾激化引发战争，战争引起革命，推动工人运动和社会主义发展。第一次世界大战产生了列宁领导的第一个社会主义国家，第二次世界大战产生了一系列社会主义国家。

当然，社会主义国家的发展走了一段弯路。历史是波浪式的曲折前进，没有笔直的前进道路。远古社会大约万年以上，奴隶社会大约万年左右，封建社会几千年，资本主义社会才几百年，它还没有到寿终正寝的时候。总体上讲现在还是资强社弱，垄断权、话语权还由西方资本主义所掌握。社会主义是新生事物，任何新生事物在开始时都是弱小的。这是整个大的历史时代的总体态势。冷战结束以后出现苏东剧变这样的历史挫折，社会主义阵营解体以后，整个形势发生逆转，社会主义运动步入低潮，这就是历史前进的曲折性、反复性。

第三个阶段是和平发展成为时代主要问题的阶段。对这个发展阶段，有人概括为国际垄断资本主义阶段，有人概括为金融垄断资本主义，可以讨论。20世纪七八十年代以来，世界资本主义进入相对稳定的发展阶段，世界大战在相当一段时间内爆发的可能性不大，和平与发展成为当今时代的主题，但是局部战争从来没有间断。新兴国家、发展中国家希望和平，希望发展，绝大多数国家希望和平，希望发展。这是该阶段的主题，也是主要问题。但"帝国主义就是战争"，只要垄断资本还存在，国际金融垄断资本还存在，帝国主义还存在，霸权主义、强权政治就会存在，就没有消灭战争的根源。事实上，和平与发展至今一个问题也没有解决。邓小平同志判断，和平的问题没有解决，发展的问题也没有解决。现在西方敌对势力正在对我们社会主义中国打一场没有硝烟的战争，图谋"和平演变"社会主义，"颜色革命"它们所不喜欢的国家。

不变中有变，其中另一大变是今天世界上的全球化、信息化、科技创新突飞猛进、世界局势激烈变化，出现了前所未有的大发展，大

变动，大改组，大调整，大竞争，社会主义中国面临着前所未有的大机遇、大风险、大挑战和大考验。现在的世界与马克思、恩格斯在世时，列宁、斯大林在世时，毛泽东在世时大不相同。特别是近些年来，新技术更新速度之快令人难以预测，起着改变社会生产、消费、生活乃至引发社会变革的颠覆性作用。高新技术推动社会生产力迅猛变化，进而引起生产关系变化，引发社会经济基础及其上层建筑的巨大变化，引发世界局势急剧变动。从20世纪末以来，全球发生了两件世界性的大事：一是苏联解体。两个超级大国变成一极，全球出现了反对单极霸权的多边主义。社会主义国家、新兴国家、发展中国家是要和平、要发展的主力军。西方资本主义国家也发生重组。反对霸权主义、强权主义和单边主义的力量在发展。二是2008年发生了世界性的金融危机。美国的力量下降，西方国家的力量下降，资本主义整体力量下降。中国特色社会主义取得了历史性的成功，社会主义力量正在上升，中国正在走近国际舞台的中心。中国一方面发挥促进世界和平发展的重要作用，另一方面又遭受西方敌对势力的封堵打压。国际关系出现了极其复杂的状况，国际竞争异常激烈。

第六，根据历史时代根本性质没有改变，但又有新的巨大变化的正确判断，决定了我们党的基本理论、基本路线和基本战略策略。

既要坚持马克思列宁主义、毛泽东思想不能丢，高高举起中国特色社会主义大旗，坚持社会主义制度，坚持党的领导，坚持马克思主义，坚持人民民主专政；同时又要与今天的时代变化和具体实际相结合，以经济建设为中心，坚持改革开放，融入世界潮流，不断推进理论创新、实践创新，坚定不移地走中国特色社会主义和平发展道路。既不忘初心，又要继续前进。

在当代中国，始终坚持马克思主义、人民民主专政、党的领导和社会主义是当今历史时代的根本性质所决定的。历史时代的根本性质决定中国人民只有选择社会主义才是唯一出路。资本主义由自由竞争资本主义转变为垄断资本主义，即帝国主义，全世界已然被资本主义强国瓜分完毕。沦为半殖民地半封建的社会性质决定了中国不可能独立自主地走资本主义的发展道路，帝国主义、国内封建专制统治阶级和官僚资本主义集团不允许中国独立自主地走资本主义强国道路，软弱的中国民族资产阶级也无法担负起资产阶级民主革命的重任。历史雄辩地证明，解决中国问题只有一条出路，这就是在中国工人阶级政党——共产党的领导下选择社会主义。而中国当时的社会性质和所处的国际环境又决定中国走社会主义道路要分两步：第一步先进行新民主主义革命；第二步再进行社会主义革命。在新民主主义革命和社会主义革命的基础上，建立社会主义制度，进行社会主义建设。

坚持改革开放，走和平发展的中国特色社会主义道路，也是历史时代根本性质虽然没有改变，但却发生巨大变化所决定的。到今天，世界发生了翻天覆地的巨变，新变化、新形势、新特点、新需求、新任务，又决定了我们必须抓住机遇，以经济建设为中心，加大改革开放的力度，融入世界发展大潮，走中国特色社会主义和平发展的道路，这也是中国人民唯一的历史选择。

弄清了时代问题，就会彻底搞明白中国共产党人处在什么样的历史方位上，选择什么主义，选择什么道路，选择什么制度，选择什么目标，选择什么战略，选择什么举措，到底怎么走。从时代高度出发，就可以把治国理政新理念新思想新战略的指导思想、战略部署、奋斗目标、战略策略等问题弄懂搞清楚，就会明白党的创新理论到底回答了什么问题，解决了什么问题，创新点在哪里，精神实质是什么。我们党恰恰是在这一大的历史时代背景下，在发生巨大变化的新阶段，回答了在新的历史条件下"坚持和发展什么样的中国特色社会主义，怎样坚持和发展中国特色社会主义"这一时代主题，这就是治国理政新理念新思想新战略所要回答的当代中国所面临的时代主题。

二 关于实践基础问题

治国理政新理念新思想新战略是有着深厚的实践基础的。这个实践是在大的历史时代背景下所形成的。中国共产党所领导的95年的波澜壮阔的历史实践和新的实践是党的理论创新的动力与源泉。

党的伟大实践分为革命、建设、改革三大历史时期。一是新民主主义革命和社会主义革命时期。二是社会主义建设探索时期。三是中国特色社会主义改革开放新时期。中国共产党人回答了三大问题，第一个问题是使中国人民站起来，建立一个独立自主的、民主富强的社会主义新中国。第二个问题是使中国人民富起来。经过社会主义30年左右的建设，创立了雄厚的物质基础和制度前提，又经过改革开放30年左右的快速发展，中国人民不仅解决了温饱问题，而且普遍地富裕起来了。第三个问题是使中国人民强起来。在解决中国人民富起来的同时，必须回答使中国人民强起来的问题。这就是在新的历史条件下，以习近平同志为核心的党中央所要解决的问题，这也就是在新的历史条件下，"什么是中国特色社会主义，怎样坚持和发展中国特色社会主义"这一主题的具体化，即"建设一个什么样的社会主义现代化强国，怎样建设一个社会主义的现代化强国"。

改革开放新时期可以分为两个阶段。一是快速发展阶段。什么是快速发展？就是以规模扩张为主的、尽可能快地把GDP搞上去的阶段，这个阶段是不容否定的。没有前30年左右的快速发展就没有今天经济结构的调整。这好比一个孩子在少儿时长得很快，刚做的鞋，几个月后就不能穿了，这是快速生长期。可是少儿时的发展是不协调的，光长个子，肌肉不发达，全身不协调，世界观人生观也没有成熟，但是这个发展阶段又是必经的。二是经过快速发展阶段以后，现在进入了新的发展阶段。以质量效益为主，以结构调整为主推进科学发展，这就是习近平总书记所概括的经济新常态阶段，必须以新的战略选择推进经济社会全面科学发展。

今天的实践提出了大量的问题需要回答，主要问题是中国特色社会主义怎么发展，怎么强国，围绕着建设现代化强国，如何治理。实践是理论发展的动力和源泉。中国共产党的革命实践、建设实践、改革开放新实践是以习近平同志为核心的党中央治国理政思想的不竭源泉，是当代中国马克思主义的不竭源泉。新民主主义革命和社会主义革命实践孕育形成了马克思主义中国化第一个创新成果——毛泽东思想。社会主义建设探索实践，有成功，也有挫折，有经验，也有教训。在社会主义建设探索时期，毛泽东思想进一步得到丰富与发展，积累了一系列关于社会主义建设的正反经验。关于社会主义建设问题，毛泽东同志提出了许多创新思想。毛泽东同志讲过，商品经济，同资本主义制度相联系就是资本主义的商品经济，同社会主义制度相联系就是社会主义的商品经济。这是毛泽东在读苏联科学院经济研究所编的《政治经济学教科书·社会主义部分》时提出来的。邓小平同志说市场经济不等于资本主义，计划经济不等于社会主义，是继承和发展了毛泽东思想。不能否定毛泽东，不能否定毛泽东思想，没有当时毛泽东对商品经济的创新认识，就不会有今天的社会主义市场经济的创新理论。在实践创新的推动下，形成了以邓小平理论、"三个代表"重要思想、科学发展观为主要内容的中国特色社会主义理论体系，这是毛泽东思想的丰富与发展，是马克思主义中国化的第二个创新成果。

在新的历史起点上怎样坚持和发展中国特色社会主义这一主题，也就是围绕要把中国建成社会主义强国，成为经济强国、政治强国、军事强国、文化强国、生态强国，如何治国理政，这是以习近平同志为核心的党中央在新的历史起点上所要回答的问题，也是进一步推进马克思主义中国化所要解决的问题。

三　关于科学体系问题

治国理政新理念新思想新战略已经形成了一个完整的、系统的科学体系。之所以说它是科学体系，就在于它回答了在新的历史阶段下中国特色社会主义面临的一系列重大问题，从治党治国到治军，从内政外交到国防，从经济、政治、文化、生态建设到党的建设，涉及中国特色社会主义一系列重大战略问题，涉及马克思主义哲学、科学社会主义、政治经济学三个组成部分，提出了一系列新论断新思想，构成了一个完整的、创新的马克思主义与当今时代、当代中国实际相结合的理论体系。

治国理政新理念新思想新战略的科学体系有灵魂，灵魂是什么，就是马克思主义。习近平总书记讲坚持和发展马克思主义是全党团结奋斗的指导思想和共同思想基础。有主题，主题是什么，就是中国特色社会主义,是在新的历史条件下坚持和发展中国特色社会主义。有主线,主线是什么,就是围绕着建设什么样的社会主义现代化强国,怎样建设社会主义现代化强国,如何治国理政的问题。有中心,中心是什么,就是以人民为中心,以人民为主体,人民至上,一切从人民的根本利益出发。有目标,目标是什么,就是实现"两个一百年"奋斗目标,实现中华民族伟大复兴的中国梦。有战略布局,战略布局是什么,就是"五位一体"和"四个全面"。有发展理念,发展理念是什么,就是创新、协调、绿色、开放、共享……这个科学理论体系包括一系列的新观点,有一系列新的话语体系。

四 关于哲学依据问题

习近平总书记有深厚的马克思主义哲学功底,灵活地掌握了马克思主义世界观和方法论。习近平总书记的讲话充满了唯物论,充满了辩证法,充满了唯物史观,充满了马克思主义科学的思想方法和工作方法。这些构成了治国理政新理念新思想新战略的哲学依据。

(原载《解放军理论学习》2016 年第 8 期;《马克思主义哲学论丛》2016 年第 3 辑;本文系作者 2016 年 8 月 6 日在中共广西壮族自治区委党校召开的中国辩证唯物主义研究会 2016 年年会上的主题报告)

坚持用马克思主义政治经济学的立场、观点和方法指导实践

习近平总书记指出，马克思主义政治经济学是马克思主义的重要组成部分，也是我们坚持和发展马克思主义的必修课；要立足我国国情和发展实践，不断开拓当代中国马克思主义政治经济学新境界。我们要认真学习贯彻习近平总书记的重要讲话精神，把马克思主义政治经济学作为观察和解决我国乃至世界经济问题最锐利的思想武器，坚持用马克思主义政治经济学的立场、观点和方法指导今天的实践。

一 马克思主义政治经济学是经过时间和实践检验的真理

马克思主义政治经济学是建立在剩余价值理论基础上的科学的理论体系，它是经过时间和实践检验的真理。

在马克思之前，人类对自身社会及其历史的认识，是唯心主义历史观占据统治地位。如果没有马克思的唯物史观和剩余价值理论，人类对历史规律和资本主义社会发展规律的认识还在黑暗中摸索前进。马克思运用科学的历史观分析资本主义社会的经济现象，创立了剩余价值理论，形成了马克思主义政治经济学的科学学说，揭示了资本主义的内在矛盾，预示了资本主义必然要灭亡，由更高的社会形态来代替资本主义的历史发展客观规律，从而使社会主义由空想变成了科学，创立了科学社会主义理论。科学社会主义的创立，为无产阶级政

党领导无产阶级及其劳动人民群众推翻剥削制度，建立一个没有剥削、没有压迫的新的社会形态，提供了全部的理论根据和思想武器。可以说，迄今为止，没有任何一种历史观能够超过马克思的历史观对人类社会及其历史规律的科学揭示。恩格斯在悼念马克思时的重要讲话中指出："正像达尔文发现有机界的发展规律一样，马克思发现了人类历史的发展规律"，不仅如此，"马克思还发现了现代资本主义生产方式和它所产生的资产阶级社会的特殊的运动规律。由于剩余价值的发现，这里就豁然开朗了"。

《资本论》是马克思主义政治经济学最基本的代表著作，是马克思耗费40年时间倾力所著。《资本论》内容丰富，道理深邃，逻辑严密，论证精湛，是任何理论思维不经过多次的深入研究所无法理解的。《资本论》被称赞为"射向资产者最厉害的炮弹"，献给工人阶级的"圣经"。恩格斯认为，无产阶级政党的"全部理论来自对政治经济学的研究"。列宁称其为马克思主义理论"最深刻、最全面、最详尽的证明和运用"。

马克思所著的《资本论》创立了马克思主义政治经济学的理论体系。坚持和发展马克思主义政治经济学，必须读通读懂《资本论》。读通读懂了《资本论》，也就掌握了马克思主义政治经济学的精要。今天学习马克思主义政治经济学，一定要学习《资本论》，要学习掌握《资本论》通篇贯穿的马克思主义政治经济学的立场、观点和方法，这是放之四海而皆准的真理；要学习掌握《资本论》所揭示的马克思主义政治经济学的一般原理，这是对资本主义社会发展规律和人类社会发展规律的理论概括，同样也是真理。

二 马克思主义政治经济学依然是我们今天观察和解决问题的最锐利的思想武器

当今世界形势发生了根本变化，出现了过去马克思主义经典作家所没有遇到过的新情况、新特点、新问题。当今的时代主题、时代特点发生了阶段性变化，但时代性质并没有根本改变，马克思主义政治经济学作为时代本质的概括和反映,仍然闪烁着真理的光辉。

有些人认为,马克思主义政治经济学过时了,《资本论》过时了,这个论断是不对的。从2008年爆发的国际金融危机来看,许多资本主义国家经济持续低迷、失业问题严重、两极分化加剧、社会矛盾加深。事实说明,马克思主义政治经济学所揭示的资本主义社会基本矛盾,即资本主义固有的生产社会化和生产资料私人占有之间的矛盾依然存在,只不过表现形式、存在特点有所不同;所揭示的资本主义运行的客观规律及其灭亡的必然趋势仍然是不以人的意志为转移的客观事实,大的趋势和总的逻辑没有改变,只不过出现了许多新变化新情况新特点;所揭示的价值规律、市场经济运行规律及其一般特点仍然存在,只不过是发生了许多新的时代变化,出现了许多新的内容。

马克思主义政治经济学并没有过时,是因为当今时代仍然是马克思所揭示的世界历史时代。马克思、恩格斯在《共产党宣言》中指出,"我们的时代",即是"资产阶级时代",这说明该世界历史的时代本质就是资本主义社会形态占据主导地位。1879—1882年期间,晚年马克思成功地运用唯物史观,把研究重心和注意力转向俄国乃至东方社会,形成了著名的世界历史理论。马克思主义唯物史观以及世界历史理论揭示了人类社会历史依次由原始社会到奴隶社会、封建社会、资本主义社会,最终经由社会主义社会发展到共产主义社会的演变规律,指明了自从资本主义代替封建主义以来,人类历史即进入了一个新时代,这就是马克思所揭示的资本主义的世界历史进程。

自从人类历史进入资本主义发展阶段,世界历史发展展示了一系列整体性的时代变迁。其特征:一是资本主义社会化大生产的发展打破了人类社会的旧的分割与隔绝,资本主义市场经济把人类社会连成一气,构成一个密不可分的统一的世界整体,谁也离不开谁。二是在资本主义发展的同时,社会主义因素产生并在发展,世界历史进程始终贯穿着资本主义与社会主义的反复较量与生死博弈。三是资本主义与社会主义两种前途和力量呈交叉递进态势。资本主义由革命阶段的上升期经成熟阶段的发展期开始逐步衰退,虽然仍强,但总体由兴盛走向衰落；社会主义由新生阶段的初生期步入成长阶段的曲折期，虽然仍弱，但代表了人类历史的新前途。四是资本主义世界历史进程必然为共产主义世界历史进程所替代，这是历史发展不可抗拒的潮流。五是实现现代化是现今世界历史发展的核心问题。实现现代化有两条道路，一条是资本主义现代化道路，一条是社会主义现代化道路。资本主义现代化必然为社会主义现代化所替代。世界历史进程决定经济相对落后的国家选择社会主义现代化道路，可以避免资本主义现代化道路的苦难。

资本主义生产社会化发展，带动了市场化，打通了全世界，打破了国与国、地区与地区、民族与民族之间的隔绝与孤立。马克思指出："资产阶级，由于开拓了世界市场，使一切国家的生产和消费都成为世界性的了。"资本主义发展使人类历史成为世界历史，这就是"世界性"。今天，称之为"经济全球化"。经济全球化是一把双刃剑，一方面推动了世界的进步与发展，特别是从最近几十年的情况来看，资本主义全球化推动了世界经济发展；然而，另一方面，资本主义的内在矛盾又是不可克服的，资本主义越来越走向它的反面，给人类带来巨大的战争、流血和苦难，从历史上发生的第一次世界大战、第二次世界大战，直到今天，仍战乱不已，两极分化严重，穷的越穷，富的越富，资本主义通过全球化，不断地掠夺全世界。马克思主义政治经济学的科学论证告诉我们，在资本主义发展的同时，造就了它的对立面和掘墓人，即社会主义新的因素和工人阶级，资本主义不可避免地走向它的反面。

我国实行改革开放以后，邓小平同志提出了和平与发展是当今时代主题的重大论断。时代主题的阶段性转化，虽然没有改变马克思主义经典作家所揭示的总的时代性质，社会主义必然代替资本主义的历史总趋势依然不可逆转，资本主义内在矛盾依然不可调和，但时代主题的阶段性转换却为中国特色社会主义和平发展提供了战略机遇。马克思主义政治经济学，揭示了这个世界历史时代的历史规律和必然发展的历史趋势，今天依然管用，仍然是我们观察和解决我国以及世界经济社会问题最锐利的思想武器。

三 坚持用马克思主义政治经济学的立场、观点和方法指导实践

当今时代,我们为着力解决中国特色社会主义所面临的一系列重大现实问题,也要学会从《资本论》、从马克思主义政治经济学中找立场、找观点、找方法,运用马克思主义政治经济学的立场、观点和方法,科学透彻地分析当今的经济事实,形成正确的理论,指导当代的实践。

站在马克思主义的正确立场上观察和对待问题。马克思主义政治经济学为我们提供了认识问题所必须解决的基本立场。立场问题非常重要,是人们观察问题、处理问题的基本出发点。马克思、恩格斯是站在工人阶级的立场上来看待和分析资本主义经济现象的。工人阶级的大公无私、先进性、团结性、组织性和战斗性,决定了站在工人阶级立场上研究资本主义经济现象的马克思所持的政治态度、价值取向和世界观方法论,从而决定了马克思主义政治经济学所揭示的经济社会规律的客观性和理论概括的真理性。在新的历史条件下,我们坚持马克思主义政治经济学的立场,就是要坚持实现好、维护好、发展好最广大人民根本利益的立场,以实现人的自由而全面的发展和全人类解放为己任。习近平总书记深刻指出,"坚持以人民为中心的发展思想,这是马克思主义政治经济学的根本立场","部署经济工作、制定经济政策、推动经济发展都要牢牢坚持这个根本立场"。习近平总书记强调的以人民为中心的根本立场,正是马克思主义政治经济学立场的高度概括,也是经济工作根本指导思想的基准点。我们的党是全心全意为人民服务的马克思主义政党,我们的国家是人民当家作主的社会主义国家,党和国家一切工作的出发点和落脚点是实现好、维护好、发展好最广大人民的根本利益。站在最广大人民群众的立场上谋发展,这是在新的历史条件下坚持和发展马克思主义政治经济学的基本出发点。

运用马克思主义政治经济学的观点认识和回答问题。马克思主义

政治经济学为我们提供了认识问题的一般原理和基本观点。马克思主义政治经济学最基本的原理是劳动价值论和剩余价值论。剩余价值理论是《资本论》的核心要义，也是马克思主义政治经济学的理论基石。劳动价值论是剩余价值理论的基础，是马克思主义政治经济学的重要组成部分。正是从劳动价值论和剩余价值论出发，马克思创造了一系列范畴、观点和原理，从而揭示了资本主义的内在矛盾和经济运行规律，揭示了资本主义必然灭亡的客观必然性，创建了无产阶级革命和科学社会主义的全部理论。我们党在实践中创造性地发展了马克思主义政治经济学。在新民主主义时期创造性地提出了新民主主义经济纲领，在探索社会主义建设道路过程中提出了有关经济发展的独创性观点。党的十一届三中全会以来，我们党把马克思主义政治经济学基本原理同改革开放新的实践结合起来，不断丰富和发展马克思主义政治经济学，形成了当代马克思主义政治经济学的许多重要理论成果。比如，关于社会主义本质的理论，关于社会主义初级阶段基本经济制度的理论，关于树立和落实创新、协调、绿色、开放、共享的发展理念的理论，关于发展社会主义市场经济、使市场在资源配置中起决定性作用和更好发挥政府作用的理论，关于我国经济发展进入新常态的理论，关于推动新型工业化、信息化、城镇化、农业现代化相互协调的理论，关于用好国际国内两个市场、两种资源的理论，关于促进社会公平正义、逐步实现全体人民共同富裕的理论，等等。这些理论成果，是适应当代中国国情和时代特点的政治经济学，是我们做好当前经济工作的根本遵循。

运用辩证唯物主义和历史唯物主义方法分析和解决问题。辩证唯物主义和历史唯物主义，既是马克思写作《资本论》的世界观，又是方法论。马克思正是成功地运用辩证唯物主义和历史唯物主义的哲学方法论，剖析资本主义的经济现象，才得以揭示资本主义的全部秘密，创立了马克思主义政治经济学的科学体系。其一，运用一切从最基本的经济事实出发分析问题的唯物论方法。一切从事实出发，而不是从抽象的概念出发，是唯物论的最基本的分析方法。马克思分析资本主义经济规律，最先抓住了资本主义最基本的经济细胞和经济现象，搜集并占据了反映资本主义经济情况的大量的、尽可能全面的数据、资料和材料作为分析问题的事实依据。可以说，没有对经济事实的充分占有，马克思就写不出《资本论》这部巨著。其二，运用从具体到抽象，再从抽象到具体的综合分析方法。辩证唯物主义认识论告诉我们，人的认识总是从认识一个一个的、具体的、活生生的事物开始，但又不能停留在具体的、表面的现象上，而是运用从具体到抽象又从抽象到具体的分析方法，透过现象抓住事物的本质。马克思从商品这个资本主义经济生活中最常见的现象入手，抽象出一系列科学概括事物本质的概念和范畴，再运用这些概念和范畴综合分析，从而揭示出资本主义的全部秘密。其三，运用唯物辩证法的矛盾分析方法。对立统一规律是宇宙间的根本规律，对立统一观点是辩证法的根本观点，矛盾分析方法是唯物辩证法的精髓方法。马克思运用对立统一观点观察资本主义社会，采取矛盾分析方法，从劳动二重性的内在矛盾分析入手，揭示了私有制条件下商品生产的基本矛盾——私人劳动与社会劳动的矛盾，从而揭示出资本主义不可克服的内在矛盾，认识到资本主义在周期性的经济危机中不断地走向自己的反面。正是基于对历史必然性的矛盾分析，马克思得出结论，资本主义作为一种社会形态是一定要灭亡的，共产主义作为代替它的一种新的社会形态，必然要取代资本主义，这是不可避免的历史趋势。

今天，我们中国共产党人的最高理想，就是实现共产主义；我们的现实目标，就是实现"两个一百年"奋斗目标和中华民族伟大复兴的中国梦。这个最高理想和现实目标，正是通过运用马克思主义政治经济学的立场、观点和方法得来的，是符合历史发展规律的。在新的历史起点上，我们只有继续坚持用马克思主义政治经济学的立场、观点和方法指导实践，才能在实现理想和目标的道路上不断前行，并迈向最终的胜利。

（原载《求是》2016 年第 18 期）

创新 21 世纪马克思主义

习近平总书记指出："要根据时代变化和实践发展，不断深化认识，不断总结经验，不断实现理论创新和实践创新良性互动，在这种统一和互动中发展 21 世纪中国的马克思主义。"这一科学论断，为我们创新 21 世纪马克思主义提供了科学指导。

一 马克思主义的历史发展充分证明了马克思主义的真理性

习近平总书记在庆祝中国共产党成立 95 周年大会上的讲话中指出，"一切向前走，都不能忘记走过的路；走得再远、走到再光辉的未来，也不能忘记走过的过去，不能忘记为什么出发"。创新 21 世纪马克思主义，必须对 19 世纪马克思主义创立、20 世纪马克思主义发展的经验教训作出科学总结。

19 世纪诞生的马克思主义是颠扑不灭的真理。马克思主义是资本主义内在矛盾不断激化，工人阶级走上历史舞台，工人运动和社会主义运动风起云涌的时代产物，是社会矛盾和历史规律的科学揭示，是时代精神的理论概括。马克思主义是由哲学、政治经济学和科学社会主义等部分组成的严密的、完整的、科学的理论体系。马恩经典作家运用马克思主义立场、观点、方法分析时代本质和资本主义客观世界形成了一系列基本原理，如关于社会存在决定社会意识的原理，关于社会生产和生产力决定作用的原理，关于社会基本矛盾运动规律的原理，关于社会形态和社会形态演变规律的原理，关于劳动价值和剩余价值的原理，关于阶级、阶级斗争和国家的原理，关于无产阶级革命和无产阶级政党的原理，关于社会主义革命和无产阶级专政的原理，关于社会主义、共产主义必然代替资本主义的原理，关于社会主义本质特征和社会主义建设的原理，关于人的自由全面发展和自由人联合体的原理，等等。这些基本原理构成了马克思主义的科学理论体系，是指引我们前进的强大思想武器。

20世纪的俄国历史特别是苏联历史充分证明马克思列宁主义的真理性，科学社会主义理论可以成为现实。列宁主义是帝国主义和无产阶级革命时代的马克思主义，将马克思主义与时代新特征和苏俄具体实际相结合，把马克思主义发展到了一个新阶段。列宁主义揭示了帝国主义的发展规律，论证了无产阶级革命能够在帝国主义阵线最薄弱环节的一个国家内首先取得胜利，并且能够建成社会主义，开创了人类历史的新纪元。列宁主义和马克思主义一样，其普遍原理是世界无产阶级及其政党进行社会主义革命和建设的指导思想。苏联社会主义74年建设的实践证明，只有以马克思列宁主义为指导，坚持科学社会主义理论，社会主义才能凯歌行进。20世纪80年代末90年代初苏东剧变的沉痛教训说明，背离了马克思列宁主义的指导，背离了科学社会主义理论，社会主义国家就没有前途，执政的马克思主义政党也会改变性质，工人阶级的社会主义政权会得而复失。

20世纪的中国历史实践充分证明马克思主义和中国化马克思主义的伟大生命力、科学社会主义具有历史必然性和光明前景。十月革命一声炮响，给中国送来了马克思列宁主义，中国共产党应运而生，给灾难深重的中国带来光明和希望。中国共产党人把马克思主义与中国具体实际相结合，创造了中国化的马克思主义。马克思列宁主义和中国化的马克思主义是中国共产党人的指导思想，是全国人民团结奋斗的共同思想基础。中国共产党人坚持运用马克思列宁主义、中国化的马克思主义指导中国革命、建设和改革，不断取得一个接着一个的胜利。中国共产党领导中国人民成功地进行了新民主主义和社会主义革命，建立了新中国，实现了民族独立、人民解放，实现了中国从几千年封建专制政治向人民民主专政的社会主义制度的伟大飞跃，使人民成为国家的主人;艰辛地探索了社会主义建设道路,取得了社会主义建设的伟大成就,积累了社会主义建设的经验,实现了中华民族由不断衰落到根本扭转命运、持续走向繁荣富强的伟大飞跃,使中华民族伟大复兴的光明未来就像壮丽的日出一样呈现在我们面前;创造性地开辟了社会主义改革开放的新局面,开辟了中国特色社会主义道路,形成了中国特色社会主义理论体系,确立了中国特色社会主义制度,实现了中国人民从站起来到富起来,正在向强起来迸发的伟大飞跃,使中华民族彻底摆脱被开除球籍的危险,巍然屹立在世界的东方,中华民族伟大复兴的伟大目标从来没有像现在这样接近实现。在中国革命、建设、改革的实践中,中国共产党不断推进实践创新和理论创新,创立了毛泽东思想、中国特色社会主义理论体系,推进了马克思主义和中国化马克思主义的持续发展。

总之,马克思主义在19世纪的创立,到20世纪的发展,在同世界工人和社会主义运动相结合的历史过程中,在中国波澜壮阔的社会主义革命、建设与改革的过程中,取得了举世瞩目的成就,整个一个半世纪人类历史实践雄辩地证明了马克思主义是不可战胜的科学真理,拥有无限的生命力。

二 马克思主义是革命的、批判的、开放的、与时俱进的科学理论体系,需要不断创新和发展

实践是不断发展的,人们对于客观事物的认识也在不断发展。马克思主义必将随着实践的发展、时代的变迁、条件的变化、任务的转换而不断有所发现、有所前进、有所创新。

马克思主义经典作家一再强调,正确的理论必须结合具体情况并根据现存条件加以阐明和发挥。恩格斯说过:"我们的理论是发展着的理论,而不是必须背得烂熟并机械地加以重复的教条。"[①] 列宁反对用教条主义的态度对待马克思主义。毛泽东更是强调,"马克思这

[①] 《马克思恩格斯选集》第4卷,人民出版社2012年版,第588页。

些老祖宗的书，必须读，他们的基本原理必须遵守，这是第一。但是，任何国家的共产党，任何国家的思想界，都要创造新的理论，写出新的著作，产生自己的理论家"①。一部马克思主义的历史，就是马克思主义创始人及其后继者，对已经变化的实践进行新的理论概括，又用创新理论指导发展了的实践的历史。因此，对待马克思主义，切忌把它在特定历史条件下作出的个别结论僵死化、凝固化，而应当根据不同历史条件，创造性地加以运用。当然，我们也不能因为个别结论过时，就得出马克思主义已经过时，更不能因此否定马克思主义的真理性和科学性。

在马克思主义经典作家所判定的时代及其本质没有改变，但时代特征却发生了巨大变化的新阶段，当今世界正处于大变革大调整之中。20世纪末，苏东剧变后，世界社会主义运动陷入低潮，加上新自由主义带来的发达资本主义国家的虚假繁荣，使很多人认为资本主义社会已经是"最好的社会形态"，"社会主义已经彻底的失败了"。与此同时，马克思主义遭到了资本主义意识形态的猛烈攻击。

然而，三十年河东三十年河西，资本主义虚假繁荣好景不长。进入21世纪以来，2008年爆发的、由美国次贷危机所引发的世界资本主义金融危机，是资本主义全面的制度危机，它不仅宣告了新自由主义的彻底破产，也彻底地暴露了资本主义自身无法调和的内在矛盾。一方面是中国特色社会主义成功发展，另一方面是资本主义的整体衰落。这一上一下愈加证明了马克思主义理论的科学性和预见性，极大地推进了21世纪马克思主义、当代中国马克思主义的发展。

在这一国际背景下，西方世界高呼"马克思的幽灵已经从坟墓中复活"，一些西方学者开始"重读"马克思、"走近"马克思、"反思"马克思。可以说，马克思主义诞生160余年来，从没有像今天这样面临着如此之多的挑战，同时也面临着如此之大的发展机遇。这更加需要我们进一步加强马克思主义研究，加强对国际金融危机、欧债危机和当代资本主义发展趋向的跟踪研究，加强对中国特色社会主义

---

① 《毛泽东文集》第8卷，人民出版社1999年版，第109页。

制度、道路、理论体系的研究，加强对其他社会主义国家理论和实践发展状况的研究，加强对国际共产主义运动遇到的各种困难和曲折的研究，进一步开放研究视野，坚定发展信心，大力推进21世纪马克思主义的理论创新。

三 中国共产党的创新理论开创了21世纪中国马克思主义的新境界

党的十八大以来，以习近平同志为核心的中国共产党人适应新世纪、新阶段、新变化，坚持马克思列宁主义、毛泽东思想、邓小平理论、"三个代表"重要思想和科学发展观指导，围绕坚持和发展中国特色社会主义这一主题，把握治国理政这条主线，提出一系列治国理政新理念新思想新战略，构成了中国共产党的创新理论，丰富和发展了中国特色社会主义理论体系，开辟了21世纪马克思主义发展新境界。习近平总书记系列重要讲话是中国共产党的创新理论的集中体现。

中国共产党的创新理论具有广阔的时代背景、深厚的理论源泉、坚实的实践基础、科学的理论体系、创新的思想观点、扎实的哲学依据和鲜明的话语特色。面对世情、国情、党情深刻变化，中国共产党的创新理论在进一步回答了什么是社会主义、怎样建设社会主义，建设什么样的党、怎样建设党和实现什么样的发展、怎样发展的问题的基础上，围绕坚持和发展中国特色社会主义，治国理政的主题主线，创造性地回答了新世纪新阶段建设一个什么样的社会主义现代化强国，怎样建设一个社会主义现代化强国，怎么实现国家治理体系和治理能力现代化的重大课题。

马克思列宁主义、毛泽东思想、中国特色社会主义理论体系是中国共产党的创新理论最深厚的理论源泉。95年来的伟大实践是中国共产党的创新理论最坚实的实践基础。中国共产党领导人民95年的伟大实践，主要划分为革命、建设、改革三大历史时期，中国共产党人在这三大历史时期主要回答三大问题：第一个问题是使中国人民站起来，实现国家独立、民族解放、人民当家作主，建立社会主义新中国。与此同时把马克思主义与中国具体革命实际相结合，形成了马克思主义中国化的第一个理论形态——毛泽东思想。第二个问题是使中国人民富起来，实现国家兴旺、民族繁荣、人民富裕，经过新中国成立67年来特别是改革开放38年来的建设，建立了雄厚的社会主义制度基础和物质技术基础，中国人民不仅解决了温饱问题，而且总体上步入小康，普遍地富裕起来了。与此同时，把马克思主义同当代中国的具体国情和建设实际相结合，形成了马克思主义中国化第二个理论形态——中国特色社会主义理论体系。中国特色社会主义理论体系是对毛泽东思想的继承、丰富和发展，是中国化马克思主义的继承和创新。第三个问题是使中国人民强起来，实现国家富强、民族振兴、人民幸福，实现中华民族伟大复兴的中国梦，这是1840年鸦片战争以来无数仁人志士的历史夙愿，是1921年以来成千上万中国共产党人的奋斗目标，是进入21世纪海内外所有中华儿女的共同心声。这正是在马克思主义经典作家所判定的时代本质没有改变、但时代主题特征发生阶段性巨变的背景下，以习近平同志为核心的中国共产党人所要集中回答的问题。

马克思主义经典作家关于科学社会主义以及社会主义建设的学说是十分丰富而深刻的，但由于时代和实践的局限，马克思主义经典作家并没有具体回答走上社会主义道路的经济文化相对落后国家如何建设现代化强国，如何实现国家治理体系和治理能力现代化的问题，而且迄今也未有在社会主义制度条件下建成现代化强国的成功先例。把走上社会主义道路的经济文化相对落后的国家建设成为一个现代化强国，是史无前例的伟大探索。在马克思主义发展史上，在马克思主义中国化发展历程中，在中国特色社会主义理论体系形成过程中，以习近平同志为核心的中国共产党人结合当今时代特征和中国实际所形成的治国理政新理念新思想新战略是科学系统、逻辑严密的理论创新体系，涵盖改革发展稳定、内政外交国防、治党治国治军等各方面，具有鲜明的灵魂、主题、主线、根本立场、奋斗目标、发展理念、战略布局和具体举措，大大深化了中国共产党对共产党执政规律、社会主义建设规律、国家治理规律、人类社会发展规律的认识,是以习近平同志为核心的中国共产党人对马克思主义理论宝库的新贡献,是马克思主义中国化的最新成果,是中国特色社会主义理论体系的最新发展,是全党集体智慧的结晶,是指引我们党进行具有许多新的历史特点的伟大斗争、夺取新的伟大胜利的强大思想武器和行动指南。

(本文系作者在 2016 年 10 月 21 日召开的中国社会科学院第七届世界社会主义论坛上的讲话)

坚持不忘初心　坚定理想信念

——学习习近平总书记"七一"重要讲话

习近平总书记在庆祝中国共产党成立 95 周年大会上指出："坚持不忘初心、继续前进，就要牢记我们党从成立起就把为共产主义、社会主义而奋斗确立为自己的纲领，坚定共产主义远大理想和中国特色社会主义共同理想，不断把为崇高理想奋斗的伟大实践推向前进。"中国共产党 95 年的光辉历史，就是党团结带领全国各族人民在实现中华民族伟大复兴道路上顽强拼搏、不屈不挠、持续奋斗、不断取得辉煌成就的历史，归根到底是对崇高理想的不懈追求。只有不忘初心，时刻牢记建党时的宗旨，坚定理想信念不动摇，传承不懈奋斗的精神，才能战胜前进道路上的任何困难，继续带领人民把为崇高理想而奋斗的伟大实践推向前进，不断开创中国特色社会主义事业新局面。

坚定的理想信念来自于对共产主义崇高理想的牢牢坚守

中国共产党从成立之日起，就把马克思主义写在自己的旗帜上，把实现共产主义确立为远大理想。实现共产主义远大理想，成为一代又一代中国共产党人的奋斗目标和精神追求。1945 年，毛泽东同志在《论联合政府》中进一步重申："我们共产党人从来不隐瞒自己的政治主张。我们的将来纲领或最高纲领，是要将中国推进到社会主义社会和共产主义社会去的，这是确定的和毫无疑义的。我们的党的名称和我们的马克思主义的宇宙观，明确地指明了这个将来的、无限光明的、无限美妙的最高理想。"在共产主义、社会主义理想和纲领的引领下，一代又一代共产党人前仆后继、顽强拼搏，战胜了一个又一个艰难险阻，取得了一个又一个胜利。坚定理想信念，就是始终坚守崇高的革命理想，始终做到不动摇、不变质、不放弃。人无信仰不立，党无信仰不存。正是这种对理想信念的坚持，对崇高理想的坚守，使我们党产生了强大的凝聚力，吸引着一批又一批中国工人阶级和中国人民、中华民族的先进分子加入党的组织。他们为实现共产主义远大理想英勇奋斗，献出了青春、热血，甚至宝贵的生命。共产党人的理想信念是什么？习近平总书记指出："对马克思主义的信仰，对社会主义和共产主义的信念，是共产党人的政治灵魂，是共产党人经受住任何考验的精神支柱。""我们党是否坚强有力，既要看全党在理想信念上是否坚定不移，更要看每一位党员在理想信念上是否坚定不移。"95年来，我们党涌现出千千万万优秀共产党员，他们用实际行动诠释了共产党人对远大理想和社会主义信念的坚守，他们的精神展现着奋发向上的力量。邓小平同志多次强调："为什么我们过去能在非常困难的情况下奋斗出来，战胜千难万险使革命胜利呢？就是因为我们有理想，有马克思主义信念，有共产主义信念。我们干的是社会主义事业，最终目的是实现共产主义。""我们多年奋斗就是为了共产主义，我们的信念理想就是要搞共产主义。在我们最困难的时期，共产主义的理想是我们的精神支柱，多少人牺牲就是为了实现这个理想。"

党的理想既是远大的，又与现实紧密相连。在革命、建设和改革的各个历史阶段中，我们党既有长远奋斗目标的最高纲领，又有在每个阶段的基本纲领即最低纲领。中国特色社会主义共同理想是历史和人民的选择，符合中国进步的根本方向和社会发展规律，是共产主义最高理想在现阶段的具体体现。坚持党的最高纲领和党在不同阶段基本纲领的统一，坚持远大理想与现实目标的辩证统一，体现了我们党执政的宏图大略。

革命理想高于天。理想信念动摇是最危险的动摇，理想信念滑坡是最危险的滑坡。在新的形势下，一些共产党员忘记了初心，忘记了入党誓词，忘记了从哪里来、到哪里去。他们对共产主义感到渺茫，视共产主义为虚无缥缈的"空中楼阁"，视马克思主义为雾里看花，信仰迷茫，精神迷失，丢弃了理想与方向，忘记了信念与担当。一个政党的衰落，往往从理想信念的丧失或缺失开始。共产党员缺乏理想信念，习近平总书记形象地称之为精神上"缺钙"。他反复强调，坚定理想信念，坚守共产党人的精神追求，始终是共产党人安身立命的根本，"理想信念坚定，骨头就硬，没有理想信念，或者理想信念不坚定，精神上就会'缺钙'，就会得'软骨病'"。所以，在"七一"重要讲话中，习近平总书记一再强调不忘初心，坚定理想信念。初心，就是最初的意愿，就是本色、起点。中国共产党人的初心，就是对马克思主义信仰、共产主义远大理想的追求，就是对国家、民族和人民的责任。不忘初心，坚定理想信念，就是不能忘记入党时的誓言，就是不能忘记自己相信谁、依靠谁、为了谁。不忘初心，坚定理想信念，就是要回到党的宗旨和纲领上，回到党员的义务和权利上，回到党的纪律上，在错综复杂的社会环境中，坚定心中的信仰，挺起信念的脊梁，永远坚守共产党人安身立命的根本。

坚定的理想信念来自于对马克思主义科学真理的牢牢把握

理论上清醒，政治上才能坚定。崇高信仰、坚定信念不会自发产生，必然建立在对马克思主义科学真理的深刻理解和把握上。马克思主义之所以是科学真理，就在于它具有科学的精神内核、时代的理论品格、实践的本质特征。它的辩证唯物主义和历史唯物主义，深刻揭示了自然界、人类社会和思维发展的普遍规律；它的剩余价值学说，科学分析了资本主义社会的内在矛盾；正是在唯物辩证法、唯物主义历史观、剩余价值学说的基础上它提出了科学社会主义，建立了社会主义社会和共产主义社会的远大理想。马克思主义不仅致力于科学地"解释世界"，而且致力于积极地"改变世界"，它关于工人阶级、劳动人民和全人类解放的科学的思想体系，指明了人类社会的前进方向。这就是马克思主义的科学真理性之所在,也是马克思主义的科学理论力量之所在。1848年马克思、恩格斯发表《共产党宣言》,标志着科学社会主义的诞生。自那时起,共产主义就成为科学的理论、实践的运动和共产党人的崇高信仰。1883年3月,恩格斯在马克思墓前的讲话中这样评价:"正像达尔文发现有机界的发展规律一样,马克思发现了人类历史的发展规律","马克思还发现了现代资本主义生产方式和它所产生的资产阶级社会的特殊的运动规律"。列宁也曾经评价说,"马克思的全部天才正是在于他回答了人类先进思想已经提出的种种问题"。人们发现,人类社会至今仍然没有超越马克思所阐明的发展规律。每当人类社会发生重大危机或重大转折的重要时刻,人们就会重新回到马克思那里寻求答案,2008年金融危机时《资本论》在西方热销就证明了这一点。人们看到,迄今为止,还没有一种理论像马克思主义这样,能够鼓舞数十亿人为改变自身命运而奋斗,指引人类社会向着崇高理想而不断前进。所以,习近平总书记指出,"无论时代如何变迁、科技如何进步,马克思主义依然显示出科学思想的伟力,依然占据着真理和道义的制高点"。

马克思主义是共产党人的真"经",掌握马克思主义基本原理,是共产党人的看家本领。要掌握真"经",练好看家本领,就必须认真学习马克思列宁主义、毛泽东思想和中国特色社会主义理论体系,学习党的十八大以来党中央治国理政新理念新思想新战略,切实做到真学真懂真信真用。习近平总书记系列重要讲话,是十八大以来党的创新理论的最新成果,是中国特色社会主义理论体系的最新成果,是马克思主义中国化的最新成果,是指导具有许多新的历史特点的伟大斗争的鲜活的当代中国的马克思主义。我们要坚持用讲话精神武装头脑,指导实践。要坚持读原著、学原文、悟原理,掌握马克思主义的立场观点方法,不断提高马克思主义思想觉悟和理论水平,始终保持对远大理想和奋斗目标的清醒认知和执着追求,始终高扬理想信念旗帜,坚持把马克思主义基本原理同当代中国实际和时代特点紧密结合起来,不断推进理论创新、实践创新,做共产主义远大理想和中国特色社会主义共同理想的坚定信仰者和忠实实践者。

坚定的理想信念来自于对党的政治纪律和政治规矩的牢牢遵守

学而后方知，知而后必行。我们党是靠革命理想和铁的纪律组织起来的马克思主义政党。坚定的理想信念体现在日常生活和工作中，首要的是体现在对党章、对党的政治纪律和政治规矩的遵守上。坚持不忘初心，坚定理想信念，就是要坚守党章、坚守党的纪律和规矩，用严明的纪律约束自己的行为。

严格遵守党章。党章是党的根本大法，是全党必须遵循的总规矩。每一个共产党员都要牢固树立党章意识，自觉用党章规范自己的行为，在任何情况下都要做到政治信仰不变、政治立场不移、政治方向不偏。

严明党的政治纪律。遵守党的政治纪律是遵守党的全部纪律的基础。遵守党的政治纪律，最重要的是增强政治意识、大局意识、核心意识、看齐意识。看齐是政治原则，是党的力量所在、优势所在。看齐事关政治方向、事关党性要求。严明党的政治纪律，就要自觉在思想上政治上行动上同以习近平同志为核心的党中央保持高度一致，自觉向党中央看齐，向党的理论路线方针看齐，坚决服从党中央集中统一领导，坚决维护党中央权威，切实把向党中央看齐体现在思想工作的各个方面。

脚踏实地为崇高理想而奋斗。习近平总书记强调："没有远大理想，不是合格的共产党员；离开现实工作而空谈远大理想，也不是合格的共产党员。"共产党员既要坚定走中国特色社会主义道路的信念，也要胸怀共产主义的崇高理想，矢志不移贯彻执行党在社会主义初级阶段的基本路线和基本纲领，做好当前每一项工作。没有党员干部踏踏实实的工作，再美好的理想也会落空。落实和落空一字之差，却反映了一个共产党员的精神状态。所以，共产党员要自觉增强改革创新精神，增强主动担当、积极作为的勇气，牢记初心，坚定信念，脚踏实地为崇高理想而奋斗。

（原载《中国纪检监察报》2016年10月31日）

深入学习贯彻党的十八届六中全会精神 坚定不移推进全面从严治党

党的十八届六中全会，是在全面建成小康社会决胜阶段召开的一次十分重要的会议，是协调推进"四个全面"战略布局、专题研究部署全面从严治党的一次十分重要的会议。习近平总书记在会上发表的重要讲话，深刻阐明全面从严治党的重大意义，深入回答管党治党的一系列重大理论和现实问题，对新形势下加强和规范党内政治生活、加强党内监督作出总体部署，升华了对党的建设规律的认识，丰富和发展了马克思主义党建理论，是坚定不移推动全面从严治党的行动纲领。全会明确习近平总书记的核心地位，正式提出"以习近平同志为核心的党中央"，对维护党中央权威、维护党的团结和集中统一领导，保证党和国家兴旺发达、长治久安，具有十分重大而深远的意义。全会审议通过了《关于新形势下党内政治生活的若干准则》（以下简称《准则》）和《中国共产党党内监督条例》（以下简称《条例》），取得了一系列重大的政治成果、思想成果、制度成果，是指引我们不忘初心、继续前进，不断开创中国特色社会主义事业新局面的强大思想武器和科学行动指南。

一 深刻认识全面从严治党的重大意义，坚定不移推进全面从严治党

党的十八届三中、四中、五中全会相继就全面深化改革、全面依法治国、全面建成小康社会作出部署，这次六中全会专题研究全面从

严治党，使"四个全面"战略布局渐次展开、深度推进，充分体现了党中央坚定不移推进全面从严治党的坚强决心和历史担当，对于深化全面从严治党，更好进行具有许多新的历史特点的伟大斗争，确保我们党始终成为中国特色社会主义事业的坚强领导力量，具有十分重要的意义。

全面从严治党是协调推进"四个全面"战略布局的根本保证。协调推进"四个全面"战略布局，是党的十八大以来党中央从实现"两个一百年"奋斗目标、实现中华民族伟大复兴的中国梦的战略高度，进行的具有开创性、战略性的大布局，是事关全局、事关长远的顶层设计，明确了我们党在新形势下治国理政的新方略。坚定不移推进全面从严治党，既是"四个全面"的重要内容，也是"四个全面"的根本政治保证。全面建成小康社会，需要党充分发挥统揽全局、协调各方的领导核心作用；全面深化改革，需要党始终坚持正确的改革方向和改革立场，排除各种干扰，确保改革不变质、不走样；全面依法治国，需要党的领导来实现国家和社会生活法治化有序推进，实现人民当家作主。全面从严治党，最根本的就是要保持党的先进性和纯洁性，着力提高执政能力和领导水平，着力增强抵御风险和拒腐防变能力，确保党始终成为中国特色社会主义事业的坚强领导核心，这也是中国特色社会主义的本质要求。

全面从严治党是党的十八大以来党的建设的鲜明主题。党的十八大以来，以习近平同志为核心的党中央，坚持抓思想从严、抓管党从严、抓执纪从严、抓治吏从严、抓作风从严、抓反腐从严，深入开展党的群众路线教育实践活动、"三严三实"专题教育和"两学一做"学习教育，充分发挥"巡视利剑"作用，不断加大管党治党力度，有效净化了政治生态，党内正气上升，党风民风明显好转，为党和国家事业发展积聚了强大正能量，得到全党全社会高度认同。当前，实现"两个一百年"奋斗目标是一场具有许多新的历史特点的伟大斗争，必须时刻准备应对重大挑战、抵御重大风险、克服重大阻力、解决重大矛盾；与此同时，党面临的"四大考验""四种危险"是长期的、复杂的、严峻的。这就要求我们要切实增强从严治党永远在路上的意识,保持全面从严治党的战略定力,以严的要求、严的标准、严的措施落实好管党治党责任,真正做到真管真严、敢管敢严、长管长严。

加强和规范党内政治生活、加强党内监督是全面从严治党的重要抓手。习近平总书记指出:"全面从严治党,既需要全方位用劲,也需要重点发力。"推动全面从严治党向纵深发展,必须把加强和规范党内政治生活、加强党内监督作为重要抓手。这次全会审议通过的《准则》和修订后的《条例》,以党章为根本遵循,深刻总结党的建设历史经验,直面当前党内政治生活和党内监督存在的突出问题,充分吸收党的十八大以来全面从严治党的理论和实践创新成果,聚焦党员领导干部特别是高级干部这个"关键少数",围绕严肃党内政治生活和加强党内监督,提出明确要求,作出了更加系统、更加具体的规定。两部党内法规集中了全党的智慧,体现了继承性、时代性和创新性,这是新形势下加强和规范党内政治生活、加强党内监督的基本遵循,是坚持思想建党和制度治党相结合、推进全面从严治党新的制度安排,也是对马克思主义建党理论和实践的创新发展。

二 切实加强和规范党内政治生活,确保全党思想统一、步调一致

办好中国的事情,关键在党,关键在党要管党、从严治党。党要管党必须从党内政治生活管起,从严治党必须从党内政治生活严起。严肃党内政治生活是全面从严治党的重要政治基础,是确保全党思想统一、步调一致的重要手段。全会审议通过的《准则》,针对新形势下党内政治生活的新情况新特点,针对党内存在的突出矛盾和问题,明确了加强和规范党内政治生活的方向目标、原则立场、任务举措,为开展党内政治生活提供了根本遵循。

开展严肃认真的党内政治生活,是马克思主义政党的本质要求,也是我们党的优良传统和政治优势。我们党从成立之日起,就高度重视党内政治生活,并在长期实践中逐步形成了以"实事求是、理论联系实际、密切联系群众、批评和自我批评、民主集中制、严明党的纪

律"等为主要内容的党内政治生活基本规范。十一届三中全会以后，我们党认真总结党内政治生活正反两方面经验，于1980年专门制定了《关于党内政治生活的若干准则》，对实现拨乱反正和全党工作重心转移，促进党的团结统一、保证改革开放和社会主义现代化建设的顺利进行，发挥了十分重要的作用。党的十八大以来，以习近平同志为核心的党中央，把严肃党内政治生活、净化党内政治生态摆在更加突出的位置，党内政治生活展现新气象，党内政治生态明显好转。四年来的实践深刻表明，要把党内存在的突出矛盾和问题解决好，要有效化解党面临的重大风险和挑战，很重要的一条就是扎紧制度的笼子，从党内政治生活管起、严起，切实加强和规范新形势下党内政治生活。

新时期加强和规范党内政治生活的总体目标和重点对象。《准则》明确指出，新形势下加强和规范党内政治生活，必须以党章为根本遵循，坚持党的政治路线、思想路线、组织路线、群众路线，着力增强党内政治生活的政治性、时代性、原则性、战斗性，着力增强党的自我净化、自我完善、自我革新、自我提高能力，着力提高党的领导水平和执政水平、增强拒腐防变和抵御风险能力，着力维护党中央权威、保证党的团结统一、保持党的先进性和纯洁性，努力在全党形成又有集中又有民主、又有纪律又有自由、又有统一意志又有个人心情舒畅生动活泼的政治局面。六中全会强调，新形势下加强和规范党内政治生活，重点是各级领导机关和领导干部，关键是高级干部，要为全党全社会作出示范。

新时期加强和规范党内政治生活的主要任务。《准则》就坚定理想信念、坚持党的基本路线、坚决维护党中央权威、严明党的政治纪律、保持党同人民群众的血肉联系、坚持民主集中制原则、发扬党内民主和保障党员权利、坚持正确选人用人导向、严格党的组织生活制度、开展批评和自我批评、加强对权力运行的制约和监督、保持清正廉洁的政治本色等12个方面作出规定、提出明确要求。《准则》既是党章规定的具体化，也是近年来全面从严治党实践形成的一系列举措的系统化；既指出了病症，也开出了药方；既有治标举措，也有治本方略,是我们党坚持思想建党和制度治党相结合的具体体现。我们要抓好思想教育这个根本,抓好严明纪律这个关键,抓好选人用人这个导向,用好组织生活这个经常手段,抓住继承和创新这两个关键环节,严肃认真地开展党内政治生活,共同营造风清气正的政治生态。

三 加强党内监督,永葆党的肌体健康

全会审议通过的《条例》突出全面从严治党这个主题,根据新形势新任务的发展变化,在2003年颁布施行的《中国共产党党内监督条例(试行)》基础上进行修订和完善,把党的十八大以来加强党的建设、强化党内监督的实践探索及时转化为制度成果,实现了党内监督制度的与时俱进。《条例》聚焦党内监督存在的薄弱环节,明确了新形势下加强党内监督的指导思想、基本原则、主要内容、任务、对象和方式等,为全面从严治党锻造了新的制度利器。

加强党内监督是推进全面从严治党的重要保障。强化党内监督,增强党的自我净化、自我完善、自我革新、自我提高能力,是坚持党的领导,加强党的建设,全面从严治党的迫切需要,也是推进党和国家治理体系和治理能力现代化的必然要求。早在中国共产党成立之初,党的一大通过的《中国共产党纲领》就把"党内监督"作为加强党建的重要内容,奠定了党内监督的基础。长期以来,党中央高度重视党内监督,采取了有力措施,取得了显著成绩。同时,也出现一些新的矛盾和问题,一些地方和部门党的领导弱化、党的建设缺失、全面从严治党不力,一些党员干部党的观念淡漠、组织涣散、纪律松弛。党的十八大以来,以习近平同志为核心的党中央坚持正风肃纪、严明政治纪律和政治规矩,持之以恒纠正"四风",着力构建不敢腐、不能腐、不想腐的体制机制,全党全社会高度认同。全面从严治党,必须从根本上解决管党治党主体责任缺失、监督责任缺位问题,把强化党内监督作为党的建设的重要基础性工程,使我们党的政治优势充分释放出来。

党内监督的任务和监督内容。党内监督在党和国家各种监督形式中是最基本的、第一位的。《条例》指出,党内监督的任务是确保党

章党规党纪在全党有效执行,维护党的团结统一,重点解决党的领导弱化、党的建设缺失、全面从严治党不力,党的观念淡漠、组织涣散、纪律松弛,管党治党宽松软问题,保证党的组织充分履行职能、发挥核心作用,保证全体党员发挥先锋模范作用,保证党的领导干部忠诚干净担当。监督的主要内容是党内领导干部和各级党组织遵守党章党规和国家宪法法律,维护党中央集中统一领导,坚持民主集中制,落实全面从严治党责任,落实中央八项规定精神、廉洁自律、秉公用权等方面的情况。各级党组织要把信任激励与严格监督结合起来,促使党的领导干部做到有权必有责、有责必担当,用权受监督、失责必追究。

建立健全党内监督体系,实现五种监督全覆盖。《条例》明确规定,建立健全党中央统一领导,党委(党组)全面监督,纪律检查机关专责监督,党的工作部门职能监督,党的基层组织日常监督,党员民主监督的党内监督体系。党的中央委员会、中央政治局、中央政治局常务委员会全面领导党内监督工作。中央委员会全体会议每年听取中央政治局工作报告,监督中央政治局工作,部署加强党内监督的重大任务;党委(党组)在党内监督中负主体责任,书记是第一责任人;党的各级纪律检查委员会是党内监督的专责机关,履行监督执纪问责职责;党的工作部门应当严格执行各项监督制度,加强职责范围内党内监督工作;党的基层组织应当发挥战斗堡垒作用,严格党的组织生活,开展批评和自我批评,监督党员切实履行义务。各级党组织要把党内监督和外部监督结合起来,充分发挥国家机关监督、民主党派监督、群众监督、舆论监督的重要作用,引导党员干部真正把加强监督的制度规定作为硬约束,增强积极开展监督、主动接受监督的自觉性,推动党内监督各项任务落到实处。

四 坚决维护以习近平同志为核心的党中央权威和党的集中统一领导是第一位的政治纪律

全会明确习近平总书记的核心地位,正式提出"以习近平同志为核心的党中央"，对维护党中央权威、维护党的团结和集中统一领导，对全党全军全国各族人民更好凝聚力量、抓住机遇、应对挑战，对全党团结一心、不忘初心、继续前进，对保证党和国家兴旺发达、长治久安，意义重大而深远。

习近平总书记的核心地位，是在进行具有许多新的历史特点的伟大斗争中、在坚持和发展中国特色社会主义的伟大实践中形成的。党的十八大以来，习近平总书记带领全党全军全国各族人民，从坚持和发展中国特色社会主义战略全局出发，提出"四个全面"战略布局，统筹推进"五位一体"总体布局，以新发展理念引领全面建成小康社会目标的实现，开创了中国特色社会主义伟大事业和党的建设新的伟大工程新局面，在改革发展稳定、内政外交国防、治党治国治军等方面取得了一系列具有重大现实意义和深远历史意义的成就，实现了党和国家事业的继往开来，赢得了全党全军全国各族人民的衷心拥护，受到了国际社会的高度赞誉。习近平总书记成为党中央的核心、全党的核心，是全党的高度共识，是众望所归、当之无愧、名副其实。习近平总书记的核心地位，是党和国家根本利益所在，是坚持和加强党的领导的根本保证，也是推进伟大事业、建设伟大工程、夺取伟大斗争胜利的迫切需要。

确立坚强的核心领袖，是马克思主义政党成熟的重要标志。确立并维护党的领袖的权威，始终是马克思主义政党建设的一条基本原则，是马克思主义政党成熟的重要标志。马克思、恩格斯在领导第一国际和第二国际的革命实践中，特别是在对巴枯宁无政府主义否定无产阶级政党权威的斗争中，撰写了《所谓国际内部的分裂》《社会主义民主同盟和国际工人协会》《论权威》等重要著作，驳斥了巴枯宁的无政府主义和分裂主义思想，论述了无产阶级政党权威和党的集中统一的极端重要性。恩格斯在《论权威》一文中指出：权威和服从不是由人的主观愿望确定的，而是社会发展的客观要求。无产阶级无论是在革命时期还是在夺取政权以后，都必须维护无产阶级专政的权威，利用这个权威推翻资产阶级的统治，建立无产阶级新政权，并运用这个政权去组织社会主义建设。马克思、恩格斯认为，不仅革命权威、政治权威具有重要作用，个人权威、领袖权威同样对无产阶级政党建设具有重要作用。马克思说："每一个社会时代都需要有自己的伟大人物，如果没有这样的人物，它就要把他们创造出来。"恩格斯指出："一方面是一定的权威，不管它是怎样形成的，另一方面是一定的服从，这两者都是我们不得不接受的，而不管社会组织以及生产和产品流通赖以进行的物质条件是怎样的。"在领导集体中，领导核心的地位最根本、最重要。1871年建立的法国巴黎公社是世界上无产阶级专政的首次尝试，在总结公社失败教训时，马克思、恩格斯深刻指出："巴黎公社遭到灭亡，就是由于缺乏集中和权威。"马克思主义坚持人民群众是历史创造者的根本观点，同时并不否认个人在历史上的重要地位与作用，这是唯物史观的基本思想。列宁在一系列著作中科学阐明了群众、阶级、政党和领袖一致性的关系，强调无产阶级政党领袖在革命事业中的重要作用。他在《我们运动的迫切任务》一文中指出："在历史上，任何一个阶级，如果不推举出自己的善于组织运动和领导运动的政治领袖和先进代表，就不可能取得统治地位。"在《共产主义运动中的"左派"幼稚病》一书中他说："在通常情况下，在多数场合，至少在现代的文明国家内，阶级是由政党来领导的；政党通常是由最有威信、最有影响、最有经验、被选出担任最重要职务而称为领袖的人们所组成的比较稳定的集团来主持的。这都是起码的常识。"列宁关于无产阶级政党领袖的一系列重要论述，创造性地丰富和发展了马克思主义关于群众、阶级、政党和领袖的关系学说。历史的经验是宝贵财富。马克思主义由一个在欧洲徘徊的共产主义的"幽灵"，成为全世界工人阶级及其广大人民群众的有力思想武器，指导着工人阶级及其广大人民群众开展斗争，夺取政权，建立社会主义国家，而这一切无一不是在强有力的无产阶级政党及其坚强领袖的领导下完成的。发生在20世纪80年代的苏东剧变，使国际共产主义运动遭受重大挫折，无一不是这些国家执政的共产党及其领导人，放弃马克思主义指导地位，丑化、妖魔化党的领袖，削弱或放弃党的领导所致。

中国共产党自身加强领导核心建设的正反两方面经验也充分表

明，必须要有坚强有力的党中央核心。遵义会议前，我们党没有形成一个成熟的党中央，从陈独秀、瞿秋白、向忠发、李立三到王明和博古，都没有形成坚强有力的党中央，更没有形成一个众望所归的党中央核心、全党的核心。这是党的事业几经挫折甚至面临失败危险的重要原因。遵义会议确立了毛泽东同志在红军和党中央的领导地位，我们党开始形成坚强的领导核心，有了成熟的领导集体，从而在极其危急的情况下挽救了党、挽救了红军、挽救了中国革命。在其后几十年里，我们党在坚强有力的党中央领导下，取得了中国革命、建设、改革举世瞩目的伟大成就。1957年5月，毛泽东同志指出："中国共产党是全中国人民的领导核心。没有这样一个核心，社会主义事业就不能胜利。"邓小平同志在总结我们党领导核心建设历史经验教训的基础上指出："任何一个领导集体都要有一个核心，没有核心的领导是靠不住的。第一代领导集体的核心是毛主席。因为有毛主席作领导核心，'文化大革命'就没有把共产党打倒。第二代实际上我是核心。因为有这个核心，即使发生了两个领导人的变动，都没有影响我们党的领导，党的领导始终是稳定的。"党成立95年来，以毛泽东同志、邓小平同志、江泽民同志为核心的党的三代中央领导集体，以胡锦涛同志为总书记的党中央，团结带领全党全国各族人民，战胜了一个个难以想象的困难和挑战，使中华民族迎来了实现伟大复兴的光明前景。这些重要论述和其中蕴含的宝贵经验，是历史实践的客观反映，值得我们深刻领会和长期坚持。

形成坚强的领导核心，是中国特色社会主义制度优越性的重要体现。只有坚强的领导核心，才能保证强大的社会动员能力和组织能力，才能实现"集中力量办大事"，这也是社会主义制度优越性的根本体现。在西方资本主义制度下，资本作为社会发展的逻辑起点，成功实现了资本对社会、对政治的控制，金钱政治、寡头政治日益凸显，经济增长停滞不前，社会贫富严重分化，这不仅使西方所谓的"民主"成为低效的代名词，使"民主选举"成为政治闹剧，更深刻地进一步暴露了资本主义制度的弊端，加速了资本主义衰败的速度。《历史的终结》作者福山近日指出，美国的民主制度在科技飞速发展、社会急剧变化的时代，明显体现了效率方面的脆弱，这种效率并不是单纯的政治对经济的推动的快与慢，而是指整个社会耗费了巨大的资源，却不能有效选拔出推动社会进步的强有力的领导者。从金融危机发生后爆发的"占领华尔街运动"到今年的美国总统大选，无不暴露出西方政治体制的弊端。美国总统奥巴马也感慨：优化美国政治形态，仅换掉一位国会议员或参议员，甚至换掉一位总统是不够的，必须改变整个体制。与之形成鲜明对比的是，党的十八大以来，以习近平同志为核心的党中央，提出了一系列治国理政的新理念新思想新战略，领导全党全军全国各族人民狠抓实干落实，大力推进中国特色社会主义事业，取得了举世公认的重大成就。《纽约时报》专栏作家弗里德曼在《让我们做一天中国》中指出，一些在西方国家需要花费数年甚至数十年才能推动的改革，在中国可能在很短时间内就推行开来，中国树立起了一种崭新的治理样态。正如习近平总书记指出的，中国共产党人和中国人民完全有信心为人类对更好社会制度的探索提供中国方案。确立坚强的核心领袖，是更好地进行具有新的历史特点的伟大斗争的必然要求。对于中国共产党这样一个拥有9000多万名党员、在13亿多人口大国长期执政的大党，要经受住"四大考验"、克服"四种危险"，战胜前进道路上面临世所罕见的风险和挑战，比任何时候都更需要一个坚强的领导核心。

维护党中央权威，加强全党的团结和党的集中统一领导。牢固树立政治意识、大局意识、核心意识和看齐意识，特别是核心意识和看齐意识，更加紧密地团结在以习近平同志为核心的党中央周围，更加坚定地维护以习近平同志为核心的党中央的权威和集中统一领导，更加自觉地在思想上政治上行动上同以习近平同志为核心的党中央保持高度一致，更加扎实地把党中央的各项决策部署落到实处，这是全党每一位党员，每一位党员干部，特别是党的高级干部的最高政治职责。党的各级组织、全体党员特别是高级干部都要向以习近平同志为核心的党中央看齐，向党的理论和路线方针政策看齐，向党中央决策部署看齐，做到党中央提倡的坚决响应、党中央决定的坚决执行、党中央禁止的坚决不做。党员、党员干部特别是高级干部在大是大非面前不能态度暧昧，不能动摇基本政治立场，不能被错误言论所左右。

　　增强核心意识，基础是增强各级党组织的凝聚力、向心力和战斗力。党的领导，体现在党的科学理论和正确路线方针政策的领导上，体现在党的执政能力和执政水平上，同时也体现在党的严密组织体系和强大组织能力上。各级党组织只有切实负起党建主体责任，把每一个党组织都建设成为凝心聚力的战斗堡垒，加强纪律建设，严肃党内政治生活，才能实现全党统一意志，统一行动，步调一致前进。

　　民主集中制是党的根本组织原则，是党内政治生活正常开展的重要制度保障。既要发扬民主，又要实行集中，要将二者有机结合起来。没有领导核心，就没有正确的集中，也就不可能真正发扬民主，民主集中制就不能得到真正落实。同时也要充分发扬民主，调动大家的积极性，党内决策、执行、监督等工作必须执行党章党规确定的民主原则和程序，切实尊重党员的民主权利。要在巩固和完善民主集中制的基础上，巩固和维护党的核心权威和集中统一领导。

（本文系作者在中国社会科学院学习贯彻党的十八届六中全会精神党组中心组学习扩大会议上的动员讲话）

治国理政新理念新思想新战略是 21 世纪中国马克思主义的最新理论成果

党的十八大以来，以习近平同志为核心的党中央形成了一系列治国理政新理念新思想新战略，集中体现在习近平总书记系列重要讲话中，这是 21 世纪中国马克思主义的最新理论成果，是我们进行具有许多新的历史特点的伟大斗争的科学指南。治国理政新理念新思想新战略是我们党带领和团结全国各族人民，运用马克思主义哲学世界观方法论，在观察、分析和判断国内外复杂形势，顺应历史和时代潮流，科学把握发展规律的基础上逐步形成和发展的，具有广阔的历史视野、丰富的理论内涵、坚实的哲学依据和根本性的指导意义。深入学习、研究、宣传、贯彻习近平总书记系列重要讲话精神和治国理政新理念新思想新战略，是全党的重要政治任务，也是哲学工作者的重要学术使命。

一　坚持和发展马克思主义是治国理政新理念新思想新战略的根本灵魂

习近平总书记始终强调坚持马克思主义指导地位，不断推进马克思主义中国化、时代化和大众化。坚持和发展马克思主义是贯穿治国理政新理念新思想新战略的根本灵魂。宣传研究和贯彻落实治国理政新理念新思想新战略，必须深刻领会坚持和发展马克思主义的重大意义。

第一，始终坚持以马克思主义为指导。马克思主义尽管诞生在一个多世纪之前，但历史和现实都证明它是科学的真理，迄今依然有着强大的生命力。邓小平同志指出："我坚信，世界上赞成马克思主义的人会多起来的，因为马克思主义是科学。"① 对马克思主义的信仰，对社会主义和共产主义的信念，是共产党人的政治灵魂，是共产党人经受住任何考验的精神支柱。我们党从诞生之日起就把马克思列宁主义写在自己的旗帜上，不断巩固马克思主义在意识形态领域的指导地位，巩固全党全国人民团结奋斗的共同思想基础。

纵观中国革命、建设和改革开放各个历史时期，我们党始终坚持把马克思主义基本原理同中国具体实际相结合，运用马克思主义立场、观点和方法分析和解决中国的理论和实践问题，从而推动党和人民事业取得一个又一个胜利。马克思主义最善于从纷繁复杂的现象中抓住问题的本质，最善于从错综复杂的关系中理清关节点，最善于从聚讼纷纭的思潮中获得科学的真知。中国今日成功的经验，就在于我们党实际运用马克思主义这一"伟大的认识工具"，在于我们党无论处于顺境还是逆境，从未动摇过对马克思主义的信仰。学习领会、研究宣传和贯彻落实治国理政新理念新思想新战略，必须深刻领会贯穿其中的马克思主义立场、观点和方法，必须始终坚持马克思主义指导地位和正确的政治方向，不断把党和人民的各项事业推向新的胜利。

第二，始终坚持创新和发展马克思主义。马克思主义具有与时俱进的理论品质，必然随着时代、实践和科学的发展而不断发展，不可能一成不变。恩格斯早就说过："马克思的整个世界观不是教义，而是方法。它提供的不是现成的教条，而是进一步研究的出发点和供这种研究使用的方法。"② 任何封闭、僵化、教条式地对待马克思主义的态度，都会抽掉马克思主义活的灵魂，都是不可取的。实践发展永无止境，理论发展也永无止境，我们必须把坚持马克思主义和发展马克思主义统一起来，根据新的实践不断推进理论创新。

---

① 《邓小平文选》第3卷，人民出版社1993年版，第382页。
② 《马克思恩格斯选集》第4卷，人民出版社1995年版，第742—743页。

马克思在《德意志意识形态》中谈道:"一切划时代的体系的真正的内容都是由于产生这些体系的那个时期的需要而形成起来的。"①一部马克思主义的历史,就是马克思主义创始人及其后继者对已经变化了的实践进行新的理论概括,又用创新理论指导发展了的实践的历史。马克思主义永葆生机活力的奥秘就在于它同现实紧密结合,不断在实践中解决新问题,提出新观点,形成新理论。习近平总书记指出,"实践发展永无止境,我们认识真理、进行理论创新就永无止境。今天,时代变化和我国发展的广度和深度远远超出了马克思主义经典作家当时的想象。同时,我国社会主义只有几十年实践、还处在初级阶段,事业越发展新情况新问题就越多,也就越需要我们在实践上大胆探索、在理论上不断突破"②。

马克思主义进入中国,既引发了中华文明深刻变革,也经过了一个逐步实现中国化的过程。中国共产党人根据马克思主义基本原理,对中国革命、建设、改革实践中的一系列独创性经验进行理论概括,实现了马克思主义中国化的两次历史性飞跃,形成了毛泽东思想和中国特色社会主义理论体系两大理论成果。这两大理论成果不仅对中国革命和建设发挥了巨大的指导作用,而且为世界社会主义运动和共产主义运动增添了宝贵的财富。

历史的车轮滚滚向前。今天,中国共产党领导的伟大历史实践进入到新的发展阶段,正在进行许多具有新的历史特点的伟大斗争。习近平总书记指出:"坚持不忘初心、继续前进,就要坚持马克思主义的指导地位,坚持把马克思主义基本原理同当代中国实际和时代特点紧密结合起来,推进理论创新、实践创新,不断把马克思主义中国化推向前进。"③中国经过三十多年的改革开放,国家综合国力和人民生活水平得到极大提升,但时代和社会在不断发生变化,我们面临的

---

① 《马克思恩格斯全集》第3卷,人民出版社1960年版,第544页。
② 习近平:《在庆祝中国共产党成立95周年大会上的讲话》,人民出版社2016年版,第9页。
③ 同上书,第8页。

风险和难题也发生了重大变化。执政环境不会一成不变,治国理政需要与时俱进。越是在纷繁复杂的形势下,越是需要我们不断增强理论定力和理论自信,推动社会发展稳步向前。以习近平同志为核心的党中央,直面当代中国和世界的重大问题,运用历史唯物主义和辩证唯物主义的世界观方法论,对发展方位有新判断、对发展路径有新思考、对发展目标有新部署,在变与不变中把握住了治国理政的根本和关键。在这一过程中形成、发展和不断完善的治国理政新理念新思想新战略,是 21 世纪中国马克思主义的最新理论成果,是指导处于新历史起点和新发展阶段的中国实践的科学指南。

二　治国理政新理念新思想新战略具有鲜明主题、宏伟目标、战略布局和政治保证

治国理政新理念新思想新战略涉及改革发展稳定、内政外交国防、治党治国治军等各个方面,具有鲜明主题、宏伟目标、战略布局和政治保证,是一个系统的、科学的理论体系。

第一,鲜明主题是坚持和发展中国特色社会主义。改革开放以来,我们的社会主义制度不断自我完善,中国特色社会主义道路在世界历史舞台上越走越宽广,中国特色社会主义建设取得了巨大的成果。实践表明,只有坚持和发展中国特色社会主义,才能实现中华民族的伟大复兴。习近平总书记深刻指出,"中国特色社会主义,是科学社会主义理论逻辑和中国社会发展历史逻辑的辩证统一,是根植于中国大地、反映中国人民意愿、适应中国和时代发展进步要求的科学社会主义,是全面建成小康社会、加快推进社会主义现代化、实现中华民族伟大复兴的必由之路"[①]。

第二,宏伟目标是实现中华民族伟大复兴中国梦。习近平总书记系统阐释了中国梦的重大意义、历史逻辑、基本内涵、精神实质、实

[①] 习近平:《毫不动摇坚持和发展中国特色社会主义　在实践中不断有所发现有所创造有所前进》,《人民日报》2013 年 1 月 6 日。

现路径，揭示了中华民族的历史命运和当代中国的发展走向，体现了中华民族实现民族独立、民族自强的伟大觉醒，抒发了我们党以人为本、执政为民的豪情壮志，丰富了中国特色社会主义的科学内涵，为深入推进中国特色社会主义伟大事业指明了方向。习近平总书记确立起来的民族复兴中国梦的宏伟目标，实现了共产主义远大理想和中国特色社会主义共同理想的有机统一，成为当今中国发展进步的高昂旋律、思想引领和精神旗帜。

第三，战略布局是统筹推进经济、政治、文化、社会和生态建设，协调推进全面建成小康社会、全面深化改革、全面依法治国、全面从严治党。习近平总书记强调，"坚持不忘初心、继续前进，就要统筹推进'五位一体'总体布局，协调推进'四个全面'战略布局"①。习近平总书记创造性地把生态文明建设与经济建设、政治建设、文化建设、社会建设并列在一起，形成了中国特色社会主义事业"五位一体"总体布局。经济建设是根本，政治建设是保证，文化建设是灵魂，社会建设是条件，生态文明建设是基础，相互协调、相互促进，构成一个有机整体。"五位一体"总体布局的提出，标志着我们党对中国特色社会主义规律的认识达到了新的高度，为实现"两个一百年"奋斗目标、实现中华民族伟大复兴中国梦进行了顶层设计。习近平总书记从坚持和发展中国特色社会主义全局出发，立足中国实际、总结中国经验、针对中国难题，提出了"四个全面"作为新的历史条件下党和国家各项工作的战略布局。全面建成小康社会是重大战略目标，全面深化改革、全面依法治国、全面从严治党是重大战略举措，为如期实现全面建成小康社会提供重要保障，"四个全面"相互之间密切联系，有机统一，共同支撑起中国特色社会主义事业全局。"五位一体"总体布局和"四个全面"战略布局相辅相成、相互贯通、相得益彰，为坚持和发展中国特色社会主义开创了新领域、新局面、新境界。

---

① 习近平：《在庆祝中国共产党成立95周年大会上的讲话》，人民出版社2016年版，第14页。

第四,发展理念是创新、协调、绿色、开放、共享。"五大发展理念"创造性地回答了新形势下我们要实现什么样的发展、如何实现发展的重大问题,是对马克思主义发展理论的丰富和发展。习近平总书记指出,"发展理念是发展行动的先导,是管全局、管根本、管方向、管长远的东西","发展理念搞对了,目标任务就好定了,政策举措也就跟着好定了"①。"五大发展理念"适应了时代发展和实践深化的新要求,凝结了我们党对经济社会发展规律的深刻认识,是我国当前及未来一段时间内破解发展难题、增强发展动力、厚植发展优势的行动指南,也为世界发展贡献了中国智慧、中国方案。"五大发展理念"中,创新是引领发展的第一动力,协调是持续健康发展的内在要求,绿色是永续发展的必要条件和人民对美好生活追求的重要体现,开放是国家繁荣发展的必由之路,共享是中国特色社会主义的本质要求。这"五大发展理念"既各有侧重又相互支撑,作为统领我国经济社会发展的总纲要和大逻辑,统一于中国特色社会主义伟大实践之中,统一于实现"两个一百年"奋斗目标和民族复兴中国梦的历史进程之中。

第五,政治保证是党要管党、从严治党。党的建设理论在治国理政新理念新思想新战略中占有重要地位,全面从严治党为坚持和发展中国特色社会主义提供了政治保证。习近平总书记关于党的建设提出了一系列重要论断,进一步强调了党在中国特色社会主义各项事业中总揽全局、协调各方的领导核心作用,回击了对中国特色社会主义的各种质疑,提出了"确保党始终成为中国特色社会主义的坚强领导核心"是党的建设的根本目标。以习近平同志为核心的党中央聚焦全面从严治党重大问题,就新形势下加强党的建设作出新的重大部署,开启了全面从严治党的新局面。必须以改革创新精神全面推进党的建设新的伟大工程,始终保持"打铁还需自身硬"的政治清醒,切实增强党要管党、从严治党的坚定性,保持自我净化、自我完善、自我革

---

① 《习近平关于全面建成小康社会论述摘编》,中央文献出版社2016年版,第37—38页。

新、自我提高的政治自觉，始终保持党的先进、纯洁的政治品质，为坚持和发展中国特色社会主义提供坚如磐石的政治保证。

三 辩证唯物主义和历史唯物主义是治国理政新理念新思想新战略的哲学依据

真理是人们对于客观事物本质及其固有规律的正确的、科学的反映与认识。辩证唯物主义和历史唯物主义，即马克思主义哲学揭示了自然、社会和人类思维的最一般规律，是放之四海而皆准的真理，是马克思主义整个科学理论体系的灵魂、基础和根据。习近平总书记指出，今天，我们党要团结带领人民协调推进全面建成小康社会、全面深化改革、全面依法治国、全面从严治党，实现"两个一百年"奋斗目标、实现中华民族伟大复兴的中国梦，必须不断接受马克思主义哲学智慧的滋养，更加自觉地坚持和运用辩证唯物主义世界观和方法论。治国理政新理念新思想新战略贯穿了一脉相承、一以贯之的辩证唯物主义和历史唯物主义的一条红线，是运用马克思主义哲学立场观点方法分析、认识、解决当代中国问题的产物，是活生生的马克思主义哲学教材。深入学习贯彻治国理政新理念新思想新战略，就要学习治国理政新理念新思想新战略贯穿的精神实质，即马克思主义哲学世界观和方法论，不断提高马克思主义哲学素养和运用马克思主义哲学处理问题的能力，学会用马克思主义的立场观点方法研究和解决我们面临的实际问题。

第一，治国理政新理念新思想新战略是最坚决的坚持和发展实事求是思想路线的产物。实事求是，一切从实际出发，是马克思主义哲学的精髓，是我们党始终坚持的根本思想方法，掌握马克思主义哲学，最根本的就是牢记实事求是精髓，在一切工作中自始至终坚持实事求是思想路线。

习近平总书记深刻阐述了坚持实事求是的重大意义和基本要求。他认为，应对当前我国发展面临的一系列矛盾和挑战，关键在于一切从实际出发，尊重和把握客观规律，按客观规律办事。摸着石头过河就是摸规律。他身体力行，"求客观实际之真"，"务执政为民之实"①，客观分析我国国情实际、党情实际和世界发展变化的世情实际，从客观事物本身具有的规律出发，观察问题、认识问题，导引出解决当前中国一切复杂难题的良方益药。

　　实事求是思想路线是马克思主义哲学实践第一观点的中国化表述和创新。习近平总书记要求我们，坚持实事求是思想路线，就要学习掌握认识和实践辩证关系的原理，坚持实践第一的观点，从实践中获得真知，根据时代变化和实践发展，不断深化认识，不断总结经验，不断进行理论创新，坚持理论指导和实践探索辩证统一，实现理论创新和实践创新良性互动，在这种统一和互动中发展21世纪中国的马克思主义。

　　治国理政新理念新思想新战略的提出和形成正是建立在实事求是思想路线的基础上，本身就是对当今中国实际和世界实际全面把握和实事求是分析的科学认识，学习贯彻治国理政新理念新思想新战略，首先就是要坚持实事求是思想路线。

　　第二，治国理政新理念新思想新战略是最彻底的坚持和发展辩证唯物主义的结果。毛泽东同志要求我们的领导干部"要照辩证法办事"②。习近平总书记强调，"辩证唯物主义是中国共产党人的世界观和方法论"③，是我们共产党人观察分析处理一切问题的思想方法。学习辩证唯物主义，就要做到用辩证法看问题，照辩证法办事。照辩证法办事，就要客观地而不是主观地、发展地而不是静止地、系统地而不是零散地、普遍联系地而不是孤立地、全面地而不是片面地、一分为二地而不是绝对地分析问题、解决问题，在矛盾双方对立统一的过程中把握事物的发展规律，这是学习和掌握辩证思想方法的基本要求。任何主观主义、形式主义、机械主义、教条主义、经验主义的观

---

　　① 习近平：《干在实处　走在前列》，中共中央党校出版社2006年版，第539页。

　　② 《毛泽东文集》第7卷，人民出版社1999年版，第200页。

　　③ 《坚持运用辩证唯物主义世界观方法论　提高解决我国改革发展基本问题本领》，《人民日报》2015年1月25日第1版。

点都是形而上学的思想方法，在实际工作中不可能有好的结果。

对立统一规律即矛盾规律是辩证法的核心和实质，掌握了矛盾分析方法，也就掌握了辩证法。治国理政新理念新思想新战略娴熟地运用矛盾分析方法，运用"矛盾论""两点论""重点论"和"全面论"来观察和处理问题。习近平总书记认为，矛盾是普遍存在的，矛盾是事物联系的实质内容和事物发展的根本动力，人的认识活动和实践活动从根本上说就是不断认识矛盾、不断解决矛盾的过程。要求我们采取对待矛盾的正确态度，积极面对矛盾、解决矛盾，运用矛盾相辅相成的特性，在解决矛盾的过程中推动事物发展。他指出，要善于抓住主要矛盾、抓住关键、抓住问题所在，找准重点。他认为，坚持问题导向就是承认矛盾的普遍性、客观性，要有强烈的问题意识，以重大问题为导向，善于把认识和化解矛盾作为打开工作局面的突破口。他主张，既要坚持两点论、全面论，又要坚持重点论，一分为二地看问题，全面把握中国特色社会主义建设中一系列重大关系。

习近平总书记指出，学习和运用唯物辩证法，要增强辩证思维、战略思维、系统思维、创新思维和底线思维能力，坚持辩证思维方式，反对形而上学思想方法，正确地观察分析事物，准确把握客观实际，真正掌握客观规律，研究解决改革发展中的困难和问题，不断增强决策的科学性、前瞻性、主动性。

治国理政新理念新思想新战略处处体现着高超的辩证思维水平，学习治国理政新理念新思想新战略就要学会运用辩证思维方式分析并全面把握事物变化及其关系，把辩证法运用到指导中国特色社会主义的伟大实践中。

第三，治国理政新理念新思想新战略是最坚定地坚持和发展历史唯物主义的成果。习近平总书记指出，历史和现实的实践表明，我们党在革命、建设、改革开放各个历史时期，运用历史唯物主义，系统、具体、历史地分析中国国情、中国社会运动及其规律，制定正确的革命、建设、改革的路线、战略和策略，推动党和人民事业取得一个又一个伟大胜利。离开历史唯物主义的指导，我们党的事业就不会有今天。

生产的观点是唯物史观的首要观点。用生产观点看问题是唯物史观的最基本的方法论。习近平总书记指出，学习和掌握物质生产是社会的基础，生产力是推动社会进步的最活跃、最革命的要素，生产力是社会基本矛盾的主要方面的基本观点，就必须坚持社会主义的根本任务是解放和发展生产力，发展生产力仍是解决我国所有问题的关键这个重大战略判断。坚持聚精会神搞建设，一心一意谋发展，不断推动我国社会生产力向前发展，推动实现物的不断丰富和人的全面发展的统一。

群众的观点是唯物史观的根本观点。坚持群众观点是历史唯物主义的重要内容，是无产阶级政党的本质要求。习近平总书记强调，人民群众是历史的真正创造者，要相信群众，尊重群众的首创精神。各级领导干部要增强宗旨意识，在任何时候任何情况下，都要把最广大人民的根本利益放在首位，时刻把人民群众的安危冷暖挂在心上，多为群众办实事、办好事。要进一步实现社会公平正义，要在全体人民共同奋斗、经济社会不断发展的基础上，通过制度安排，依法保障人民权益，让全体人民依法平等享有权利和履行义务。要坚持把实现好、维护好、发展好最广大人民根本利益作为推进改革的出发点和落脚点，让发展成果更多更公平地惠及全体人民。

从群众中来、到群众中去，是建立在唯物史观基础上的党的根本工作路线。习近平总书记指出，人民是创造历史的真正主人，必须坚持一切依靠人民，一切为了人民，从群众中来、到群众中去的马克思主义群众路线。人民群众中有的是能者和智者，要虚心向他们求教问策，把政治智慧的增长、执政本领的增强、领导艺术的提高深深扎根于人民群众的实践沃土之中，不断从人民群众中吸收营养和力量。习近平总书记大力倡导转变作风、密切联系群众，推动全党在全面转变作风方面取得良好效果。

社会基本矛盾的观点是历史唯物主义的基本观点，社会基本矛盾分析方法是历史唯物主义的基本方法，阶级分析方法是运用社会基本矛盾分析方法认识阶级及阶级斗争现象的延伸。习近平总书记从唯物史观社会基本矛盾原理和分析方法出发，把生产力和生产关系的矛盾运动同经济基础和上层建筑的矛盾运动结合起来观察，把社会基本矛盾作为一个整体来观察。他坚持运用阶级分析方法认识阶级社会的基本现象，主张必须坚持马克思主义政治立场，马克思主义政治立场，首先就是阶级立场，进行阶级分析。他认为，社会基本矛盾是不断发展的，要把调整生产关系、完善上层建筑相应地不断进行下去，要适应我国社会基本矛盾运动的新变化推进改革开放；要以经济建设为中心，发挥经济体制改革的牵引作用，带动全面改革，推动我国生产关系与生产力、上层建筑与经济基础相适应。他全面把握社会基本矛盾的变化规律，提出了社会主义市场经济体制改革的总体目标、原则方针和实施步骤，以进一步解放和发展社会生产力，促进经济社会全面健康科学发展。

治国理政新理念新思想新战略是把唯物史观的基本立场、观点、方法运用于当代中国实践的最新理论成果。学习贯彻治国理政新理念新思想新战略，就要学会运用历史唯物主义指导我国社会主义改革开放和现代化建设实践。

2016年5月17日，习近平总书记发表了关于哲学社会科学的重要讲话，提出了加快构建中国特色哲学社会科学的战略任务。当代中国正经历着我国历史上最为广泛而深刻的社会变革，也正在进行着人类历史上最为宏大而独特的实践创新。这种前无古人的伟大实践，必将给哲学创造、理论繁荣提供强大动力和广阔空间。这是一个需要哲学而且一定能够产生哲学新的创新发展的时代，这是一个需要思想而且一定能够产生思想新的高峰的时代。发展21世纪中国的马克思主义哲学，是构建中国特色哲学社会科学的重要方面。发展21世纪中国的马克思主义哲学，要在指导思想、创新观点、学科体系、话语构建等方面充分体现中国特色、中国风格、中国气派，充分体现继承性、民族性、原创性、时代性以及系统性、专业性，这是我国哲学工作者目前最为直接也最为重要的发展任务。中国哲学工作者应当自觉承担起自身的历史使命，掌握马克思主义哲学基本立场、观点、方法，将其转化为坚定的政治信念、科学的思维方法、清醒的理论自觉、强大的文化自信，深入研究当代中国经济社会发展的重大理论与实践问题，深入研究 21 世纪中国的马克思主义哲学的发展路径与理论体系，努力推进马克思主义哲学中国化、时代化和大众化，为中国特色社会主义伟大事业贡献强大的精神动力和智力支持。

（原载《马克思主义哲学论丛》2016 年第 4 辑；本文系作者 2016 年 11 月 26 日在第四届马克思主义哲学中国化深圳论坛上的主题报告）

牢固树立核心意识，
坚决维护党中央权威

　　党的十八届六中全会是我们党的历史上一次具有里程碑意义的重要会议。全会明确习近平总书记的核心地位，正式提出"以习近平同志为核心的党中央"，这是六中全会的一个重大成果，对于维护党中央权威，维护党的团结和集中统一领导，对于始终保证我们党成为坚强有力的马克思主义执政党，始终成为中国特色社会主义伟大事业的坚强领导力量，对于全党团结一心，不忘初心、继续前进，夺取中国特色社会主义更大胜利，具有十分重大而深远的意义。

一　确立坚强的核心领袖，是马克思主义政党成熟的重要标志

　　人民群众是历史的创造者，是历史前进的决定力量，领袖人物在历史发展中发挥着特殊的重要作用，领袖人物的历史作用正是人民群众创造历史的集中体现。在坚持人民群众创造历史的同时，强调领袖人物的重要历史作用，是历史唯物主义的基本观点，是马克思主义群众、阶级、政党、领袖关系学说的重要内容。

　　确立坚强的核心领袖，是马克思主义政党思想上政治上成熟的重要标志。马克思、恩格斯在领导第一国际和第二国际的革命实践中，特别是在对巴枯宁无政府主义否定无产阶级政党权威的斗争中，撰写了《所谓国际内部的分裂》《社会主义民主同盟和国际工人协会》《论权威》等重要著作，驳斥了巴枯宁的无政府主义和分裂主义思想，

论述了无产阶级政党权威和党的集中统一的极端重要性。马克思说："每一个社会时代都需要有自己的大人物，如果没有这样的人物，它就要把他们创造出来。"① 恩格斯指出："一方面是一定的权威，不管它是怎样形成的，另一方面是一定的服从，这两者都是我们所必需的，而不管社会组织以及生产和产品流通赖以进行的物质条件是怎样的。"② 在领导集体中，领导核心的地位最根本、最重要。列宁在一系列著作中科学阐明了群众、阶级、政党和领袖一致性的关系，强调无产阶级政党领袖在革命事业中的重要作用。他在《我们运动的迫切任务》一文中指出："在历史上，任何一个阶级，如果不推举出自己的善于组织运动和领导运动的政治领袖和先进代表，就不可能取得统治地位。"③ 在《共产主义运动中的"左派"幼稚病》一书中他说："在通常情况下，在多数场合，至少在现代的文明国家内，阶级是由政党来领导的；政党通常是由最有威信、最有影响、最有经验、被选出担任最重要职务而称为领袖的人们所组成的比较稳定的集团来主持的。这都是起码的常识。"④ 列宁关于无产阶级政党领袖的一系列重要论述，创造性地丰富和发展了马克思主义关于群众、阶级、政党和领袖的关系学说。历史的经验是宝贵财富。马克思主义由一个在欧洲徘徊的共产主义的"幽灵"，成为全世界工人阶级及其广大人民群众的有力思想武器，指导着工人阶级及其广大人民群众开展斗争，夺取政权，建立社会主义国家，而这一切无一不是在强有力的无产阶级政党及其坚强领袖的领导下完成的。发生在 20 世纪 80 年代的苏东剧变，使国际共产主义运动遭受重大挫折，无一不是这些国家执政的共产党及其领导人，放弃马克思主义指导地位，丑化、妖魔化党的领袖，削弱或放弃党的领导所致。

中国共产党建党 95 年来，我们党栉风沐雨、历经坎坷，不断从

---

① 《马克思恩格斯文集》第 2 卷，人民出版社 2009 年版，第 137 页。
② 《马克思恩格斯选集》第 3 卷，人民出版社 1995 年版，第 226 页。
③ 《列宁选集》第 1 卷，人民出版社 1995 年版，第 286 页。
④ 《列宁选集》第 4 卷，人民出版社 1995 年版，第 151 页。

胜利走向胜利深刻昭示：一个成熟的具有核心领导权威的马克思主义政党，对于革命、建设和改革发展事业具有决定性作用。1957年5月，毛泽东同志指出："中国共产党是全中国人民的领导核心。没有这样一个核心，社会主义事业就不能胜利。"① 1989年，邓小平同志在与中央领导集体谈话时指出："任何一个领导集体都要有一个核心，没有核心的领导是靠不住的。第一代领导集体的核心是毛主席。因为有毛主席作领导核心，'文化大革命'就没有把共产党打倒。第二代实际上我是核心。因为有这个核心，即使发生了两个领导人的变动，都没有影响我们党的领导，党的领导始终是稳定的。"② 遵义会议确立了代表正确路线的毛泽东同志在红军和党中央的领导地位，从而在极其危急的情况下挽救了党、挽救了红军、挽救了革命，这是我们党走向成熟的重要标志。党成立95年来，以毛泽东同志、邓小平同志、江泽民同志为核心的党的三代中央领导集体，以胡锦涛同志为总书记的党中央，团结带领全党全国各族人民，战胜了一个个难以想象的困难和挑战，使中华民族迎来了实现伟大复兴的光明前景。

确立坚强的核心领袖，是更好地进行具有新的历史特点的伟大斗争的必然要求。对于中国共产党这样一个拥有8800多万名党员、在13亿多人口大国长期执政的大党，要经受住"四大考验"、克服"四种危险"，战胜前进道路上面临世所罕见的矛盾和挑战，比任何时候都更需要一个坚强的领导核心。党的十八大以来，习近平总书记带领全党全军全国各族人民开创了中国特色社会主义伟大事业和党的建设新的伟大工程新局面，取得了一系列具有重要现实意义和深远历史意义的成就，实现了党和国家事业的继往开来，习近平总书记在新的伟大斗争实践中，实际已经成为党中央的核心、全党的核心。确立习近平总书记的核心地位，这是我们党思想上政治上理论上组织上成熟的集中体现，是众望所归、当之无愧、名副其实，是

---

① 毛泽东：《在接见出席中国新民主主义青年团第三次全国代表大会的全体代表时的讲话》，《新华半月刊》1957年第12号，第57页。

② 《邓小平文选》第3卷，人民出版社1993年版，第310页。

全党的选择、人民的选择、历史的选择。

二 维护党中央权威，加强全党的团结和党的集中统一领导

牢固树立政治意识、大局意识、核心意识和看齐意识，特别是核心意识，更加紧密地团结在以习近平同志为核心的党中央周围，更加坚定地维护以习近平同志为核心的党中央的权威和集中统一领导，更加自觉地在思想上政治上行动上同以习近平同志为核心的党中央保持高度一致，更加扎实地把党中央的各项决策部署落到实处，这是全党每一位党员，每一位党员干部，特别是党的高级干部的最高政治职责。党的各级组织、全体党员特别是高级干部都要向以习近平同志为核心的党中央看齐，向党的理论和路线方针政策看齐，向党中央决策部署看齐，做到党中央提倡的坚决响应、党中央决定的坚决执行、党中央禁止的坚决不做。党员、党员干部特别是高级干部在大是大非面前不能态度暧昧，不能动摇基本政治立场，不能被错误言论所左右。

增强核心意识，基础是增强各级党组织的凝聚力、向心力和战斗力。党的领导，体现在党的科学理论和正确路线方针政策的领导上，体现在党的执政能力和执政水平上，同时也体现在党的严密组织体系和强大组织能力上。各级党组织只有切实负起党建主体责任，把每一个党组织都建设成为凝心聚力的战斗堡垒，加强纪律建设，严肃党内政治生活，才能实现全党统一意志、统一行动、步调一致前进。

民主集中制是党的根本组织原则，是党内政治生活正常开展的重要制度保障。既要发扬民主，又要实行集中，要将二者有机结合起来。没有领导核心，就没有正确的集中，也就不可能真正发扬民主，民主集中制就不能得到真正落实。同时也要充分发扬民主，调动大家的积极性，党内决策、执行、监督等工作必须执行党章党规确定的民主原则和程序，切实尊重党员的民主权利。要在巩固和完善民主集中制的基础上，巩固和维护党的核心权威和集中统一领导。

三　全面从严治党，扎实推进党的建设新的伟大工程

树立"四个"意识，维护领导核心的权威和党中央的集中统一领导，必须聚焦全面从严治党，认真贯彻执行六中全会通过的《准则》和《条例》，推动全会确定的全面从严治党的各项任务落地生根，把全面从严治党推进到一个新阶段。

要从党内政治生活管起，从党内政治生活严起。要以党章为根本遵循，着力增强党内政治生活的政治性、时代性、原则性、战斗性，着力增强党自我净化、自我完善、自我革新、自我提高能力，着力提高党的领导水平和执政水平、增强拒腐防变和抵御风险能力，着力维护党中央权威、保证党的团结统一、保持党的先进性和纯洁性。要坚持开展批评和自我批评，坚持实事求是，讲党性不讲私情、讲真理不讲面子。领导干部特别是高级干部必须带头从谏如流、敢于直言，努力在全党形成又有集中又有民主、又有纪律又有自由、又有统一意志又有个人心情舒畅生动活泼的政治局面。

要把纪律挺在前面，用铁的纪律从严治党。坚持纪律面前一律平等，遵守纪律没有特权，执行纪律没有例外，党内决不允许存在不受纪律约束的特殊组织和特殊党员。党的各级组织必须担负起执行和维护政治纪律和政治规矩的责任，坚决防止和纠正执行纪律"宽松软"的问题，真正做到"严紧硬"。

要抓住"关键少数"，坚持以上率下。加强和规范党内政治生活，重点是各级领导机关和领导干部，关键是高级干部特别是中央委员会、中央政治局、中央政治局常务委员会的组成人员。高级干部必须以身作则，模范遵守党章党规，严守党的政治纪律和政治规矩，坚持不忘初心、继续前进，坚持率先垂范、以上率下，为全党全社会作出示范。

要完善制度机制，加强权力监督。党内不允许有不受制约的权力，也不允许有不受监督的特殊党员。要完善权力运行制约和监督机

制，形成有权必有责、用权必担责、滥权必追责的制度安排。决不能以言代法、以权压法、徇私枉法。建设廉洁政治，坚决反对腐败，筑牢拒腐防变的思想防线和制度防线，着力构建不敢腐、不能腐、不想腐的体制机制。各级党组织应当把信任激励同严格监督结合起来，促使党的领导干部做到有权必有责、有责要担当，用权受监督、失责必追究。强化自上而下的组织监督，改进自下而上的民主监督，发挥同级相互监督作用。要以党的领导机关和领导干部特别是主要领导干部为党内监督的重点对象，建立健全党中央统一领导，党委（党组）全面监督，纪律检查机关专责监督，党的工作部门职能监督，党的基层组织日常监督，党员民主监督的党内监督体系。要自觉接受社会监督。

（原载《光明日报》2017年1月16日）

深入把握新的历史特点的伟大斗争，敢于斗争、善于斗争，创新发展中国特色社会主义

"发展中国特色社会主义是一项长期的艰巨的历史任务，必须准备进行具有许多新的历史特点的伟大斗争。"这是党的十八大报告全面审视国际国内两个大局发展大势得出的重要判断。党的十八大以来，习近平总书记一再强调这一重要判断。深入把握这一重要判断，对于理解国际国内新形势，掌握习近平总书记系列重要讲话和治国理政新理念新思想新战略的核心要义，创新发展中国特色社会主义，具有重要的意义。

一 时代的根本性质没有改变，但时代的特征和表现形式却发生了巨大变化，我们已经前进到一个新的历史起点上

我们到底处在什么样的时代，具有什么样的特点，要解决的时代问题是什么？回答这个时代问题，就要依次回答三个问题：一是以什么标准判断时代；二是用正确的标准判断时代，我们现在究竟处在什么时代；三是我们今天所处的时代发生了哪些新的巨大变化。

我们处在一个什么样的时代，说法很多。但是马克思主义所判断的时代，必须以唯物史观作为时代的根本判断标准，坚持马克思主义时代观，作出马克思主义的科学判断。恩格斯说："每一历史时代的经济生产以及必然由此产生的社会结构，是该时代政治的和精神的历

史的基础；因此（从原始土地公有制解体以来）全部历史都是阶级斗争的历史，即社会发展各个阶段上被剥削阶级和剥削阶级之间、被统治阶级和统治阶级之间斗争的历史；而这个斗争现在已经达到这样一个阶段，即被剥削被压迫的阶级（无产阶级），如果不同时使整个社会永远摆脱剥削、压迫和阶级斗争，就不再能使自己从剥削它压迫它的那个阶级（资产阶级）下解放出来。"①

恩格斯的这段话，一是明确提出"历史时代"概念。马克思主义唯物史观所讲的历史时代，是指就世界整体来说，占统治地位的社会形态所历经的整个历史进程，该历史进程从该社会形态取代前一社会形态在人类社会占据统治地位起，历经兴盛、衰落，直到为下一社会形态所取代而不再占据统治地位止。

二是科学阐明历史时代的判断标准。判断一个历史时代，标准就是该时代的经济基础是什么，生产关系是什么，生产力是什么。也就是说，判断一个时代，要从经济生产、经济基础出发来判断，从生产力所决定的生产关系、经济基础，以及由这一基础所决定的社会经济形态出发，来判断历史时代。看一看占据统治地位的社会形态是什么，社会形态的根本性质是什么，也就知道该历史时代是什么。这就是马克思主义判断时代问题的根本标准和方法。

三是正确判定人类社会正处于资本主义社会形态占据统治地位的历史时代，该时代已经发展到新的社会形态即社会主义和共产主义逐步并最终取代资本主义的历史阶段。马克思、恩格斯运用唯物史观的时代判断标准，从社会经济形态出发来分析判断历史时代，把历史时代划分为原始社会时代、奴隶社会时代、封建社会时代、资产阶级社会时代，未来人类将进入消灭阶级剥削、消灭阶级压迫、消灭阶级斗争、消灭阶级的新的社会形态时代，即进入共产主义社会时代。马克思、恩格斯认为人类社会的历史时代已经前进到资本主义社会代替封建社会而占据统治地位的时代。马克思、恩格斯在《共产党宣言》中

---

① 《马克思恩格斯文集》第 2 卷，人民出版社 2009 年版，第 9 页。

明确指出:"我们的时代,资产阶级时代。"① 在该时代,充满了无产阶级与资产阶级,社会主义、共产主义与资本主义两种社会力量、两条道路、两种前途命运的斗争,无产阶级及其广大被剥削阶级如果不通过推翻最后一个剥削社会,即通过消灭最后一个剥削阶级的社会革命,使整个社会永远摆脱剥削、压迫和阶级斗争,就不能解放全人类,从而就不能最终使无产阶级自己解放自己。也就是说,在资本主义历史时代,无产阶级及其广大人民群众只有通过无产阶级革命和无产阶级专政彻底消灭阶级差别、阶级压迫、阶级剥削和阶级斗争,才能解放全人类,乃至最终解放无产阶级自己,否则就不能以一个新的社会形态取代资本主义社会形态,进入一个新的历史时代。

四是确切指出该历史时代所要解决的时代问题。也就是说,经过了无产阶级革命和无产阶级专政,消灭人类历史最后一个阶级社会——资本主义社会,经过无产阶级专政和社会主义社会的过渡,使人类进入一个没有剥削、压迫、阶级差别和阶级斗争的无阶级的新的社会形态,即共产主义社会。

今天,马克思、恩格斯判定的历史时代变了没有?我认为时代的根本性质没有改变。从时代的根本性质和社会形态演变的历史进程来看,现在仍然处于马克思、恩格斯当时所揭示的历史时代。也就是说,从全球范围来讲,现在仍然是资本主义社会形态占主要地位的历史时代。在该时代,社会主义、共产主义必然代替资本主义,但是需要进行艰苦卓绝的无产阶级社会主义革命和斗争,需要经过一个相当长的历史过程。据一位学者研究认为:"当今世界95%以上的国家建立的是资本主义制度。在资本全球化的进程中,不仅自然资源、土地、矿产等公共资源被私有资本所圈占,就连我们赖以生存的水源、空气、语言、文化,甚至物种和人类基因等也被逐步私有化了。按照西方左翼学者的说法,这种私有化已经把人类逼到整体灭绝的边缘。"② 当然,在世界资本主义体系内已经产生了相当多的社会主义

---

① 《马克思恩格斯选集》第1卷,人民出版社2012年版,第401页。
② 秦宣:《大数据与社会主义》,《教学与研究》2016年第5期。

因素；在全世界已经产生了若干社会主义国家，但是其社会形态在全世界并不占据统治地位。

从英国的资产阶级革命到现在，上下几百年的历史进程，人类社会历经了封建社会在世界的解体，到资本主义生产方式在全世界占统治地位，从资本主义繁荣、兴盛再到资本主义内在矛盾不断激化而至资本主义的衰落，全世界总体上仍处于资本主义历史时代。实际上，资本主义一产生，就带有其固有的、不可克服的内在矛盾，在资本主义内部一开始就产生了反对资本主义的力量和因素：工人阶级和新的社会形态萌芽。在资本主义时代，始终贯穿着社会主义与资本主义、工人阶级与资产阶级的矛盾与斗争，一直到工人阶级通过无产阶级革命和无产阶级专政消灭压迫、剥削和阶级斗争，最终迎来新的社会形态为止，这是由资本主义不可克服的内在矛盾所决定的。

资本主义社会固有的不可克服的内部矛盾必然导致其灭亡。在资本主义的整个发展进程中，其内在矛盾不断激化，经历了激化、缓和，再激化、再缓和……直至激化到再也不能缓和而走向灭亡。其表现就是无法解决的两极分化，而且这种两极分化又不断得到强化。资本主义社会的两极分化表现为两个层次：一是资本主义国家本国内部的阶级与阶级、民族与民族、阶层与阶层之间的两极分化不断强化；二是世界范围内国家与国家、地区与地区、民族与民族、阶级与阶级之间的两极分化也不断强化。两极分化的一极是高度垄断的资产阶级利益集团，垄断资本主义国家的国民也只是享受到资本主义利益集团高额利润的一杯羹。另一极是整个工人阶级和广大劳动人民的相对贫困、落后以及发展中的国家、地区和民族的相对贫困、落后。资本主义国家内部越来越两极分化，整个世界也越来越两极分化。当代资本主义国家内部的动荡，全球的动荡都跟两极分化有关系，两极分化的背后则是不可克服的资本主义内在矛盾。

习近平总书记指出："事实一再告诉我们，马克思、恩格斯关于资本主义社会基本矛盾的分析没有过时，关于资本主义必然消亡、社会主义必然胜利的历史唯物主义观点也没有过时。这是社会历史发展不可逆转的总趋势，但道路是曲折的。资本主义最终消亡、社会主最终胜利，必然是一个很长的历史过程。"① 资本主义社会在创造巨大社会财富的同时，创造了贫富差距、两极分化与不可克服的矛盾，从而也创造了自己的掘墓人，一步一步走向自己的反面，最终要被新的社会形态所代替。2008年爆发的金融危机说明了资本主义的内在矛盾是不可避免的、不可调和的、不可克服的。中国特色社会主义表现出了新社会形态强劲的生命力，说明社会主义和共产主义是不可战胜的，是必然的历史发展趋势。然而目前全球总体上还是资本主义强、社会主义弱，但社会主义是新生事物，一定能够战胜并代替资本主义。

时代的根本性质没有变化，但当今时代的具体特点和表现形式却发生了一系列新的重大变化。我们的时代仍然是马克思主义经典作家所判断的历史时代。但历史在发展，条件在变化，时代的具体内容、形式和特点都不断地发生变化，这就是历史辩证法。认识当今时代，要清醒地认识到既没变，又有变，根本性质没有变，具体特征形式变化了。不变中有变，变中有不变。

习近平总书记反复强调，我们是站在新的历史起点上，正在进行具有许多新的历史特点的伟大斗争，这正是对我们所处的伟大的历史时代及其发展新阶段巨大变化的科学判断。从马克思、恩格斯创立马克思主义至今，尽管他们所判定的时代根本性质没有改变，但世界已经发生了天翻地覆的深刻变化，时代的发展阶段变化了，国际环境变化了，具体特征形式变化了，出现了许多新的问题和新的风险挑战。对于历史时代的判断，认为马克思、恩格斯所判定的历史时代根本改变了，放弃马克思主义，丢弃老祖宗，抛弃理想信念，忘记我们的初衷，是违背马克思主义的；然而，如果看不到巨大变化的另一方面，不承认变化，就跟不上新形势，落后于时代，解决不了新问题，就会犯教条主义错误。

不变中有变，其中一大变是马克思主义经典作家们判断的历史时代发生了阶段性的变化，已经过了两个发展阶段，正处于第三个发展

---

① 《十八大以来重要文献选编》（上），中央文献出版社2014年版，第117页。

阶段。每一个人类大的历史时代，都会呈现出不同的发展阶段，每个发展阶段都有每个阶段的主题与特点。第一个阶段是自由竞争资本主义阶段。这是马克思、恩格斯创建马克思主义所处的阶段，也是工人运动和社会主义运动兴起的阶段。第二个阶段是垄断资本主义阶段。这就是列宁的《帝国主义论》所揭示的帝国主义和无产阶级革命阶段。列宁认为该阶段的主题，即主要问题是战争与革命。资本主义内部矛盾激化引发战争，战争引起革命，推动工人运动和社会主义发展。第一次世界大战产生了列宁领导的第一个社会主义国家，第二次世界大战产生了一系列社会主义国家。第三个阶段是和平发展成为时代主要问题的阶段。对这个发展阶段，有人概括为国际垄断资本主义阶段，有人概括为金融垄断资本主义阶段，可以讨论。20世纪七八十年代以来，世界资本主义进入相对稳定的发展阶段，世界大战在相当一段时间内爆发的可能性不大，和平与发展成为当今时代的两大主题，但是局部战争从来没有间断。新兴国家、发展中国家希望和平，希望发展，绝大多数国家希望和平，希望发展。这是该阶段的主题，也是主要问题。但"帝国主义就是战争"，只要垄断资本还存在，国际金融垄断资本还存在，帝国主义还存在，霸权主义、强权政治就会存在，就没有消灭战争的根源。事实上，和平与发展至今一个问题也没有解决。现在西方敌对势力正在对我们社会主义中国打一场没有硝烟的战争，图谋"和平演变"社会主义，"颜色革命"它们所不喜欢的国家。

不变中有变，其中另一大变是当今世界的全球化、信息化、科技创新突飞猛进、世界局势激烈变化，出现了前所未有的大发展、大变动、大改组、大调整、大竞争，社会主义中国面临着前所未有的大机遇、大风险、大挑战和大考验。现在的世界与马克思、恩格斯在世时，列宁、斯大林在世时，毛泽东在世时大不相同。特别是，近些年来，新技术更新速度之快令人难以预测，起着改变社会生产、消费、生活乃至引发社会变革的颠覆性作用。高新技术推动社会生产力迅猛变化，进而引起生产关系变化，引发社会经济基础及其上层建筑的巨大变化，引发世界局势急剧变动。从20世纪末以来，全球发生了两件世界性的大事：一是苏联解体。两个超级大国变成一极，全球出现了反对单极霸权的多边主义。社会主义国家、新兴国家、发展中国家是要和平、要发展的主力军。西方资本主义国家也发生重组。反对霸权主义、强权主义和单边主义的力量在发展。二是2008年发生了世界性的金融危机。美国的力量下降，西方国家力量下降，资本主义整体力量下降。中国特色社会主义取得了历史性的成功，社会主义力量正在上升，中国正在走近国际舞台的中心。中国一方面发挥促进世界和平发展的重要作用，另一方面又遭受西方敌对势力的封堵打压。国际关系出现了极其复杂的状况，国际竞争异常激烈。

根据历史时代根本性质没有改变，但又有新的巨大变化的正确判断，决定我们正处于一个伟大的时代，我们正站在新的历史起点上，我们正在进行具有许多新的特点的伟大斗争。这就决定了我们党必须坚持马克思列宁主义、毛泽东思想不能丢，高举起中国特色社会主义大旗，坚持社会主义制度，坚持党的领导，坚持马克思主义，坚持人民民主专政；同时又要与今天的时代变化和具体实际相结合，坚持中国特色社会主义理论体系，坚持"一个中心，两个基本点"的基本路线，以经济建设为中心，坚持改革开放，坚持四项基本原则，融入世界潮流，不断推进理论创新、实践创新，坚定不移地走中国特色社会主义和平发展道路。既不忘初心，又要继续前进。

二 面对世情国情党情的新变化，我们正在进行具有许多新的历史特点的伟大斗争

"具有许多新的历史特点的伟大斗争"，是对新形势下世情国情党情的新变化新挑战的高度概括。

就世情来说，2008年以来美国爆发的金融危机给世界带来了很大的影响，世界加速进入经济大动荡、体系大变革、格局大调整的新阶段，出现了一系列新特点新趋势。这场危机引发了世界各方对资本主义制度和发展经验，对资本主义推崇的新自由主义发展理念和发展模式的质疑和反思，调整变革成为全球潮流。国际力量对比发生新的此

消彼长，世界多极化趋势更加明朗。这场危机虽然波及中国，但在党的领导下，凭借社会主义的优势，中国成功地抵御了危机的冲击，从而使得中国共产党所开创的中国制度、中国模式、中国道路备受世界瞩目。中国的GDP跃居全球第二，中国的国际地位得到进一步提升，中国特色的社会主义和平发展已经势不可当，实现中华民族的伟大复兴中国梦，从来没有像现在这样离实现这个目标这么近。与此同时，在全面危机冲击下，全球各主要力量也竞相加快战略调整步伐，特别是美国提出了重返亚太战略，全球大国关系进入了新一轮调整互动期。中华民族伟大复兴面临着新的压力、风险和竞争。

就国情来说，经过30多年来的改革开放，中国经济社会取得了举世瞩目的成就，与此同时，中国经济体制的深刻变革，社会结构的深刻变动，利益格局的深刻调整，思想观念的深刻变化带来一系列新问题新挑战。中国经济社会发展处于一个新的历史阶段，出现了一些新特点，需要创新发展理念，推进科学发展。中国改革已经处于攻坚期和深水区，既需要全面深化改革，加强改革的协调配套，也需要爬坡过坎、攻坚克难，冲破利益的藩篱；既需要化解思想分歧，凝聚思想共识，也需要进一步解放思想，改革创新。中国经济社会发展已经进入了一个新的阶段，在经济发展的新常态下，中国面临着与改革开放初期不同的困难和矛盾。

就党情来说，新世纪新阶段也出现了一些新变化。一是，党员发展速度加快，规模庞大，流动性增加，对党员的教育管理，以及保持党的先进性和纯洁性建设提出了新要求；二是，政治信仰、政治规矩、组织纪律的"松软散"已经成为我们党的一个重大隐患，理想信念在一些党员，甚至党的高级干部的头脑中严重缺失，党内甚至出现了搞政治阴谋的恶劣现象；三是，还存在严重腐败问题。正如2012年11月17日习近平总书记上任伊始时所说，"近年来我们党内发生的严重违纪违法案件，性质非常恶劣，政治影响极坏，令人触目惊心。""如果不全面从严治党和大力开展反腐败斗争，任凭思想政治隐患与腐败问题愈演愈烈，最终必然导致亡党亡国！"

中国特色社会主义是一项伟大的事业，实现中华民族复兴是一个伟大的目标，这都不是容易实现的，容易实现就不能叫伟大了，其中必然有很多艰难险阻，我们必须准备进行具有许多新的历史特点的伟大斗争。

正是面临着这样一种新形势，面对着这样一个伟大的战略目标，习近平总书记郑重强调："现在，我们进入了全面建成小康社会的决胜阶段，我们党正在进行具有许多新的历史特点的伟大斗争，形势环境变化之快、改革发展稳定任务之重、矛盾风险挑战之多、对我们党治国理政考验之大都是前所未有的。"① 他明确指出："坚持和发展中国特色社会主义是一项长期而艰巨的历史任务，必须准备进行具有许多新的历史特点的伟大斗争。这就告诫全党，要时刻准备应对重大挑战、抵御重大风险、克服重大阻力、解决重大矛盾，坚持和发展中国特色社会主义，坚持和巩固党的领导地位和执政地位，使我们的党、我们的国家、我们的人民永远立于不败之地。"② 这"四个重大"可以说是对新世纪新阶段新的历史特点的高度概括。

三 开展伟大斗争，推进伟大事业和伟大工程

唯物辩证法告诉我们，对立统一规律是事物发展的普遍规律，事物发展是矛盾运动的结果，而矛盾又具有普遍性和特殊性。中国特色社会主义是马克思主义普遍真理和中国实际相结合的产物。而中国的实际，世界的形势，又是不断发展变化的。我们正在进行的是中国特色社会主义的伟大事业，我们正在推进的是中国共产党建设新的伟大工程，伟大工程是伟大事业的政治保证，推进伟大事业和伟大工程，必须开展伟大斗争。

首先，推进伟大斗争，要保持战略定力，顺势而为，敢于创新。虽然从总体上，或者从大的历史阶段来说，和平与发展的时代主题没

---

① 习近平：《在全国党校工作会议上的讲话》，2015年12月11日。
② 习近平：《在庆祝中国共产党成立95周年大会上的讲话》，2016年7月1日。

有变，社会主义初级阶段这个基本国情没有变。但是 21 世纪以来，特别是世界金融危机以来，经过 30 多年持续的高速增长，中国的经济不但总量发生了变化，而且出现了一些新的特点，国际形势也发生了重大的变化，我们已经进入一个新的发展阶段。要推动经济社会健康发展，必须保持坚定的战略定力，既要看到社会主义本质和主要矛盾"不变"的方面，更要看到经济发展、社会矛盾的"变化"方面。既要看到时代主题、初级阶段、主要矛盾、发展中大国和重要机遇期等仍然"不变"的方面，也要看到国内外形势、国际格局、各国发展战略深入调整这些"变化"的方面。

问题是时代的口号。一个先进的政党，总是善于在众声喧哗中听清楚时代的声音，捕捉并回答时代提出的问题，胸怀大局、把握大势、着眼大事、因势而谋、应势而动、顺势而为。治国理政，办好中国事情，必须从实际出发，认清国际国内大势，顺应社会发展规律，注重谋划全局性、战略性、长远性的重大问题。否则，不变革，不创新，中国特色社会主义就会失去生机与活力。正是立足于对国际国内形势新的历史特点的深刻把握，以习近平同志为核心的党中央提出了实现"两个一百年"奋斗目标和中华民族伟大复兴中国梦的战略目标，提出了"五位一体"总体布局和"四个全面"战略布局，提出了经济发展新常态的科学判断，提出了以人民为中心的新发展理念等新理念新思想新战略，把我们党对执政党建设发展规律、社会主义发展规律、国家治理规律、人类社会发展规律的认识提高到了一个新的水平，开拓了中国特色社会主义发展的新阶段，使马克思主义中国化达到了一个新境界。

其次，推进伟大斗争，要以将革命进行到底的精神，敢于斗争。中国特色社会主义是一个伟大的事业，而任何伟大的事业都不可能是一帆风顺的，都会遭受一些挫折和磨难，但只要敢于坚持斗争，就能取得胜利。中国共产党 96 年来的历史充分证明了这一点。改革开放以来我们所取得的举世瞩目的成就充分证明中国特色社会主义道路是正确的，甚至可以说，正是因为中国，社会主义没有终结，中国拯救了社会主义。发展中国特色社会主义是中国对世界乃至对人类社会发展的一个巨大贡献，它为人类对更好社会制度的探索提供了中国方案。我们必须坚持中国特色社会主义道路自信、理论自信、制度自信、文化自信。21 世纪以来，特别是 2008 年以来，关于中国道路、中国模式的研究在国外已经成为显学，中国在国际上的影响力越来越大。如果说苏联的解体意味着社会主义进入低谷的话，那么，中国的复兴就标志着社会主义开始走出低谷。我们坚信，中国的复兴是任何势力都不可阻挡的。我们也坚信，社会主义的胜利是历史发展的必然。

"为有牺牲多壮志，敢教日月换新天！"敢于斗争是中国共产党人的鲜明政治品格，也是中国共产党 96 年来不断取得革命、建设、改革胜利的保证。矛盾是绝对的，斗争是长期的。毛泽东在 1949 年为新华社写的新年贺词中号召全党"将革命进行到底"。我们一定要发扬将革命进行到底的精神，在新的历史起点上，在新的征程上，在全面深化改革的攻坚战上，在全面推进中国特色社会主义伟大事业的进程中，在推进党的建设新的伟大工程中，绝不能丢失革命精神和斗争精神。否则，我们就难以在这场"具有许多新的历史特点的伟大斗争"中取得伟大胜利。在国际问题上，韬光养晦在一定时期、一定问题上是必要的，但必须坚决维护国家主权和核心利益，我们不惹事也不怕事。在全面深化改革中，必须始终把广大人民的根本利益放在首位，走共同富裕道路。在全面从严治党问题上，要牢固树立"四个意识"，维护中央权威，维护习近平总书记的核心领导地位，坚持以规治党，净化党内政治生活，把纪律和规矩挺在前面，坚决同一切消极腐败现象作斗争。

再次，推进伟大斗争，要讲究方式方法和政策策略，善于斗争。讲斗争，不是要故意制造矛盾，不要团结，不要合作，不要和谐，更不是要回到以阶级斗争为纲，而是在承认矛盾客观存在的基础上，以斗争求和平，以斗争求公平，以斗争求团结，以斗争求和谐，以斗争求进步。党的十八大以来，习近平总书记带领全党全军全国各族人民做了许多开创性的工作，做了许多过去想做而做不了的事情，提出了一系列新思想新观点新论断，在治党治国治军、改革发展稳定、内政外交等方面取得了一系列具有重大现实意义和深远历史意义的成就，展示了卓越的领导智慧。实现了党和国家事业的继往开来，赢得了全党全军全国各族人民的衷心拥护，受到国际社会的高度赞誉。我们一定要按照习近平总书记要求的那样，面对新形势新挑战，发扬将革命进行到底的斗争精神，既要敢于斗争，又要善于斗争，在事关中国特色社会主义前途命运的大是大非问题上坚定不移，在改革发展稳定工作中敢于碰硬，在全面从严治党上敢于动真格，在维护国家核心利益上敢于针锋相对，不在困难面前低头，不在挑战面前退缩，不拿原则做交易，不在任何压力下吞下损害中华民族根本利益的苦果。同时我们又要讲究斗争策略，注意把握政策，掌握好分寸、火候和度，团结一切可以团结的力量，调动一切可以调动的积极因素，善于化敌为友，化被动为主动，以不变应万变，把工作做细做稳做好。

社会主义是人类最美好的制度，资本主义的灭亡和社会主义的胜利是不可避免的，是历史发展的必然，我们要坚定不移地秉持这个理想，坚定这个信念。但是，就当前来说，资本主义相对社会主义来说，仍然处于强势地位，短期内也是难以改变的。西方敌对势力亡我之心不死。我们既要坚持斗争、敢于斗争，也要善于斗争、巧于斗争，面对复杂多变的国际形势和艰巨繁重的国内改革发展稳定任务，必须准备进行具有许多新的历史特点的伟大斗争。只有敢于斗争、善于斗争，才能不断创新和发展中国特色社会主义，实现中华民族伟大复兴中国梦。

（本文系作者在《2016—2017世界社会主义黄皮书》发布暨学术研讨会上的讲话）

加快构建中国特色哲学
社会科学创新体系

2016年5月17日，习近平总书记在哲学社会科学工作座谈会上发表重要讲话，深刻回答了事关我国哲学社会科学长远发展的一系列根本性问题，提出了加快构建中国特色哲学社会科学的战略任务。"5·17"重要讲话是一篇马克思主义的重要文献，为做好新时期哲学社会科学工作提供了根本遵循和行动指南。同年12月，中央全面深化改革领导小组第三十一次会议审议通过了《关于加快构建中国特色哲学社会科学的意见》，对加快构建中国特色哲学社会科学作出战略部署，这是新世纪以来党中央关于发展哲学社会科学的又一重要指导性文件。

作为党中央直接领导的国家哲学社会科学研究机构，中国社会科学院认真学习领会、全面贯彻落实习近平总书记"5·17"重要讲话和《意见》精神，加快构建中国特色哲学社会科学创新体系，明确了进一步办好中国社会科学院的总体要求，即坚持"一个战略任务""三条基本经验""五个三"工作总思路和"八个坚定不移"重要遵循。"一个战略任务"：加快构建中国特色哲学社会科学战略任务。"三条基本经验"：始终坚持正确的政治方向和学术导向，解决好哲学社会科学研究为什么人这个根本问题；始终坚持科学的工作思路和举措，紧紧抓牢创新工程这一实践载体；始终坚持把科研人员和全院群众的工作和生活需要放在重要位置，办实事，办好事，办让大家满意的事。"五个三"工作总思路：一是"三大定位"，即努力把中国社会科学院建设成为马克思主义的坚强阵地和党的意识形态重镇，我国哲学社会科学研究的最高殿堂,党中央国务院重要的思想库和智囊团。二是"三大功能",即发挥好阵地功能、殿堂功能、智库功能。三是"三大战略",即实施科研强院战略、人才强院战略、管理强院战略。四是"三大风气",即加强学风、作风、文风建设。五是"三项纪律",即加强以政治纪律、组织纪律、财经(廉洁)纪律为重点的纪律建设。"八个坚定不移"重要遵循,即坚定不移地抓好马克思主义理论武装和理论指导,大力加强马克思主义和党的意识形态坚强阵地建设;坚定不移地抓好学风建设,始终坚持为人民做学问的宗旨;坚定不移地抓好创新工程,加快构建中国特色哲学社会科学;坚定不移地抓好科研这一中心任务,多出经得起实践和历史检验的优秀成果;坚定不移地以党和国家关注的重大理论和实践问题为主攻方向,扎实推进国家高端智库建设;坚定不移地抓好人才强院,选好人才、育好人才、用好人才;坚定不移地抓好全面从严治党和领导干部这个"关键少数",不断加强党委、党的基层组织、党员队伍和党风廉政建设;坚定不移地抓好行政后勤保障体系建设,不断提高服务科研水平和保障能力。总体目标是加快构建中国特色哲学社会科学创新体系。

　　加快构建中国特色哲学社会科学创新体系,要始终坚持以马克思主义为指导。马克思主义深刻揭示了自然界、人类社会和思维发展的一般规律,为哲学社会科学各学科提供了具有指导意义的世界观、历史观、价值观和方法论。坚持以马克思主义为指导,就要坚持理论武装,切实解决好真学真懂真信真用、为什么人的问题,提高用马克思主义立场、观点、方法指导科研的能力,把马克思主义立场、观点、方法贯穿哲学社会科学各学科各领域,确保正确的政治方向、价值取向和学术导向。当前首要的是学习宣传阐释习近平总书记系列重要讲话精神和治国理政新理念新思想新战略,推进马克思主义中国化、时代化、大众化,发展21世纪马克思主义、当代中国马克思主义,不断开辟马克思主义发展新境界。抓好马克思主义理论学科建设和理论研究工程、马克思主义文艺理论和文学批评工程。建设好马克思主义研究学部、马克思主义研究院、当代中国研究所、信息情报研究院、中国特色社会主义理论体系研究中心、马克思主义学院和世界社会主义研究中心七大马克思主义研究平台。建设方向正确、理论深厚、战斗力强、定位清晰、功能互补的马克思主义理论研究和主流意识形态宣传研究阵地集群。坚持党管意识形态，切实维护党的意识形态安全，把中国社会科学院建成党的意识形态工作重镇。要勇于亮剑，敢于发声，开展对错误观点和错误思潮的批驳，牢牢掌握意识形态工作领导权管理权话语权。

加快构建中国特色哲学社会科学创新体系，要始终坚持中国特色、中国风格、中国气派的基本要求。加快构建中国特色哲学社会科学，必须加快推进中国特色、中国风格、中国气派的学科体系、学术体系、话语体系建设。加强哲学社会科学学科建设顶层设计，调整学科设置，优化学科布局，完善学科门类。进一步拓展学术视野和研究领域，改革和创新科研管理体制、机制、方法，培育新的理论生长点，催生新的思想和观念。在提高学术品质、学理厚度上下功夫，在提升学术命题、学术思想、学术观点、学术标准、学术话语的能力和水平上下功夫。推动哲学社会科学话语体系学理化、大众化、国际化。坚持用中国理论阐释中国实践，用中国实践升华中国理论。要实施中国学术走出去，善于提炼标识性概念，讲好中国故事，传播好中国声音。着力提出体现中国立场、中国智慧、中国价值的正确思路和方案，提升国际学术影响力和话语权。

加快构建中国特色哲学社会科学创新体系，要始终坚持以我国发展和我们党执政面临的重大理论和实践问题为主攻方向。哲学社会科学要以我国改革开放和现代化建设的实际问题、以我们正在做的事情为中心，深入研究回答我国发展和我们党执政面临的重大理论和实践问题，不断提高为党和国家决策服务水平。着力推进国家高端智库建设，坚持高端定位、凝练主攻方向、突出专业特色、注重成果质量。讲大局、议大事、谋大计，使科学研究服从、服务于党和国家工作大局，融入坚持和发展中国特色社会主义的实践中，深入实践，深入群众，加大调研力度，真正把握世情、国情、党情、民情，站在中国经济社会发展进步的潮头，坚持基础理论研究与应用对策研究并重，认真研究关系党和国家事业发展的全局性、战略性、前瞻性问题,为党和国家大局,为统筹推进"五位一体"总体布局、协调推进"四个全面"战略布局提供理论支撑,切实发挥好党中央国务院重要的思想库和智囊团的作用。

加快构建中国特色哲学社会科学创新体系,要始终坚持以科研工作为中心。科学研究是哲学社会科学的根基和支撑,科研工作是哲学社会科学的中心工作。哲学社会科学的一切工作都要围绕这一中心工作来展开,为科研中心工作服务。围绕基础学科健全扎实、重点学科优势突出、新兴学科和交叉学科创新发展、冷门学科代有传承、基础研究和应用研究相辅相成、学术研究和成果应用相互促进的学科发展目标,实施"学科建设登峰战略",加快建设一批在国内具有引领作用的重点学科,在国际具有重要影响的优势学科,打造一批国内一流、国际知名的学科集群。勇攀哲学社会科学研究的学术高峰,多出研究成果,努力产生一批具有时代高度、代表国家水准的精品力作和鸿篇巨制。努力建设与中国社会科学院学术地位相称的、体现我国哲学社会科学最高研究水平的名报、名刊、名社、名馆、名网、名库和评价中心。扎实推进科研管理体制和机制创新,完善多出成果、多出精品的管理体制和竞争激励机制,不断提高科研管理水平。

加快构建中国特色哲学社会科学创新体系,要始终坚持问题导向推动理论创新。理论的生命力在于创新。创新是哲学社会科学发展的永恒主题和不竭动力,也是社会发展、实践深化、历史前进对哲学社会科学的必然要求。构建中国特色哲学社会科学创新体系,理论创新是题中应有之义。必须以创新工程为实践抓手,坚持解放思想、实事求是、与时俱进,坚持问题导向,鼓励大胆探索,注重从我国改革发展的实践中挖掘有时代性的新材料、提炼有学理性的新理论,概括有规律性的新实践,提高哲学社会科学的创新能力、回答实际问题的能力。不断打开理论创新的新视野,不断开辟理论探索的新境界,更好地体现时代性、把握规律性、富于创造性,努力建设符合时代要求、适应实践发展的中国特色哲学社会科学创新体系。总结实施创新工程以来取得的经验和成就,积极打造哲学社会科学创新工程的"升级版",发挥好在哲学社会科学界的引领和带动作用。

加快构建中国特色哲学社会科学创新体系,要始终坚持加强哲学社会科学人才队伍建设。加快构建中国特色哲学社会科学创新体系,人才是根基,是第一资源。实施以育人育才为中心的哲学社会科学整体发展战略,构筑学生、学术、学科一体的综合发展体系,推进哲学社会科学人才工程,着力发现、培养、聚集一批有深厚马克思主义理论素养、学贯中西的思想家和理论家,一批理论功底扎实、勇于开拓创新的学科带头人,一批年富力强、锐意进取的中青年学术骨干,为加快构建中国特色哲学社会科学提供坚实的人才支撑。推进马克思主义理论人才造就工程、领军人才引进工程、青年英才培养工程、支撑与管理人才保障工程等系列人才工程;实施资深学科带头人资助计划,启动高端人才延揽计划,进一步落实国家"千人计划";依托中国社会科学院研究生院和中国社会科学院大学,加强哲学社会科学后备人才培养。让广大哲学社会科学工作者成为先进思想的倡导者、学术研究的开拓者、社会风尚的引领者、党执政的坚定支持者。

加快构建中国特色哲学社会科学创新体系,要始终坚持"二为"方向和"双百"方针相统一。为人民服务、为社会主义服务,是哲学社会科学的根本宗旨;百花齐放、百家争鸣,是我国哲学社会科学的重要方针。加快构建中国特色哲学社会科学创新体系,要处理好"二为"方向与"双百"方针的关系,坚持"二为"方向和"双百"方针的有机统一。要在坚持"二为"的前提下,坚持和发扬学术民主,提倡不同学术观点、不同风格学派相互切磋、平等讨论。正确区分学术问题和政治问题,不把一般的学术问题当成政治问题,也不要把政治问题当作一般的学术问题,既反对打着学术研究旗号从事违背学术道德、违反宪法法律的假学术行为,也反对把学术问题和政治问题混淆起来、用解决政治问题的办法对待学术问题的简单化做法。大力弘扬理论联系实际、密切联系群众的优良学风,营造风清气正、互学互鉴、积极向上的学术生态。哲学社会科学工作者要真正把做人、做事、做学问统一起来,有立志为人民做大学问、做中国特色社会主义真学问的执着坚守。

加快构建中国特色哲学社会科学创新体系，要始终坚持加强和改善党对哲学社会科学工作的领导。加强和改善党对哲学社会科学工作的领导，是加快构建中国特色哲学社会科学创新体系的根本保证。从讲政治的高度，加强党对哲学社会科学的政治领导和工作指导，一手抓繁荣发展哲学社会科学，一手抓引导管理，确保哲学社会科学始终沿着正确的政治方向前进。坚持党性原则，加强党的建设。认真贯彻落实全面从严治党的要求，牢固树立"四个意识"，坚决维护党中央权威和集中统一领导，自觉在思想上政治上行动上同以习近平同志为核心的党中央保持高度一致。合理配置资源，把重要人才、重要阵地统筹好，把重大研究规划、重大研究项目、重大资金分配、重大评价评奖活动统筹好。要尊重劳动、尊重知识、尊重人才、尊重创造，以识才的慧眼、爱才的诚意、用才的胆识、容才的雅量，聚天下英才而用之。

（原载《求是》2017 年 5 月 16 日）

把"三严三实"作为终身追求

2014年3月9日,习近平同志在参加十二届全国人大二次会议安徽代表团审议时指出,各级领导干部都要树立和发扬好的作风,既严以修身、严以用权、严以律己,又谋事要实、创业要实、做人要实。此后,习近平同志又多次对"三严三实"作出阐述。从2015年4月开始,我们党在县处级以上领导干部中开展"三严三实"专题教育。3年多的实践证明,"三严三实"是共产党人的修身之道、言行之则、成功之方。统筹推进"五位一体"总体布局,协调推进"四个全面"战略布局,贯彻落实新发展理念,都要求领导干部自觉践行"三严三实"。领导干部要把"三严三实"作为终身追求,作为修身做人的基本遵循、为官用权的警世箴言、干事创业的行为准则。

"三严三实"体现共产党人的价值观

"三严三实"话语朴实,但内涵十分丰富。对领导干部来说,"严以修身"要求加强党性修养,坚定理想信念,提升道德境界,远离低级趣味,抵制歪风邪气;"严以用权"要求坚持用权为民,按制度规定行使权力,不搞特权,不以权谋私;"严以律己"要求心存敬畏、手握戒尺,慎独慎微、遵纪守法,为政清廉。"谋事要实"要求从实际出发谋划事业发展,使决策部署符合实际情况、符合客观规律、符合科学精神,不好高骛远,不脱离实际;"创业要实"要求脚踏实地、真抓实干、敢于担当,创造经得起人民与历史检验的业绩;"做人要实"要求对组织、对人民、对同志忠诚老实,做老实人、说老实话、干老实事，襟怀坦白、公道正派。

习近平总书记提出的"三严三实"，是对中华优秀传统文化中"修身养德""自省自律""克己奉公"等优良作风的创新性发展，是对我们党创造的"三老四严"作风的进一步升华。"三严三实"简明扼要、易懂易记、入脑入心，抓住了共产党人修身做人、为官用权、干事创业的关键，是我们党的理想信念、根本宗旨、使命担当等对领导干部作风提出的基本要求，生动体现了中国共产党人的价值观。正是靠着"严"与"实"，我们党由小到大、由弱变强，走过了峥嵘岁月，取得了辉煌成就。当前，我们党正带领全国各族人民为实现"两个一百年"奋斗目标和中华民族伟大复兴的中国梦而奋斗，领导干部必须把"三严三实"作为始终不渝的追求、永无止境的追求。

"三严三实"事关党的前途命运

"严"和"实"是中国共产党人的一贯追求。新的时代条件下，习近平同志提出和强调"三严三实"，是因为它关系党的前途命运。

在90多年的发展历程中，我们党因为坚持"严"和"实"取得了辉煌成就，也曾因为不"严"不"实"遭遇过一些挫折。比如，中央革命根据地在第五次反"围剿"时，"左"倾错误使一些人不听毛泽东同志关于跳出包围圈打运动战的正确建议，不顾敌我力量悬殊的现实，盲动冒险，主张"御敌于国门之外"，使红军遭受重创。可见，能否做到"严"和"实"绝不是作风上的小事，在许多时候直接关系党的生死存亡、前途命运。

"三严三实"关系党的前途命运，我们必须将其体现在工作和生活的方方面面。对于讲话、写文章来说，"严"和"实"也是基本要求，需要充分掌握材料，做到立论公允、见解深刻，从而有效推动工作。如果数据不准、材料不实，或者没有数据与材料，空话连篇，那肯定不能令人信服，更不能有效指导工作。马克思深刻指出："批判的武器当然不能代替武器的批判，物质力量只能用物质力量来摧毁；但是理论一经掌握群众，也会变成物质力量。理论只要说服人，就能掌握群众；而理论只要彻底，就能说服人。"理论要彻底、要说服人、要抓住事物的根本，没有"严"和"实"的精神是万万做不到的。只有坚持"严"和"实"，领导干部讲话、写文章才能有感染力、说服力、生命力。

领导干部讲话、写文章要"严"和"实"，干事创业更要"严"和"实"。在我们党的历史上，许多优秀领导干部正是坚持"三严三实"，才为党和人民事业发展作出了重大贡献。焦裕禄同志在兰考追沙追到沙落地、查水查到水归槽，用舌头辨别碱的种类和含碱量，把兰考"三害"的情况摸了个透；不让孩子"看白戏"，将票款如数交给戏院，又建议县委作出"十不准"的规定。他给我们留下的"亲民爱民、艰苦奋斗、科学求实、迎难而上、无私奉献"的焦裕禄精神，是"三严三实"的生动体现，是共产党人的宝贵财富。还有许多像焦裕禄一样的领导干部，求真务实、埋头苦干、廉洁自律，把一生献给党和人民，用实际行动彰显了共产党人对"严"和"实"的不懈追求。如果没有一批又一批自觉践行"三严三实"的好干部，我们党就不会取得举世瞩目的成就。

历史和现实一再证明，"严"和"实"的炉火能冶炼真金、陶冶英才；"松"与"虚"的泡沫能断送前程、毁掉英才。滥用权力带不来幸福，不义之财换不来心安，早晚有一天会给自己、给家庭、给党和人民事业带来严重损失。领导干部要想在政治舞台上有长久的生命力、在群众中有良好的口碑，实现自己的人生理想与人生价值，就必须将"三严三实"作为修身之道、言行之则，时时、事事、处处"严"字当头、"实"处着力，把好用权"方向盘"，系好廉洁"安全带"，创造真实的勤政廉政业绩，在为人民服务的道路上行稳致远。

靠"三严三实"开创事业发展新局面

习近平同志反复强调领导干部要做到"三严三实"，是着眼于建设一支高素质的干部队伍，为实现"两个一百年"奋斗目标和中华民族伟大复兴的中国梦提供人才保障。当前，我国处于全面建成小康社会决胜期，同时处于改革攻坚期，领导干部肩上的担子很重、面对的诱惑很多。领导干部要履行使命、抵制诱惑，不断开创事业发展新局面，必须自觉践行"三严三实。"

自觉践行"三严三实"，要求领导干部牢固树立"四个意识"。践行"三严三实"，解决不严不实问题，就要解决一些领导干部身上存在的理想信念动摇、信仰迷茫、精神迷失、党性修养缺失、不讲党的原则等问题；解决一些领导干部身上存在的无视党的政治纪律和政治规矩，对党不忠诚、做人不老实，阳奉阴违、自行其是，心中无党纪、眼里无国法等问题。自觉践行"三严三实"，解决这些问题，关键是要牢固树立政治意识、大局意识、核心意识、看齐意识。要把"四个意识"转化为在党爱党、在党言党、在党忧党、在党为党的实际行动，做到对党绝对忠诚，始终在思想上政治上行动上同以习近平同志为核心的党中央保持高度一致。

自觉践行"三严三实"，要求领导干部深入贯彻落实全面从严治党的要求，确保干净干事。反腐倡廉关系党的前途命运，绝不是刮一阵风、下一场雨，"雨过地皮湿"；而是要形成不敢腐、不能腐、不想腐的长效机制，永远保持共产党人的先进性、纯洁性，保持党同人民群众的血肉联系，巩固党的执政地位，实现党的执政使命。领导干部要深刻认识到，践行"三严三实"是对自己的真正爱护与帮助，是为了不犯错误。领导干部要自觉践行"三严三实"，提高觉悟、净化心灵、升华境界，做党需要的好干部；打消侥幸心理，不碰高压线、不踩红线、不越底线，当好人民需要的公仆。

自觉践行"三严三实"，要求领导干部加强调查研究、坚持实事求是。领导干部主管一个部门、一个地区的工作，必须通过调查研究了解本部门、本地区的真实情况，搞清楚优势在哪里、短板在哪里，进而发挥优势、补齐短板。毛泽东同志十分重视调查研究。1930年5月，他写了《反对本本主义》一文，提出"没有调查，没有发言权"的著名论断。1931年，他又进一步提出："我们的口号是：一，不做调查没有发言权。二，不做正确的调查同样没有发言权。"调查研究的目的是掌握真实情况。情况摸清了，才能政策对路、方法有效，才能得人心、顺民意，才能解决问题、改变面貌。为此，领导干部必须深入实际、掌握实情，说实话、讲实理，与群众面对面、心贴心，善谋致富策、共走致富路。不能对实际情况不明就胡乱作为，以致贻误发展、损害群众利益。

　　自觉践行"三严三实"，要求领导干部增强担当精神，把抓改革落实摆在重要位置。领导干部对于改革发展中遇到的矛盾和问题，不能推诿扯皮、为官不为，而是要把责任扛在肩上，出实招、求实效。领导干部要到群众中去，到矛盾和问题集中的地方去，尽力解决好改革中的重点难点问题。当然，有些事好办，有些事难办，有些事暂时办不了。古人说："挟泰山以超北海，语人曰'我不能'，是诚不能也。为长者折枝，语人曰'我不能'，是不为也，非不能也。"可见，一件事能不能办，群众看得清；领导干部有没有担当精神、是否尽心尽力，群众也看得清。领导干部只有敢于担当、注重实干，才能赢得人民群众的信任，不断推动事业发展。

（原载《人民日报》2017 年 6 月 23 日）

全面从严治党的强大思想武器与行动指南

——深入学习领会习近平总书记全面从严治党重要论述

党的十八大以来，以习近平同志为核心的党中央，站在全局和战略的高度，从推进中国特色社会主义伟大事业和党的建设新的伟大工程实际出发，深刻把握共产党执政规律、社会主义建设规律、人类社会发展规律，紧紧围绕"建设什么样的党、怎样建设党"这一根本问题，不断进行理论创新、实践创新和制度创新，创造性地提出了一系列新思想新观点新论断，形成了思想深邃、内涵丰富、逻辑严密的党建理论体系，进一步深化了对管党治党建党规律的认识，丰富和发展了马克思主义党的建设理论，是当代马克思主义关于党的建设理论和实践最现实、最集中的体现，为在新的历史起点上推进党的建设新的伟大工程提供了强有力的思想武器和行动指南。深入学习领会习近平总书记全面从严治党重要论述，对于我们在思想上政治上行动上同以习近平同志为核心的党中央保持高度一致，顺利推进伟大斗争、伟大工程、伟大事业、伟大梦想，具有重大而深远的意义。

深刻阐述了全面从严治党的重大理论和现实意义

坚持和发展中国特色社会主义，带领全国各族人民实现"两个一百年"奋斗目标、实现中华民族伟大复兴的中国梦，是中国共产党肩负的历史使命。历史使命越光荣、奋斗目标越宏伟,越需要增强忧患意识,越需要全面从严治党。

推进中国特色社会主义伟大事业的根本政治保证。中国特色社会主义,是中国共产党人带领中国人民近百年奋斗、创造、积累取得的最根本成就。在日益复杂的国际国内环境下,如何更好地坚持和发展中国特色社会主义,推进中国特色社会主义伟大事业继续前进,是以习近平同志为核心的党中央治国理政的主题内容。对此,习近平总书记鲜明地指出:"中国特色社会主义最本质的特征是中国共产党领导,中国特色社会主义最大的优势是中国共产党领导,坚持和完善党的领导,是党和国家的根本所在、命脉所在,是全国各族人民的利益所在、幸福所在。"这深刻阐明了中国特色社会主义"质"的规定性,深刻揭示了中国共产党的执政规律和中国特色社会主义的发展规律。中国特色社会主义是社会主义,而不是别的什么主义,最根本的就在于坚持中国共产党的领导。坚持党的领导,首先就是坚持党中央的集中统一领导,坚决维护以习近平同志为核心的党中央权威,自觉向党中央看齐、向党的理论和路线方针政策看齐、向党中央决策部署看齐,确保正确的政治方向、形成强大的政治合力。加强党的领导,就必须坚持全面从严治党。推进新的历史条件下党的建设伟大工程是推进中国特色社会主义伟大事业的根本政治保证。

进行具有许多新的历史特点的伟大斗争的必然要求。当前,我国已进入全面建成小康社会决胜阶段,中华民族正处于走向伟大复兴的关键时期。"发展中国特色社会主义是一项长期的艰巨的历史任务,必须准备进行具有许多新的历史特点的伟大斗争",习近平总书记关于"伟大斗争"的重要论述是站在全局高度作出的重要论断。习近平总书记明确提出:"中华民族伟大复兴绝不是轻轻松松就能实现的,我国越发展壮大,遇到的阻力和压力就会越大。"进行具有许多新的历史特点的伟大斗争,关键在党,关键在人,全面从严治党是我们党在新形势下进行具有许多新的历史特点的伟大斗争的根本保证。

推进党的建设新的伟大工程的迫切需要。党和人民的事业发展到什么阶段，党的建设就要推进到什么阶段。当前，党面临的执政考验、改革开放考验、市场经济考验、外部环境考验具有长期性和复杂性，党面临的精神懈怠危险、能力不足危险、脱离群众危险、消极腐败危险具有尖锐性和严峻性，增强自我净化、自我完善、自我革新、自我提高能力更加重要和紧迫。如果管党不力、治党不严，人民群众反映强烈的突出矛盾和问题得不到及时解决，我们党执政的基础就会动摇和瓦解；同样，如果我们让已经初步解决的问题反弹回潮、故态复发，那就会失信于民，我们党就会面临更大的危险。习近平总书记的重要论述，深刻体现了对党和国家的忧思，为党要管党、从严治党提供了重要理论依据。

深刻回答了"建设什么样的党"的重大理论问题

习近平总书记全面从严治党重要论述，鲜明提出了马克思主义是立党立国的根本、人民立场是中国共产党的根本政治立场、先进性和纯洁性是党的本质属性、确保党始终成为中国特色社会主义事业坚强领导核心是党的建设根本目标等涉及党的性质、宗旨、指导思想、建设目标的重大问题，继续深刻回答了"建设什么样的党"的重大理论问题，全面深化了马克思主义的党建理论学说。

马克思主义是立党立国的根本。指导思想是政党的精神旗帜，是政党全部活动的理论基础。习近平总书记关于坚持马克思主义指导地位、坚持和发展马克思主义的重要论断，鲜明地指出了全党和全国各族人民团结奋斗的共同理论基础，是我们党始终保持无产阶级政党性质不变的根本理论依据。党的十八大以来，以习近平同志为核心的党中央，从坚持和发展中国特色社会主义战略全局出发，深刻回答党和国家事业发展的一系列根本性问题，形成了一系列治国理政新理念新思想新战略，充分彰显了马克思主义的理论品格、实践品格与时代品格，是中国共产党的理论新飞跃、行动新指南、斗争新武器。坚持以马克思主义为指导，最现实、最紧迫的任务就是深入学习贯彻习近平总书记系列重要讲话精神和治国理政新理念新思想新战略，以指导中国特色社会主义的新实践。

人民立场是中国共产党的根本政治立场。习近平总书记鲜明地指出："人民立场是中国共产党的根本政治立场，是马克思主义政党区别于其他政党的显著标志。"习近平总书记关于"人民立场"的重要思想，深刻诠释了人民群众是历史的创造者的唯物史观，阐释了全心全意为人民服务的宗旨，鲜明指出了共产党人的根本政治立场和价值取向。正是因为始终坚持人民立场、始终维护最广大人民群众的利益，党才能够摆脱以往一切政治力量追求自身特殊利益的局限，才能够拥有无私无畏的博大胸怀，不断取得改革开放和现代化建设的新胜利。

先进性和纯洁性是党的本质属性。习近平总书记指出："先进性和纯洁性是马克思主义政党的本质属性，我们加强党的建设，就是要同一切弱化先进性、损害纯洁性的问题作斗争，祛病疗伤，激浊扬清。"这进一步深刻阐述了中国共产党是中国工人阶级先锋队、中国人民和中华民族的先锋队的本质属性，鲜明指出了加强党的建设的核心任务。党在中国的社会主义革命、建设和改革历程中一直发挥了先锋和引领作用，在新的历史时期，需要党继续高举先进性与纯洁性的旗帜，进一步发挥核心作用、领导作用和战斗堡垒作用，团结带领全国各族人民在全面建成小康社会、实现中华民族伟大复兴中国梦的伟大征程中砥砺前行、奋勇前进。

确保党始终成为中国特色社会主义事业坚强领导核心。习近平总书记曾形象地说，"在国家治理体系的大棋局中，党中央是坐镇中军帐的'帅'"。习近平总书记在党的十八届五中全会第二次全体会议上的讲话中强调："能不能驾驭好世界第二大经济体，能不能保持经济社会持续健康发展，从根本上讲取决于党在经济社会发展中的领导核心作用发挥得好不好。"习近平总书记的重要论断，明确指出了党的建设的根本目标，有力回击了对党领导中国特色社会主义的各种质疑，是中国特色社会主义事业沿着正确方向前进的最根本政治保证。

鲜明提出了全面从严治党的重大实践要求

党的十八大以来，以习近平同志为核心的党中央紧紧围绕全面从严治党，突出强调坚定理想信念、切实加强和规范党内政治生活、坚决维护党中央权威、严明党的纪律和规矩、着力打造高素质干部队伍、持之以恒抓作风建设、把反腐败斗争引向深入、切实加强党内监督、落实全面从严治党主体责任，作出了一系列重大部署，采取了一系列有效举措，形成了一系列新思想新观点新论断，带领全党开辟了管党治党建党的新境界。

突出强调坚定理想信念。理想信念是政党安身立命的根本。习近平总书记突出强调坚定理想信念、坚定政治方向的作用，明确指出坚定正确的政治方向，必须有坚定的理想信念作支撑。坚定的理想信念，必须建立在对马克思主义的深刻理解之上，建立在对历史规律的深刻把握之上，全党要深入学习马克思列宁主义、毛泽东思想、邓小平理论、"三个代表"重要思想、科学发展观，深入学习党的十八大以来党中央治国理政新理念新思想新战略，不断提高马克思主义思想觉悟和理论水平，保持对远大理想和奋斗目标的清醒认识和执着追求。习近平总书记关于坚定理想信念的重要论述，深刻阐明了共产党人的"初心"，阐释了共产党人的政治方向与价值追求，为我们牢固树立"四个意识"，永葆忠诚于党的政治品格提供了坚实的思想基础，为我们加强党性修养、提升思想境界提供了丰富的精神营养。

切实加强和规范党内政治生活。严肃党内政治生活是全面从严治党的重要政治基础，是确保全党思想统一、步调一致的重要手段。党的十八大以来，以习近平同志为核心的党中央把严肃党内政治生活、净化党内政治生态摆在更加突出的位置，明确提出要加强和规范党内政治生活，严肃党的政治纪律和政治规矩，增强党内政治生活的政治性、时代性、原则性、战斗性，全面净化党内政治生态。习近平总书记多次强调，"党要管党，首先要从党内政治生活管起；从严治党，首先要从党内政治生活严起"。习近平总书记关于党内政治生活的重要思想，深刻阐明了全党必须遵守的党内政治生活准则和党的各项规定要求，为净化党内政治生态，推进全面从严治党打下重要政治基础。

坚决维护党中央权威。习近平总书记鲜明地指出："维护党中央权威，决不是一般问题和个人的事，而是方向性、原则性问题，是党性，是大局，关系党、民族、国家前途命运。"习近平总书记提出坚决维护党中央权威的政治要求，是对马克思主义建党学说的深刻揭示，是对中国共产党长期实践中形成的优良传统和独特优势的科学总结，对开创治国理政新局面具有十分重要的作用。坚决维护党中央权威，最重要的是要维护习近平总书记的核心地位，切实做到在思想上高度信赖、理论上深刻认同、政治上坚决维护、行动上始终紧跟习近平总书记这一党中央的核心、全党的核心，把维护党中央权威、维护党中央核心、全党的核心落实到改革开放和社会主义现代化建设各项工作中去。

严明党的纪律和规矩。严明的纪律是马克思主义政党与生俱来的内在品质，是提高党的凝聚力和战斗力、领导能力和执政能力的重要基础和保障。习近平总书记强调，"党面临的形势越复杂、肩负的任务越艰巨，就越要加强纪律建设，越要维护党的团结统一，确保全党统一意志、统一行动、步调一致前进"。严明党的纪律，首要的就是严明政治纪律，遵守党的政治纪律，最核心的就是坚持党的领导，自觉维护中央权威。党章规定的"四个服从"，既是党最基本的组织原则，也是最基本的组织纪律，要强化组织意识，相信组织、依靠组织、服从组织，自觉维护党的团结统一。党的性质、宗旨都决定了纪严于法、纪在法前，要把党的纪律和规矩挺在前面，用纪律和规矩管住大多数，使纪律真正成为带电的高压线。习近平总书记关于守纪律、讲规矩的重要论述，切中了时弊，抓住了根本，有很强的现实针对性，为广大党员干部牢固树立纪律和规矩意识指明了方向。

打造高素质干部队伍。进行具有许多新的历史特点的伟大斗争，实现党的十八大确定的各项目标任务，关键在党，关键在人。党的十八大以来，习近平总书记始终把选人用人作为关系党和人民事业的关键性、根本性问题来抓，反复强调党要管党，首先要管好干部；从严治党，关键是从严治吏，坚持从严教育、从严管理、从严监督。习近平总书记从思想上、政治上、作风上、作为上、道德上，对新时期加强党员干部队伍建设提出了明确要求，阐明了干部队伍建设与伟大事业的关系，拓展了党的干部路线的深刻内涵，为实现干部清正、政府清廉、政治清明提供了重要组织保证。

持之以恒抓作风建设。作风集中体现了我们党的人格力量。党的十八大以来，以习近平同志为核心的党中央以八项规定为突破，以锲而不舍、驰而不息的精神狠抓作风建设，取得了明显成效。习近平总书记反复强调："工作作风上的问题绝对不是小事，如果不坚决纠正不良风气，任其发展下去，就会像一座无形的墙把我们党和人民群众隔开，我们党就会失去根基、失去血脉、失去力量。""四风"是群众深恶痛绝、反映最强烈的问题，也是损害党群干群关系的重要根源，党的群众路线教育实践活动要集中解决"四风"问题；领导干部要严以修身、严以用权、严以律己，谋事要实、创业要实、做人要实。作风建设永远在路上，永远没有休止符，否则会导致作风问题不断反弹，最后失信于民。习近平总书记关于加强作风建设的重要思想，深刻揭示了党的作风建设与党的性质宗旨之间的关系、与人民群众的关系。以"踏石留印、抓铁有痕"的劲头狠抓作风建设，充分体现了以习近平同志为核心的党中央从严治党的政治决心，体现了对始终保持党同人民群众的血肉联系，完成好"历史性考试"、跳出历史周期律的深入思考。

把反腐败斗争引向深入。反对腐败、建设廉洁政治，保持党的肌体健康，始终是我们党一贯坚持的鲜明政治立场。党的十八大以来，以习近平同志为核心的党中央坚持"老虎""苍蝇"一起打，腐败蔓延的势头得到有效遏制，反腐败斗争压倒性态势已经形成，不敢腐的目标初步实现，不能腐的制度日益完善，不想腐的堤坝正在构筑。习近平总书记反复强调："反腐倡廉必须常抓不懈，拒腐防变必须警钟长鸣。"各级领导干部要牢固树立正确权力观，保持高尚精神追求，敬畏人民、敬畏组织、敬畏法纪，做到公正用权、依法用权、为民用权、廉洁用权，永葆共产党人拒腐蚀、永不沾的政治本色。习近平总书记关于反腐倡廉建设的重要论述，深刻阐明了我们党要永葆先进性和纯洁性的马克思主义本质属性，充分彰显了我们党自我革命的政治勇气。反腐败斗争压倒性态势的形成，为保持社会经济持续快速健康发展，确保党始终成为中国特色社会主义事业的坚强领导核心，赢得了民心民意，占据了道义高点。

切实加强党内监督。党内监督是永葆党的肌体健康的生命之源。党的十八大以来，以习近平同志为核心的党中央把加强党内监督作为党的建设的重要基础性工程来抓，充分释放监督的制度优势，取得显著成绩。习近平总书记关于加强党内监督的重要论述，深刻阐述了党从人民利益出发，进行的自我约束与自我完善，充分体现了党高度的政治清醒与政治自觉，这对于确保对权力进行有效监督，继续充分发挥党长期执政的制度优越性，具有重要的制度意义。

落实全面从严治党主体责任。从严治党，必须增强管党治党意识、落实管党治党责任。习近平在十八届中央纪委第六次全体会议上强调，"落实主体责任，关键是要把党的领导落到实处，各级党组织要牢固树立不管党治党就是严重失职的观念，在工作的方方面面体现党的领导"。各级各部门党委必须树立正确的政绩观，坚持从巩固党的执政地位的大局看问题，把抓好党建作为最大的政绩。习近平总书记关于落实主体责任的重要论述，深刻回答了全面从严治党谁来抓的重大问题，这就将从严治党的整体责任，转化为各级党组织的具体责任，把中央的担当精神，转化为各级党的领导干部的担当行动，对于推动全面从严治党真正落到实处，管党治党从宽松软走向严紧硬具有重大意义。

深入学习习近平总书记全面从严治党 重要论述的立场观点方法

习近平总书记全面从严治党重要论述，既继承党近百年奋斗形成的理论成果、实践经验、光荣传统、优良作风，又体现了党的十八大以来我们党与时俱进的创新创造。我们学习领会习近平总书记全面从严治党思想，就是要掌握贯穿其中的马克思主义立场观点方法，提高分析和解决实际问题的能力。

强烈的历史担当。习近平总书记把全面从严治党战略，与推进中国特色社会主义伟大事业、实现中华民族伟大复兴中国梦紧密联系，从世界社会主义五百年发展史中吸取教训，从中国共产党领导中国革命、建设、改革近百年历程中总结经验，深刻指出这一代中国共产党人承担的历史责任。习近平总书记把党的建设放在伟大的中国特色社会主义事业、宏大的"中国梦"的历史背景里着重强调，置于特定的历史坐标和时代方位上着重强调，充分体现了时代要求和历史期望，充分展现了共产党人的责任使命、高度自觉和高尚境界。

强大的政治定力。党的十八大以来，以习近平同志为核心的党中央稳扎稳打、步步为营，将全面从严治党不断推向纵深，体现出强大的定力和顽强的意志。习近平总书记始终坚持正确的政治方向，坚信马克思主义的科学性、真理性，坚守共产党人的精神家园，坚定地站在党和人民的立场，不为任何噪声所扰、不为任何歪风所惑、不为任何暗流所动。这些都充分展示了共产党人强大的人格力量和政治定力、思想定力、理论定力，体现了对中国特色社会主义道路、理论、制度、文化的高度自信，宣示了我们党对自身纲领与使命的执着坚守。

科学的思维方法。习近平总书记全面从严治党重要论述，特别注重运用辩证唯物主义和历史唯物主义的世界观和方法论来分析解决管党治党建党中的一系列根本问题，充满了马克思主义的哲学智慧，闪烁着哲学思维的光芒。注重治党和治国的整体性、协同性，协调推进"四个全面"战略布局，更好体现了党的建设与治国理政的辩证统一，体现了全面从严治党的战略思维；注重打好全面从严治党的组合拳，坚持思想从严、管党从严、执纪从严、作风从严、治吏从严和反腐从严的有机统一，体现了全面从严治党的系统思维；坚持整体推进与重点突破的有机统一，既坚持统筹推进，又着力把与经济中心任务联系紧、关系大，群众关注度高、社会反映强烈的问题作为重点来抓，实现重点突破带动整体推进，体现了全面从严治党的辩证思维。学习科学思维方法，就要善于从战略上把握趋势，从全局上谋划工作，增强工作的科学性、系统性、协调性，始终坚持按规律办事。

开拓创新的精神。全面从严治党是不断探索、完善和创造的过程。习近平总书记既坚持了马克思主义党建基本原理，又紧密结合当代中国发展变化的实际，不断推进新实践基础上的理论创新，形成了一系列新思想新观点新论断新举措，充分体现了开拓进取的创新精神。在党的建设与人民事业的关系上，明确提出加强党的建设必须把握的基本规律，党和人民的事业发展到什么阶段，党的建设就要推进到什么阶段，实现了党的建设与党和人民的事业有机统一。在党内监督上，既加强党的自我监督，又加强对国家机器的监督，整合监察力量，健全国家监察架构，形成了全面覆盖的国家监察体系。全面从严治党也是打破利益藩篱的过程，习近平总书记因时制宜、知难而进，充分体现了共产党人与时俱进、开拓创新的时代精神。

求真务实的作风。全面从严治党思想贯穿着强烈的问题意识、鲜明的问题导向，体现了共产党人求真务实的科学态度。党的群众路线教育实践活动，主要针对群众深恶痛绝的"四风"问题；"三严三实"专题教育，聚焦党员干部在对党忠诚、个人干净、敢于担当方面"不严不实"的问题；"两学一做"学习教育着力解决一些党员理想信念模糊动摇和党的意识淡化等问题。把全面从严治党延伸到每个支部、拓展到每个党员，实现了从严治党全覆盖、无死角。在落实全面从严治党主体责任过程中，强调以监督和问责倒逼责任落实，把管党治党政治责任落实到基层，确保管党治党取得实实在在的成效。习近平总书记求真务实的作风，深刻体现了共产党人实事求是的思想路线。弘扬求真务实的作风，就要求我们一切要从实际出发，在深入研究新情况、不断解决新问题的实践中推进全面从严治党。

（原载《人民论坛》2017年第8期）

开辟21世纪中国马克思主义哲学发展新境界

习近平总书记发表的"7·26"重要讲话，通篇贯穿了马克思主义哲学真理。他站在辩证唯物主义和历史唯物主义的世界观和方法论高度，科学分析了国际国内形势，深刻阐述了党的十八大以来的5年党和国家发展的历史性变革，深刻阐述了新的历史条件下坚持和发展中国特色社会主义的一系列重大理论和实践问题，深刻阐述了未来一个时期党和国家事业发展的大政方针和行动纲领，提出了一系列新的重要思想、重要观点、重大论断、重大举措，是一篇马克思主义的纲领性文献。习近平总书记"7·26"重要讲话，不仅是党的理论的重大创新，也是21世纪中国马克思主义哲学的重大创新。

一 坚持和发展马克思主义哲学的光辉典范

马克思主义哲学是迄今为止人类理论思维的最高峰，是中国共产党人全部思想、路线和行动纲领的哲学和理论指南。

170多年前，马克思主义哲学的诞生实现了人类思想史上的一场划时代的变革。它不仅开创了哲学发展的新纪元，而且引导世界进步力量极其深刻地改变了人类历史发展的进程，改变了整个世界的面貌。随着十月革命的炮声，马克思主义传播到中国，为中国先进知识分子和人民群众所接受，迅速改变了中国人民的精神面貌，改变了数以亿计中国人民的历史命运。毛泽东同志在1949年撰写的《唯心历史观的破产》中指出，"自从中国人学会了马克思列宁主义以后，中国人在精神上就由被动转入主动"。由此,古老的中国结束了在黑暗中摸索的历史,开辟了一条革命建设改革发展的中国道路,产生了马克思主义中国化的两大理论成果及其哲学思想——毛泽东思想和中国特色社会主义理论体系及其哲学思想。

党的十八大以来,习近平总书记围绕改革发展稳定、内政外交国防、治党治国治军发表了一系列重要讲话,这些重要讲话集中凝练为治国理政新理念新思想新战略。习近平总书记系列重要讲话精神和治国理政新理念新思想新战略是21世纪马克思主义中国化的新成果,是对中国特色社会主义理论体系的丰富、创新和发展,为我们在新的历史起点上实现伟大奋斗目标提供了基本遵循和理论指南。

习近平总书记系列重要讲话精神和治国理政新理念新思想新战略蕴含着极其丰富的哲学思想,不仅为我们树立了灵活运用马克思主义哲学的光辉典范,而且开辟了21世纪中国马克思主义哲学发展的新境界,是马克思主义哲学中国化、时代化和大众化的进一步创新发展,让当代中国马克思主义哲学放射出更加灿烂的真理光芒。

从习近平总书记系列重要讲话精神和治国理政新理念新思想新战略,到"7·26"重要讲话,其中蕴含的哲学思想是:

第一,凝结了当代中国重大问题科学解决的哲学思考,开辟了马克思主义哲学中国化的新境界。

马克思指出:"理论在一个国家实现的程度,总是取决于理论满足这个国家的需要的程度。"[①] 党的十八大以来,我们正在进入一个变革的时代,中国大地上正经历着广泛而深刻的历史性变革,正进行着宏大而独特的实践探索,我们党团结带领中国人民已经前进到一个新的历史发展阶段,站在了一个新的历史起点上,正在开展具有许多新的历史特点的伟大斗争。这种前无古人的伟大实践,必将遭遇一些"最宏大和最重要的问题"。怎样完成民族和国家从站起来、富起来到强起来的历史性飞跃,把伟大祖国建设成为一个社会主义现代化强国,实现中华民族伟大复兴的中国梦?这是中国共产

---

① 《马克思恩格斯选集》第1卷,人民出版社2012年版,第11页。

党人所面临的最重大的历史性课题。习近平总书记强调,"解决中国的问题只能在中国大地上探寻适合自己的道路和办法",中国的现代化只能基于"中国自己的条件",走自己的道路,而不能照搬其他的理论或别国经验。

对于"在新的历史条件下,面临新形势新需求新挑战,为什么坚持和发展中国特色社会主义,怎样坚持和发展中国特色社会主义","建设一个什么样的社会主义现代化强国,怎样建设社会主义现代化强国"这个当代中国最重大的课题,习近平总书记作出了全面的哲学回答,从世界观方法论的高度解决了当代中国究竟"举什么旗,走什么路,以什么样的精神状态,担负什么样的历史使命,坚持什么样的发展方向和路线,采取什么样的战略举措,实现什么样的奋斗目标"这一系列带有根本性的问题,在马克思主义哲学中国化的发展道路上迈出了新的重要一步。

第二,凝结了当今时代发展大趋势的哲学概括,开辟了马克思主义哲学时代化的新境界。

恩格斯指出:"每一个时代的理论思维,包括我们这个时代的理论思维,都是一种历史的产物,它在不同的时代具有完全不同的形式,同时具有完全不同的内容。"① 哲学发展有其自身的规律,它是时代变迁在观念形态的集中反映。对哲学的考察,需要将其放到时代的大坐标中进行。历史表明,社会大变革的时代,一定是哲学大发展的时代。正如习近平总书记所说:"要跟上时代前进步伐,就不能身体已进入 21 世纪,而脑袋还停留在过去"②。

当今世界正在发生历史上最为广泛而深刻的社会变革,世界多极化、经济全球化深入发展,社会信息化、文化多样化持续推进,新一轮科技革命和产业革命正在孕育成长,今天比以往任何时候都更需要对时代精神进行深刻把握和精确表达。"这是一个需要理论而且一定能够产生理论的时代,这是一个需要思想而且一定能够产生

---

① 《马克思恩格斯选集》第 3 卷,人民出版社 2012 年版,第 873 页。
② 《习近平谈治国理政》,外文出版社 2014 年版,第 273 页。

思想的时代。"①

面对这样一个历史时代方位,习近平总书记站在马克思主义哲学的高度,系统地思考和科学回答了一系列重大课题。诸如,"我们从哪里来、现在在哪里、将到哪里去?"在新的历史起点上,以什么样的理念引领,以什么样的思想支撑,以什么样的战略筹划,以什么样的机制保障,才能把复兴之路上的中国带入一个新的境界?才能取得中国特色社会主义现代化建设的伟大胜利?才能把剧烈变动中的世界引向一个更加美好的未来?让和平的薪火代代相传,让发展的动力源源不断,让文明的光芒熠熠生辉,让社会主义之光普照全球。这些都是对社会发展大趋势和历史运动大逻辑的深刻洞察和系统剖析,是对当今时代精神之精华的准确把握和精确表达,在马克思主义哲学时代化的道路上迈出了新的重要一步。

第三,凝结了人民大众实践探索的哲学认识,开辟了马克思主义哲学大众化的新境界。

马克思主义哲学的根本特征在于,它不仅致力于科学"解释世界",而且致力于积极"改变世界"。改变世界的前提在于发动改变世界的现实力量,就是最广大的人民群众。"理论一经掌握群众,也会变成物质力量。"② 马克思主义哲学从本质上说是以人民为中心,来自人民、为了人民、依靠人民,为人民所用,属于人民的学问。马克思主义哲学必须抛弃资产阶级理论家一贯使用的神秘的哲学面纱,以人民群众喜闻乐见的形式阐述哲学道理,以人民乐于接受的话语征服群众。毛泽东同志曾经倡导:"让哲学从哲学家的课堂上和书本里解放出来,变为群众手里的尖锐武器。"③

艾思奇的《大众哲学》影响了不止一代中国人,其中一个重要经验在于他充分考虑人民群众的思维习惯和语言习惯,把深邃的理论转

---

① 习近平:《在哲学社会科学工作座谈会上的讲话》,人民出版社2016年版,第8页。
② 《马克思恩格斯选集》第1卷,人民出版社2012年版,第9页。
③ 《毛泽东文集》第8卷,人民出版社1999年版,第323页。

变为通俗易懂的语言，把抽象的理论逻辑转变为形象的生活逻辑。

习近平总书记系列重要讲话精神和治国理政新理念新思想新战略所内含的哲学思想通过人们喜闻乐见的形式进行表达，用群众听得懂的语言讲群众听得懂的道理，在哲学理论与人民群众之间架起一座桥梁，从而取得"随风潜入夜，润物细无声"的效果。习近平总书记经常用人民群众喜闻乐见的语言方式来讲述人民群众最关注的问题，用打比方、讲故事的方式阐述深刻的哲学道理，诸如"打老虎，拍苍蝇"，"踏石留印，抓铁有痕"，"人心就是力量"，"补精神之'钙'"，"把权力关进制度的笼子"，"鞋子合不合脚，自己穿了才知道"，"没有比人更高的山，没有比脚更长的路"等。将"高大上"的哲学理念转化为"接地气"的生活语言，平实中蕴含着大智慧，更有一种透彻、直指人心的力量，一经传出，立即成为全民能诵的经典语录。习近平总书记为建构具有中国特色、中国风格、中国气派的马克思主义哲学中国化理论体系和话语体系作出了突出贡献，在马克思主义哲学大众化的道路上迈出了新的重要一步。

二 灵活运用马克思主义哲学基本立场、观点和方法的先锋模范

习近平总书记系列重要讲话精神和治国理政新理念新思想新战略中始终贯穿了一条红线，这就是马克思列宁主义、毛泽东思想和中国特色社会主义理论体系一以贯之的基本立场、观点和方法，即马克思主义哲学世界观方法论，它既构成了治国理政新理念新思想新战略的哲学依据，又形成了治国理政新理念新思想新战略的哲学内容。

第一，实事求是是习近平总书记系列重要讲话精神和治国理政新理念新思想新战略的哲学精髓。

实事求是是马克思主义哲学的精髓要义，是毛泽东哲学思想的精髓要义，是中国特色社会主义理论体系哲学思想的精髓要义，也是习近平总书记系列重要讲话精神和治国理政新理念新思想新战略其内涵哲学思想的精髓要义。习近平总书记指出："实事求是，是马克思主

义的根本观点，是中国共产党人认识世界、改造世界的根本要求，是我们党的基本思想方法、工作方法、领导方法。不论过去、现在和将来，我们都要坚持一切从实际出发，理论联系实际，在实践中检验真理和发展真理。"①

马克思主义哲学本身就是实事求是的产物，是马克思主义哲学的创立者和发展者对以往自然、社会和人类思维发展的"实事"、对他们所处时代的"实事"、对他们所历经的实践的"实事"，进行哲学探索和科学研究而"求"出来的"是"。对于中国马克思主义者而言，实事求是思想路线具有特殊重要的意义，作为地地道道的中国话语概括，它是马克思主义中国化的成功典范，是打造马克思主义哲学中国化理论体系和话语体系的成功标尺。对于中国共产党人而言，实事求是从来就不是一个抽象空洞的哲学命题，而是解决现实问题的强大思想武器。在90多年历程中，中国共产党人就是用实事求是这把钥匙，打开了中国历史发展的一个又一个关键点，开启了马克思主义哲学中国化的一个又一个新境界。其间所经历的成功和胜利，无不得益于实事求是；所遭遇的挫折和失误，也无不源于背离了实事求是。

习近平总书记系列重要讲话精神和治国理政新理念新思想新战略本身就是坚持解放思想、实事求是思想路线，准确把握客观实际、科学掌握客观规律的创新成果。习近平总书记牢牢坚持实事求是这一精髓，深刻把握当今世界发展不断变化的特征，正确认识和把握我国社会发展的阶段性特征，牢牢把握中国仍处于并将长期处于社会主义初级阶段的最大国情，并从这一最大的实际出发，科学总结党的十八大以来我国发展的历史性变革，准确判断中国特色社会主义进入一个新的发展阶段，前进到一个新的历史起点上，进而提出解决中国与世界当代问题的科学方案，并付诸实践。这一过程，既是理论探索的过程，也是实践的过程，更是不断开辟21世纪中国马克思主义哲学发展新境界的过程。

---

① 习近平：《在纪念毛泽东同志诞辰120周年座谈会上的讲话》，人民出版社2013年版，第15页。

第二，以人民为中心是习近平总书记系列重要讲话精神和治国理政新理念新思想新战略的哲学立场。

马克思主义哲学作为无产阶级的科学世界观和方法论，是科学性与价值性的统一，它具有鲜明的党性原则和阶级立场，而且从不掩饰自己的立场与观点。这使其与一切打着价值中立的旗帜，鼓吹进行"纯粹客观"研究的一切剥削阶级的旧哲学从根本上区分开来。马克思说："哲学把无产阶级当做自己的物质武器，同样，无产阶级也把哲学当做自己的精神武器"①。

习近平总书记指出："人民立场是中国共产党的根本政治立场，是马克思主义政党区别于其他政党的显著标志。"②"党的一切工作，必须以最广大人民根本利益为最高标准。检验我们一切工作的成效，最终都要看人民是否真正得到了实惠，人民生活是否真正得到了改善，人民权益是否真正得到了保障。"③在习近平总书记系列重要讲话精神和治国理政新理念新思想新战略中，人民占据着最高位置。人心是最大的政治，人民立场是最为根本的立场。对于马克思主义哲学而言，为什么人的问题是根本性、原则性问题。一切为了人民、一切依靠人民，以人民为中心是马克思主义哲学的根本立场。世界上从来就没有纯而又纯的无立场的哲学，为少数人服务还是为绝大多数人服务，是马克思主义哲学首先要回答的前提性问题。习近平总书记的哲学实践和哲学创造为我们确立了以人民为中心的立场导向和人民至上的价值取向，为我们树立了尊重人民主体地位、聚焦人民实践创造，自觉把理想追求同国家和民族发展紧密联系在一起，同服务人民和奉献社会紧密联系在一起的崇高的理想信念。确立以人民为中心的马克思主义哲学的根本立场，为开辟21世纪中国马克思主义哲学发展新境界作出了新的贡献。

---

① 《马克思恩格斯选集》第1卷，人民出版社2012年版，第16页。
② 习近平：《在庆祝中国共产党成立95周年大会上的讲话》，人民出版社2016年版，第18页。
③ 《习近平谈治国理政》，外文出版社2014年版，第28页。

第三，辩证思维是习近平总书记系列重要讲话精神和治国理政新理念新思想新战略的哲学方法。

习近平总书记系列重要讲话精神和治国理政新理念新思想新战略是科学世界观和方法论的有机统一。它既部署"过河"的方向和任务，又指导如何解决"桥或船"的问题，为我们认识问题、分析问题和解决问题提供了有效的方法"钥匙"。辩证思维，就是承认矛盾、分析矛盾、解决矛盾，善于抓住关键、认清矛盾、找准重点、洞察事物发展规律的思想方法。习近平总书记系列重要讲话精神和治国理政新理念新思想新战略处处体现着辩证思维的根本方法。比如，在分析国际国内形势时，强调要坚持"两点论"，一分为二看问题，既要看到国际国内形势中有利的一面，也要看到不利的一面；在阐述全面深化改革时，指出全面深化改革是一项极其复杂的系统工程，强调胆子要大、步子要稳，"战略上要勇于进取，战术上则要稳扎稳打"；强调"要有强烈的问题意识，以重大问题为导向"，坚持"稳中求进的工作总基调"；在阐述社会治理时，指出"管得太死，一潭死水不行；管得太松，波涛汹涌也不行"；等等。习近平总书记号召我们要提高辩证思维能力，就是要求我们客观地而不是主观地、发展地而不是静止地、全面地而不是片面地、系统地而不是零散地、普遍联系地而不是孤立地观察事物，在矛盾双方对立统一的过程中把握住事物的发展规律，克服极端化、片面化，从而达到分析问题、解决问题的目的。习近平总书记要求我们提高辩证思维能力，要把辩证思维与战略思维、历史思维、创新思维、底线思维等统一起来，作为一个完整的科学方法论体系予以学习掌握，并运用到解决中国的现实问题中去。这就为开辟21世纪马克思主义哲学发展新境界提供了方法论支撑。

第四，历史思维是习近平总书记系列重要讲话精神和治国理政新理念新思想新战略的哲学观点。

唯物史观是马克思主义关于社会历史发展问题的哲学总观点和总说明，是我们共产党人在政治上观察和解决一切社会问题的望远镜和显微镜，也是习近平总书记系列重要讲话精神和治国理政新理念新思想新战略的哲学根据和理论基石。习近平总书记强调必须坚持以唯物史观为指导,强调提高以唯物史观为基础的历史思维能力,用以解决复杂的社会问题。他指出:"历史和现实都表明,只有坚持历史唯物主义,我们才能不断把对中国特色社会主义规律的认识提高到新的水平,不断开辟当代中国马克思主义发展新境界。"① 历史和现实的实践已经不可辩驳地证明,中国革命、建设和改革开放取得的每一个伟大胜利,都离不开唯物史观的正确指导和成功运用。习近平总书记站在新的历史起点上,自觉运用生产、群众和社会基本矛盾等唯物史观基本观点,思考当代中国和当今世界的重大理论和实践问题,准确把握人类历史发展的基本规律和总趋势,指出既要看到历史发展的光明前景,又要看到当前存在的困难和问题,既要看到在当前国际金融危机背景下资本主义必然灭亡的总趋势,又要看到资本主义依然具有自我调节的能力,总体上仍然是资强社弱,要有长期斗争的思想准备。习近平总书记运用彻底的唯物史观观点,坚持历史思维,要求我们必须树立坚定的共产主义远大理想和中国特色社会主义共同理想。没有远大理想,不是合格的共产党员;离开现实工作空谈远大理想,也不是合格的共产党员。要把远大理想和共同理想统一起来,苦干实干,扎实推进中国特色社会主义伟大实践不断前进。这就为开辟21世纪马克思主义哲学发展新境界提供精神动力。

三 努力提高习近平总书记倡导的掌握和运用马克思主义哲学世界观和方法论的能力

一种哲学的生命力,不仅取决于其逻辑论证是否严密,概念体系是否完备,而且在更为根本的意义上取决于它能否成为一个时代的思想旗帜,能否成为人民群众的理论指南,能否成为人民群众的价值取向,能否成为人民群众的行为方式,一句话即能否为人民所用、满足实践所需。

---

① 习近平:《推动全党学习和掌握历史唯物主义 更好认识规律更加能动地推进工作》,《人民日报》2013年12月5日。

马克思主义哲学具有其他一切旧哲学所无法比拟的得天独厚的优势。马克思主义哲学的一个根本特征在于它不仅是科学的理论体系，而且是改变世界的强大武器；不仅具有理论上的科学性，而且具有实践上的革命性。马克思主义哲学经典作家不仅是卓越的学者，而且是坚强的战士。他们的哲学智慧不仅体现在对理论问题的思考上，体现在同错误思想的斗争上，而且特别体现在实践中对重大现实问题的分析和解决上。马克思列宁主义的开创者马克思、恩格斯、列宁是这样，毛泽东思想的创立者毛泽东同志是这样，中国特色社会主义理论体系的奠基者邓小平同志是这样，习近平总书记在新的条件下，与江泽民同志、胡锦涛同志一样，继续书写中国特色社会主义理论体系的新篇章也是这样。

学习习近平总书记系列重要讲话精神和治国理政新理念新思想新战略，要深刻理解领悟其哲学智慧，切实做到真学真懂真信真用其所蕴含的哲学世界观和方法论。今天，我们学习习近平总书记系列重要讲话精神和治国理政新理念新思想新战略中其所贯穿的哲学立场、观点和方法，就要把理论和实践、科学性和革命性统一起来，真正学会运用马克思主义哲学世界观和方法论，不断提高解决实际问题的能力。正如习近平总书记所指出的，"坚持以马克思主义为指导，首先要解决真懂真信的问题"[①]，核心要解决好为什么人的问题，最终要落实到怎么用上来。

真学，就要在读原著、学原文、悟原理上下功夫。习近平总书记系列重要讲话精神和治国理政新理念新思想新战略哲学思想既有谋划全局的宏观思考，又有解决问题的方法指南，闪烁着极其丰富的思想光芒。要主动而不是被动地学习、持之以恒而不是一朝一夕地学习，做到深学深悟、常学常新。要突出问题导向，带着问题学、跟着时代学、抓着精髓学，力求把握其实质。

真懂，就要在全面准确、融会贯通上下功夫，深刻领会、准确

---

① 习近平：《在哲学社会科学工作座谈会上的讲话》，人民出版社2016年版，第11页。

掌握其思想真谛。要把习近平总书记系列重要讲话精神和治国理政新理念新思想新战略作为一个完整的科学体系来把握，要全面系统理解其时代背景、实践基础、科学内涵、精神实质、创新观点和重大意义，特别要关注其站在新的时代高度，面向新的实践，不断开辟21世纪中国马克思主义哲学发展新境界的巨大理论勇气和深邃哲学智慧。

真信，就要在坚定理想信念上下功夫。习近平总书记指出："崇高的理想，坚定的信念，永远是中国共产党人的政治灵魂。"革命理想高于天。共同的理想信念和价值体系，是无产阶级政党始终保持坚强有力的思想基础，也是马克思主义哲学始终保持先进性的精神基础。理想信念的坚定，来自思想理论的坚定。要把信仰挺在前面，把学习成果转化为不可撼动的理想信念，转化为正确的世界观、人生观、价值观。

真用，就要在知行合一、学以致用上下功夫。使用是学习的根本目的。学哲学、用哲学是我们党的优良传统。在学中用，在用中学，把学习成果转化为提升党性修养、思想境界、道德水准的精神营养，转化为提高判断形势、解决问题、推动工作的能力水平，并切实运用到建设中国特色社会主义的伟大实践中去，以真理之光照亮奋斗之路，以信仰之力引领复兴征程。

当今世界正处在大发展大变革大调整时期。当代中国正经历着历史上最为广泛而深刻的社会变革，也正在进行着人类历史上最为宏大而独特的实践创新。这必将给哲学创造、理论繁荣提供强大动力和广阔空间。习近平总书记系列重要讲话精神和治国理政新理念新思想新战略就是在这样一个需要理论而且一定能够产生理论的时代所产生的科学真理。它凝聚了当今世界的时代精神，代表了当代中国的思想高度，开辟了21世纪中国马克思主义哲学发展新境界。今天，我们要开创中华民族伟大复兴的新局面，推进中国特色社会主义现代化，就必须认真学习和深刻领会习近平总书记系列重要讲话精神和治国理政新理念新思想新战略所秉持的马克思主义哲学世界观和方法论，把开启未来的钥匙掌握在自己手中，不断在推进实践创新、制度创新、文化创新、理论创新的基础上推进哲学创新，并通过哲学创新带动并指导实践创新、制度创新、文化创新和理论创新，在时代前进的滚滚洪流中，在人类进步的历史进程中，书写中国特色社会主义伟大事业的新篇章。

（原载《中国社会科学报》2017年8月29日；本文系作者2017年8月5日在甘肃张掖召开的中国辩证唯物主义研究会2017年年会上的主题报告）

坚持马克思主义无神论是大原则

认真学习贯彻习近平总书记在全国宗教工作会议上的重要讲话精神，切实加强马克思主义无神论研究和宣传教育。

一 必须坚持马克思主义无神论的大原则

2016年4月，习近平总书记在全国宗教工作会议上旗帜鲜明地指出："坚持马克思主义无神论是大原则。"坚持马克思主义无神论，是中国共产党作为马克思主义执政党的基本要求，也是中国作为以马克思主义为指导思想的社会主义国家的题中应有之义，我国立法、行政、司法，以及经济、政治、社会、文化、生态等方方面面工作都要坚持这个大原则，不要有意无意地违背这个大原则。无神论是和有神论相对立的、否定神的存在和各种神学观点的理论，是宗教神学的对立面，是唯物论的组成部分和表现形式。马克思指出："**无神论是对神的否定，并且正是通过这种否定而设定人的存在**"①。无神论和有神论的斗争焦点是无神还是有神的问题，实质是唯物论和唯心论的斗争。马克思主义无神论是以辩证唯物主义和历史唯物主义为理论依据的最彻底的唯物论。习近平总书记指出，辩证唯物主义是中国共产党人的世界观和方法论。辩证唯物主义和历史唯物主义，是马克思主义无神论的直接思想基础和理论根据。马克思主义无神论以辩证唯物主义和历史唯物主义哲学为世界观基础，它不仅要说

---

① 《马克思恩格斯文集》第1卷，人民出版社2009年版，第197页。

明世上无神，而且要致力于使人们从有神论的思想束缚中解放出来，把实现社会主义、共产主义作为自己追求的目标，它比历史上任何无神论都更科学、更彻底。

马克思主义无神论是马克思主义基本理论的组成部分。马克思主义无神论是马克思主义理论的起点，是马克思主义其他一切原理的前提。马克思在《1844年经济学哲学手稿》中指出："无神论、共产主义才是人的本质的现实的生成，是人的本质对人来说的真正的实现，或者说，是人的本质作为某种现实的东西的实现。"① 马克思主义是彻底的唯物主义，唯物主义的第一原则是坚持物质本体论，坚持物质是第一性的、物质决定精神，反对一切唯心论。马克思主义经典作家批判有神论，是从批判宗教神学开始的。他在《〈黑格尔法哲学批判〉导言》中指出："对宗教的批判是其他一切批判的前提。"②"反宗教的批判的根据是：人创造了宗教，而不是宗教创造人。"③"宗教是人的本质在幻想中的实现，因为人的本质不具有真正的现实性。因此，反宗教的斗争间接地就是反对以宗教为精神抚慰的那个世界的斗争。"④"宗教里的苦难既是现实的苦难的表现，又是对这种现实的苦难的抗议。宗教是被压迫生灵的叹息，是无情世界的情感，正像它是无精神活力的制度的精神一样。宗教是人民的鸦片。"⑤"废除作为人民的虚幻幸福的宗教，就是要求人民的现实幸福。要求抛弃关于人民处境的幻觉，就是要求抛弃那需要幻觉的处境。因此，对宗教的批判就是对苦难尘世——宗教是它的神圣光环——的批判的胚芽。"⑥"对天国的批判变成对尘世的批判，对宗教的批判变成对法的批判，对神学的批判变成对政治的批判。"⑦ 马克思主义正是从对宗教神学的批

---

① 《马克思恩格斯文集》第1卷，人民出版社2009年版，第217页。
② 同上书，第3页。
③ 同上。
④ 同上。
⑤ 同上书，第4页。
⑥ 同上。
⑦ 同上。

判转向对社会的政治批判。对有神论的批判是马克思主义得以确立的理论前提。

不坚持马克思主义无神论，就不是彻底的唯物论者，不是真正的马克思主义者。2016年中共中央办公厅发出的《中共中央、国务院关于加强和改进新形势下宗教工作的意见》（即16号文件）强调，要"在全社会加强辩证唯物主义、历史唯物主义、中国特色社会主义宗教理论和无神论的宣传，始终保持马克思主义无神论作为主流意识形态在人民群众思想中占据主导地位，切实维护意识形态安全"。必须从巩固马克思主义在意识形态领域的指导地位的高度，重视马克思主义无神论的研究和宣传教育工作。必须清醒地看到，当前某些宗教狂热已经构成对主流意识形态的严重冲击和影响。要始终保持马克思主义无神论作为主流意识形态在人民群众思想中占据主导地位，必须自觉地抵御宗教狂热对群众的精神诱惑和思想渗透。必须重视马克思主义无神论的宣传教育，把马克思主义无神论放在党的意识形态工作格局中来布局，这是十分重要和迫切的思想建设任务，关系到党的主流意识形态安全，关系到巩固马克思主义在意识形态领域的指导地位，关系到巩固全国人民共同团结奋斗的思想基础。

二 共产党人要做坚定的马克思主义无神论者

习近平总书记强调：共产党员要做坚定的马克思主义无神论者，严守党章规定，坚定理想信念，牢记党的宗旨，绝不能在宗教中寻找自己的价值和信念。共产党员做坚定的马克思主义无神论者，是保持共产党的先进性和纯洁性的具体体现，是做一个合格的党员的基本要求。做坚定的马克思主义无神论者，要坚信马克思主义无神论，要积极宣传马克思主义无神论。

中国共产党从成立开始，就始终把马克思主义作为自己的指导思想和行动指南。党的全部理论、路线和行动都是建立在辩证唯物主义和历史唯物主义世界观基础之上的。共产党员是马克思主义者，是工人阶级的先锋战士，是群众中最先进、最有觉悟的分子，先进性体现在世界观上，就表现为坚持辩证唯物主义和历史唯物主义世界观，反对唯心主义和形而上学世界观，为共产主义奋斗终身。

邓小平同志曾经说过："对马克思主义的信仰，是中国革命胜利的一种精神动力。"① 马克思指出："共产主义是径直从无神论开始的"②。坚持马克思主义无神论世界观，是共产党与生俱来的精神支柱。中国共产党人作为实践的无神论者，正是由于坚持无神论的世界观，而不是引领人民寄希望于神灵庇佑、追求虚幻的天国和来世，乞灵于神的启示和主观幻想，才领导中国人民通过自己的长期奋斗，顺应社会发展规律，在96年的征程中，一步一步地把中国人民带向了解放和富裕的光明大道。抽掉无神论这一思想基石，党的理论大厦就要坍塌，党所奋斗的一切就会变得虚无缥缈。如果不坚持马克思主义无神论，就会对马克思主义世界观、社会主义信念产生动摇，丧失马克思主义立场，导致真假不分，是非不分，丧失应有的政治鉴别力和政治敏锐性，成为唯心主义、有神论等错误思想的俘虏。社会主义社会区别于其他社会的一个重要特点和优势，就在于人们在马克思主义信仰指引下自觉创造新世界。因此，从这个意义上说，大多数人的信仰状况，特别是作为执政党的党员的信仰是否正确、深刻和坚定，是否能坚持马克思主义无神论，对中国特色社会主义事业成败具有决定意义。

坚持马克思主义无神论，内在地要求共产党人不得信仰宗教。作为工人阶级的先锋战士，共产党人不能放弃无神论而转向宗教寻找精神支柱和价值。共产党人只能是无神论者，不能是有神论者，不能信仰宗教。共产党人不能信仰宗教是中国共产党的一贯原则。1940年，毛泽东同志在《新民主主义论》中指出："共产党员可以和某些唯心论者甚至宗教徒建立在政治行动上的反帝反封建的统一战线，但是决不能赞同他们的唯心论或宗教教义。"③ 1982年，在邓小平同志领导

---

① 《邓小平文选》第3卷，人民出版社1993年版，第63页。
② 《马克思恩格斯文集》第1卷，人民出版社2009年版，第186页。
③ 《毛泽东选集》第2卷，人民出版社1991年版，第707页。

下制定的中共中央关于宗教工作的 19 号文件也指出:"党的宗教信仰自由的政策,是对我国公民来说的,并不适用于共产党员。一个共产党员,不同于一般公民,而是马克思主义政党的成员,毫无疑问地应当是无神论者,而不应当是有神论者。我们党曾经多次作出明确规定:共产党员不得信仰宗教,不得参加宗教活动,长期坚持不改的要劝其退党。这个规定是完全正确的,就全党来说,今后仍然应当坚决贯彻执行。"① 1990 年,江泽民同志在与全国宗教工作会议代表座谈时指出:"宗教世界观与马克思主义世界观是根本对立的。共产党人是无神论者,共产党人的世界观应该是马克思主义的世界观。"② 2006 年,胡锦涛同志在全国统战工作会议上的讲话中指出:"我们中国共产党人是无神论者,不信仰任何宗教"③。在 2016 年 4 月召开的全国宗教工作会议上,习近平总书记重申了党员不得信教的纪律规定,要求党员做坚定的马克思主义无神论者,绝不能在宗教中寻找自己的价值和信念。

为了保持党员在世界观上的纯洁性,广大党员不仅应该把不信教作为一项纪律要求,更应该把其作为内心的自觉追求,主动学习辩证唯物主义与历史唯物主义,从世界观的高度坚信无神论,把无神论作为自己认识世界、改造世界的思想武器,划清唯物主义与唯心主义、无神论与有神论的界限,坚决抵制各种腐朽思想对世界观的侵蚀、渗透。政治纲领同世界观高度一致,党员不信仰任何宗教,是我们党区别于国内外多数政党的一大特点,也是一大优势。共产党员不得信仰宗教是一条重要的政治纪律。全面从严治党,必须严格执行这条政治纪律。如果党员信仰宗教,必然会动摇党的世界观基础,弱化对理想信念的坚守,冲击党组织的纯洁性,危害党的领导,危害中国特色社会主义事业。

---

① 《三中全会以来重要文献选编》下,人民出版社 1982 年版,第 1233 页。
② 《马克思恩格斯列宁斯大林毛泽东邓小平江泽民论唯物论和无神论》,中央文献出版社 1999 年版,第 84 页。
③ 《胡锦涛文选》第 2 卷,人民出版社 2016 年版,第 477 页。

三 要敢于和善于宣传马克思主义无神论

共产党员不仅要坚持无神论，还要敢于和善于面向群众进行无神论的教育和宣传工作。共产党人宣传无神论，不仅是为了坚持一种科学的学说，更主要的是为了使广大群众掌握无神论这个认识世界、改造世界的思想武器，把群众从各种有神论的束缚中解放出来，自己掌握自己的命运，做自己的主人。马克思主义无神论虽然不能解决有神论的社会根源，但可以提高人们鉴别真伪和自我保护的能力，强化人们的主体意识，帮助人们形成科学的世界观、健康的生活方式和健全的心理。

我党历来重视无神论宣传教育。1941年9月13日，毛泽东同志指出："我们是信奉科学的，不相信神学。"① 1957年11月18日，他指出："要用唯物论代替唯心论，用无神论代替有神论。"② 1963年12月30日，他在一个批示中指出："不批判神学就不能写好哲学史，也不能写好文学史或世界史。"③ 1979年10月19日，邓小平同志指出："我们建国以来历来实行宗教信仰自由政策。当然，我们也进行无神论的宣传。"④ 1990年12月7日，江泽民同志指出："共产党人不但不能信仰宗教，而且必须要向人民群众宣传无神论、宣传科学的世界观。"⑤ 2003年8月19日，胡锦涛同志指出："关于无神论研究和宣传教育是一项长期任务，需纳入科学研究规划和宣传思想工作的总体部署，锲而不舍地进行。尤其是共产党员应牢固地确立唯物主义世界观。这与贯彻党的宗教信仰自由政策并不矛盾。"⑥ 2004年5月

---

① 《毛泽东文集》第2卷，人民出版社1993年版，第378页。
② 《毛泽东文集》第7卷，人民出版社1999年版，第331页。
③ 《毛泽东文集》第8卷，人民出版社1999年版，第353页。
④ 《马克思恩格斯列宁斯大林毛泽东邓小平江泽民论唯物论和无神论》，中央文献出版社1999年版，第84页。
⑤ 同上。
⑥ 胡锦涛2003年8月19日批示复印件，收藏于中国无神论学会。

28 日，中共中央组织部、宣传部、文明办、中共中央党校、教育部和中国社会科学院六部委联合下发了《关于进一步加强马克思主义无神论研究和宣传教育工作的通知》。

著名的马克思主义宗教学家任继愈先生在 1988 年也说过："无产阶级同神学做斗争，能够采取的唯一手段只能是思想手段，即进行无神论宣传教育。"①

一个合格的共产党员，不仅要坚持马克思主义无神论，而且要旗帜鲜明地宣传马克思主义无神论，普及宣传科学文化知识和健康的生活方式，帮助和引导人们划清唯物论和唯心论、无神论和有神论、科学和迷信、文明和愚昧的界限，逐步扩大无神论思想影响，逐渐消除有神论思想产生的社会基础和思想基础，始终保持马克思主义无神论作为主流意识形态在人民群众思想中占据主导地位。如果任由有神论无限制地在社会上蔓延并迅速扩大，甚至发展为主流意识形态，那将直接威胁到党的指导思想，严重损害党的执政基础，最终挑战党的执政地位。广大党员要从关乎党的执政安全和党的事业的兴亡高度，重视马克思主义无神论的宣传教育。

共产党员向社会积极宣传马克思主义无神论，要从团结广大群众出发，服从党的中心任务，以凝聚广大人民群众紧密团结在党的周围、为实现中华民族的伟大复兴和推进社会主义制度完善为目的，注意团结信教群众为实现共同目标而奋斗。不能把有神论和无神论的对立等同于政治上的对立，在社会主义制度下，信教群众与非信教群众在根本利益上是一致的，在世界观上的差异性是次要的。在党的正确的宗教方针政策指引下，只要全面贯彻习近平总书记在全国宗教工作会议上的重要讲话精神，完全可以做到"政治上团结合作，信仰上互相尊重"，共同致力于实现中华民族伟大复兴的宏伟战略目标。无神论教育、宣传绝不是制造信教与不信教群众的对立，而是使更多的群众学会用辩证唯物主义的世界观和方法论科学地看待宗教现象，理性

---

① 任继愈：《关于宗教与无神论问题》，载《宗教·道德·文化》，宁夏人民出版社 1988 年版，第 14 页。

地选择自己的世界观,主动创造自己的现实的幸福生活。

广大党员要不断提升自身水平,用丰富的自然科学、人文科学知识、宗教学知识和宽阔的世界眼光武装自己,突出青少年这个无神论教育重点,注重无神论宣传的政策、方式、方法、实效,防止伤害信教群众的宗教感情,防止加剧宗教狂热,防止因信仰问题造成群众的分裂。不能以轻蔑的态度对待信教的群众,把他们一脚踢开,而是要在实际的社会生活中坚持不懈地、有分寸地、耐心地对他们进行启发。只有无神论真正为大多数群众所接受,无神论的宣传教育才有完全的意义。要通过坚持不懈、广泛、深入地进行无神论宣传,逐步教育和引导群众自觉树立无神论的积极的世界观,以科学的态度对待世界,对待人生,依靠自己去争取幸福的生活,建立人间的天堂,就像《国际歌》唱的那样:"从来就没有什么救世主,也不靠神仙皇帝,要创造人类的幸福,全靠我们自己。""不要说我们一无所有,我们要做天下的主人。"

四 深入学习、全面贯彻习近平总书记关于马克思主义无神论重要思想

党的十八大以来,以习近平同志为核心的党中央高度重视无神论研究和宣传教育工作。习近平总书记在2016年4月召开的全国宗教工作会议上发表了重要讲话,围绕坚持和发展马克思主义无神论,提出了一系列旗帜鲜明的观点和要求,主要有:

第一,共产党员要做坚定的马克思主义无神论者,不坚持无神论就不是马克思主义者,就不是彻底的唯物论者。

第二,我国是共产党领导的社会主义国家,既不能用封建主义、资本主义思想意识和价值观念作为全社会的精神支柱,也不能用宗教作为全社会的精神支柱。

第三,在我国,无神论者和有神论者在世界观上是不同的,但并不妨碍政治上的认同。

第四,我们共产党人不仅要坚持马克思主义无神论,而且要积极

宣传马克思主义无神论，普及科学文化知识，帮助和引导人们划清唯物论和唯心论、无神论和有神论、科学和迷信、文明和愚昧的界限，逐渐消除宗教产生和传播的思想基础和社会基础。

第五，坚持马克思主义无神论是大原则，我国立法、行政、司法，以及经济、政治、社会、文化、生态等方方面面都要坚持这个大原则，不要有意无意违背这个大原则。

第六，始终保持马克思主义无神论作为主流意识形态，在人民群众思想中占据主导地位。

习近平总书记关于坚持和发展马克思主义无神论的论述，构成了习近平总书记系列重要讲话的重要组成部分，是迄今为止党的主要领导人对马克思主义无神论问题讲得最为充分、最为深刻和最为透彻的，丰富和发展了马克思主义无神论思想，是马克思主义无神论中国化的最新成果，是加强马克思主义无神论研究和宣传教育的根本指针，对开辟马克思主义无神论事业的新局面，具有重大意义。深入学习和全面贯彻习近平总书记关于马克思主义无神论的重要思想，必须做到：正确处理无神论宣传教育与贯彻宗教信仰自由政策的关系，不能把无神论宣传教育同贯彻宗教信仰自由政策对立起来；大力加强马克思主义无神论阵地建设；高度重视马克思主义无神论学科建设和理论研究。

五　中国社会科学院为加强马克思主义无神论阵地建设作出的举措

加强马克思主义无神论阵地建设，是加强党的意识形态工作的一项重要而又紧迫的任务。中国社会科学院一直十分重视科学无神论的学科建设和阵地建设。科学无神论学科在中国社会科学院有着悠久的历史和特殊的地位。从1963年12月毛泽东同志批示加强世界宗教研究开始，科学无神论学科在我国著名马克思主义理论家和学问家任继愈先生的带领下就开始发展了。在20世纪80年代和90年代，科学无神论学科曾经领先全国，涌现了以任继愈先生为首的一批著名学者，在推动全国科学无神论事业发展方面发挥了引领作用，特别是在反对伪科学和"法轮功"方面发挥了重要作用。2009 年，中国社会科学院成立了马克思主义无神论研究室和科学与无神论研究中心。马克思主义无神论研究室，是我国目前唯一的专门研究马克思主义无神论的国家级研究机构。科学无神论论坛从 2013 年开始举办，今年是第五届。2015 年开始，科学无神论论坛正式列为中国社会科学院"马工程"资助的八大论坛之一。2016 年，科学无神论学科被确定为中国社会科学院登峰战略"特殊学科"建设项目。

中国社会科学院要进一步采取措施来推动加强科学无神论的学科建设和阵地建设。包括：尽快引进人才，充实马克思主义无神论研究室，形成以高级职称人员为主的合理人才结构；加强无神论学科人才培养，在马克思主义研究系增设二级学科马克思主义无神论研究专业，招收马克思主义无神论研究硕士生和博士生。在"马克思主义理论骨干人才计划"中招收马克思主义无神论专业博士生。办好全国唯一的无神论学科杂志——《科学与无神论》，提高杂志的办刊质量，将杂志纳入中国社会科学院核心期刊目录；在新成立的中国社会科学院大学马克思主义学院开设"马克思主义无神论"课程。

（本文系作者 2017 年 7 月 15 日在中国社会科学院第五届科学无神论论坛上的讲话）

努力接受《实践论》《矛盾论》的哲学滋养运用科学的世界观方法论指导实践

——纪念毛泽东同志《矛盾论》《实践论》发表80周年

今年是毛泽东同志的《实践论》《矛盾论》（以下简称"两论"）发表80周年。毛泽东哲学思想是毛泽东思想的哲学依据、基础、实质和重要组成部分。"两论"则是中国化的马克思主义——毛泽东思想的标志性成果，是中国化的马克思主义哲学——毛泽东哲学思想的代表性著作，是毛泽东哲学思想的经典，是马克思主义世界观与方法论相统一的典范，是马克思主义与中国实际相结合的结晶。"两论"为中国共产党人认识和掌握马克思主义，确立马克思主义思想路线，实现马克思主义中国化，推动中国革命、建设和改革不断取得胜利，提供了科学的世界观和方法论，发挥了极其重要的强大思想武器作用。

党的十八大以来，在以习近平同志为核心的党中央领导下，中国特色社会主义进入了新的发展阶段。在新的历史起点上，运用"两论"的哲学智慧，从哲学高度对中国特色社会主义的理论和实践进行提炼、概括和总结，对于进一步推进实践基础上的理论创新和理论指导下的实践创新，推进中国特色社会主义伟大事业、开展伟大斗争、建设伟大工程、实现伟大梦想，具有极其伟大的理论意义和深远的现实价值。

一　"两论"是中国革命实践的产物，是为了正确指导中国革命、科学解决中国革命的理论路线和战略策略问题

检验某一理论是否正确管用，取决于该理论是否满足实践的需求。深刻理解和把握某一理论的精神实质与价值意义，需要系统考察该理论产生的时代背景、实践基础、历史条件和发展渊源。"两论"的形成离不开当时的时代背景、中国国情和斗争实践。深刻理解和把握"两论"的哲学真谛，必须全面考察"两论"形成的时代条件、中国国情和实际斗争需要等具体情况。

在世界范围内占统治地位的资本主义社会形态由竞争发展到垄断即帝国主义阶段，世界历史进入帝国主义和无产阶级社会主义革命阶段，是"两论"产生的大的时代背景。

在当时的时代条件下，帝国主义列强已经把全世界瓜分完毕，帝国主义国家内部工人阶级和资产阶级的阶级矛盾；因瓜分殖民地不均而产生的帝国主义之间的矛盾；一切被剥削被压迫国家和民族与帝国主义之间的矛盾；被剥削被压迫国家内部人民大众和反动阶级势力之间的矛盾更加激烈。一方面，世界无产阶级反对资本主义的社会主义革命如火如荼；另一方面，世界范围内殖民地半殖民地人民的民族独立解放运动风起云涌，且两者日益结合在一起。中国作为帝国主义扩张侵略的牺牲品已经陷入半殖民地半封建境地，中国人民争取民族解放、国家独立的斗争，只有在无产阶级政党领导下，纳入世界社会主义革命，才能成功。

中国的具体国情和新民主主义革命实践是"两论"产生的实践基础。"两论"是毛泽东同志在当时的历史时代大背景下，在领导中国革命的具体实践中，为了纠正误导中国革命、导致中国革命大挫折的错误路线，确立科学的思想和政治路线，以正确地指导中国革命而写作的。

20世纪初，孙中山所领导的资产阶级旧民主主义的辛亥革命半途

而废，摆在中国人民面前的一个事关民族生死存亡的重大问题是：以什么阶级的政党为领导核心，以什么主义为指导，选择什么样的发展道路，才能挽救中国，实现中华民族的独立、自由、解放和复兴？辛亥革命的结局充分说明，在中国试图通过资产阶级领导的民主主义革命振兴中华是行不通的。俄国十月社会主义革命的胜利给中国人民送来了新的希望。以马克思列宁主义为指导，在中国工人阶级政党领导下，走俄国十月革命的社会主义道路，这是中国工人阶级和中国人民作出的正确选择。1921年，中国共产党宣告成立，中国近代历史从此进入了一个崭新的发展境界。然而，我们党在领导中国革命的具体实践中却经历了一系列困难曲折，在面对选择什么样的理论、路线、方针、政策、举措等重大战略、策略问题上，党先后产生了两种错误路线：一条是右倾机会主义路线，主张"二次革命"论，先进行资产阶级政党领导的资产阶级民主革命，然后再进行工人阶级政党领导的社会主义革命，把革命领导权拱手让给资产阶级政党，放弃武装夺取政权的正确道路；另一条则是"左"倾机会主义路线，主张"一次革命"论，在政治上搞关门主义，拒绝统一战线，在军事上搞冒险主义，在中心城市一举发动武装暴动，毕其功于一役，试图一举把社会主义革命搞成功。"左"倾和右倾两条错误路线给蓬勃兴起的中国革命带来了两起两落的重大挫折，造成了两次重大损失。右倾机会主义错误路线造成了轰轰烈烈兴起的第一次大革命的失败，这是一起一落；"左"倾机会主义错误路线彻底背离了以毛泽东为代表的中国共产党人所开辟的武装斗争、土地革命和根据地建设三位一体的农村包围城市的井冈山革命道路，葬送了中央红色政权和四次反"围剿"的胜利成果，造成第五次反"围剿"失败，致使中央红军放弃中央苏区，被迫长征，几乎断送了党和红军，导致中国革命陷入了危亡的境地，这又是一起一落。

遵义会议是我们党在中国革命的危急时刻召开的一次十分关键的会议，结束了错误路线的统治，确立了毛泽东同志在党和军队中的实际领导地位，从此中国革命开始走上了正确轨道。遵义会议解决了最紧迫的党的领导权掌握在谁手中的问题和正确军事路线问题，更深层次的政治路线和思想路线问题没来得及清算。要解决中国革命正确的理论路线和战略策略问题,就必须从根本上解决思想路线问题。实际上,无论右倾机会主义还是"左"倾机会主义,它们共同的特征都是主观与客观相分裂,理论与实际相脱离,实质是把马克思列宁主义普遍真理与中国革命的具体实践相脱离,表现为主观主义。不打倒主观主义,就无法确立正确的思想路线和政治路线。

反对主观主义,说到底就是解决对待马克思主义的根本态度问题。对待马克思主义有两种根本对立的态度,一种是实事求是的态度,一切从实际出发,把马克思主义同中国实际相结合;另一种是主观主义的态度,与客观实际相脱离,表现为教条主义或经验主义。而在中国革命历史上,时间最长、危害最大的主观主义是教条主义,即脱离中国革命实际照抄照搬马列主义现成结论,非"左"即右。彻底地从理论根基上、从思想路线上,从世界观和方法论层面对主观主义特别是教条主义进行一次彻底地清算,已经十分紧迫地摆在了在陕北革命根据地站稳脚跟、准备抗日战争的中国共产党人面前。

"两论"既是一定历史条件和实践条件的产物,同时也是对中国革命两起两落经验教训的理论总结。同时,从更广阔的视野看,"两论"的产生同中国革命由第二次国内革命战争向抗日战争的转变密切相关,也是为即将来临的抗日战争和争取未来中国革命的最后胜利作思想理论准备,为全党即将来临的抗日战争和争取未来中国革命的最后胜利提供最锐利的思想武器和理论武装。正是在这样的历史转折关头,毛泽东同志领导全党在延安发起了马克思主义理论教育和整风运动,亲自讲授"两论",用马克思主义哲学世界观和方法论武装全党,彻底清算并克服主观主义尤其是教条主义的流毒,在全党牢固树立了实事求是的思想路线,奠定了全党团结奋斗的共同思想基础。

"两论"是中国革命经验教训的哲学总结。毛泽东同志从哲学高度认真总结了1921年至1937年中国革命两次胜利的经验和两次失败的教训,对中国革命实践的独创性经验作出了具有经典意义的哲学概括、总结和创新。正确总结中国革命的经验与教训,需要有一个过程。没有两次胜利和两次失败的比较鉴别,就不能充分认识中国社会的特点和中国革命的规律,就无法正确判断中国社会的具体矛盾和中国革命的发展趋势;没有两次胜利和两次失败的比较鉴别,也就不能充分认识到实事求是思想路线的极端重要性和主观主义尤其是教条主义对中国革命的严重危害性;没有两次胜利和两次失败的比较鉴别,就不能形成适合于中国革命的理论、路线、方针和政策。

恩格斯说,"我们党有个很大的优点,就是有一个新的科学的世界观作为理论的基础"①。"两论"为党的正确理论路线和战略策略提供了坚实的科学世界观和方法论基础。以毛泽东同志为代表的中国共产党人正是遵循辩证唯物主义和历史唯物主义的思想路线,解决了中国革命面临的一系列理论和实践问题。从当时的世情国情民情的客观实际出发,运用马克思主义的立场、观点、方法,提出了指导中国革命正确的理论、路线、战略和策略,根据形势的变化,制定了抗日民族统一战线的方针;形成了"中国革命分两步走"的总战略:第一步先进行中国共产党领导的新民主主义革命,走"农村包围城市、武装夺取政权"的道路,第二步新民主主义革命成功后进行社会主义革命。这样就彻底解决了思想路线问题,奠定了全党团结奋斗的共同思想基础。

总而言之,历史条件和实践斗争决定了不仅写作"两论"有客观必要,也有写作"两论"的实际需要。"两论"的产生是中国革命的实践需要,没有中国革命的具体实践,就没有"两论"。"两论"是中国实践的产物,为解决中国革命而写作,也是为促进马克思主义同中国实际相结合而面世。

二 紧紧抓住马克思主义同中国实际相结合这一根本点,深刻把握"两论"的精神实质和伟大意义

必须把马克思列宁主义普遍原理与中国具体实践相结合,用中国

---

① 《马克思恩格斯文集》第2卷,人民出版社2009年版,第599页。

化马克思主义指导中国具体实践，这是中国革命的根本经验，也是中国革命、建设和改革之所以取得一个胜利接着一个胜利的根本经验。只有紧紧围绕这一根本经验，把"两论"放到马克思主义普遍真理与中国革命实际相结合的实践过程中来考察，才能深刻理解"两论"的精髓要义和重大意义。

十月革命给中国人民送来了马克思列宁主义，这无疑是解决中国问题的一支"好箭"。但是如果不把这支"好箭"与中国革命的具体实际相结合，再好的"箭"也无法发挥作用。毛泽东同志指出："马克思列宁主义和中国革命的关系，就是箭和靶的关系。有些同志却在那里'无的放矢'，乱放一通，这样的人就容易把革命弄坏。有些同志则仅仅把箭拿在手里搓来搓去，连声赞曰：'好箭！好箭！'却老是不愿意放出去。这样的人就是古董鉴赏家，几乎和革命不发生关系。马克思列宁主义之箭，必须用了去射中国革命之的。这个问题不讲明白，我们党的理论水平永远不会提高，中国革命也永远不会胜利。"① 只有贯彻落实实事求是的思想路线，学会用马克思列宁主义的"箭"射中国之"的"，解决中国革命的实际问题，才能指导中国革命取得胜利。

中国革命的两次挫折和失败告诫年轻的中国共产党人必须解决两个重大认识问题：一要正确认识中国的实际国情。因为一切正确的思想、理论和路线都来自对中国实际的正确认识，既不来自书本，也不是人们头脑中所固有的，这正是《实践论》所集中解决的。二要正确认识中国社会矛盾运动的特殊性。唯有如此才能在具体问题的具体分析中找到解决中国问题的正确思路，这也正是《矛盾论》要集中解决的。而这两个方面集中到一点，就是为正确指导中国革命取得胜利，必须彻底解决思想路线问题。"两论"正是为解决这两个重大认识问题，为了解决根本性的思想路线问题应运而生的。

坚持实践的观点，一切从实际出发；坚持矛盾的观点，一切从矛盾的特殊性出发；坚持"特殊"与"一般"相结合的辩证法和认识

---

① 《毛泽东选集》第3卷，人民出版社1991年版，第819—820页。

论精髓的观点，一切从马克思列宁主义普遍真理与中国社会的特殊实际相结合出发。这就是"两论"的精髓要义和精神实质。

第一，坚持实践第一的观点，一切从实际出发。

实践的观点是马克思主义哲学首要的、基本的观点。针对主观主义特别是教条主义忽视在中国大地上正在推进的革命实践，仅仅热衷于生搬硬套马克思主义的个别词句和外国革命的经验问题，毛泽东同志特别强调实践的观点，并把他的著作命名为《实践论》。他从实践是认识的来源、认识的动力、认识的检验标准和认识的目的等多个方面，说明了实践之于认识的基础地位和决定作用，说明认识的基础是实践，从实践发生又转过来为实践服务。这就彻底拔除了主观主义尤其是教条主义的思想根子，筑牢了正确思想路线的哲学依据。

第二，坚持矛盾的观点，一切从矛盾的特殊性出发。

作为一部辩证法著作，《矛盾论》不是简单描述唯物辩证法的一般原理，而是以马克思主义基本原理同中国革命实践相结合为出发点，抓住主观主义的要害和形而上学的命门，即脱离中国矛盾的特殊实际的总病根，一针见血、一击毙命。毛泽东同志论述了矛盾的普遍性，强调对立统一规律是唯物辩证法的实质和核心，把对立统一规律概括为宇宙间的普遍规律，定义为最普遍的客观法则。在论述矛盾普遍性的基础上，他特别阐述了矛盾的特殊性，强调必须坚持具体矛盾具体对待的马克思主义的活的灵魂。他指出，任何矛盾体都是特殊性与普遍性的统一，不仅要注意矛盾的普遍性，更要注意矛盾的特殊性。他深刻分析了当时中国社会特殊的基本矛盾、主要矛盾、阶级矛盾等社会诸矛盾，科学地把握了中国社会特殊的阶级构成和阶级关系现状，在具体矛盾分析的基础上形成了指导中国革命的正确路线。

第三，坚持"特殊"与"普遍"相统一是认识论和辩证法精髓的观点，一切从普遍原理与特殊实际相结合出发。

毛泽东同志指出，宇宙间的一切事物都是个别与一般、特殊与普遍的统一结合体。人类对任何事物的认识都是从认识个别到认识一般，从认识特殊到认识普遍，再运用一般、普遍的认识指导对个别、特殊的认识。马克思主义辩证法与认识论是一致的，"特殊"与"普遍"的统一关系既是辩证法的精髓,也是认识论的精髓。

在"两论"这两部马克思主义哲学中国化的经典论著中,毛泽东同志牢牢抓住了马克思主义哲学的精髓,深刻论述了认识论和辩证法的个别与一般、特殊与普遍的辩证关系,提出了特殊与普遍相结合的马克思主义普遍原理,从辩证唯物主义认识路线的高度提出了党的正确的思想路线,为实现马克思主义中国化提供了哲学依据。毛泽东同志认为,要运用马克思主义指导中国革命,必须实现马克思主义中国化。所谓马克思主义中国化,就是把马克思主义的一般原理应用于中国的"具体环境"和"特殊条件",使之发生内容和形态的改变,形成适应中国实际需要的、具有中国内容和表现形态的、为中国人民所接受的中国化的马克思主义。既要肯定"普遍性",坚持马克思主义普遍原理,又要肯定"特殊性",坚持马克思主义普遍原理与中国特殊实际相结合;不能因为强调"特殊性"而否定"普遍性",从而否定马克思主义普遍原理;也不能因为强调"普遍性"而否定"特殊性",从而否定马克思主义中国化的必要性。因为强调"特殊性"而否定"普遍性",是拒绝和否定马克思主义的指导作用,就是经验主义;因为强调"普遍性"而否定"特殊性",就会脱离中国的具体国情,脱离中国的历史文化,脱离中国的人民大众,就是教条主义。把马克思主义一般原理与中国特殊国情相结合,这是马克思主义认识论和辩证法的真谛所在,也是解决中国革命问题的出发点、根本点。

《实践论》主要解决的是认识与实践的统一问题,《矛盾论》主要解决的是矛盾的普遍性与特殊性的统一问题。这两个统一的解决,就是实现了马克思主义基本原理和中国革命实践的统一。

三 "两论"在马克思主义和马克思主义哲学发展史上具有重大的里程碑意义

"两论"是体现毛泽东哲学思想的集大成之作,是毛泽东哲学思想的集中体现、高度结晶和成名之作,毛泽东同志的其他著作在特定意义上可以概括为对"两论"哲学思想的铺垫、准备、运用和发展。

"两论"是马克思主义基本原理和中国革命实践相结合的光辉典范，它不仅在我们党的历史上占有重要地位，而且在马克思主义和马克思主义哲学发展史上，具有开创性的重大价值。

第一，"两论"创造性地发展和丰富了马克思主义哲学理论体系。

毛泽东同志创造性地把马克思主义哲学唯物论、辩证法、认识论和历史观高度统一起来，提出了一系列马克思主义哲学的新观点、新论断和新思想，实现了马克思主义哲学的中国化、时代化和大众化，创造了马克思主义哲学的创新形态——毛泽东哲学思想，为马克思主义哲学从而为马克思主义的发展作出了历史性贡献。

一是在马克思主义哲学史上，第一次对认识的辩证发展过程作了科学全面的论述。毛泽东同志深刻阐述了实践在认识中的基础地位之后，对认识的辩证发展过程作出了深刻的哲学概括，认为人的认识经过"两次飞跃"，不但表现在从感性认识到理性认识的飞跃，更表现在从理性认识到革命实践的飞跃，是一个循环往复、螺旋式上升，以至无穷的过程。他精辟概括了人类认识的总规律：通过实践而发现真理，又通过实践而证实真理和发展真理。从感性认识而能动地发展到理性认识，又从理性认识而能动地指导革命实践，改造主观世界和客观世界。实践、认识、再实践、再认识，这种形式，循环往复以至无穷，而实践和认识之每一循环的内容，都比较地进到了高一级的程度。他强调，这就是辩证唯物论的全部认识论，这就是辩证唯物论的知行统一观。毛泽东同志把马克思主义认识论称为能动的革命的反映论，以通俗、简明的语言阐明并发挥了列宁提出的"从生动的真理到抽象的思想，并从抽象的思维到实践"的认识辩证法。

二是创造性运用中国话语、中国概念提出了一系列马克思主义认识论的新观点。比如提出了"从实践到认识，又从认识到实践"，"由个别到一般，再由一般到个别"，"从群众中来，到群众中去"的认识辩证法的新概括；"实践是真理的标准"，人们认识世界的目的是"改造客观世界，也改造自己的主观世界"的新观点等一系列中国化的马克思主义认识论的标识性概念。

三是科学地论述了真理问题，坚持和发展了马克思主义真理观。

毛泽东同志强调,"我们的结论是主观和客观、理论和实践、知和行的具体的历史的统一,反对一切离开具体历史的'左'的或'右'的错误思想"①,发展了马克思主义真理观关于"真理是一个过程""真理是具体的"思想。他指出,"在绝对真理的长河中,人们对于在各个一定发展阶段上的具体过程的认识只具有相对的真理性"②,"客观现实世界的变化运动永远没有完结,人们在实践中对于真理的认识也就永远没有完结"③,真理是相对真理与绝对真理的统一,发展了列宁关于"无数相对真理之总和就是绝对真理"的思想。

四是把对立统一规律形象地称之为矛盾规律,把对立统一观点,生动地概括为矛盾观点,形成关于对立统一规律的马克思主义哲学辩证法中国化的理论与话语创新体系。毛泽东同志认为,所谓矛盾,就是指事物内部的对立面的统一,即事物内部包含着相互联结、相互依存、相互渗透、相互转化,又相互排斥、相互分离、相互否定、相互斗争的方面和倾向。他指出:"事物的矛盾法则,即对立统一的法则,是唯物辩证法的最根本的法则"④,用矛盾概念形象地概括了万事万物的既对立又统一的、在对立统一中发展的最普遍的辩证法客观法则。毛泽东同志所提炼概括的矛盾观点既是对马克思主义经典作家关于对立统一规律是辩证法的根本规律、列宁关于对立统一规律是辩证法的核心和实质等观点的继承和发展,也是对立统一规律的马克思主义哲学中国化的通俗表述。

五是提出事物矛盾特殊性和普遍性的统一是辩证法的精髓,认识事物矛盾的特殊性是科学认识事物的基础的哲学原理。毛泽东同志告诉我们,世界上千差万别的事物都是具体的,因而是特殊的,从千差万别的具体事物中找出共性和普遍规律,就要认识事物的特殊性,而事物的特殊性是由事物内在矛盾的特殊性决定的,因而揭示事物的普

---

① 《毛泽东选集》第1卷,人民出版社1991年版,第296页。
② 同上书,第295页。
③ 同上书,第296页。
④ 同上书,第299页。

遍规律、探寻真理就要从矛盾的特殊性分析开始。认识事物必须首先认识事物矛盾，具体地分析具体事物的矛盾特殊性。研究和运用矛盾观点，必须牢牢把握共性与个性、绝对与相对的矛盾问题的精髓。这个认识发展了列宁关于"马克思主义的精髓，马克思主义的活的灵魂：对具体情况作具体分析"①的思想。从实践上说，矛盾的共性与个性、绝对与相对的道理是马克思主义普遍真理同本国革命具体实践相结合这一思想原则的哲学根据。

六是强调要学会运用矛盾分析方法认识问题、解决问题。毛泽东同志指出，矛盾观点是观察世界、认识世界、改造世界的世界观、方法论，运用矛盾观点认识说明世界，就是世界观；运用矛盾观点分析改造世界，就是方法论。认识世界，必须用辩证法认识世界；用辩证法认识世界，必须用矛盾观点分析世界，必须学会使用矛盾分析法来认识事物。

"两论"创造性地发展了马克思主义辩证法和认识论，为马克思主义哲学中国化作出了奠基性贡献。

第二，"两论"确立了马克思主义哲学中国化的理论高度。

一个理论，只有在哲学层面上实现了思想自觉，才能说它已经成熟，并且达到了科学思维的高度。"两论"不是对马克思主义认识论和辩证法的一般原理的阐述，而是自觉按照马克思主义的基本立场观点方法，充分汲取中国优秀传统文化的有益要素，并从哲学层面进行了系统深入的理论概括和总结，具有高度的科学性和真理性，代表了马克思主义哲学中国化所应有的理论高度。

第三，"两论"开创了马克思主义哲学大众化的成功典范。

"两论"最初是毛泽东在抗日军政大学的讲演稿，面对的听众是即将奔赴前线作战的抗日将士，讲课的主要目的是用马克思主义哲学世界观方法论武装广大干部，使他们认清教条主义的本质和危害，从而为迎接革命新阶段的到来做思想上理论上的准备。"两论"充分考虑到广大干部的思维习惯和语言习惯，运用短小精悍的表述方式，把

---

① 《列宁全集》第39卷，人民出版社1986年版，第128页。

深邃的理论转变为通俗易懂的语言，把抽象的理论逻辑转变为形象的生活逻辑，形成了新鲜活泼的、为中国老百姓所喜闻乐见的中国特色、中国风格、中国气派和中国话语，开创了马克思主义哲学大众化的成功典范。

第四，"两论"奠定了实事求是思想路线的哲学基础。

在中国共产党的领导下，中国革命和建设事业取得了一个又一个胜利，其中一个至关重要的经验就是我们党确立了一条正确的思想路线，即实事求是。对于一个政党来说，思想路线的正确与否事关生死存亡，而一个政党能否创立正确的思想路线，取决于它是否具有科学的世界观和方法论的指导，这最终还是要归结到哲学基础问题。毛泽东同志曾经指出，总结经验必须提高到哲学高度，因为"一切大的政治错误没有不是离开辩证唯物论的"①。不从哲学高度彻底解决思想路线问题，那么即使纠正了一个错误，还会犯另一个错误。"两论"写作的着眼点恰恰在这里，其历史贡献也在于奠定了实事求是思想路线的哲学基础，为实事求是思想路线提供了世界观方法论基础。

"两论"的产生标志着马克思主义哲学中国化——毛泽东哲学思想的基本确立，也是毛泽东思想基本形成的重要标志。

四 习近平总书记系列重要讲话精神和党中央治国理政新理念新思想新战略内涵的哲学观点是"两论"的丰富和发展

党的十八大以来，以习近平同志为核心的党中央，高度重视接受马克思主义哲学智慧的滋养，继承发扬"两论"思想精髓，运用科学的思想方法和工作方法指导实践，提出了一系列重要哲学观点，开辟了21世纪马克思主义哲学发展新境界。

第一，坚持解放思想、实事求是的思想路线，是习近平总书记系列重要讲话和党中央治国理政新理念新思想新战略内涵的哲学精髓。

---

① 《毛泽东哲学批注集》，中央文献出版社1988年版，第311页。

解放思想、实事求是的思想路线是我们党的生命线，是我们党在中国革命和建设的历史实践中逐渐提炼、总结出来的思想结晶，对于推动中华民族实现站起来、富起来、强起来的历史性飞跃已经发挥、并将继续发挥极其重要的作用。习近平总书记牢牢坚持实事求是的思想路线，强调要牢牢把握社会主义初级阶段这个最大国情，牢牢立足社会主义初级阶段这个最大实际，更准确地把握我国社会主义初级阶段不断变化的特点，分析问题、认识问题，进而提出解决问题的科学方案，并付诸实践检验。这一过程，既是理论探索的过程，也是实践检验的过程；既是坚持党的思想路线的过程，也是发展党的思想路线的过程，更是不断开辟21世纪马克思主义哲学发展新境界的过程。

第二，坚持以辩证思维为核心的科学方法论体系，是习近平总书记系列重要讲话精神和党中央治国理政新理念新思想新战略内涵的哲学方法。

习近平总书记强调，要充分运用辩证思想的根本方法，是唯物辩证法的要求，也是我们党在革命、建设、改革进程中一贯倡导和坚持的方法。他为我们树立了灵活运用辩证法的典范，比如在分析国际国内形势时，强调要坚持"两点论"，一分为二看问题，既要看到国际国内形势中有利的一面，也要看到不利的一面；在阐述全面深化改革时，指出全面深化改革是一项极其复杂的系统工程，强调胆子要大、步子要稳；在阐述社会治理时，指出"管得太死，一潭死水不行；管得太松，波涛汹涌也不行"，等等。他强调要提高辩证思维能力，把辩证思维与战略思维、历史思维、创新思维等统一起来，作为一个完整的科学方法论体系予以学习掌握，并运用到解决中国的现实问题中去。习近平总书记关于辩证法的思考既是对"两论"的继承发扬，也为开辟21世纪马克思主义哲学发展新境界提供了方法支撑。

第三，坚持历史思维的唯物史观观点，是习近平总书记系列重要讲话精神和党中央治国理政新理念新思想新战略内涵的哲学历史观。

历史思维是习近平总书记系列重要讲话精神和党中央治国理政新理念新思想新战略的唯物史观基石。习近平总书记强调必须坚持以唯物史观为指导，提高以唯物史观为基础的历史思维能力，用以解决复杂的社会、历史和现实问题。他指出："历史和现实都表明，只有坚持历史唯物主义，我们才能不断把对中国特色社会主义规律的认识提高到新的水平，不断开辟当代中国马克思主义发展新境界。"① 习近平总书记站在新的历史起点上，自觉运用生产、群众和社会基本矛盾等唯物史观基本观点，思考当代中国和当今世界的重大理论和实践问题，准确把握了人类历史发展的基本规律和总趋势。他指出既要看到历史发展的光明前景，又要看到当前存在的困难和问题，既要看到在当前国际金融危机背景下资本主义必然灭亡的总趋势，又要看到资本主义依然具有自我调节的能力，总体上仍然是资强社弱，要有长期斗争的思想准备。习近平总书记站在唯物史观的立场上要求我们必须树立坚定的共产主义理想和中国特色社会主义共同理想。他指出，没有远大理想，不是合格的共产党员；离开现实工作空谈远大理想，也不是合格的共产党员。要把远大理想和共同理想统一起来，苦干实干，扎实推进中国特色社会主义伟大实践不断前进，为开辟21世纪马克思主义哲学发展新境界提供不竭动力。

第四，坚持马克思主义哲学的中国化、时代化、大众化的基本方向，是习近平总书记系列重要讲话精神和党中央治国理政新理念新思想新战略内涵的哲学要求。

马克思主义哲学是发展的理论，正如毛泽东同志在《实践论》中所说："马克思列宁主义并没有结束真理，而是在实践中不断地开辟认识真理的道路。"② 对于中国的马克思主义者来说，如何在坚持的基础上发展马克思主义哲学，是一个不容回避的重大问题。在新的历史起点上，习近平总书记以更加宽阔的眼界审视马克思主义哲学在当代发展的现实基础和实践需要，坚持以我们正在做的事情为中心，聆听时代声音，更加深入地推动马克思主义哲学同当代中国发展的具体实际相结合，努力推进马克思主义哲学的中国化、时代化和大众化，

---

① 习近平：《推动全党学习和掌握历史唯物主义　更好认识规律更加能动地推进工作》，《人民日报》2013年12月5日。

② 《毛泽东选集》第1卷，人民出版社1991年版，第296页。

不断开辟 21 世纪马克思主义哲学发展新境界。

"两论"是中国共产党人学习马克思主义哲学最基本、最主要的教材，是中国共产党人的必修课。当前，学习、坚持、运用、继承"两论"哲学智慧，要同学习习近平总书记系列重要讲话精神和党中央治国理政新理念新思想新战略结合起来，牢牢掌握马克思主义立场、观点和方法，运用于中国特色社会主义的伟大实践中，夺取中国特色社会主义建设新的更大胜利。

80 年风雨沧桑，世界和中国都发生了前所未有的重大变革，"两论"的重要价值并没有因此而晦暗，而是日益放射出更加璀璨的真理光芒。80 年的历史实践已经证明，并将继续证明："两论"所阐发的马克思主义哲学基本原理，及其所遵循的科学世界观和方法论，具有普遍和恒久的意义，不仅是我们党取得革命胜利的思想法宝，也是推进中国特色社会主义伟大事业必须遵循的理论指南。

（原载《中国社会科学报》2017 年 9 月 28 日）

下 篇

夺取新时代中国特色社会主义伟大胜利的政治宣言和行动纲领

习近平总书记在具有里程碑意义的党的十九大上所作的政治报告，向全党全国人民，也向全世界庄严宣告了中国特色社会主义进入新时代，确定了我国发展新的历史方位，提出了指导和引领新时代的伟大指导思想——习近平新时代中国特色社会主义思想，这是党的十九大最大、最根本的政治亮点和理论创新。党的十九大报告展现了新时代党和国家事业发展的主题主线、奋斗目标和宏伟蓝图，提出了关系党和国家事业发展全局的一系列新的重要思想、重要观点、重大论断、重大举措，集中体现了当代中国马克思主义的最新成果，是指导当前和今后相当长时期党和国家各项工作的科学指南和行动纲领，是我们党团结带领全国各族人民取得新时代中国特色社会主义伟大胜利，实现中华民族伟大复兴中国梦的政治宣言和理论昭示，是一篇充满当代中国共产党人政治智慧和历史担当的马克思主义纲领性文献，具有划时代的理论和现实意义。

一 中国共产党人的初心和使命是激励中国共产党人不断前进的根本动力

党的十九大报告指出，中国共产党人的初心和使命，就是为中国人民谋幸福，为中华民族谋复兴。这个初心和使命是激励中国共产党人不断前进的根本动力。

实现中华民族伟大复兴，是中华民族近代以来最伟大的梦想。

1840年以后，为改变中华民族的命运，中国人民进行了不屈不挠的斗争，无数仁人志士千辛万苦探索救国救民的道路，但都未能改变中国半殖民地半封建的社会性质和中国人民的悲惨命运。中国共产党的诞生，是开天辟地的大事变，深刻改变了近代以后中华民族发展的方向和进程，深刻改变了中国人民和中华民族的前途和命运，深刻改变了世界发展的趋势和格局。中国共产党从诞生之日起，就把实现共产主义作为党的最高理想和最终目标，义无反顾肩负起实现中华民族伟大复兴的历史使命。

实现中华民族伟大复兴，是一项光荣而艰巨的事业，需要分阶段逐步实现，需要一代又一代中国人共同为之努力。首先要完成由中国共产党领导的新民主主义革命。我们党团结带领人民找到了一条以农村包围城市、武装夺取政权的正确革命道路，经过28年浴血奋战，完成了新民主主义革命，建立了中华人民共和国，实现了民族独立和人民解放，彻底结束了旧中国半殖民地半封建社会的历史，实现了中国从几千年封建专制政治向人民民主的伟大飞跃。实现中华民族伟大复兴，必须建立适合我国实际的先进社会制度。我们党团结带领全国人民完成社会主义革命，确立社会主义基本制度，完成了中华民族有史以来最为广泛而深刻的社会变革，为当代中国一切发展进步奠定了根本政治前提和制度基础，为新的历史时期开创中国特色社会主义提供了宝贵经验、理论准备、物质基础，实现了中华民族由不断衰落到根本扭转命运、持续走向繁荣富强的伟大飞跃。经过几十年一以贯之的接续探索，我们党准确把握中国特色社会主义这个改革开放以来党的全部理论和实践的主题，合乎时代潮流，顺应人民意愿，勇于改革创新，坚决破除阻碍国家和民族发展的一切思想和体制障碍，成功地开辟了中国特色社会主义道路，形成了中国特色社会主义理论体系，确立了中国特色社会主义制度，发展了中国特色社会主义文化。党的十八大以来，在新的历史起点上坚持和发展中国特色社会主义，取得了极其伟大的新胜利，中华民族迎来了从站起来、富起来到强起来的伟大飞跃。

在96年波澜壮阔的历史进程中，中国共产党紧紧依靠和带领人民，战胜无数艰难险阻，取得一个又一个伟大胜利，使具有5000多年悠久历史的中华民族告别贫穷和落后全面迈向现代化，中华文明在现代化进程中重新焕发出新的蓬勃生机与活力；使具有500年历史的社会主义主张在世界上人口最多的国家成功开辟出具有高度现实性和可行性的正确道路，让科学社会主义在21世纪焕发出新的蓬勃生机；使具有近70年历史的新中国建设取得举世瞩目的成就，中国这个世界上最大的发展中国家在短短30多年里摆脱贫困并跃升为世界第二大经济体，彻底摆脱被开除球籍的危险，使中华民族焕发出新的蓬勃生机。

坚持和发展新时代中国特色社会主义，实现"两个一百年"奋斗目标，实现中华民族伟大复兴的中国梦，是新时代中国共产党人承担的历史使命。今天我们比历史上任何时期都更接近、更有信心和能力实现中华民族伟大复兴的目标，但要深刻认识到，我们依然面临着严峻挑战，需要全党付出更为艰巨、更加艰苦的努力。我们要高举中国特色社会主义伟大旗帜，兑现把人民对美好生活的向往作为奋斗目标的承诺，让党和人民事业始终充满奋勇前进的强大动力，为决胜全面建成小康社会，奋力夺取新时代中国特色社会主义伟大胜利，继续朝着实现中华民族伟大复兴中国梦的战略目标而努力奋斗。

二　中国特色社会主义进入新时代是我国新的发展阶段和历史方位

党的十九大报告昭示，经过长期努力，中国特色社会主义进入了新时代，这是我国发展新的历史方位。中国特色社会主义进入新时代，我国发展历史方位发生新的转折，这意味着近代以来久经磨难的中华民族迎来了从站起来、富起来到强起来的伟大飞跃，迎来了实现中华民族伟大复兴的光明前景；意味着科学社会主义在21世纪的中国焕发出强大生机活力，在世界上高高举起了中国特色社会主义伟大旗帜；意味着中国特色社会主义道路、理论、制度、文化不断发展，拓展了发展中国家走向现代化的途径，给世界上那些既希望加快发展又希望保持自身独立性的国家和民族提供了全新选择，为解决人类问题贡献了中国智慧和中国方案。

党的十八大以来的历史性新变革标志中国特色社会主义进入了新时代。党的十八大以来极不平凡的五年里，在以习近平同志为核心的党中央坚强领导下，我们党以巨大的政治勇气和强烈的责任担当，解决了许多长期想解决而没有解决的难题，办成了许多过去想办而没有办成的大事，我国经济建设取得重大成就，全面深化改革取得重大突破，民主法治建设迈出重大步伐，思想文化建设取得重大进展，人民生活不断改善，生态文明建设成效显著，强军兴军开创新局面，港澳台工作取得新进展，全方位外交布局深入展开，全面从严治党成效卓著，改革开放和社会主义现代化建设取得了全方位、开创性的历史性成就，党和国家事业发生了深层次、根本性的历史性变革。

社会主义初级阶段主要矛盾的新变化决定中国特色社会主义进入了新时代。在新时代，我国社会主要矛盾发生重大变化，已经由人民日益增长的物质文化需要同落后的社会生产之间的矛盾，转变为人民日益增长的美好生活需要和不平衡不充分的发展之间的矛盾。发展不平衡不充分的突出问题成为满足人民日益增长的美好生活需要的主要制约因素。当然，我国社会主要矛盾发生重大变化，没有改变我们对我国社会主义所处历史阶段的判断，我国仍处于并将长期处于社会主义初级阶段的基本国情没有变，我国是世界最大发展中国家的国际地位没有变。我们要牢牢把握社会主义初级阶段这个基本国情，牢牢立足社会主义初级阶段这个最大实际，更准确地把握新时代的特点，坚持党的基本路线这个党和国家的生命线、人民的幸福线，在继续推动经济发展的同时，更好解决我国社会出现的各种问题，更好实现各项事业全面发展，更好发展中国特色社会主义事业，更好推动人的全面发展、社会全面进步。

我国社会发展不断变化的新特点说明中国特色社会主义进入了新时代。党的十八大以来，中国特色社会主义发展表现出许多新的特征，突出表现为执政方式和基本方略有重大创新，我们党贯彻依法治国基本方略，积极推进多层次多领域的依法治理，运用法治思维和法治方式深化改革、促进发展、化解矛盾、维护稳定，提高决策的法治化、规范化和科学化水平；发展理念和发展方式发生重大转变，我们党科学把握社会主义本质要求和发展方向，提出创新、协调、绿色、开放、共享的新发展理念，集中体现了新阶段我国的发展思路、发展方向、发展着力点，成为引领发展实践、开创美好未来的一面旗帜；发展环境和发展条件发生深刻变化，我们党引领经济发展新常态，准确把握发展速度变化、结构优化、动力转换的新特点，顺应推动经济保持中高速增长、产业迈向中高端水平的新要求，点明破解发展难题的新路径，推动发展方式转变，不断提高发展质量和效益；发展水平和发展要求出现更高期望，要求党员干部特别是领导干部要提高贯彻五大发展理念的能力和水平，成为领导经济社会发展的行家里手，推动我国发展不断朝着更高质量、更有效率、更加公平、更可持续的方向前进。

历史交汇期新的历史任务和奋斗目标表明中国特色社会主义进入了新时代。当前我国正处于从实现第一个一百年奋斗目标向第二个一百年奋斗目标迈进的历史交汇期。此期间有 30 年时间，可以分两个阶段来安排。第一个阶段，从 2020 年到 2035 年，在全面建成小康社会的基础上，再奋斗 15 年，基本实现社会主义现代化。第二个阶段，从 2035 年到 21 世纪中叶，在基本实现现代化的基础上，再奋斗 15 年，把我国建成富强民主文明和谐美丽的社会主义现代化强国。从全面建成小康社会到基本实现现代化，再到全面建成社会主义现代化强国，是新时代中国特色社会主义发展的战略安排，也是我国发展新的历史方位提出的新的战略任务。

党的理论和实践实现新的与时俱进说明中国特色社会主义进入了新时代。中国特色社会主义新时代是承前启后、继往开来、在新的历史条件下继续夺取中国特色社会主义伟大胜利的时代，是决胜全面建成小康社会、进而全面建设社会主义现代化强国的时代，是全国各族人民团结奋斗、不断创造美好生活、逐步实现全体人民共同富裕的时代，是全体中华儿女勠力同心、奋力实现中华民族伟大复兴中国梦的时代，是我国日益走近世界舞台中央、不断为人类作出更大贡献的时代。

总而言之，党的十八大以来所发生的历史性转折充分显示我们已经站到了一个新的历史起点上，中国特色社会主义已经进入了一个新的发展阶段，具有不同以往的新的时代特征和主题任务。中国共产党人必须牢记新时代的历史使命，努力为实现新时代中国特色社会主义伟大胜利而奋斗。

三 习近平新时代中国特色社会主义思想是党的与时俱进的指导思想

党的十九大报告郑重提出并全面阐述了习近平新时代中国特色社会主义思想，强调全党要深刻领会习近平新时代中国特色社会主义思想的精神实质和丰富内涵，在各项工作中全面准确贯彻落实。

党的十八大以来，以习近平同志为核心的党中央，坚持以马克思列宁主义、毛泽东思想、邓小平理论、"三个代表"重要思想、科学发展观为指导，坚持解放思想、实事求是、与时俱进、求真务实，坚持辩证唯物主义和历史唯物主义，紧密结合新的时代条件和实践要求，以全新的视野深化对共产党执政规律、社会主义建设规律、人类社会发展规律的认识，经过艰辛理论探索，推进理论创新，形成了习近平新时代中国特色社会主义思想这一新的重大理论成果。

习近平新时代中国特色社会主义思想集中地科学回答了"坚持和发展什么样的新时代中国特色社会主义、怎样坚持和发展新时代中国特色社会主义"这个重大时代课题，解决了新时代坚持和发展中国特色社会主义的总目标、总任务、总体布局、战略布局和发展方向、发展方式、发展动力、战略步骤、外部条件、政治保证等一系列基本问题。同时根据新的实践，对经济、政治、法治、科技、文化、教育、民生、民族、宗教、社会、生态文明、国家安全、国防和军队、"一国两制"和祖国统一、统一战线、外交、党的建设等各方面工作作出理论分析、政策指导和战略部署，形成了一系列新的重要思想、重要观点、重大论断、重大举措，确立了新时代党的全部理论和行动的理论基础和行动指南。

习近平新时代中国特色社会主义思想具有鲜明的继承性、创新性、时代性，它明确了坚持和发展中国特色社会主义的总任务，是实现社会主义现代化和中华民族伟大复兴，在全面建成小康社会的基础上，分两步走在21世纪中叶建成富强民主文明和谐美丽的社会主义现代化强国；明确了新时代我国社会主要矛盾，是必须坚持以人民为中心的发展思想，不断促进人的全面发展、全体人民共同富裕；明确了中国特色社会主义事业总体布局，是坚持"五位一体"总体布局和"四个全面"战略布局，强调坚定道路自信、理论自信、制度自信、文化自信；明确了全面深化改革总目标，是完善和发展中国特色社会主义制度、推进国家治理体系和治理能力现代化；明确了全面推进依法治国总目标，是建设中国特色社会主义法治体系、建设社会主义法治国家；明确了党在新时代的强军目标，是建设一支听党指挥、能打胜仗、作风优良的人民军队，把人民军队建设成为世界一流军队；明确了中国特色大国外交，是要推动构建新型国际关系，推动构建人类命运共同体；明确了中国特色社会主义最本质的特征是坚持中国共产党领导。提出新时代党的建设总体新要求，突出政治建设在党的建设中的重要地位。

习近平新时代中国特色社会主义思想，既是对马克思列宁主义、毛泽东思想、邓小平理论、"三个代表"重要思想、科学发展观的继承和发展，又是当代中国马克思主义最新成果；既是中国特色社会主义理论体系的重要组成部分，又是中国特色社会主义理论体系的丰富和创新。习近平新时代中国特色社会主义思想是党和人民实践经验和集体智慧的结晶，习近平同志是主要创立者。习近平新时代中国特色社会主义思想是全党全国人民为实现中华民族伟大复兴而奋斗的行动指南，是我们党与时俱进的指导思想，必须长期坚持并不断发展。

全面准确贯彻落实习近平新时代中国特色社会主义思想，必须在推进中国特色社会主义伟大事业中，全面贯彻党的基本理论、基本路线、基本方略。要牢牢把握新时代坚持和发展中国特色社会主义的基本方略，坚持党对一切工作的领导，坚持以人民为中心，坚持全面深化改革，坚持新发展理念，坚持人民当家作主，坚持全面依法治国，坚持社会主义核心价值体系，坚持在发展中保障和改善民生，坚持人与自然和谐共生，坚持总体国家安全观，坚持党对人民军队的绝对领导，坚持"一国两制"和推进祖国统一，坚持推动构建人类命运共同体，坚持全面从严治党。

时代是思想之母，实践是理论之源。实践和理论创新永无止境，需要不断在实践和理论上进行探索、用发展着的理论指导发展着的实践。我们必须在理论上跟上时代变化，不断认识规律，不断推进理论创新、实践创新、制度创新、文化创新以及其他各方面创新。只要我们不忘初心、牢记使命，坚决维护以习近平同志为核心的党中央权威和集中统一领导，持之以恒用习近平新时代中国特色社会主义思想武装全党，就一定能够凝聚起全党全国人民投身社会主义现代化建设新征程，一定能够决胜全面建成小康社会、夺取新时代中国特色社会主义伟大胜利，实现中华民族伟大复兴的中国梦。

（原载《人民日报》2017年11月2日，发表时有删减）

学懂弄通做实习近平新时代中国特色社会主义思想，扎扎实实学习宣传贯彻党的十九大精神

党的十九大是以习近平同志为核心的党中央带领全党全军全国各族人民迈进新时代、开启新征程、续写新篇章的一次历史性盛会，在党和国家发展历程中具有重要里程碑意义。习近平总书记向大会所作的报告，主题鲜明、思想深邃，内涵丰富、博大精深，系统总结了过去五年党和国家事业发生的历史性变革，深刻阐述了新时代中国特色社会主义思想，提出了一系列符合当代中国实际的重大战略举措，是新时代中国特色社会主义的政治宣言和行动纲领；大会审议并一致通过的党章修正案，吸纳了十八大以来党的最新实践成果、理论成果和制度成果，特别是把习近平新时代中国特色社会主义思想确立为党的指导思想，必将对坚持党的领导、加强党的建设、全面从严治党产生重大而深远的指导作用；十九届一中全会选举产生了以习近平同志为核心的新一届中央领导集体，对党忠诚，深孚众望，必将团结带领全党全国各族人民以更加昂扬的斗志、更加豪迈的姿态迈向新时代、开启新征程、取得新胜利。

一 深刻领会中国特色社会主义进入新时代的重大意义

习近平总书记在报告中指出，经过长期努力，中国特色社会主义进入了新时代，这是我国发展新的历史方位。这是具有重大现实意义

和理论意义的政治判断。

第一，党和国家事业发生的历史性变革，是中国特色社会主义进入新时代的重要标志。改革开放之初，邓小平创造性地提出"走自己的路，建设有中国特色的社会主义"，从那时起，中国特色社会主义成为党历次代表大会报告的政治主线，成为我们党和国家全部理论和实践的鲜明主题。经过近40年的改革开放，党团结带领全国各族人民，以一往无前的进取精神和波澜壮阔的创新实践，取得了举世瞩目的建设成就，成功地走过了发达国家上百年才能完成的发展历程。特别是党的十八大以来，党和国家发展经历了极不平凡的5年，取得了全方位、开创性的成就，发生了深层次、根本性的变革。这5年来，以习近平同志为核心的党中央举旗定向、运筹帷幄，统揽伟大斗争、伟大工程、伟大事业、伟大梦想，统筹推进"五位一体"总体布局，协调推进"四个全面"战略布局，推动经济、政治、社会、文化、生态文明建设取得重大成就，国防、外交、港澳台工作取得重大进展。国家经济实力、科技实力、国防实力、综合国力、国际影响力和人民获得感显著提升。这5年来，我们党以巨大的政治勇气和强烈的责任担当，提出一系列新理念新思想新战略，出台一系列重大方针政策，推出一系列重大举措，推进一系列重大工作，解决了许多长期想解决而没有解决的难题，办成了许多过去想办而没有办成的大事，推动党和国家事业发生历史性变革。这些变革力度之大、范围之广、效果之显著、影响之深远，在党的历史上、新中国发展史上、中华民族发展史上都具有开创性意义。这5年来的成就和变革是在以习近平同志为核心的党中央坚强领导下取得的，是在习近平新时代中国特色社会主义思想指引下取得的。这些全方位、开创性的成就，深层次、根本性的变革，构成了中国特色社会主义进入新时代的重要条件和雄厚基础。

第二，社会主要矛盾发生转化，是中国特色社会主义进入新时代的基本特征。习近平总书记在党的十九大报告中作出我国社会主要矛盾发生了新的变化的重大政治判断。正确认识社会主要矛盾，是正确把握社会发展规律、制定各项方针政策的现实依据。1956年党的八大提出，我们国内主要矛盾是"人民对于建立先进的工业国的要求同落后的农业国的现实之间的矛盾，是人民对于经济文化迅速发展的需要同当前经济文化不能满足人民需要的状况之间的矛盾"，这一矛盾的实质，就是先进的社会制度同落后的社会生产力之间的矛盾。十一届三中全会以来，我们党纠正了对八大关于社会主要矛盾正确判断的背离，在重新肯定党的八大关于社会主义社会主要矛盾正确判断的基础上，用更为科学的语言表述了我国社会主义社会的主要矛盾，指出，"在社会主义改造基本完成以后，我国所要解决的主要矛盾，是人民日益增长的物质文化需要同落后的社会生产之间的矛盾"。我们党关于社会主要矛盾的科学判断，为制定社会主义初级阶段党的基本路线，从而指导社会主义建设和改革开放提供了充分客观依据。

经过近40年改革开放，我国社会生产力极大发展，综合国力极大提升，人民生活水平极大提高，人民对美好生活的需求更为广泛、更为强烈，社会主要矛盾的两个方面都发生了深刻变化。习近平总书记在党的十九大报告中从中国的现实实际出发，把我国社会主要矛盾的新变化表述为"人民日益增长的美好生活需要和不平衡不充分的发展之间的矛盾"。这个判断完全反映了我国社会主要矛盾的实际状况。从生产力发展方面来说，我国社会生产能力在很多方面进入世界前列，我国长期处于的短缺经济和供给不足状况已经发生根本性转变；从人民生活需求方面看，人民生活水平显著提高，不仅对物质文化生活提出了更高要求，而且在民主、法治、公平、正义、环境等方面的要求日益增长，人民群众的需要已经大大超出物质文化的范畴。尽管影响人民美好生活需要的因素很多，但主要是发展不平衡不充分的问题，这些不平衡不充分问题相互交织，构成现阶段社会各种矛盾的主要根源。党的十九大作出社会主要矛盾发生转化的重大论断，既反映了社会发展的阶段性要求，也指出了党和国家事业发展的新的任务，更对党和国家事业发展提出了新的要求。中国特色社会主义进入新时代，并没有改变我国处于并将长期处于社会主义初级阶段的基本国情，我国是世界最大发展中国家的国际地位也没有改变。我们要牢牢把握社会主义初级阶段这个国情，牢牢立足社会主义初级阶段这个最大的实际，牢牢坚持党的基本路线这个党和国家的生命线、人民的幸福线。

第三，中国特色社会主义进入新时代，充分彰显了中国特色社会主义的道路自信、理论自信、制度自信和文化自信。党的十九大报告明确提出，中国特色社会主义进入新时代，意味着近代以来久经磨难的中华民族迎来了从站起来、富起来到强起来的伟大飞跃，意味着科学社会主义在21世纪的中国焕发出强大生机活力，意味着拓展了发展中国家走向现代化的途径，为解决人类问题贡献了中国智慧和中国方案。20世纪末，东欧剧变使国际共产主义运动遭受曲折，弥漫着"历史终结"论调，世界社会主义出现了复杂低迷的图景。西方国家借机在一些发展中国家强力推行西方模式，制造"颜色革命"，加重了这些发展中国家的社会、经济、政治危机。在这一关键时刻，中国扛起了世界社会主义大旗，走出了一条中国特色社会主义道路，使世界社会主义运动重新焕发勃勃生机。中国特色社会主义进入新时代，雄辩证明了中国特色社会主义对中华民族发展史、对世界社会主义发展史、对人类发展史的重大贡献，充分彰显了中国特色社会主义的道路自信、理论自信、制度自信和文化自信。中国特色社会主义进入新时代，不仅对发展中国家产生了强烈的影响，也对西方资本主义国家产生了强烈的震撼，深刻说明了中国特色社会主义是中国共产党带领中国人民作出的唯一正确选择。

二 深刻领会习近平新时代中国特色社会主义思想的精神实质、丰富内涵和历史方位

习近平新时代中国特色社会主义思想，是党的十九大报告的灵魂。党的十九大郑重提出习近平新时代中国特色社会主义思想，并把这一重要思想确定为我们党必须长期坚持的指导思想。这是党的十九大的历史性决策和历史性贡献，实现了党的指导思想的又一次与时俱进，体现了我们党在理论上的高度成熟、思想上的高度自觉、政治上的高度自信。

第一，习近平新时代中国特色社会主义思想，深刻反映了中国特

色社会主义新时代的理论诉求。任何理论都属于它那个时代。中国特色社会主义进入新时代，是习近平新时代中国特色社会主义思想产生的时代依据。党的十八大以来，面对党和国家事业发展的历史性变革、面对我国社会主要矛盾发生的转化，面对全面建成小康社会和全面建成社会主义现代化强国"两个一百年"的历史重任，以习近平同志为核心的党中央，紧紧围绕新时代中国特色社会主义提出的重大问题，紧密结合新的时代条件和实践要求，以全新的视野深化对共产党执政规律、社会主义建设规律、人类社会发展规律的认识，进行了艰辛的理论探索，集中回答了在新时代坚持和发展什么样的中国特色社会主义、怎样坚持和发展中国特色社会主义这一重大时代课题，取得重大理论创新成果，形成了习近平新时代中国特色社会主义思想。习近平中国特色社会主义思想深刻回答了新时代坚持和发展中国特色社会主义的总目标、总任务、总体布局、战略布局和发展方向、发展方式、发展动力、战略步骤、外部条件、政治保证等一系列基本问题，为中国特色社会主义注入了新的科学内涵，丰富发展了中国特色社会主义理论体系。习近平新时代中国特色社会主义思想，既是新时代中国特色社会主义伟大实践的生动反映，也是新时代中国特色社会主义伟大事业的理论概括，是中国特色社会主义事业不断前进的实践必然和理论必然。

第二，习近平新时代中国特色社会主义思想，深刻体现了马克思主义与时俱进的理论品格。坚持以马克思主义为指导，是中国特色社会主义鲜明的理论特质。与时俱进，是马克思主义鲜明的理论品格。在长期的革命斗争和社会主义现代化建设中，一代一代的中国共产党人将马克思主义基本原理与中国实际相结合，实现了马克思主义中国化的两次飞跃，产生了毛泽东思想和中国特色社会主义理论体系，解决了中国人民"站起来""富起来"的重大问题。在实现"站起来""富起来"的基础上，解决"强起来"，建设社会主义现代化强国，是新时代中国特色社会主义面临的重大实践问题。继续推进马克思主义中国化，发展21世纪马克思主义、当代中国马克思主义，是新时代中国特色社会主义面临的重大理论问题。党的十八大以来，以习近平同志为核心的党中央，在实践和理论创新的双向互动过程中，深刻把握世界历史的脉络和走向，深刻认识中国特色社会主义的本质和特点，深刻揭示中国发生根本性变革所蕴含的历史经验和发展规律，以高度的理论自觉和理论自信，为发展马克思主义作出原创性贡献，创立了习近平新时代中国特色社会主义思想，实现了马克思主义中国化的与时俱进，丰富发展了马克思列宁主义、毛泽东思想和中国特色社会主义理论体系，成为了马克思主义中国化最新成果。

第三，习近平新时代中国特色社会主义思想，开辟了中国特色社会主义实践新局面和马克思主义中国化理论新境界。习近平新时代中国特色社会主义思想，以全新的历史站位、宽阔的理论视野、深厚的理论底蕴，高远的战略眼光，反映了时代发展变化的丰富内涵，以逻辑严密、系统完整、相互贯通的思想体系回应了坚持和发展新时代中国特色社会主义的实践要求，深刻体现了共产党人敢于创新、敢于担当的高度理论自觉。习近平中国特色社会主义思想贯穿改革发展稳定、内政国防外交、治党治国治军各个领域，实现了马克思主义基本原理与中国实际相结合的创新发展，开辟了马克思主义中国化理论新境界；习近平中国特色社会主义思想从理论和实践上回答了坚持和发展什么样的中国特色社会主义、怎样坚持和发展中国特色社会主义，进一步彰显了中国特色社会主义的时代特色、实践特色、理论特色、民族特色，开辟了中国特色社会主义实践新局面。

三　深刻领会新时代中国特色社会主义的奋斗目标和战略部署

党的十九大报告深入分析当前国际国内形势，全面把握党和国家事业发展新要求和人民群众新期待，制定适应时代要求的行动纲领和大政方针，从战略全局上对党和国家事业作出规划和部署，提出了新时代基本方略、奋斗目标和战略部署，发出了决胜全面建成小康社会，夺取新时代中国特色社会主义伟大胜利的战斗动员令，开启了全面建设社会主义现代化国家的新征程。

第一，确立新时代中国特色社会主义基本方略，深刻体现了习近平新时代中国特色社会主义思想的治国理政新理念新思想新战略。习近平总书记在党的十九大报告中高度概括了"十四个坚持"，指出"十四个坚持"是新时代中国特色社会主义的基本方略。新时代中国特色社会主义基本方略是新时代习近平中国特色社会主义思想的具体体现，是党的十八大以来习近平治国理政新理念新思想新战略的总体概括。学懂弄通做实习近平新时代中国特色社会主义思想，必须深刻领会并全面贯彻落实新时代中国特色社会主义"十四个坚持"的基本方略，始终不渝地坚持党的基本理论、基本路线、基本方略。

第二，确立"两个一百年"奋斗目标，深刻体现中国特色社会主义接续奋斗的重要特征。根据发展阶段，制定发展战略，一届接着一届办、一代接着一代干，是我们党治国理政的一条重要经验。从党的十九大到党的二十大这 5 年是"两个一百年"奋斗目标的历史交汇期。习近平总书记的报告既明确了实现第一个百年目标的战略重点、描绘了全面建成小康社会的宏伟蓝图，也对实现第二个百年目标进行了新的战略谋划，作出了全面建设社会主义现代化国家"两步走"的战略安排。"两步走"的战略安排，不仅是对改革开放初期形成的"三步走"战略安排的进一步具体化，同时也根据我国发展的实际，将当初制定的基本实现社会主义现代化的目标提前了 15 年，充分说明我国发展潜力巨大、长期向好的基本态势没有改变。习近平总书记在战略安排的每一阶段，都提出了相应的经济社会、科技发展、国家治理的要求和人民生活水平的标准，层层递进，不断累积。十九大确立的新目标，是在综合分析国际国内形势和我国发展条件之后作出的重大决策，也是我们党适应我国发展实际作出的必然选择，对于充分调动全党全国人民的积极性，将中国特色社会主义的远大建设目标和埋头苦干精神结合起来，具有重大而深远的意义。

第三，作出"五位一体"总体布局和"四个全面"战略布局的战略部署，深刻体现了以人民为中心的发展思想。带领人民创造美好生活，是我们党始终不渝的奋斗目标。报告从人民日益增长的美好生活需要和不平衡不充分的发展之间的矛盾出发，把人民群众的新期待、新要求贯穿到"五位一体"总体布局和"四个全面"战略布局中的各项方针政策、具体举措中。经济建设各项政策，充分解放和发展社会生产力，激发全社会创造力和发展活力，努力实现更高质量、更有效率、更加公平、更可持续的发展；政治建设各项政策，充分体现人民意志、保障人民权益、激发人民创造活力，用制度体系保证人民当家作主；文化建设各项政策，坚持为人民服务、为社会主义服务，不断铸就中华文化新辉煌；社会建设各项政策，坚持人人尽责、人人享有，保障群众基本生活，不断满足人民日益增长的美好生活需要；生态文明建设各项政策，推动形成人与自然和谐发展现代化建设新格局；外交军事国防、"一国两制"和祖国统一各项政策，也是始终把维护国家核心利益，为人类作出新的、更大的贡献作为自己的使命。这深刻体现了我们党一以贯之的全心全意为人民服务的根本宗旨，厚植了我们党执政的群众基础、政治基础。

四 深刻领会中国特色社会主义新时代中国共产党人的时代使命

报告明确指出，中国共产党人的初心和使命，就是为中国人民谋幸福，为中华民族谋复兴，这个初心和使命是激励中国共产党人不断前进的根本动力。这深刻体现了中国共产党人对共产主义远大理想和中国特色社会主义共同理想的执着坚守，展示了中国共产党人强大的政治定力、思想定力、理论定力。

第一，"不忘初心，牢记使命"，深刻体现了中国共产党人坚定的理想信念。崇高的理想，坚定的信念，是中国共产党人的精神支柱和政治灵魂。报告先后16次出现"理想"，12次出现"使命"，充分展示了共产党人对马克思主义的坚定信仰、对社会主义和共产主义的坚定信念。实现中华民族伟大复兴的中国梦，是中国共产党人的初心与使命。中国共产党在成立之初，就把实现共产主义作为党的最高理想和最终目标，义无反顾肩负起实现中华民族伟大复兴的历史使命。为了实现这一历史使命，我们党团结带领人民历经千难万险，付出巨大牺牲，攻坚克难，创造奇迹，完成了中华民族有史以来最为广泛而深刻的社会变革，实现了中华民族近代以来命运的根本扭转。党的十八大以来，以习近平同志为核心的党中央，从中国共产党领导中国革命、建设、改革近百年历程中总结经验，深刻指出这一代中国共产党人要承担的历史责任，并用"行百里者半九十"来形容我们距离目标之接近，实现目标之艰辛。这就要求全党必须更加坚定理想信念，以永不懈怠的精神状态和一往无前的奋斗姿态，继续朝着实现中华民族伟大复兴的宏伟目标奋勇前进。

第二，"不忘初心，牢记使命"，深刻展现了共产党人强大的斗争精神。为了"牢记使命"，必须进行伟大斗争、建设伟大工程、推进伟大事业、实现伟大梦想。进行伟大斗争，就要应对重大挑战、抵御重大风险、克服重大阻力、解决重大矛盾；建设伟大工程，就要勇于直面问题，敢于刮骨疗毒，消除一切损害党的先进性和纯洁性的因素，清除一切侵蚀党的健康肌体的病毒；推进伟大事业，就要既不走封闭僵化的老路，也不走改旗易帜的邪路，坚持实干兴邦，始终坚持和发展中国特色社会主义。在进行伟大斗争、建设伟大工程、推进伟大事业、实现伟大梦想过程中，充分展现了共产党人强大的斗争精神和顽强的思想意志。政治上的坚定来源于理论上的清醒，中国共产党人的信仰信念是建立在对科学理论的理性认同上，建立在对历史规律的正确认识上，建立在对基本国情的准确把握上，这是中国共产党人具有顽强斗争精神的根本原因。在新的历史时期，用党的创新理论武装头脑，推动习近平新时代中国特色社会主义思想深入人心，是我们党新时代保持强大的斗争精神的根本所在，是我们党团结带领全国各族人民，凝心共筑中国梦的强大精神源泉。

第三，以文化自信坚定理想信念，汇聚共筑中国梦的磅礴力量。坚定的理想信念，旺盛的斗争精神，要依靠中华优秀传统文化、革命文化、社会主义先进文化的底蕴和滋养。中华优秀传统文化基因渗透进中国共产党人的血液，成为中国共产党人价值取向、理想追求、精神品格的深层文化根基；革命文化是中华民族革命斗争史的高度文化凝聚，是中国共产党人理想信念形成和发展的牢固革命根基，是中国共产党人"初心"不忘的根本;社会主义先进文化,植根于中国特色社会主义伟大实践,弘扬民族精神和时代精神,是中国共产党人"牢记使命"的精神动力。以文化自信坚定理想信念,就是要牢牢掌握意识形态工作的领导权,推进马克思主义中国化时代化大众化,建设具有强大凝聚力和引领力的社会主义意识形态,使全体人民在理想信念、价值理念、道德观念、斗争精神上紧紧团结在一起,推动全党更加自觉地为实现新时代党的历史使命不懈奋斗。

五 深刻领会加强党的建设是新时代中国特色社会主义的根本政治保证

报告把坚持党的领导、加强党的建设贯穿全篇,鲜明提出了新时代党的建设的总布局、总要求,对全面从严治党作出了战略部署,为坚持和发展新时代中国特色社会主义提供了根本政治保证。

第一,推动全面从严治党向纵深发展,深刻体现了对管党治党的高度自觉。党和人民的事业发展到什么阶段,党的建设就要推进到什么阶段。中国特色社会主义进入新时代,我们党一定要有新气象、新作为。我们党担负着团结带领人民全面建成小康社会、实现中华民族伟大复兴的重任,形势的发展、事业的开拓、人民的期待,都要求我们以改革创新精神推动全面从严治党向纵深发展。当前,党面临的执政考验、改革开放考验、市场经济考验、外部环境考验具有长期性和复杂性,党面临的精神懈怠危险、能力不足危险、脱离群众危险、消极腐败危险具有危机性和严峻性,增强自我净化、自我完善、自我革新、自我提高能力更加重要和紧迫。如果管党不力、治党不严,人民群众反映强烈的突出矛盾和问题得不到及时解决,我们党执政的基础就会动摇和瓦解;同样,如果我们让已经初步解决的问题反弹回潮、故态复发,那就会失信于民,我们党就会面临更大的危险。因此,我们必须坚持问题导向,保持战略定力,更加严密、更加有效推动全面从严治党向纵深发展。

第二,新时代党的建设总要求,体现了对管党治党规律的认识深化。报告根据新时代新要求,深化对党的建设规律性认识,提出了新时代党的建设总要求:一个根本原则,就是坚持和加强党的全面领导;一条指导方针,就是坚持党要管党、全面从严治党;一条工作主线,就是加强党的长期执政能力建设、先进性和纯洁性建设;一个总体布局,就是以党的政治建设为统领,全面推进党的政治建设、思想建设、组织建设、作风建设、纪律建设,把制度建设贯穿其中,深入推进反腐败斗争;一个基本要求,就是提高党建工作质量;一个基本目标,就是把党建设成为始终走在时代前列、人民衷心拥护、勇于自我革命、经得起各种风浪考验、朝气蓬勃的马克思主义执政党。这为新时代党的建设提供了一个立体"坐标系"和精准"定位仪"。

第三,以政治建设统领党建总布局,突出强调了政党的政治属性。报告第一次把党的政治建设纳入党的建设总体布局,强调以党的政治建设为统领,这是马克思主义党建理论的重大创新。政治属性是政党第一位的属性,政治建设是政党建设的内在要求。在新的党的建设总体布局中,党的政治建设是统领、是核心,决定党的建设的方向和效果。党的思想建设、组织建设、作风建设、纪律建设最终必须落实到政治建设上。深刻认识习近平总书记是全党拥护、人民爱戴、当之无愧的领袖,坚决维护党中央的集中统一领导,保证全党服从中央,坚持党中央权威和集中统一领导,是党的政治建设的首要任务。要牢固树立"四个意识",在政治立场、政治方向、政治原则、政治道路上同以习近平同志为核心的党中央保持高度一致,是政治建设的根本要求。报告还部署了新形势下全面从严治党的其他 7 项任务,用习近平中国特色社会主义思想武装全党,建设高素质专业化干部队伍,加强基层组织建设、持之以恒正风肃纪,夺取反腐败斗争压倒性胜利。落实好这些重大部署,必须要把党的政治建设摆在突出位置。这些新举措、新要求,进一步创新发展了党的建设理论,为我们提供了新时代中国特色社会主义党的建设的行动指南。

(本文系作者 2017 年 11 月 7 日在中国社会科学院学习宣传贯彻党的十九大精神所局级主要领导干部培训班上的动员讲话的一部分)

新时代坚持和发展中国特色社会主义的政治宣言和行动纲领

党的十九大是在全面建成小康社会决胜阶段、中国特色社会主义进入新时代的关键时期召开的一次十分重要的大会，是在新的历史起点，开启党和国家事业发展新征程的一次十分重要的大会。

党的十九大完成了三件大事。第一件大事是通过习近平同志所作的党的十九大报告，宣示我国发展已经进入中国特色社会主义新时代，开启社会主义现代化强国建设的新征程。党的十九大报告是决胜全面建成小康社会，夺取中国特色社会主义新胜利的政治宣言和行动纲领。第二件大事是全面阐述了党的最新创新理论——习近平新时代中国特色社会主义思想。确立习近平新时代中国特色社会主义思想的党的指导思想地位，并写入党章。第三件大事是选举产生新一届"两委"和中央领导集体。

这次大会开得非常成功，开成了一个不忘初心、牢记使命、高举旗帜、团结奋斗的大会。这次大会所作出的各项决策部署，取得的各项成果必将对决胜全面建成小康社会，建设社会主义现代化强国，对推进全面从严治党，推进党的建设新的伟大工程，对夺取新时代中国特色社会主义新胜利，实现中华民族伟大复兴的中国梦发挥十分重要的指导和保证作用。

一 关于大会主题的认识

党的十九大会议主题是"不忘初心，牢记使命，高举中国特色社会主义伟大旗帜，决胜全面建成小康社会，夺取新时代中国特色社会主义伟大胜利，为实现中华民族伟大复兴的中国梦不懈奋斗"。这次大会主题十分明确，我们一定要牢记中国共产党人的初心和使命，牢记决胜全面建成小康社会，夺取新时代中国特色社会主义伟大胜利是新时代中国共产党人的历史使命和政治任务。

二 关于党的十九大报告的精神实质和丰富内涵

习近平总书记在具有里程碑意义的党的十九大上所作的报告，向全党全国人民，也向全世界庄严宣告中国特色社会主义进入新时代，指出我国社会主要矛盾的变化，确定我国发展新的历史方位，提出指导和引领新时代的伟大指导思想——习近平新时代中国特色社会主义思想。习近平新时代中国特色社会主义思想，是与时俱进的党的指导思想，是党的十九大最大最根本的政治亮点和理论创新。党的十九大报告提出了新时代党和国家事业发展的主题主线、奋斗目标和宏伟蓝图，提出了关系党和国家事业发展全局的一系列新思想新观点新论断，作出了重大论断和重大决策，集中体现了当代中国马克思主义的最新成果，是指导当前和今后相当长时期党和国家各项工作的科学指南和行动纲领，是我们党团结带领全党全国各族人民决胜全面建成小康社会、夺取新时代中国特色社会主义伟大胜利的思想武器，是充满当代中国共产党人政治智慧和历史担当的马克思主义纲领性文献，具有划时代的理论和实践意义。党的十九大报告是新时代坚持和发展中国特色社会主义的政治宣言和行动纲领。

1. 党的十九大报告的基本框架和主要内容

报告分三个板块，十三个部分。第一个板块包括导语和第一、二、三、四部分，为总论。第二个板块包括第五到第十二部分，为"五位一体"总体布局和"四个全面"战略布局的具体展开。第三个板块包括第十三部分和结束语，主要论述党的建设并向全党全国各族人民发出庄严号召。

导语部分论述党的十九大的主题，概括中国共产党的初心和使命，对国际国内形势作出重大论断。

第一部分，总结十八大以来五年的历史性变革，作出了中国特色社会主义进入新时代的重大政治论断，对社会主义初级阶段主要矛盾的新变化作出了新概括。

第二部分，说明中国共产党人在新时代的历史使命，全面阐述伟大斗争、伟大工程、伟大事业、伟大梦想"四个伟大"。

第三部分，系统地阐述习近平新时代中国特色社会主义思想和基本方略——"三个基本"，要求全党坚决贯彻基本理论、基本路线和基本方略，必须坚持以习近平新时代中国特色社会主义思想为指导。

第四部分，对全面建成小康社会提出新的明确要求，发出开启社会主义现代化强国建设新征程的战斗号召，对第二个百年奋斗目标的三十年作出分两个阶段的战略安排，提出原则性的目标。

第五部分到第十部分，分别对"五位一体"总体布局和"四个全面"战略布局作出具体部署。

第十一部分，阐述坚持"一国两制"，推进祖国统一的战略任务。

第十二部分，阐述坚持和平发展道路，推动构建人类命运共同体的重大问题。

第十三部分，阐述全面加强党的领导、党的建设和全面从严治党的方针和要求。

结束语，号召全党全国各族人民为实现三大历史任务，为决胜全面建成小康社会、夺取新时代中国特色社会主义伟大胜利而奋斗。

2. 关于党的十九大报告的要点体会

学习党的十九大报告，要聚焦习近平新时代中国特色社会主义思想，主要抓住十二个方面的创新亮点，深入学习，深刻理解。

（1）总结并阐述了党的十八大以来所取得的历史性成就和发生的历史性变革。

十八大以来的五年，是党和国家发展进程中极不平凡的五年。在以习近平同志为核心的党中央领导下，我们党面对世界经济复苏乏力、局部冲突和动荡频发、全球性问题加剧的外部环境，面对我国经济发展进入新常态等一系列深刻变化，坚持稳中求进工作总基调，迎难而上，开拓进取，取得了改革开放和社会主义现代化建设的历史性成就。这些成就体现在十个方面：一是经济建设取得重大成就；二是全面深化改革取得重大突破；三是民主法治建设迈出重大步伐；四是思想文化建设取得重大进展；五是人民生活不断改善；六是生态文明建设成效显著；七是强军兴军开创新局面；八是港澳台工作取得新进展；九是全方位外交布局深入展开；十是全面从严治党成效卓著。

五年来的成就是全方位的、开创性的，五年来的变革是深层次的、根本性的。五年以来，我们党在以习近平同志为核心的党中央坚强领导下，以巨大的政治勇气和强烈的责任担当，提出一系列新理念新思想新战略，出台一系列重大方针政策，推出一系列重大举措，推进一系列重大工作，解决了许多长期想解决而没有解决的难题，办成了许多过去想办而没有办成的大事，推动党和国家事业发生历史性变革。这些变革力度之大、范围之广、效果之显、影响之深，在党的历史上、在新中国的历史上、在中华民族的历史上，都具有里程碑的意义。

同时，报告又告诉我们，必须清楚地看到，我们的工作还存在很多不足，指出了七个方面的薄弱环节，要求我们必须着力加以解决。

十九大代表们在讨论时一致认为，十八大以来之所以取得这么辉煌的历史性变革关键取决于两个根本性原因：第一个根本原因是，有习近平同志作为党的领导核心的英明领导；第二个根本原因是，有科学的指导思想和党的创新理论的正确指导，这就是习近平新时代中国特色社会主义思想。十九大之前，我们概括为习近平总书记系列重要讲话精神和党中央治国理政新理念新思想新战略，十九大作出新的概括，为习近平新时代中国特色社会主义思想。

（2）强调并阐释了中国共产党人的初心和使命是激励中国共产党人不断前进的根本动力。

习近平总书记在党的十九大报告中明确指出："不忘初心，方得始终。中国共产党人的初心和使命，就是为中国人民谋幸福，为中华民族谋复兴。这个初心和使命是激励中国共产党人不断前进的根本动力。"党的十九大报告总结了我们党对实践自己的初心和使命而不懈奋斗的百年艰辛历程。我们党从1921年成立,到第一次大革命,到南昌起义,到井冈山斗争,到中央苏区,到红军长征,到抗日战争,到三年解放战争,经过二十八年的浴血奋战,推翻了帝国主义、封建主义和官僚资本主义三座大山,完成了新民主主义革命,建立了新中国。新中国成立后,经过三年的和平恢复时期,经过社会主义过渡时期,完成了社会主义"三大改造",确立了社会主义制度,进行了社会主义建设道路的艰辛探索,奠定了今天我们所进行的中国特色社会主义的物质基础、制度前提和理论准备。十一届三中全会以来,经过近四十年的改革开放,我们取得了巨大的成绩。十八大以来,我们又取得了十个方面的历史性成就。成功地走出了中国特色社会主义道路,创立了中国特色社会主义理论体系,巩固了中国特色社会主义制度,形成了中国特色社会主义文化。所有这些伟大成就雄辩地说明中国共产党人的初心和使命——为中国人民谋幸福,为中华民族谋复兴,始终激励着中国共产党人前仆后继,流血牺牲,不懈奋斗,不断前进,正是中国共产党人永远不忘初心、牢记使命,才取得今天的成就。

党的十九大报告明确宣示,建设社会主义现代化强国,是中国共产党人的时代使命,这个时代使命激励着我们继续高举中国特色社会主义伟大旗帜,为实现"两个一百年"目标,为中华民族伟大复兴而不懈奋斗。

(3) 作出并阐述了中国特色社会主义进入新时代的重大政治论断。

习近平总书记在党的十九大报告中庄严宣告,"经过长期努力,中国特色社会主义进入了新时代,这是我国发展新的历史方位"。可以说,中国特色社会主义进入新时代,我国历史方位发生新的重大转变,这是一个重大的理论判定。党的十九大报告把新时代概括为"三个意味着":意味着近代以来久经磨难的中华民族迎来了从站起来、富起来到强起来的伟大飞跃,迎来了实现中华民族伟大复兴的光明前景,这是第一个"意味着";意味着科学社会主义在21世纪的中国焕发出强大生机活力，在世界上高高举起了中国特色社会主义伟大旗帜，这是第二个"意味着"；意味着中国特色社会主义道路、理论、制度、文化不断发展，拓展了发展中国家走向现代化的途径，给世界上那些既希望加快发展又希望保持自身独立性的国家和民族提供了全新选择，为解决人类问题贡献了中国智慧和中国方案，这是第三个"意味着"。

为什么说中国特色社会主义进入了新时代，我理解，有五个理由。

第一个理由，党的十八大以来的历史性新变革标志着中国特色社会主义进入了新时代。十八大以来，在极不平凡的五年里，以习近平同志为核心的党中央领导我们党取得了全方位、历史性的成就，党和国家事业发生了深层次、根本性的历史变革，这个变革标志着中国特色社会主义进入了一个新的时代。

第二个理由，社会主义初级阶段主要矛盾的新变化决定中国特色社会主义进入新时代。关于主要矛盾的变化问题，我后面再具体地谈。

第三个理由，中国社会发展变化的新特征显示中国特色社会主义进入新时代。党的十八大以来，中国特色社会主义发展表现出许多新的特征，突出表现为：一是执政方式和基本方略有重大创新。我们党贯彻依法治国基本方略，积极推进多层次多领域的依法治理，运用法治思维和法治方式深化改革、促进发展、化解矛盾、维护稳定，提高决策的法治化、规范化和科学化水平。二是发展理念和发展方式发生重大转变。我们党科学把握社会主义本质要求和发展方向，提出创新、协调、绿色、开放、共享的新发展理念，集中体现了新阶段我国的发展思路、发展方向、发展着力点，成为引领发展实践、开创美好未来的一面旗帜。三是发展环境和发展条件发生深刻变化。我们党引领经济发展新常态，准确把握发展速度变化、结构优化、动力转换的新特点，顺应推动经济保持中高速增长、产业迈向中高端水平的新要求，指明破解发展难题的新路径，推动发展方式转变，不断提高发展质量和效益。四是发展水平和发展要求出现更高期望。我们党要求党员干部特别是领导干部提高贯彻新发展理念的能力和水平，成为领导经济社会发展的行家里手，推动我国发展不断朝着更高质量、更有效率、更加公平、更可持续的方向前进。这四个方面的新特征充分说明，中国特色社会主义已经进入新时代。

第四个理由，历史交汇期新的历史任务和奋斗目标表明中国特色社会主义进入了新时代。当前我国正处于从实现第一个一百年奋斗目标向第二个一百年奋斗目标迈进的历史交汇期。这个交汇期充分说明我们中国特色社会主义事业进入新时代。

第五个理由，党的理论和实践实现与时俱进的创新说明中国特色社会主义进入了新时代。十八大以来，我们党在实践创新上，上了一个新台阶；在理论创新上，进入了一个新境界。这一理论和实践创新说明中国特色社会主义新时代是承前启后、继往开来、创新发展的一个新时代。

那么，怎么理解新时代呢？党的十九大报告提出"五个时代"的提法。一是承前启后、继往开来，在新的历史条件下继续夺取中国特色社会主义伟大胜利的时代；二是决胜全面建成小康社会、进而全面建设社会主义现代化强国的时代；三是全国各族人民团结奋斗、不断创造美好生活、逐步实现全体人民共同富裕的时代；四是全体中华儿女勠力同心、奋力实现中华民族伟大复兴中国梦的时代；五是我国日益走近世界舞台中央、不断为人类作出更大贡献的时代。这"五个时代"的概况明确界定了新时代的内涵。

总而言之，党的十八大以来所发生的历史性转折充分显示我们已经站在了一个新的历史起点上，中国特色社会主义已经前进到了一个新的发展阶段，具有不同以往的新的时代特征和主题任务，开辟了中国特色社会主义的新局面，开创了中国特色社会主义理论体系的新境界。面对新时代新变化新要求，中国共产党必须牢记我们在新时代的历史使命，努力为实现新时代中国特色社会主义伟大胜利而奋斗。

这里，我从理论角度，谈一下对时代概念的看法。我认为，时代概念有广义和狭义之分，广义的时代概念是指从历史观的角度上对人类社会形态发展的大的历史时代的判定。狭义的时代概念是从其他角度对社会发展某个阶段的判定。从具体的角度判断，对时代有各种说法。比如，从生产工具角度，有石器时代、铜器时代、铁器时代、机器时代、信息时代等说法，还有知识经济时代、信息经济时代等说法；从文学发展角度，有启蒙主义时代、现实主义时代、超现实主义时代、后现实主义时代等说法，这些都是狭义的时代概念。

马克思主义唯物史观关于时代的判断，是从生产力所决定的生产关系出发，以社会经济形态的变化为标准来判断时代，这就是我们常说的大的"历史时代"，即人类社会经过原始社会时代、奴隶社会时代、封建社会时代、资本主义时代，经过社会主义的过渡，而到共产主义社会时代。我们要把历史观上从社会形态判断历史时代的概念，与从其他角度判断时代的概念区别开来。习近平总书记在2017年9月29日第四十三次政治局集体学习时指出："时代在变化，社会在发展，但马克思主义基本原理依然是科学真理。尽管我们所处的时代同马克思所处的时代相比发生了巨大而深刻的变化，但从世界社会主义500年的大视野来看，我们依然处在马克思主义所指明的历史时代，就是列宁所说的'大的历史时代'。资本主义基本矛盾没有改变，人类社会演进的历史趋势也没有改变。"

那么，人类社会演进的历史趋势是什么呢？邓小平同志说："封建社会代替奴隶社会，资本主义代替封建主义，社会主义经历了一个长过程发展后必然代替资本主义。这是马克思主义历史发展不可逆转的总趋势。"这就是从马克思主义历史唯物主义角度，从社会形态演变理论及其揭示的演变规律角度，对历史时代所作的历史观判断，即大的"历史时代"，也就是说，人类由原始社会，到奴隶社会，到封建社会，到资本主义社会，经过社会主义的长过程，到共产主义社会，必然代替资本主义，这是一个不可逆转的历史趋势。习近平总书记认为，站在唯物史观的时代观来看，马克思主义关于大的"历史时代"的判断是绝对不能否定的，如果否定了，就会否定马克思主义，就会误认为资本主义的基本矛盾不存在了，误认为马克思主义过时了。

中国特色社会主义新时代所使用的时代概念不是历史观上的大的"历史时代",而是从我们党和国家事业发展的角度提出来的。习近平总书记在十八届七中全会上讲,"新时代是从党和国家事业发展的角度提出来的,不是历史学上时代划分的概念,用新时代界定当前我们发展新的历史方位,有利于统一全党思想"。这样就从理论上把两种时代概念的不同内涵说清楚了。依据唯物史观所作出的大的"历史时代"并没有改变,资本主义的基本矛盾没有改变,这个结论是正确的。新时代是特指我们中国特色社会主义发展已经站在一个新的历史起点上,进入一个新的历史阶段,处在一个新的历史方位上。

提出中国特色社会主义新时代的重大政治论断,在中华人民共和国发展史上、在中华民族发展史上、在世界社会主义发展史上、在人类社会发展史上,都具有重大意义。在中华人民共和国发展史上,我们现在已经踏上了建设社会主义现代化强国的新征程,已经在站起来、富起来的基础上,进一步解决强起来的时代主题,建设社会主义的现代化强国。这说明中华人民共和国发展已经进入一个新的历史阶段,我们正致力于到2050年实现中华民族伟大复兴,这在中华民族发展史上也是一件了不起的大事。从世界社会主义发展史的意义上看,从人类社会发展史的意义上看,马克思晚年在研究东方社会,研究非资本主义发展道路的时候,提出人类社会相对落后的国家可以不经过资本主义的"卡夫丁峡谷",走出一条非资本主义的发展道路,即落后国家不经过资本主义制度的痛苦,而通过社会主义制度实现现代化。中国特色社会主义的成功探索表明,中国作为一个经济、政治、文化发展相对落后的半封建半殖民地国家,不经过资本主义的发展,走出一条非资本主义的中国特色社会主义发展道路,一跃成为世界第二强国,这为全世界相对落后的民族和国家发展提供了一个全新的方案选择。通过中国道路、中国方案,把社会主义制度与市场经济相结合,通过社会主义的长过程,而进入未来的共产主义社会形态,这在世界社会主义发展史上,在人类社会发展史上,同样具有划时代的意义。

（4）提出并阐释了社会主义初级阶段主要矛盾发生了新的变化，但基本国情没有改变的重大政治结论。

习近平总书记在党的十九大报告中对社会主要矛盾作出新的概括："中国特色社会主义进入新时代，我国社会主要矛盾已经转化为人民日益增长的美好生活需要和不平衡不充分的发展之间的矛盾。"这就是说，今天我国社会主要矛盾发生了重大变化。

对于社会主要矛盾判断正确与否，直接关系到党的理论路线、方针政策是否正确的问题，从而关系到党和人民事业的前途命运。2017年是毛泽东的《实践论》和《矛盾论》发表80周年。《实践论》最根本的观点是什么呢？是实践第一的观点，即一切正确的思想皆来自实践，取决于实践，接受实践的检验。党的正确的理论和路线来自于实际，也就是说，制定什么样的理论路线、方针政策来指导中国实践，必须从中国实际出发。用马克思主义指导中国实践，必须把马克思主义和中国实际相结合，要从中国国情出发，实现马克思主义中国化。这是《实践论》教导我们的。那么，怎样正确判断中国国情呢？这就要学习《矛盾论》，按照《矛盾论》的要求办事。《矛盾论》讲，矛盾无时不有，无处不在，矛盾是一切事物发展的源泉和动力。自然界如此，人类社会也是如此。因此，要认识社会，必须认识社会矛盾，找到社会发展的主要矛盾。而要认识中国社会的特殊性，就必须认识中国社会矛盾的特殊性，中国社会主要矛盾的特殊性。只有正确分析认识中国社会的特殊矛盾，中国社会特殊的主要矛盾，抓住主要矛盾加以解决，中国的问题才会迎刃而解。这又是《矛盾论》教导我们的。《实践论》《矛盾论》是我们党找到中国革命正确道路的思想武器。一定要从中国特殊的国情，从中国特殊的具体矛盾分析出发，才能制定出正确的理论和路线。有了正确的理论和路线，革命才能成功。毛泽东说："革命党是群众的向导，在革命中未有革命党领错了路而革命不失败的。"[①] 革命党路线错了，那么革命党就会把革命引向灾难。革命党的正确路线从哪儿来呢？从本国实际，本国社会矛盾

[①] 《毛泽东选集》第1卷，人民出版社1991年版，第3页。

的科学分析中来。

矛盾不是一成不变的，而是变化的。中国社会矛盾、中国社会的主要矛盾也是变化的。在对主要矛盾的判断上，我们党的历史上是有经验教训可以总结吸取的。在中国革命的初期，如何判断中国半封建半殖民地社会的性质，如何判断中国的阶级关系和各阶级的政治态度，如何分清革命的敌我友，如何认识中国革命需要解决的主要矛盾是什么，这关系到中国革命的前途和命运。

在革命之初，我们党曾经产生了右和"左"两个方向的机会主义错误。右和"左"的机会主义错误及其导致的灾难，都与对国情判断、对主要矛盾的判断出现失误密切相关。陈独秀右倾机会主义导致轰轰烈烈的中国大革命失败。蒋介石、汪精卫叫嚣"宁可错杀一千，不得放过一个"，成千上万的共产党人和革命群众被国民党反动派屠杀。陈独秀右倾机会主义对中国半封建半殖民地社会主要矛盾作出的判断是错误的，把资产阶级当作了革命的领导阶级，提出"两次革命论"，认为先搞资产阶级领导的资产阶级革命，然后再搞无产阶级领导的社会主义革命，把革命领导权拱手让给了国民党。王明"左"倾机会主义，认为中国主要矛盾对象是资产阶级，主张搞"一次革命"，一下子把社会主义革命搞成功，把民族资产阶级、中农都判断成人民的敌人，而不是先打倒中国半封建半殖民地的三大敌人——帝国主义、封建主义、官僚资本主义。政治上搞了"关门主义"，军事上搞了"冒险主义"。失败了，又搞了"逃跑主义"。把毛泽东同志领导党辛辛苦苦搞起来的中央苏区全部断送，中央红军断送90%。

抗日战争时期，国内主要矛盾转化为中华民族和日本帝国主义侵略者之间的矛盾。右和"左"的机会主义又错误地判断了主要矛盾。"左"倾机会主义拒绝抗日民族统一战线，右倾机会主义否定在抗日民族统一战线中坚持共产党的领导地位。王明一下子从"左"跑到右，要一切以蒋介石为唯一领袖，一切经过国民党。只有毛泽东同志正确判断抗日战争时期主要矛盾的变化，提出正确的抗日战争的战略策略，提出抗日民族统一战线，领导共产党取得了抗战胜利。

新中国成立后，建立了社会主义制度。1956年中共八大对当时社会主要矛盾的转变作出了正确的判断，提出"人民对经济文化迅速发展的需要同当前经济文化不能满足人民需要的状况之间的矛盾是主要矛盾"，认为大规模的暴风骤雨式的阶级斗争已经过去了，阶级斗争不是主要矛盾，而要以经济建设为中心，以人民内部矛盾为主要矛盾。毛泽东在《正确处理人民内部矛盾的问题》这篇文章中指出，正确解决人民内部矛盾，是社会主义社会前进的动力。解决人民内部矛盾，就必须解决好人民的需要同落后生产的矛盾，就必须把发展生产力当作根本任务。当然，阶级斗争还在一定范围内存在，认为阶级斗争完全熄灭也是不对的。然而，八大以后，我们党和毛泽东同志对当时阶级斗争的形势作了过于严重的估计，这既有当时的社会背景原因，就是国际上出现了反社会主义反苏反华的逆流，出现了波兰和匈牙利事件，同时在国内也出现了一些错误思潮泛滥的状态。但也有对阶级斗争的判断、对主要矛盾的判断失误的主观原因。由此导致了反右扩大化等，以及"文化大革命"以阶级斗争为纲的错误路线和做法。

十一届三中全会以来，我们党纠正了错误的判断、路线和做法，恢复了八大的提法，但同时又比八大前进了一步，提出更为准确的社会主要矛盾的判断，即"人民日益增长的物质文化需要同落后的社会生产之间的矛盾"。正是按照对主要矛盾的正确判断，提出正确的党的基本路线，坚持一个中心、两个基本点，改革开放取得了今天举世瞩目的伟大成就。

历史在前进，条件在变化，主要矛盾也要随之发生变化。现在改革开放已近四十年了，我国社会主要矛盾的两个方面都发生了重大改变。一方面，我国生产力整体上升，有了极大的增长。我国的经济总量已稳居世界第二，城市化率达到60%。对世界经济增长贡献率超过30%，世界上三分之一弱的增长率是中国人民贡献的，我国有220种产品在世界是位列第一的。落后生产的表述已经不符合事实、不合时宜了。当然，我们也有生产力相对落后的方面，如农业等方面也有落后生产的表现。但总体上用"落后"这两个字，对我国生产力发展现状的概括是不准确的。另一方面，人民不仅对物质文化生活提出了更高要求，而且在民主、法治、公平、正义、安全、环境等各方面的要求也日益增长，人民对物质文化社会生活的需求更高更广泛，领域更大，所以概括为人民的"美好生活需要"就更为准确。

一方面是人民对美好生活的需要越来越强烈，而另一方面，更加突出的问题是发展的不平衡不充分，如城乡发展的不平衡，区域发展的不平衡，经济社会发展的不平衡等问题更为突出，同时也有发展不充分的问题，不能满足人民对美好生活的需求，这已经成为满足人民日益增长的对美好生活需要的主要制约因素。从解决落后生产，到解决发展不平衡不充分问题，反映我国发展阶段性特征已经发生变化。

为应对这个重大变化，正确认识主要矛盾的变化，必须按照党的十九大报告的要求，做到两个"必须认识到"，从变中看到不变。一是必须认识到，我国社会主要矛盾的变化是关系全局的历史性变化，对党和国家工作提出了许多新要求。我们要在继续推动生产力发展的基础上，因为最根本的发展还是生产力的发展，当然生产力的发展应该是全面的，要更好地解决发展的不平衡不充分问题，解决好全面和充分发展的问题，大力提升发展质量和效益，更好满足人民在经济、政治、文化、社会、生态等各方面日益增长的需要。二是必须认识到，社会主要矛盾的变化，没有改变我们对我国社会主义所处历史阶段的判断，我国仍处于并将长期处于社会主义初级阶段的基本国情没有变，我国是世界最大发展中国家的国际地位没有变，经济建设为中心，发展生产力是根本任务没有变。我们在世界上的话语权越来越大了，日益走向世界舞台中央。但是，我们仍然是世界上最大的发展中国家。社会主要矛盾变了，但"三个没有变"，国情没有变，发展中国家地位没有变，生产力的根本任务没有变。全党要树立"三个牢牢"的意识，牢牢把握社会主义初级阶段这个基本国情，牢牢立足社会主义初级阶段这个最大实际，牢牢坚持党的基本路线这个党和国家的生命线、人民的幸福线。

（5）确立并阐述了习近平新时代中国特色社会主义思想。

全面概括并阐述习近平新时代中国特色社会主义思想，是党的十九大报告最大的也是最重要的理论贡献。党的十九大报告郑重提出并全面阐述了习近平新时代中国特色社会主义思想，强调全党要深刻领会习近平新时代中国特色社会主义思想的精神实质和丰富内涵，在各项工作中全面准确贯彻落实。

十八大以来，以习近平同志为核心的党中央坚持以马克思列宁主义、毛泽东思想、邓小平理论、"三个代表"重要思想、科学发展观为指导，坚持解放思想、实事求是、与时俱进、求真务实，坚持辩证唯物主义和历史唯物主义，紧密结合新的时代条件和实践要求，以全新的视野深化对共产党执政规律、社会主义建设规律、人类社会发展规律的认识，进行艰辛理论探索，取得重大理论创新成果，形成了习近平新时代中国特色社会主义思想这一最新的重大理论成果。习近平新时代中国特色社会主义思想首先集中回答了一个重大的时代课题，即在新时代坚持和发展什么样的中国特色社会主义、怎样坚持和发展中国特色社会主义；解决了新时代坚持和发展中国特色社会主义的一系列重大问题，包括总目标、总任务、总体布局、战略布局和发展方向、发展方式、发展动力、战略步骤、外部条件、政治保证等基本问题；对我国经济、政治、法治、科技、文化、教育、民生、民族、宗教、社会、生态文明、国家安全、国防和军队、"一国两制"和祖国统一、统一战线、外交、党的建设等各方面工作作出理论分析、政策指导，作出了重大战略部署。

报告中对我国哲学社会科学发展也提出三点要求：加强马克思主义理论研究和理论建设，加快构建中国特色哲学社会科学，建设中国特色新型智库。

习近平新时代中国特色社会主义思想具有三个特色，即继承性，对马克思列宁主义、毛泽东思想、邓小平理论、"三个代表"重要思想、科学发展观的继承；创新性，丰富和发展了中国特色社会主义理论体系，大大地推动了党的理论创新；时代性，体现了新时代中国特色社会主义的时代要求。

关于习近平新时代中国特色社会主义思想的主要内容，报告概括了"八个明确"。一是明确坚持和发展中国特色社会主义总任务，是实现社会主义现代化和中华民族伟大复兴，在全面建成小康社会的基础上，分两步走在 21 世纪中叶建成富强民主文明和谐美丽的社会主义现代化强国。十八大加上"和谐"，十九大加上了"美丽"。二是明确新时代我国社会主要矛盾，是人民日益增长的美好生活需要和不平衡不充分的发展之间的矛盾。三是明确中国特色社会主义事业"五位一体"总体布局和"四个全面"战略布局，强调"四个坚持"。四是明确全面深化改革总目标，是完善和发展中国特色社会主义制度、推进国家治理体系和治理能力现代化。五是明确全面推进依法治国总目标，是建设中国特色社会主义法治体系、建设社会主义法治国家。六是明确党在新时代的强军目标，是建设一支听党指挥、能打胜仗、作风优良的人民军队，把人民军队建设成为世界一流军队。七是明确中国特色大国外交的任务，是推动构建新型国际关系，推动构建人类命运共同体。八是明确中国特色社会主义最本质的特征是中国共产党领导，中国特色社会主义制度的最大优势是中国共产党领导，党是最高政治领导力量，提出新时代党的建设总要求，突出政治建设在党的建设中的重要地位。这"八个明确"是习近平新时代中国特色社会主义思想的八个创新要点。

习近平新时代中国特色社会主义思想，既是对马克思列宁主义、毛泽东思想、邓小平理论、"三个代表"重要思想、科学发展观的继承和发展，又是当代中国马克思主义的最新成果，既是中国特色社会主义理论体系的重要组成部分，又是中国特色社会主义理论体系的丰富和创新。新时代中国特色社会主义思想，是党和人民实践经验和集体智慧的结晶，习近平同志是新时代中国特色社会主义思想的主要创立者，所以在新时代中国特色社会主义思想前面加上三个字，称作"习近平新时代中国特色社会主义思想"。习近平新时代中国特色社会主义思想，是全党全国人民为实现中华民族伟大复兴而奋斗的行动纲领，是我们党与时俱进的指导思想，必须长期坚持并不断发展。

（6）明确并阐明了新时代中国特色社会主义基本方略以及基本理论、基本路线、基本方略"三个基本"的新提法。

党的十九大报告要求我们必须深刻理解和领会习近平新时代中国特色社会主义思想，必须要做到"十四个坚持"，即：一是坚持党对一切工作的领导；二是坚持以人民为中心；三是坚持全面深化改革；四是坚持新发展理念；五是坚持人民当家作主；六是坚持全面依法治国；七是坚持社会主义核心价值体系；八是坚持在发展中保障和改善民生；九是坚持人与自然和谐共生；十是坚持总体国家安全观；十一是坚持党对人民军队的绝对领导；十二是坚持"一国两制"和推进祖国统一；十三是坚持推动构建人类命运共同体；十四是坚持全面从严治党。"十四个坚持"构成新时代坚持和发展中国特色社会主义的基本方略。我认为，基本方略就是习近平新时代中国特色社会主义思想的具体体现。要坚持习近平新时代中国特色社会主义思想，必须扎扎实实落实好新时代中国特色社会主义基本方略。过去我们强调基本理论、基本路线、基本纲领、基本经验、基本要求"五基本"，这次作为"三基本"来提出，基本理论、基本路线和基本方略。基本理论就是中国特色社会主义理论，基本路线就是党的基本路线，基本方略就是"十四个坚持"。

（7）概括并阐述了"四个伟大"的重大意义以及内在的逻辑及递进关系。

党的十九大报告对"四个伟大"，即伟大斗争、伟大工程、伟大事业、伟大梦想的内涵及其逻辑递进关系作了全面阐述。"四个伟大"非常重要，要好好学习领会。

实现中华民族伟大复兴，这就是我们的伟大梦想。实现梦想，是中国共产党人的初心和使命。要完成这个梦想，一是必须把坚持中国特色社会主义共同理想和共产主义远大理想紧密结合起来。伟大复兴与实现共产主义远大理想，实现中国特色社会主义共同理想是一致的。二是实现伟大复兴必须首先要完成新民主主义革命任务。不推翻"三座大山"，不完成反帝反封建的新民主主义革命的历史任务，不建立一个新中国，就不能实现伟大梦想。通过28年浴血奋战完成了这一步。三是实现伟大梦想必须建立适合我国国情的社会主义制度。新中国建立以后，经过社会主义革命，建立社会主义基本制度，为实现伟大梦想奠定了制度基础。四是实现伟大梦想必须勇于破除阻碍国家和民族发展的一切思想和体制障碍，坚持改革开放，奋勇前进。中国共产党人为了实现伟大梦想,带领人民经过 96 年的斗争,中华民族迎来了从站起来、富起来到强起来的伟大飞跃。

实现伟大梦想,必须要建设伟大工程,加强党的建设新的伟大工程。党政军民学,东西南北中,党是领导一切的。中国特色社会主义最本质的特征是中国共产党领导,中国特色社会主义制度的最大优势是中国共产党领导,党是最高政治领导力量,党是领导核心。毛泽东同志讲:"领导我们事业的核心力量是中国共产党。"不建设好坚强的党,离开或削弱党的领导,就不可能实现伟大复兴的历史使命。

实现伟大复兴,必须推进伟大事业,坚持和发展中国特色社会主义。中国革命、建设、改革的历史证明,只有社会主义,只有中国特色社会主义才能救中国。中国特色社会主义是实现伟大梦想唯一正确的途径。

实现伟大梦想,必须开展伟大斗争。毛泽东在《矛盾论》中讲,宇宙间一切事物都是在矛盾中发展的,有矛盾就会有斗争,矛盾是事物发展的根本动力。在哲学意义上讲,矛盾不分好坏,没有好矛盾坏矛盾之分,矛盾是必然存在的。如果有了矛盾不解决,那是坏事,有矛盾解决了,那是好事,有矛盾就会有斗争。斗争是解决矛盾的根本办法。我这里讲的斗争也是哲学的概念,斗争就是解决矛盾的方式。我们党始终是一个敢于斗争并善于斗争的党。没有斗争就没有胜利,就没有今天的一切。中国共产党是在斗争中成长壮大的,我们革命胜利是在斗争中取得的,我们的建设是在斗争中发展起来的,我们改革开放是在斗争中进行的。中国共产党是百折不挠、敢于和善于开展斗争,并在斗争中不断取得胜利的党。今天要实现伟大梦想,建设伟大工程,推进伟大事业,必须开展伟大斗争,必须进行具有许多新的历史特点的斗争。

必须要正确认识斗争的长期性、复杂性和艰巨性,要以更加自觉的精神状态积极地开展斗争。进行具有许多新的历史特点的斗争要做到:其一,必须更加自觉地坚持党的领导;其二,必须更加自觉地坚持社会主义制度;其三,必须更加自觉地维护人民的根本利益;其四,必须更加自觉地投身改革创新新时代;其五,必须更加自觉地维护国家主权和领土完整，维护国家统一和社会和谐稳定；其六，必须更加自觉地防范各种风险。要发扬斗争精神，区别斗争性质，提高斗争本领，要敢于斗争、善于斗争。

要深刻理解"四个伟大"相互贯通、相互作用的关系。在"四个伟大"中，起决定性作用的是伟大工程，加强党的建设是重中之重，必须坚持全面从严治党永远在路上。

（8）说明并阐释了决胜全面建成小康社会，开启社会主义现代化国家新征程的新要求。

党的十九大报告对全面建成小康社会、开启建设社会主义现代化国家新征程作了全面阐述。习近平总书记在党的十九大报告中发出了决胜全面建成小康社会的战斗动员令。他立足中国特色社会主义发展的新时代，着眼于党和国家事业发展的新起点，科学把握我国发展的新历史方位，描述了决胜全面建成小康社会，夺取新时代中国特色社会主义伟大胜利的宏伟蓝图，对决胜全面建成小康社会提出了新要求，作出了新部署。他指出，从现在到2020年，是全面建成小康社会决胜期。要在2020年全面建成小康社会，赋予全面小康社会更高的标准、更丰富的内涵。要求我们按照十五大、十六大、十七大、十八大提出的全面建成小康社会各项要求，突出抓重点、补短板、强弱项，坚决打好防范化解重大风险、精准脱贫、污染防治的攻坚战，使全面建成小康社会得到人民认可、经得起历史检验。

全面建成小康社会是我们党规划的第一个百年奋斗目标。回顾历史，"两个一百年"奋斗目标是中国共产党人在带领人民致力于中华民族伟大复兴的历史创造中形成并完善，贯穿中华民族从站起来、富起来到强起来的整个历史阶段。1949年，经过28年的浴血奋战，中国人民从此站起来了。以邓小平同志为代表的中国共产党人在改革开放之初提出了"三步走"战略，确立了20世纪末翻两番实现小康社会的奋斗目标。1987年8月29日，在中共十三大召开前夕，邓小平同志在会见意大利领导人时明确提出三步走的战略，他说："我国经济发展分三步走，本世纪（20世纪）走两步，达到温饱和小康，下个世纪用三十到五十年时间再走一步，达到中等发达国家水平。这就是我们的战略目标,这就是我们的雄心壮志。"从 1978 年到 20 世纪末,经过改革开放,努力拼搏,解决了翻两番问题。在这个基础上,党的十五大提出"两个一百年"奋斗目标,到建党一百年时建成经济更加发展、民主更加健全、科教更加进步、文化更加繁荣、社会更加和谐、人民生活更加殷实的小康社会,然后再奋斗三十年,到新中国成立一百年时,基本实现现代化,把我国建成社会主义现代化国家。十五大第一次提出的"两个一百年"目标和全面建设小康社会目标,十六大、十七大、十八大不断丰富发展,这次党的十九大又对全面建成小康社会提出更全面、更深刻的新要求。全面建成小康社会是实现第二个百年奋斗目标、实现中华民族伟大复兴、夺取新时代中国特色社会主义伟大胜利的关键一步。

习近平总书记在报告中强调,从十九大到二十大,是实现"两个一百年"奋斗目标的历史交汇期。我们既要全面建成小康社会、实现第一个百年奋斗目标,又要乘胜而上开启全面建设社会主义现代化国家新征程,向第二个百年奋斗目标进军。决胜全面建成小康社会吹响了开启全面建设社会主义现代化强国的进军号。决胜全面建成小康社会,要按照十九大提出的全面建成小康社会的新要求,紧扣我国社会主要矛盾变化,统筹推进经济建设、政治建设、文化建设、社会建设、生态文明建设,坚定实施科教兴国战略、人才强国战略、创新驱动发展战略、乡村振兴战略、区域协调发展战略、可持续发展战略、军民融合发展战略,确保如期实现建成全面小康社会的庄严承诺,为实现第二个百年奋斗目标奠定更加坚实的基础。

(9)确定并阐释了建设社会主义现代化强国的战略任务和实现"两个一百年"奋斗目标的宏伟蓝图。

习近平总书记在党的十九大报告中指出,综合分析国际国内形势和我国发展条件,从 2020 年到 21 世纪中叶可以分两个阶段来安排。第一个阶段,从 2020 年到 2035 年,在全面建成小康社会的基础上,再奋斗十五年,基本实现社会主义现代化,把实现社会主义现代化的目标提前了十五年。第二个阶段,从 2035 年到 21 世纪中叶,在基本实现现代化的基础上,再奋斗十五年,把我国建成富强民主文明和谐美丽的社会主义现代化强国。习近平总书记对奋斗目标作了原则性的远景规划和战略安排。这里不再提"翻两番"这样的具体目标，有利于进一步贯彻新的发展理念。

（10）确立并阐释了全面推进新时代中国特色社会主义"五位一体"总体布局和"四个全面"战略布局的新要求新部署新举措。

习近平总书记在报告中规划了"五位一体"总体布局和"四个全面"战略布局的战略安排，对全面推进新时代中国特色社会主义经济、政治、文化、社会、生态文明、军队国防、"一国两制"和和平统一祖国等一系列重大问题作了理论论述、政策应对，提出了具体举措。

（11）强调并阐述了人类命运共同体的重大提法和坚持和平发展道路的外交战略布局。

习近平总书记在党的十九大报告中对国际形势作了深刻分析，并提出了对外工作总方针。强调中国应坚持和平发展道路，高举和平、发展、合作、共赢的旗帜，恪守维护世界和平、促进共同发展的外交政策宗旨，坚定不移在和平共处五项原则基础上发展同各国的友好合作，积极促进"一带一路"国际合作，继续积极参与全球治理体系改革和建设，推动建设相互尊重、公平正义、合作共赢的新型国际关系，推动构建人类命运共同体，同全世界各国人民一道，建设持久和平、普遍安全、共同繁荣、开放包容、清洁美丽的世界。

（12）确定并阐述了新时代党的建设总体要求。

习近平总书记强调，打铁必须自身硬。党要团结带领人民进行伟大斗争、推进伟大事业、实现伟大梦想，必须毫不动摇坚持和完善党的领导，毫不动摇把党建设得更加坚强有力。

习近平总书记提出的新时代党的建设总要求是：坚持和加强党的全面领导，坚持党要管党、全面从严治党，以加强党的长期执政能力建设、先进性和纯洁性建设为主线，以党的政治建设为统领，以坚定理想信念宗旨为根基，以调动全党积极性、主动性、创造性为着力点，全面推进党的政治建设、思想建设、组织建设、作风建设、纪律建设，把制度建设贯穿其中，深入推进反腐败斗争，不断提高党的建设质量,把党建设成为始终走在时代前列、人民衷心拥护、勇于自我革命、经得起各种风浪考验、朝气蓬勃的马克思主义执政党。

习近平总书记指出,一定要把党的政治建设摆在首位。全党必须增强政治意识、大局意识、核心意识、看齐意识,坚持党中央的权威,坚持习近平同志的核心地位和党的集中统一领导,坚持执行党的政治路线,严明党的政治纪律和政治规矩,在政治立场、政治方向、政治原则、政治道路上同党中央保持高度的一致。

3. 关于向全党、全国各族人民发出的庄严号召

习近平总书记在党的十九大报告中向全党全国各族人民发出战斗号召,要求全党全国各族人民要紧密团结在党中央周围,高举中国特色社会主义伟大旗帜,认真学习贯彻习近平新时代中国特色社会主义思想,锐意进取,埋头苦干,为实现推进现代化建设、完成祖国统一、维护世界和平与促进共同发展三大历史任务,为决胜全面建成小康社会、夺取新时代中国特色社会主义伟大胜利、实现中华民族伟大复兴的中国梦、实现人民对美好生活的向往继续奋斗!

三 关于中国共产党章程的修改

党章是党的总章程,是党的根本大法。党的十九大对党章进行适当修改,是以习近平同志为核心的党中央立足新时代党的事业发展和党的建设全局、适应新的实践变化和任务要求作出的决定,是事关党的长远发展的重大决策。

十九大对党章的修改是改革开放以来中国共产党第八次修改党章。从党的十二大通过现行党章开始,我们党认真总结坚持和发展中国特色社会主义的成功经验,先后六次通过党的全国代表大会修改了党章。

党章修改过程中,党中央广泛征求了各地区各部门各方面的意见,集中了集体的智慧。十九大通过的党章修正案,共修改107处,其中总纲部分修改58处,条文部分修改49处。每一处修改,都凝结着党的十八大以来的丰富实践探索,蕴含着对新时代党的事业发展和

党的建设的新要求，昭示着党的前进方向。

十九大党章修改主要有以下几个方面的内容：

一是党章修正案的最大亮点和历史性贡献，是在党章中把习近平新时代中国特色社会主义思想同马克思列宁主义、毛泽东思想、邓小平理论、"三个代表"重要思想、科学发展观一道确立为党的行动指南，作了历史定位，要求全党必须长期坚持并不断发展，必须以习近平新时代中国特色社会主义思想统一思想和行动，增强学习贯彻的自觉性和坚定性。

二是党章修正案把中国特色社会主义文化同中国特色社会主义道路、中国特色社会主义理论体系、中国特色社会主义制度一道写入党章，这有利于全党深化对中国特色社会主义的认识、全面把握中国特色社会主义内涵。

三是党章修正案决议明确，实现中华民族伟大复兴是近代以来中华民族最伟大的梦想，是我们党向人民、向历史作出的庄严承诺。明确了实现"两个一百年"奋斗目标、实现中华民族伟大复兴的中国梦的宏伟目标。

四是党章修正案把党的十九大作出的我国社会主要矛盾已经转化为人民日益增长的美好生活需要和不平衡不充分的发展之间的矛盾的重大政治论断写入党章，为我们把握我国发展新的历史方位和阶段性特征、更好推进党和国家事业提供了重要指引。

五是党章修正案把促进国民经济更高质量、更有效率、更加公平、更可持续发展，完善和发展中国特色社会主义制度，推进国家治理体系和治理能力现代化，更加注重改革的系统性、整体性、协同性等内容写入党章。这有利于推动全党把思想和行动统一到党中央科学判断和战略部署上来，树立和践行新发展理念，不断开创改革发展新局面。

六是党章修正案把发挥市场在资源配置中的决定性作用、更好发挥政府作用，推进供给侧结构性改革，建设中国特色社会主义法治体系，推进协商民主广泛、多层、制度化发展，培育和践行社会主义核心价值观，推动中华优秀传统文化创造性转化、创新性发展，继承革命文化，发展社会主义先进文化，提高国家文化软实力，牢牢掌握意识形态工作领导权，不断增强人民群众获得感，加强和创新社会治理，坚持总体国家安全观，增强绿水青山就是金山银山的意识等内容写入党章。这对全党更加自觉、更加坚定地贯彻党的基本理论、基本路线、基本方略，统筹推进"五位一体"总体布局具有十分重要的作用。

七是党章修正案把中国共产党坚持对人民解放军和其他人民武装力量的绝对领导，贯彻习近平强军思想，坚持政治建军、改革强军、科技兴军、依法治军，建设一支听党指挥、能打胜仗、作风优良的人民军队，切实保证人民解放军有效履行新时代军队使命任务；铸牢中华民族共同体意识；坚持正确义利观，推动构建人类命运共同体，遵循共商共建共享原则，推进"一带一路"建设等内容写入党章。这有利于加强党对人民军队的绝对领导、提高国防和军队现代化水平，有利于加强民族团结，有利于提高我国开放型经济水平和总体对外开放水平。

八是党章修正案把党的十九大确立的坚持党要管党、全面从严治党，加强党的长期执政能力建设、先进性和纯洁性建设，以党的政治建设为统领，全面推进党的政治建设、思想建设、组织建设、作风建设、纪律建设，把制度建设贯穿其中，深入推进反腐败斗争等要求写入党章；把不断增强自我净化、自我完善、自我革新、自我提高能力，用习近平新时代中国特色社会主义思想统一思想、统一行动，牢固树立政治意识、大局意识、核心意识、看齐意识，坚定维护以习近平同志为核心的党中央权威和集中统一领导，加强和规范党内政治生活，增强党内政治生活的政治性、时代性、原则性、战斗性，发展积极健康的党内政治文化，营造风清气正的良好政治生态等内容写入党章；把坚持从严管党治党作为党的建设必须坚决实现的基本要求之一写入党章。这使党的建设目标更加清晰、布局更加完善，有利于全党以更加科学的思路、更加有效的举措推进党的建设，不断提高党的建设质量，永葆党的生机活力。

九是党章修正案把中国共产党的领导是中国特色社会主义最本质

的特征，是中国特色社会主义制度的最大优势。党政军民学，东西南北中，党是领导一切的，这一重大政治原则写入党章，这有利于实现全党思想上统一、政治上团结、行动上一致，确保党总揽全局、协调各方，为做好党和国家各项工作提供根本政治保证。

十是党章修正案还充实了一系列必须充实的内容：把认真学习习近平新时代中国特色社会主义思想，自觉遵守党的政治纪律和政治规矩，勇于揭露和纠正违反党的原则的言行，带头实践社会主义核心价值观，弘扬中华民族传统美德，作为广大党员应尽的义务；把政治标准放在首位，作为发展党员必须坚持的重要原则；把实现巡视全覆盖，开展中央单位巡视、市县巡察，作为巡视工作实践经验的总结，必须加以坚持和发展；把明确中央军事委员会实行主席负责制，明确中央军事委员会负责军队中党的工作和政治工作，作为反映了军队改革后的中央军委履行管党治党责任的现实需要；把调整党的总支部委员会、支部委员会每届任期期限，推进"两学一做"学习教育常态化制度化，明确国有企业党组织的地位和作用，增写社会组织中党的基层组织的功能定位和职责任务，明确各级党和国家机关中党的基层组织的职责，明确党支部的地位和作用，充实干部选拔条件和要求，调整和充实党的纪律、党的纪律检查机关部分的相关内容，等等，作为党的十八大以来党的工作和党的建设成果的集中反映。把这些内容写入党章，有利于全党把握党的指导思想与时俱进，用习近平新时代中国特色社会主义思想武装头脑、指导实践、推动工作，有利于强化基层党组织政治功能，推动全面从严治党向纵深发展。

修改后的党章通篇贯穿习近平新时代中国特色社会主义思想，必将成为引领中国共产党在新时代实现历史使命的光辉旗帜。十九大要求，党的各级组织和全体党员在以习近平同志为核心的党中央坚强领导下，高举中国特色社会主义伟大旗帜，以马克思列宁主义、毛泽东思想、邓小平理论、"三个代表"重要思想、科学发展观、习近平新时代中国特色社会主义思想为指导，更加自觉地学习党章、遵守党章、贯彻党章、维护党章。

中国共产党已经成立96年，中华人民共和国已经成立68年，改革开放已经进行了39年,我们处在这个伟大的时代,我们一定要紧密团结在以习近平同志为核心的党中央周围,高举中国特色社会主义伟大旗帜,解放思想,改革创新,锐意进取,埋头苦干,以习近平新时代中国特色社会主义思想为指导,为实现党的十九大确立的伟大目标和任务而奋斗!

(本文系作者在中国社会科学院传达学习党的十九大精神党组扩大会议上的发言,略作删减)

立足国情和实践　努力构建中国特色社会主义政治经济学

习近平总书记关于坚持和发展马克思主义政治经济学的重要讲话精神，是习近平新时代中国特色社会主义思想的重要内容，对于发展当代马克思主义政治经济学，并用之于指导中国特色社会主义经济建设，意义重大。我们要深入领会习近平总书记重要讲话精神，通过学习马克思主义政治经济学，运用马克思主义政治经济学的立场、观点和方法，深化对我国社会主义经济发展规律的认识和把握，深化对当代资本主义内在矛盾及其发展趋势的认识和把握，深化对人类社会发展规律和社会历史发展必然趋势的认识和把握，总结中国特色社会主义建设新鲜经验，分析我国经济社会发展在新阶段面临的新情况新问题，认识我国社会主要矛盾发生的重大变化，构建中国特色社会主义政治经济学，实现马克思主义政治经济学的创新发展。

一　既坚持马克思主义政治经济学的基本原理，又结合中国实际进行理论创新，是我们党的优良传统

我们党一贯高度重视马克思主义政治经济学的指导作用，重视马克思主义政治经济学的学习、研究和运用，重视社会主义政治经济学的建设。这首先表现在毛泽东本人的带头重视。1956年上半年，我国基本完成了对农业、手工业和资本主义工商业的社会主义改造，我们党正在把工作重点由社会主义生产资料所有制的改造转化为大规模的

经济建设。由于我们党缺少管理全国经济的经验，再加上许多方面照搬苏联的做法，我国的经济建设也出现不少问题。如何处理社会主义建设中的各类矛盾，总结国内外社会主义建设的经验教训，提出适合我国情况的建设社会主义的路线、方针和政策？这是当时迫切需要解决的问题。毛泽东同志在大量调查研究的基础上，1956年4月25日在中央政治局扩大会议上作了《论十大关系》的报告，全面分析了我国经济建设各种关系，并提出了解决问题的总思路。这一报告是从理论上探索适合中国国情的社会主义经济建设和发展道路的最初尝试，也是建设中国特色社会主义的第一本经济学著作。1958年以来，毛泽东同志认真研究和深入思考苏联社会主义经济理论和中国社会主义经济问题，对中国的社会主义政治经济学进行了论述探讨，这些集中体现在他1958年《读斯大林〈苏联社会主义经济问题〉批注》《读斯大林〈苏联社会主义经济问题〉谈话》和1959年到1960年《读苏联〈政治经济学教科书〉的谈话》。这些批注和谈话为建立适合中国国情的社会主义政治经济学提供了基础，留下了丰富而又珍贵的思想财富。

　　毛泽东同志除了对商品经济提出了独创性的观点以外，对社会主义经济规律作了全面的研究，提出了许多重要思想。例如，关于经济体制方面，他主张着重解决中央与地方分清经济管理权限的分权问题，提出要充分发挥中央和地方两个积极性，中央向地方放权，扩大企业的自主权；关于社会主义所有制结构的改革，他提出，"可以搞国营，也可以搞私营"，"可以消灭资本主义，又搞资本主义"，因为"它是社会主义经济的补充"；关于对外开放，他主张："一切民族、一切国家的长处都要学……但是，必须有分析有批判地学，不能盲目地学，不能一切照抄，机械搬用。"① 毛泽东同志还提出实行按劳分配，反对平均主义和收入过分悬殊，实现公有制基础上的共同富裕问题，提出了从生产资料所有制出发来研究分配问题，兼顾国家、集体、个人三者利益，国有企业要完善管理制度，学习西方管理经验应有所扬弃和创造等问题。

---

① 《毛泽东文集》第7卷，人民出版社1999年版，第41页。

二　把市场经济与社会主义制度结合起来，是我们党对马克思主义政治经济学的重大创新

在社会主义条件下，要不要搞市场经济，能不能搞市场经济，怎么搞市场经济，这是一个重大的理论和现实问题。

马克思主义政治经济学告诉我们，公有制必然代替私有制，共产主义社会形态必然代替资本主义社会形态。资本主义到共产主义必然有一个过渡阶段，这是"共产主义社会的第一阶段"，即社会主义阶段。当然，这一重要结论，只是马克思根据历史发展的总趋势作出的理论概括。对于共产主义到底是什么样子，社会主义到底是什么样子，社会主义怎么建设，他只是提出了若干个原则，规划了一个总的蓝图，不可能说得那么具体。马克思认为：在社会主义社会，实行的是全社会的公有制，劳动者直接按劳分配，没有商品、货币，实行计划经济，按劳分配是社会主义社会与共产主义社会的重要区别。这些设想的理论逻辑是：既然社会主义社会晚于资本主义社会，其生产力已经高度发达，那么就可以不再搞商品经济，直接过渡到计划经济了。

与此同时，马克思还论证了人类社会是一个自然历史过程，要经历自然经济、商品经济、产品经济三个循序渐进的历史阶段，商品经济是这个自然历史过程的一个必经阶段。这个重要论断为落后国家建设社会主义可以搞市场经济留下了创造性的空间。事实上，成功的社会主义革命都是发生在相对落后的国家，如俄国、中国，而没有发生在欧美发达的资本主义国家。这就提出了如何把马克思主义基本原理同国情和实践相结合的问题，而且必须结合好。

新中国成立后的前30年，我们曾经按照计划经济的思路来规划社会主义建设。在当时历史条件下，计划经济对于社会主义生产力的发展，对于社会主义制度的巩固，的确发挥了积极作用。但是，随着时间的推移和条件的变化，初期计划经济体制的弊端逐渐暴露出来，制约了社会主义制度优越性的发挥。毛泽东同志很早就觉察到这个问

题，于是对传统计划经济提出了质疑，形成了很多卓越的见解，提出了发展社会主义商品生产的重要思想，这是我们党改革开放新时期关于社会主义市场经济理论的重要先导。

改革开放以来，我们党深刻认识到市场经济既可以同私有制相联系，也可以同公有制相联系，既可以搞资本主义市场经济，也可以搞社会主义市场经济，应该把社会主义制度与市场经济结合在一起，最大限度地释放生产力的活力。1979年11月26日，邓小平同志就说过："说市场经济只存在于资本主义社会，只有资本主义的市场经济，这肯定是不正确的……社会主义也可以搞市场经济。"① 1992年，邓小平同志再次指出："计划多一点还是市场多一点，不是社会主义与资本主义的本质区别。计划经济不等于社会主义，资本主义也有计划；市场经济不等于资本主义，社会主义也有市场。计划和市场都是经济手段。"② 从1979年邓小平同志首次提出"社会主义的市场经济"概念，到1992年党的十四大正式宣布我国经济体制改革的目标是建立社会主义市场经济体制，要使市场在社会主义国家宏观调控下对资源配置起基础性作用，再到党的十八届三中全会明确提出使市场在资源配置中起决定性作用和更好发挥政府作用，再到党的十九大继续强调这一点，我们党对社会主义市场经济的认识不断深化。我们党以极大的政治智慧和理论勇气，建立和发展了社会主义市场经济体制，用市场经济的办法释放社会主义制度的优势，不断地解放和发展生产力，从而解决了其他社会主义国家始终没解决或没解决好的一个重大问题，这是我们党对马克思主义政治经济学的重大创新发展。

今天，我们发展中国特色社会主义，不但要搞市场经济，而且要搞好市场经济。我国社会主义市场经济与世界市场经济是联系在一起的，我们是在资本主义国家为主的世界市场环境下搞社会主义市场经济，这就更需要坚持和发展马克思主义政治经济学。马克思主义政治经济学对市场经济规律作了充分论证，对资本主义市场经济作了充分

---

① 《邓小平文选》第2卷，人民出版社1994年版，第236页。
② 《邓小平文选》第3卷，人民出版社1993年版，第373页。

论证，对如何发挥价值和价值规律的作用作了充分论证，高度概括了市场经济的一般规律及其特征，是我们从事社会主义市场经济伟大实践的基本遵循，是我们发展社会主义市场经济理论的起点。

三　努力构建中国特色社会主义政治经济学，不断开创马克思主义政治经济学新局面

学习领会习近平总书记重要讲话精神，坚持以马克思主义政治经济学为指导，努力构建中国特色社会主义政治经济学，是一项十分必要而迫切的战略任务。

党的十一届三中全会以来，我们党把马克思主义政治经济学基本原理同改革开放新的实践结合起来，不断丰富和发展了马克思主义政治经济学。在1984年10月《中共中央关于经济体制改革的决定》通过后，邓小平同志评价说："写出了一个政治经济学的初稿，是马克思主义基本原理和中国社会主义实践相结合的政治经济学。"① 近40年来，我们党在改革开放新的实践中形成了一系列马克思主义政治经济学新成果。例如，关于社会主义本质的理论、关于社会主义初级阶段基本经济制度的理论、关于社会主义市场经济的理论、关于生产要素参与收入分配的理论、关于国有企业改革和股份制改造的理论、关于经济全球化与对外开放的理论、关于自主创新和建立创新型国家的理论，等等。

党的十八大以来，习近平总书记在社会主义经济一系列重大问题上，又提出了很多新思想、新观点，构成了习近平新时代中国特色社会主义思想的重要内容，发展了当代中国马克思主义政治经济学，开拓了马克思主义政治经济学的新境界。譬如，把坚持以人民为中心的发展思想、坚持新发展理念、坚持和完善社会主义基本经济制度、坚持和完善社会主义分配制度、坚持社会主义市场经济改革方向、坚持对外开放基本国策，作为中国特色社会主义政治经济学的重大原则；强调坚持以人民为中心的发展思想，丰富了满足人民群众日益增长的

---

① 《邓小平文选》第3卷，人民出版社1993年版，第83页。

物质文化需要是社会主义生产目的的马克思主义政治经济学基本观点；科学分析国内外经济发展形势、准确把握我国基本国情的基础，针对我国经济发展的阶段性特征，作出了我国经济发展进入新常态的重要论断，形成了坚持创新、协调、绿色、开放、共享的新发展理念；坚持马克思主义政治经济学的指导地位，提出发展中国特色社会主义政治经济学的重大任务；提出坚持和完善社会主义基本经济制度，毫不动摇巩固和发展公有制经济，毫不动摇鼓励、支持、引导非公有制经济发展，坚持和完善基本分配制度，努力推动居民收入增长和经济增长同步、劳动报偿和劳动生产率同步提高的重要思想；提出关于促进社会公平正义、逐步实现全体人民共同富裕，关于推动新型工业化、信息化、城镇化、农业现代化相互协调发展，关于市场在资源配置中起决定性作用和更好发挥政府作用，关于发展混合所有制经济，关于推进供给侧结构性改革，关于用好国际国内两个市场、两种资源，关于我国社会主要矛盾已经转化为人民日益增长的美好生活需要和不平衡不充分的发展之间的矛盾的重大论断，等等，这些重要观点为我们树立了运用马克思主义的立场、观点、方法解决问题的典范。

习近平总书记指出，要深入研究世界经济和我国经济面临的新情况新问题，为马克思主义政治经济学创新发展贡献中国智慧。马克思主义政治经济学是不断发展、与时俱进的科学。在新的历史时期，面对生机勃勃的中国特色社会主义经济实践，发展和创新马克思主义政治经济学，建设具有中国风格、中国气派、中国特色的社会主义政治经济学理论和学术话语体系的任务，比任何时候都更加迫切、更加重要。我们要学习好十九大精神，学习好习近平新时代中国特色社会主义思想，深入研究世界经济和我国经济面临的新情况新问题，立足我国国情和我国发展实践，揭示新特点新规律，提炼和总结我国经济发展实践的规律性成果，把实践经验上升为系统化的经济学说，为中国特色社会主义政治经济学的创新发展贡献智慧，为实现"两个一百年"的奋斗目标贡献智慧。

（原载《经济日报》2017 年 11 月 24 日）

马克思主义执政党建设和反腐倡廉理论的创新发展

——学习习近平新时代中国特色社会主义思想关于反腐倡廉重要论述的体会

习近平总书记在党的十九大报告中强调,要"夺取反腐败斗争压倒性胜利",指出,"当前,反腐败斗争形势依然严峻复杂,巩固压倒性态势、夺取压倒性胜利的决心必须坚如磐石。要坚持无禁区、全覆盖、零容忍,坚持重遏制、强高压、长震慑,坚持受贿行贿一起查,坚决防止党内形成利益集团"。结合学习习近平新时代中国特色社会主义思想关于反腐倡廉的重要论述,结合十八大以来以习近平同志为核心的党中央全面从严治党,大力推进党风廉政建设和反腐败斗争的实践,使我们进一步加深了对习近平新时代中国特色社会主义思想关于反腐倡廉重要论述的深刻理解和把握。

一 深化了我们党关于新的历史条件下党风廉政建设的规律性认识

党的十八大以来,习近平总书记紧紧围绕我们党长期执政条件下全面从严治党面临的一系列重大理论和现实问题,紧密结合党的十八大以来党风廉政建设和反腐败斗争的具体实践,从指导思想、理念思路、基本原则、目标任务、具体举措等多个方面发表了一系列重要论述,给出了创造性的回答,深化了我们党关于新的历史条件下党风廉政建设的规律性认识,为党的党风廉政建设和反腐败斗争提供了重要理论指引。

第一，在准确把握世情、国情、党情的基础上，把党风廉政建设和反腐败斗争提升到新的战略高度。

习近平总书记坚持我们党对腐败问题的一贯立场，把回答"为什么必须反腐败"作为逻辑起点，以高度的责任感、危机感和紧迫感，将党风廉政建设和反腐败斗争提升到前所未有的高度，深刻阐释了党风廉政建设的全局性、战略性、长期性意义。一是从我们党肩负的历史使命来看，习近平总书记强调了党在中国特色社会主义各项事业中总揽全局、协调各方的领导核心作用，提出要"实现'两个一百年'奋斗目标，实现中华民族伟大复兴的中国梦，必须把我们党建设好"。全党要始终保持"打铁还需自身硬"的政治清醒，"把党风廉政建设作为提高党的执政能力、巩固党的执政地位的一项重大的政治任务来抓"，通过反腐败增强党自我净化、自我完善、自我革新、自我提高的能力，使我们党更加坚强、更有力量。二是从古今中外的历史来看，习近平总书记把腐败问题定义为"和平时期执政党的大敌"，认为腐败问题与政权建设休戚相关，"如果腐败问题得不到有效遏制，就会动摇党的执政基础，威胁党的执政地位"。三是从我们党当前所面临的形势来看，习近平总书记清醒地认识到，"党面临的最大风险和挑战是来自党内的腐败和不正之风"，"党风廉政建设和反腐败斗争是一项长期的、复杂的、艰巨的任务，不可能毕其功于一役"，告诫全党"反腐倡廉必须常抓不懈，拒腐防变必须警钟长鸣，关键就在'常'、'长'二字"，党风廉政建设和反腐败斗争永远在路上。

第二，在科学分析我们党面临的腐败问题和挑战的基础上，为党风廉政建设和反腐败斗争设定了新的战略目标。

习近平总书记立足于建设中国特色社会主义的伟大事业，把有效防治腐败作为治国理政的重要内容，把党风廉政建设和反腐败斗争纳入"四个全面"战略布局，着眼于党的建设所面临的突出问题，着重回答"反腐败要解决什么问题，达到什么目标"，为党风廉政建设和反腐败斗争明确了方向。一是提出夺取反腐败斗争压倒性胜利的战略任务。习近平总书记在党的十九大报告中提出了反腐败斗争的战略任务，强调强化不敢腐的震慑，扎牢不能腐的笼子，增强不想腐的自觉，通过不懈努力换来海晏河清、朗朗乾坤。二是提出了"建设廉洁政治"的新目标。习近平总书记在十八届中央纪委二次全会上强调："党的十八大提出建设廉洁政治的重大任务，要求做到干部清正、政府清廉、政治清明。这'三清'对党风廉政建设和反腐败斗争提出了更高的要求"，是新时期推进党风廉政建设和反腐败斗争的总目标。三是提出了"营造良好政治生态"的新方略。十八大以来，习近平总书记多次强调要严守政治纪律和政治规矩，营造风清气正的政治生态，把政治生态作为检验管党治党是否有力的重要标尺，解决党内政治生活、政治生态中出现的问题作为一项长期重要的任务。习近平总书记指出："开展严肃认真的党内政治生活，是我们党作为马克思主义政党区别于其他政党的重要特征，是我们党的光荣传统。长期实践证明，严肃认真的党内政治生活是我们党坚持党的性质和宗旨、保持先进性和纯洁性的重要法宝，是解决党内矛盾和问题的'金钥匙'，是广大党员、干部锤炼党性的'大熔炉'，是纯洁党风的'净化器'。""从近来反对'四风'、查处腐败案件的实际情况看，解决党内存在的种种难题，必须营造一个良好从政环境，也就是要有一个好的政治生态"，认为"党中央坚定不移反对腐败，就是要防范和清除这种非法利益关系对党内政治生活的影响，恢复党的良好政治生态"。四是提出了"三不腐"的战略规划。习近平总书记提出"构建不敢腐、不能腐、不想腐的体制机制"，从查处惩戒、制度建设和思想保障等层面明确了目标任务，既是一个对反腐败形势深刻把握基础上的长期规划，也是一个体现动态发展的渐进目标体系。

第三，在深刻认识腐败与反腐败规律的基础上，为党风廉政建设与反腐败斗争谋划了新的战略布局。

习近平总书记在深刻认识腐败发生的外部条件和内在机理的基础上，立足于中国政治经济体制和社会文化背景，着力回答"一党长期执政、改革开放和社会主义市场经济条件下如何有效防治腐败"的问题，从战略高度和战术角度予以谋划，提出了一系列解决当前腐败问题的具体思路和举措。一是在领导力量上，强调坚持中国共产党的领导。习近平总书记在十八届中央纪委二次全会上强调,"抓好党风廉政建设和反腐败斗争,必须全党动手"。要求"各级党委(党组)不能当'甩手掌柜',要切实把党风廉政建设当作分内之事、应尽之责,真正把担子担起来,种好自己的'责任田'"。"纪委作为党的监督机关,必须履行好监督职责。既协助党委加强党风建设和组织协调反腐败工作,又督促检查相关部门落实惩治和预防腐败工作任务,经常进行检查监督,严肃查处腐败问题。""各级党组织都负有执行纪律和规矩的主体责任。""党内监督是全党的任务,党委(党组)负主体责任,书记是第一责任人,党委常委会委员(党组成员)和党委委员在职责范围内履行监督职责。"二是在反腐倡廉的摆位上,把党的政治建设摆在首位。党的政治建设是根本性建设,反腐倡廉必须把党的政治建设放在第一位。三是在治理理念上,倡导运用法治思维和法治方式。习近平总书记指出"法律是治国理政最大最重要的规矩","各级党组织和党员领导干部要带头厉行法治,不断推进各项治国理政活动的制度化、法律化"。强调"善于用法治思维和法治方式反对腐败,加强反腐败国家立法,加强反腐倡廉党内法规制度建设,让法律制度刚性运行"。四是在治理重点上,强调"反腐倡廉的核心是制约和监督权力"。习近平总书记强调:"从查处的腐败案件看,权力不论大小,只要不受制约和监督,都可能被滥用。"既要合理分解权力,科学配置权力,形成科学的权力结构和运行机制,又要强化监督,让人民监督权力,让权力在阳光下运行,把权力关进制度的笼子里。五是在治理策略上,坚持从作风建设入手。习近平总书记提出,"不正之风也属于腐败范畴","作风问题关系人心向背,关系党的执政基础,必须下大气力惩治"。抓党的建设从"四风"抓起,抓"四风"从落实中央八项规定精神抓起,通过循序渐进、以上率下,推动党员干部作风的不断改进,带动社风民风的不断好转。六是在治理方法上,坚持运用改革手段根治腐败问题。习近平总书记强调:"要深化腐败问题多发领域和环节的改革,最大限度减少体制障碍和制度漏洞,通过深化改革不断铲除腐败现象滋生蔓延的土壤。""要坚持查找问题和深化改革相统一,从问题入手,抽丝剥茧,查找根源,深化改革,破立并举，确保公权力在正确轨道上运行。"把全面深化改革、推进民主政治建设、完善国家治理体系与防范腐败同步考虑、同步部署、同步实施，以达到标本兼治的目的。

二 运用辩证唯物主义和历史唯物主义解决党风廉政建设重大课题的光辉典范

习近平总书记关于党风廉政建设和反腐败斗争的重要论述，始终坚持马克思主义立场、观点和方法，灵活运用辩证唯物主义和历史唯物主义世界观和方法论，科学分析解决党风廉政建设和反腐败斗争中的严重问题、复杂矛盾和困难风险，提出了一系列重要思想和举措，具有严密完整的理论框架和内在逻辑，为我们树立了光辉的典范。

第一，坚持人民立场，科学阐释了"为了谁"和"依靠谁"的辩证关系。

坚持反腐败以人民为中心的理念是习近平总书记反腐倡廉重要论述的基本特征。习近平总书记认为人民群众是党风廉政建设必须依靠的力量。他指出，"人民群众最痛恨各种消极腐败现象，最痛恨各种特权现象"，"坚定不移惩治腐败是全党同志和广大群众的共同愿望"，"为政清廉才能取信于民，秉公用权才能赢得人心"。习近平总书记也充分认识到人民群众在反腐进程中的历史作用，他强调，"人民群众中蕴藏着治国理政、管党治党的智慧和力量，从严治党必须依靠人民"，"有党心民心作力量源泉，反腐败斗争必定胜利"。习近平总书记把人民群众的满意度作为评判反腐成效的重要标准，把人民群众的"获得感"作为党风廉政建设的重要目标。习近平总书记指出，人民的"获得感"是新形势下厚植党的执政基础、增强党的合法性的重要来源，也是推进全面从严治党、打赢反腐败斗争的力量源泉。

第二，坚持以史为鉴，科学阐释了历史和现实的辩证关系。

习近平总书记善于运用马克思主义唯物史观分析思考问题、把握历史规律，在党风廉政建设和反腐败斗争中，把历史作为最好的教科书。他强调，"历史的经验值得注意，历史的教训更应引以为戒"。一方面，注重从古今中外因腐败问题导致亡党亡国、政权更迭的历史事件中吸取教训；另一方面，坚持古为今用，推陈出新。既认识到封建社会那种"封妻荫子""一人得道，鸡犬升天""圈子文化"等腐朽思想对政治生态的侵蚀作用，同时也强调"要坚持发扬我们党在反腐倡廉建设长期实践中积累的成功经验，需要积极借鉴世界各国反腐倡廉的有益做法，也需要积极借鉴我国历史上反腐倡廉的宝贵遗产"。"没有中华优秀传统文化、革命文化、社会主义先进文化的底蕴滋养，信仰信念就难以深沉而执着。"要求积极挖掘中国古代监察、御史、弹劾、谏官等廉政制度以及优秀家风家规、修身立德等传统廉洁文化中的积极因素，使之成为新形势下加强党风廉政建设的重要制度资源和文化资源。

第三，坚持德规并重，科学阐释了自律和他律的辩证关系。

习近平总书记在十八届中央政治局第五次集体学习时指出，"推进反腐倡廉建设，必须坚持依法治国和以德治国相结合"。认为，"法是他律，德是自律，自律和他律相结合才能达到最佳效果"。在实践中，习近平总书记倡导高位立德、底线立规，既要求广大党员干部做到守纪律、讲规矩，以健全的反腐败法律和党内法规纪律约束党员干部行为，帮助广大党员干部树立法律红线不能触碰、纪律底线不能逾越的观念。同时注重构建与法规制度相适应的思想道德体系，发挥理想信念引领作用和道德情操的自律作用。习近平总书记提出，"坚定理想信念，坚守共产党人精神追求，始终是共产党人安身立命的根本"，"高尚的道德品质是清正廉洁的思想基础"，只有在立根固本上下功夫，才能防止歪风邪气近身附体。

第四，坚持惩防并举，科学阐释了治标和治本的辩证关系。

习近平总书记在坚持"标本兼治、惩防并举"理念的基础上，结合当前反腐败的形势和任务，正确处理"大"和"小"、"破"和"立"、"清存量"和"遏增量"的辩证关系，对治标和治本作出了新的科学概括。习近平总书记认为，从腐败个体来看，"分析近年来查处的典型腐败案件，都有一个量变到质变、小节到大错的过程"，必须坚持执纪从严，把纪律挺在前面，才能做到防微杜渐，防止由小错酿大错、由"破纪"而"破法"。从腐败危害来看，习近平总书记提出，"堤溃蚁穴，气泄针芒"，"微腐败"也可能成为"大祸害"，强调坚持"老虎""苍蝇"一起打，既查处领导干部违纪违法的大要案，又重视解决发生在群众身边的不正之风和腐败问题。习近平总书记不仅强调"重典治乱"，以高频度和高效度查处高官腐败，清理腐败存量，以"抓早抓小"控制腐败增量。同时还注重"以惩促防"，从典型案件中找出规律，深化腐败问题多发领域和环节的改革，减少体制障碍和制度漏洞，以实现"惩"和"防"的良性互动。

三　推动反腐败斗争走向胜利的强大思想理论武器

习近平新时代中国特色社会主义思想关于反腐倡廉重要论述以其鲜明的立场、严密的逻辑、丰富的内涵、科学的理论，持续推动了中国特色反腐倡廉建设的理论创新、实践创新和制度创新，对当前和今后党风廉政建设和反腐败斗争具有重要的理论意义和现实意义。

第一，为推动开展中国特色党风廉政建设和反腐败斗争确立了理论指南。

十八大以来，习近平总书记从必须毫不动摇推进党的建设新的伟大工程，必须毫不动摇坚持和完善党的领导，坚持党要管党，把党建设成为中国特色社会主义的更加坚强有力的领导核心的战略高度，在领导党开展惊心动魄的反腐败斗争的伟大实践中，针对当前我国腐败问题的新情况和新特点，发表了一系列关于反腐倡廉的重要论述，提出了一系列关于马克思主义执政党建设和反腐倡廉建设的富有创见的新思想、新理念、新观点、新判断、新举措，形成了具有鲜明时代特点和中国特色的反腐倡廉理论体系，指导党风廉政建设和反腐败斗争取得了历史性的成绩，走出了一条中国特色反腐倡廉建设的道路。习近平新时代中国特色社会主义思想关于反腐倡廉建设的重要论述，是习近平新时代中国特色社会主义思想的重要组成部分，丰富和发展了马克思主义执政党和党风廉政建设的理论宝库，是我们党开展反腐败斗争、加强党风廉政建设的指导思想，为我们党开创党风廉政建设和反腐败斗争新局面提供了思想武器和行动纲领。

第二，为健全完善中国反腐败法规制度体系奠定了理论基础。

习近平总书记积极倡导依法治国和依规治党相结合，坚持运用法治思维和法治方式治理腐败，坚持纪严于法、纪在法前，明确纪法分开原则，推动了反腐败法律体系和党内法规制度体系的不断完善。在国家法律层面，习近平总书记强调"要加强反腐败国家立法"。通过出台《刑法修正案》、刑事诉讼法、预算法、信息公开条例、国有资产法等新的法律，完善惩治贪污贿赂犯罪法律制度和预防腐败的基础性制度，部署开展了行政监察法修改工作，为形成全面覆盖国家机关及其公务员的国家监察体系提供法律保障。在党内法规制度建设层面，坚持以党章为根本遵循，逐步制定新的法规制度，完善已有的法规制度，废止不适应的法规制度，健全党内规则体系。一方面，着力健全党内监督制度。修订了中国共产党廉洁自律准则、党内监督条例、纪律处分条例、巡视工作条例等党内重要法规，颁布了新形势下党内政治生活的若干准则、问责条例等制度，提升了党内监督的制度化水平。另一方面，着力健全干部选拔任用管理制度。修订《干部任用条例》，着力破解"唯票、唯分、唯GDP、唯年龄"问题，制定了《推进领导干部能上能下若干规定（试行）》，为解决干部"下"的问题提供了系统完善的方案。针对干部管理监督中的薄弱环节，完善领导干部报告个人有关事项制度、加强"裸官"管理制度以及禁止领导干部违规插手工程项目、限制领导干部子女经商办企业、规范领导干部兼职兼酬等制度。不断把从严治党实践成果转化为党的纪律要求，结合中央八项规定精神，又相继出台近20项制度文件和细化措施，内容涉及豪华超规格办公楼、党政机关文艺晚会、公款宴请吃喝、一般公务用车、会员卡、公款发放节礼、公款旅游、公务接待等作风建设的主要内容，形成了全面系统的党内法规制度体系。

第三，为改革创新中国反腐败国家治理体系提供了理论支撑。

以习近平同志为核心的党中央积极推进反腐败体制机制创新，逐步建立起符合中国国情的、新的反腐败体制机制。一是作出深化国家监察体制改革的决定。把深化国家监察体制改革作为事关全局的重大政治体制改革，将试点工作在全国推开，建立国家、省、市、县监察委员会，同党的纪律检查机关合署办公，实现对所有行使公权力的公职人员监察全覆盖，推动建立集中统一、权威高效的国家监察体系。二是不断完善党内监督体系。增强党自我净化能力，根本靠强化党的自我监督和群众监督，不断完善党内监督体系。深入推进纪检监察体制改革，审议通过《党的纪律检查体制改革实施方案》，推进纪委双重领导体制具体化、程序化、制度化，实现纪检监察机关的"两个为主"，推动了纪委更好地履行监督职责。改革派驻机构和巡视制度，实现"两个全覆盖"，让党内监督无处不在。三是不断完善权力运行监督制约机制。加强对权力运行的制约和监督，让人民监督权力，让权力在阳光下运行，把权力关进制度的笼子。在规范决策权方面，深化干部人事、财务管理、国有企业监管体制、投资体制等改革，着力改进对领导干部特别是"一把手"行使权力的监督，解决少数人权力过于集中、实际权力太大难以制约问题。在规范执行权方面，进一步完善行政许可，深化行政审批制度、司法体制、行政执行体制、公共资源交易市场化等改革，通过体制机制和制度创新来抑制腐败。在强化监督权方面，深化党务公开、政务公开，推行权力清单制度，依法公开权力运行流程，强化内部流程控制，让广大干部群众在公开中监督，保证权力正确行使。四是制定国家监察法，依法规范监察委员会职责权限和调查手段。五是改革审计管理体制，完善统计体制。六是构建党统一指挥、全面覆盖、权威高效的监察体系，把党内监督同国家机关监督、民主监督、司法监督、群众监督、舆论监督贯通起来，增强监督合力。

第四，为构建中国特色治理腐败的理论体系和话语体系明确了理论遵循。

十八大以来，习近平总书记坚持走中国特色反腐倡廉道路，强调立足于中国特色社会主义制度，立足于中国国情和实际，立足于解决中国反腐败的实际问题，不照搬照抄其他国家的反腐模式，无论在理念上、思想上还是在方法上、路径上，都表现出与西方国家不同的腐败治理模式，呈现出鲜明的中国特点，走出了一条具有中国特色的反腐治腐道路，为丰富和发展中国特色反腐败理论体系和话语体系提供了思想遵循。

习近平总书记在大力推进中国反腐败斗争的同时，还积极在多边合作和双边合作中发出反腐倡议，积极推动二十国集团、亚太经合组织、《联合国反腐败公约》等多边框架下的国际合作，不仅使中国在反腐败斗争中占领道德制高点，同时也增强了中国在反腐败领域的国际影响力，使中国的党风廉政建设和反腐败工作得到世界各国更加广泛的关注和认可。

习近平总书记关于党风廉政建设和反腐败斗争的一系列重要论述是习近平新时代中国特色社会主义思想的重要内容，是新形势下党的创新理论的重要组成部分，是对从严治党、反腐倡廉面临新情况、新问题的科学判断、理论概括和实践总结，也是对当代中国反腐败理论体系、政策举措和话语表达的创新发展，进一步坚定了全党走中国特色反腐倡廉道路的理论自信和制度自信，充分彰显了我党打击腐败的坚定决心和实际成效。

实现伟大梦想必须进行伟大斗争

习近平总书记在党的十九大报告中指出，实现伟大梦想，必须进行伟大斗争。我们党要团结带领人民有效应对重大挑战、抵御重大风险、克服重大阻力、解决重大矛盾，必须进行具有许多新的历史特点的伟大斗争。深刻理解这一重要论述，准确把握伟大斗争与伟大梦想的时代内涵，对于在"两个一百年"奋斗目标的历史交汇期发扬斗争精神，开展伟大斗争，奋力夺取新时代中国特色社会主义伟大胜利、实现中华民族伟大复兴的中国梦具有重大意义。

实现伟大梦想是中国共产党人的初心和使命

实现中华民族伟大复兴，是全体中华儿女的伟大梦想。中国共产党一经成立，就把实现共产主义作为党的最高理想和最终目标，义无反顾肩负起实现中华民族伟大复兴的历史使命，团结带领人民进行艰苦卓绝的斗争，谱写了气吞山河的壮丽史诗。

实现中华民族伟大复兴是近代以来中华民族最伟大的梦想。把中国人民带上民族伟大复兴人间正道的中国共产党，始终把为中国人民谋幸福、为中华民族谋复兴作为初心和使命。把人民对美好生活的向往作为奋斗目标的中国共产党，紧紧依靠和带领人民在革命、建设、改革中取得一个又一个伟大胜利，使具有五千多年悠久文明史的中华民族告别贫穷和落后、全面迈向现代化，中华文明在现代化进程中焕发出新的蓬勃生机与活力；使具有500年历史的社会主义思想在世界上人口最多的国家成功开辟出具有高度现实性和可行性的正确道路，让科学社会主义在21世纪焕发出新的蓬勃生机；使具有近70年历史的新中国建设取得举世瞩目的成就，在改革开放后短短30多年里摆脱贫困并跃升为世界第二大经济体。今天，我们比历史上任何时期都更接近、更有信心和能力实现中华民族伟大复兴的目标。

实现伟大梦想需要把远大理想和共同理想紧密结合起来。伟大梦想与共产主义远大理想、中国特色社会主义共同理想是完全一致的。坚持为实现伟大梦想与远大理想、共同理想而奋斗，是我们党在理想信念上对全体党员的党性要求。始终坚持伟大梦想与远大理想、共同理想的统一，有助于巩固全党全国人民团结统一的思想基础，坚定"四个自信"，不断把中国特色社会主义伟大事业推向前进。远大理想是最高目标，共同理想是现实目标。没有远大理想，共同理想就会失去方向和动力；没有共同理想，远大理想就会成为空想和空谈。中国共产党人是远大理想和共同理想的统一论者，共产主义是我们党的最高理想和最终目标，是我们共产党人的精神支柱和政治灵魂。实现伟大梦想，任何时候都要始终坚持、毫不动摇共产主义远大理想。中国特色社会主义是我们党团结凝聚人民的共同理想，是全面建成小康社会、加快推进社会主义现代化、实现伟大梦想的必由之路。中国共产党之所以能经受住一次次挫折而又一次次奋起，归根到底是因为我们党既有远大理想和崇高追求，又为共同理想和现实目标不懈奋斗。

实现伟大梦想需要不断推进伟大社会变革。革命时期，我们党找到一条以农村包围城市、武装夺取政权的正确革命道路，经过28年浴血奋战，建立起新中国，彻底结束了旧中国半殖民地半封建社会的历史，实现了中国从几千年封建专制政治向人民民主的伟大飞跃。实现伟大梦想，必须建立适合我国实际的先进社会制度。我们党团结领导人民完成社会主义革命，确立社会主义基本制度，推进社会主义建设，完成了中华民族有史以来最为广泛而深刻的社会变革，为当代中国一切发展进步奠定了根本政治前提和制度基础，实现了中华民族由近代不断衰落到根本扭转命运、持续走向繁荣富强的伟大飞跃。实现伟大梦想，必须合乎时代潮流、顺应人民意愿、勇于改革开放，让党和人民事业始终充满奋勇前进的强大动力。我们党团结带领人民进行改革开放新的伟大革命，破除阻碍国家和民族发展的一切思想和体制障碍，开辟了中国特色社会主义道路，使中国大踏步赶上时代。

实现伟大梦想必须进行伟大斗争

党的十九大报告指出，中华民族伟大复兴，绝不是轻轻松松、敲锣打鼓就能实现的。全党必须准备付出更为艰巨、更为艰苦的努力。这一重要论断反映了我们党对伟大斗争规律更全面、更深刻的认识，体现了进行伟大斗争的坚定决心和百倍信心。

社会是在矛盾斗争中开拓前进的。宇宙间的一切事物都是在矛盾运动中前进的，有矛盾就会有斗争，矛盾是事物发展的根本动力。人类社会是一个由许多矛盾构成的复杂矛盾体系，是在矛盾斗争中开拓前进的。充分认识和科学运用社会矛盾规律，坚持斗争、不懈斗争、在斗争中前进，是中国共产党人的本色。

我们党是一个敢于斗争、善于斗争的党。没有斗争，就没有胜利，没有今天的一切。中国共产党是在斗争中成长壮大的党，是敢于并善于领导人民百折不挠开展斗争又在斗争中不断取得胜利的党。无论弱小还是强大，无论顺境还是逆境，我们党都初心不改、矢志不渝，团结带领人民历经千难万险、付出巨大牺牲，攻克了一个又一个看似不可攻克的难关，创造了一个又一个彪炳史册的人间奇迹。中国人民能从悲惨境遇走向光明前途，实现伟大历史转变，就是因为中国共产党带领人民以顽强的斗争精神进行了艰苦卓绝的斗争。

实现伟大梦想必须进行具有许多新的历史特点的伟大斗争。我们正在进行具有许多新的历史特点的伟大斗争，这是党中央对世情国情党情新变化新特点的高度概括。就世情来说，2008年爆发的国际金融危机给世界带来巨大影响，世界加速进入大发展大变革大调整时期，国际力量对比发生新的此消彼长，出现了一系列新特点新趋势。就国情来说，经过近40年改革开放，我国发展取得举世瞩目的成就；同时，我国改革处于攻坚期和深水区，在经济发展新常态下，我国经济社会发展处于新的历史阶段，面临着与改革开放初期不同的问题和矛盾，出现了一系列新特点新情况。就党情来说，一方面，党的领导和党的建设进一步加强；另一方面，党内还存在严重的政治规矩、组织纪律松懈现象，管党治党出现宽松软和腐败问题，甚至出现搞政治阴谋的严重隐患，全面从严治党和大力开展反腐败斗争任务艰巨。

充分认识伟大斗争的长期性、复杂性、艰巨性

党的十九大报告指出，全党要充分认识这场伟大斗争的长期性、复杂性、艰巨性，发扬斗争精神，提高斗争本领，不断夺取伟大斗争新胜利。

正确认识伟大斗争的长期性、复杂性、艰巨性。伟大斗争的长期性、复杂性、艰巨性，是由社会主义初级阶段这个基本国情决定的。我国仍处于并将长期处于社会主义初级阶段的基本国情没有变，我国是世界最大发展中国家的国际地位没有变。在这样的国情条件下，要实现伟大梦想，逐步摆脱发展不平衡不充分的现状，逐步缩小同世界先进水平的差距，必须进行长期的不懈奋斗。当前，国际形势正在发生深刻复杂变化，推进人类和平与发展的崇高事业依然任重而道远，这也决定了进行伟大斗争必然经历一个漫长而艰巨的历史过程。

以更加自觉的精神状态开展伟大斗争。全党要更加自觉地坚持党的领导和我国社会主义制度，坚决反对一切削弱、歪曲、否定党的领导和我国社会主义制度的言行。毫不动摇推进党的建设新的伟大工程，把党建设得更加坚强有力，确保党永葆旺盛生命力和强大战斗力，确保党始终成为中国特色社会主义事业的坚强领导核心。更加自觉地维护人民利益，坚决反对一切损害人民利益、脱离群众的行为。贯彻落实以人民为中心的发展思想，始终把人民利益摆在至高无上地位。更加自觉地投身改革创新时代潮流，坚决破除一切顽瘴痼疾。唯改革者进，唯创新者强，唯改革创新者胜。要敢于啃硬骨头，敢于涉险滩，敢于动"奶酪"，敢于打攻坚战。坚决破除一切阻碍改革创新的体制机制障碍，同一切因循守旧、故步自封、顽固保守、不思进取的思想和行为作坚决斗争，勇于变革、勇于创新，永不僵化、永不停

滞。更加自觉地维护我国主权、安全、发展利益，坚决反对一切分裂祖国、破坏民族团结和社会和谐稳定的行为。绝不允许任何人、任何组织、任何政党在任何时候、以任何形式把任何一块中国领土从中国分裂出去。更加自觉地防范各种风险，坚决战胜一切在政治、经济、文化、社会等领域和自然界出现的困难和挑战。伟大事业越发展、伟大工程越前进、伟大梦想越接近，遇到的风险挑战就会越大，就越要进行伟大斗争。我们要有效应对重大挑战、抵御重大风险、克服重大阻力、解决重大矛盾，勇于同一切风险困难作坚决斗争，坚决战胜前进道路上的一切艰难险阻。

发扬斗争精神，区分斗争性质，提高斗争本领。中国革命的胜利是靠斗争打出来的，中国建设的成就是靠斗争干出来的，中国改革的推进是靠斗争闯出来的。进行伟大斗争要继承和发扬斗争精神。既要在事关中国特色社会主义前途命运的大是大非问题上敢于斗争、敢于亮剑，不能态度暧昧，不能爱惜羽毛，不能动摇政治立场；又要在改革发展稳定工作中敢于斗争、勇于创新，自觉把使命放在心上、把责任扛在肩上，不断有所发明、有所创造、有所作为、有所前进；还要在全面从严治党上敢于斗争、敢于动硬，全面推进党的建设新的伟大工程。进行伟大斗争要区分斗争性质。党章明确指出，在现阶段，我国社会主要矛盾是人民日益增长的美好生活需要和不平衡不充分的发展之间的矛盾。由于国内的因素和国际的影响，阶级斗争还在一定范围内长期存在，在某种条件下还有可能激化，但已经不是主要矛盾。这就决定了我们所进行的伟大斗争，既不同于革命战争年代那种暴风骤雨式的阶级斗争，也不能采取"以阶级斗争为纲"的极左做法。进行伟大斗争要善于区分矛盾性质，针对不同性质的矛盾展开有针对性的有效斗争。要正确区分两类不同性质的矛盾，正确处理人民内部矛盾，制定正确的斗争策略，采取适当的斗争方式和方法，以期取得最大的斗争实效。当前，各种挑战不期而至，对伟大斗争提出了新的更高要求。这就要求我们以时不我待的精神，加强理论武装，提高斗争本领。只有不断提高全党斗争本领，伟大梦想才能真正实现。

（原载《人民日报》2017年11月30日）

坚定不移推进新时代全面从严治党

党的十九大报告站在时代高度，庄严宣示"中国特色社会主义进入新时代，我们党一定要有新气象新作为。打铁必须自身硬。党要团结带领人民进行伟大斗争、推进伟大事业、实现伟大梦想，必须毫不动摇坚持和完善党的领导，毫不动摇把党建设得更加坚强有力"，发出了全面加强党的建设、不断提高党的执政水平和执政能力的动员令，吹响了新时代全面从严治党的冲锋号。

实现中华民族伟大复兴必须始终坚持全面从严治党

办好中国的事情，关键在党。中国共产党是一个把为中国人民谋幸福，为中华民族谋复兴作为初心和使命的马克思主义政党，这个初心和使命是激励中国共产党人不断前进的根本动力，也是我们党始终坚持不断自我革新、始终走在时代前列的根本动力。

实现中华民族伟大复兴，是中华民族近代以来最伟大的梦想。谁能够承担这个历史使命，谁就能赢得中国人民的衷心拥护，成为中华民族的主心骨。1840年以来，无数仁人志士不屈不挠、前仆后继，进行了可歌可泣的斗争，开展了各式各样的尝试，但都未能改变旧中国的社会性质和中国人民的悲惨命运。1921年，中国共产党应运而生。从此，领导反帝反封建的革命斗争、争取民族独立和人民解放、实现振兴中华的伟大使命，历史地落到中国共产党身上。从此，中国革命有了正确的前进方向，中国人民有了强大的精神力量，中国命运有了光明的发展前景。中国革命、建设、改革所取得的一个又一个辉煌成就不可辩驳地证明，唯有中国共产党，才是中华民族复兴使命舍我其谁的合格担当者。

始终坚持和加强党的领导，把我们党建设好、建设强，中华民族伟大复兴就势不可挡。96年来，一代又一代共产党人带领中国人民接续奋斗，迎来了中国人民从站起来、富起来到强起来的伟大飞跃。现在，我们比历史上任何时期都更接近、更有信心和能力实现中华民族伟大复兴的目标。但是，我们必须清醒认识到前方还有许多前所未有的挑战和困难，需要全党付出更为艰巨、更为艰苦的努力。正如习近平总书记所指出的，"民族复兴梦想越接近，改革开放任务越繁重，越要加强党的建设。安不忘危，才是生存发展之道"。坚持党的领导、全面从严治党，同实现"两个一百年"奋斗目标和伟大复兴中国梦有机统一、不可分割。只要牢牢坚持中国共产党的领导，使我们党始终先进、始终纯洁、始终坚强有力，任何人、任何势力都不可能阻挡中华民族伟大复兴的光明前景。

党兴则国兴，党强则国强。全面从严治党不仅是党长期执政的根本要求，也是实现中华民族伟大复兴的根本保证。我们党担负着团结带领人民实现"两个一百年"宏伟梦想的历史重任，只有全面从严治党，才能把全党凝聚起来，统一思想、统一行动，确保党中央的大政方针和决策部署落到实处，才能团结带领全国各族人民以永不懈怠的精神状态和一往无前的奋斗姿态，继续朝着实现中国梦的宏伟目标奋勇前进。

新时代对全面从严治党提出新的更高要求

经过长期努力，中国特色社会主义进入了新时代，这是我国发展新的历史方位。党的十九大作出这个重大政治论断，是一项事关党和国家长治久安，事关广大人民根本利益，事关中华民族前途命运的战略考量。

以习近平同志为核心的党中央以强烈的历史使命感和无私无畏的

担当精神，无比清醒坚定地指出，在新时代实现伟大梦想，必须进行长期的、复杂的、艰巨的伟大斗争，必须锲而不舍深入推进党的建设新的伟大工程，必须以坚定的"四个自信"矢志不渝推进中国特色社会主义伟大事业。伟大斗争、伟大工程、伟大事业、伟大梦想紧密联系、相互贯通、相互作用，其中起决定性作用的是伟大工程。把伟大工程不断推向新高度新境界，必须以全面从严治党为底色，才能确保我们党永不变质，党的旗帜永不褪色。

进入新时代，明确新任务，谋划新方略。党的十九大报告首次强调并阐述了以"十四个坚持"为主要内容的新时代中国特色社会主义基本方略。其中第十四条专门对"坚持全面从严治党"作出部署，一开始就强调我们党最鲜明的品格，就是勇于自我革命，从严管党治党。我们党把对自身的严格要求、严格管理、严格监督熔铸于骨髓，决心之坚定，可见一斑。在这条基本方略中，对全面从严治党作出具体部署，要求全党以党章为根本遵循，把政治建设摆在首位，思想建党和制度治党同向发力，明确提出统筹推进党的各项建设，抓住"关键少数"，坚持"三严三实"，坚持民主集中制，严肃党内政治生活，严明党的纪律，强化党内监督，发展积极健康的党内政治文化，全面净化党内政治生态，以最坚决的态度正风反腐。这些举措，深刻总结我们党长期以来管党治党的经验教训，特别是全面吸收和提炼升华了十八大以来全面从严治党的生动实践，同时，又结合新时代新任务新要求，作出与时俱进的丰富和拓展，这大大有利于不断纵深推进全面从严治党，从而推动和促进党和国家各项工作、政策、措施保持连续性，持续不断朝着既定目标迈进。

以习近平新时代中国特色社会主义思想为指导推进全面从严治党

党的十九大把习近平新时代中国特色社会主义思想确立为党必须长期坚持的指导思想，为在新的征程中管党兴党、治国理政提供了思想武器和行动指南。习近平新时代中国特色社会主义思想是一个系统完整、逻辑严密的思想体系，它根据十八大以来的新实践对党和国家各方面工作作出了理论分析和政策指导，明确指出中国特色社会主义最本质的特征是中国共产党领导，中国特色社会主义制度的最大优势是中国共产党领导，党是最高政治领导力量，提出新时代党的建设总要求，突出政治建设在党的建设中的重要地位，这是新时代加强和改善党的领导的思想指南，为推动全面从严治党向纵深发展提供了根本遵循。

在习近平新时代中国特色社会主义思想引领下推进全面从严治党，不仅是着眼现实的战略选择，更是党的建设的固本工程。在党的十九大报告中，关于党的建设的论述占据了相当大的篇幅。"党的建设"出现了十三次，"全面从严治党"出现了七次，在新时代坚持和发展中国特色社会主义的十四条基本方略中，第一条是坚持党对一切工作的领导，第十四条是坚持全面从严治党。报告的第十三部分又用全文八分之一的篇幅专门论述了新时代党的建设的新思想、新要求和新举措，强调推动全面从严治党向纵深发展，不断提高党的执政能力和领导水平，足见党中央对全面从严治党的重视程度之高。

习近平新时代中国特色社会主义思想开辟了管党治党新境界，首次把党的政治建设纳入党的建设总体布局，并把党的政治建设摆在首位，强调以党的政治建设为统领，这是马克思主义党建理论的重大创新，意义重大而深远。新思想对党的政治建设的内涵作出了具体概括，指出保证全党服从中央、坚持党中央权威和集中统一领导是党的政治建设的首要任务。强调要严格遵守政治纪律和政治规矩，严格执行新形势下党内政治生活若干准则，坚决防止和反对个人主义、分散主义、自由主义、本位主义、好人主义，坚决防止和反对宗派主义、圈子文化、码头文化，坚决反对搞两面派、做两面人，加强党性锻炼，不断提高政治觉悟和政治能力。纪律建设第一次被列入党的建设总体布局中，把过去的思想建设、组织建设、作风建设、反腐倡廉建设、制度建设五位一体，调整表述为"政治建设、思想建设、组织建设、作风建设、纪律建设，把制度建设贯穿其中，深入推进反腐败斗争"。上述种种，都是对十八大以来全面从严治党经验的深刻总结，使我们党对党的建设规律的认识达到了新的高度，也为今后管党治党建设党指明了方向、明确了路径。

　　勇于自我革命，从严管党治党，是中国共产党最鲜明的品格。从"打铁还需自身硬"到"打铁必须自身硬"，我们党对自身建设的标准越来越高、要求越来越严。只要全党上下以习近平新时代中国特色社会主义思想武装头脑，始终不渝地坚持全面从严治党，确保党始终同人民想在一起、干在一起，就一定能够引领承载着中国人民伟大梦想的航船破浪前进，胜利驶向光辉的彼岸。

　　　　　　　　　　　　　　（原载《中国纪检监察》2017年第21期）

开启全面建设社会主义现代化国家新征程

《习近平谈治国理政》第二卷的出版发行，是党和国家政治生活中的一件大事。第二卷和先期出版的《习近平谈治国理政》第一卷，生动记录了以习近平同志为核心的党中央团结带领全党全国各族人民在新时代坚持和发展中国特色社会主义的伟大实践，集中反映了习近平新时代中国特色社会主义思想的发展脉络和主要内容，充分体现了习近平总书记为这一思想的创立所起的决定性作用、作出的决定性贡献，是我们深入学习领会习近平新时代中国特色社会主义思想和党的十九大精神的权威读本。

习近平总书记对决胜全面建成小康社会作出了一系列重要论述，提出了许多重大理论观点，并在党的十九大报告中，立足中国特色社会主义新时代，着眼于党和国家事业发展的新起点，科学把握我国发展新的历史方位，对决胜全面建成小康社会，夺取新时代中国特色社会主义伟大胜利作出新阐述、提出新要求、作出新部署。习近平总书记关于决胜全面建成小康社会的重要论述高瞻远瞩、催人奋进，是习近平新时代中国特色社会主义思想的重要内容。我们要深入学习领会、全面把握"两个一百年"奋斗目标的任务和要求，为决胜全面建成小康社会、全面建成社会主义现代化强国不懈奋斗。

一 从现在到2020年是全面建成小康社会的决胜期

习近平总书记指出："到2020年全面建成小康社会，是我们党向人民、向历史作出的庄严承诺。"党的十八大提出到2020年全面建成小康社会，并赋予全面小康更高的标准、更丰富的内涵。全面建成小康社会，是我们党规划的第一个百年奋斗目标，即在中国共产党建党100周年时实现全面建成小康社会的历史任务。习近平总书记在党的十九大报告中发出了决胜全面建成小康社会的动员令。

回顾历史，"两个一百年"奋斗目标是中国共产党人带领人民在致力于中华民族伟大复兴的历史创造中形成并完善的，贯穿中华民族从站起来、富起来到强起来的整个历史进程。习近平总书记在党的十九大报告中强调，从十九大到二十大，是"两个一百年"奋斗目标的历史交汇期。我们既要全面建成小康社会、实现第一个百年奋斗目标，又要乘势而上开启全面建设社会主义现代化国家新征程，向第二个百年奋斗目标进军。

党的十八大以来我们取得的历史性成就和发生的历史性变革，为决胜全面建成小康社会奠定了雄厚基础、创造了各方面条件。五年来，以习近平同志为核心的党中央以巨大的政治勇气和强烈的责任担当，提出一系列新理念新思想新战略，出台一系列重大方针政策，推出一系列重大举措，推进一系列重大工作，解决了许多长期想解决而没有解决的难题，办成了许多过去想办而没有办成的大事。统筹推进"五位一体"总体布局、协调推进"四个全面"战略布局，党和国家事业全面开创新局面，经济建设取得重大成就，全面深化改革取得重大突破，民主法治建设迈出重大步伐，思想文化建设取得重大进展，人民生活不断改善，生态文明建设成效显著，强军兴军开创新局面，港澳台工作取得新进展，全方位外交布局深入展开，全面从严治党成效卓著。这五年的巨大成就，在我们党的历史、中华人民共和国历史、中华民族历史上具有里程碑意义，为决胜全面建成小康社会提供了领导保证、政治引领、制度优势和物质基础。

全面建成小康社会，强调的不仅是"小康"，而且更重要的也是更难做到的是"全面"。"小康"讲的是发展水平，"全面"讲的是发展的平衡性、协调性、可持续性。决胜全面建成小康社会，要按照十六大、十七大、十八大和十九大提出的全面建成小康社会各项要求，紧扣我国社会主要矛盾变化，统筹推进经济建设、政治建设、文化建设、社会建设、生态文明建设，坚定实施科教兴国战略、人才强国战略、创新驱动发展战略、乡村振兴战略、区域协调发展战略、可持续发展战略、军民融合发展战略，突出抓重点、补短板、强弱项，特别是要坚决打好防范化解重大风险、精准脱贫、污染防治的攻坚战，使全面建成小康社会得到人民认可、经得起历史检验。只有这样，才能确保如期实现全面建成小康社会的庄严承诺，才能为实现第二个百年奋斗目标奠定更加坚实的基础。

二 高举中国特色社会主义伟大旗帜实现全面建成小康社会奋斗目标

中国特色社会主义是改革开放以来党的全部理论和实践的主题，是党和人民历尽千辛万苦、付出巨大代价取得的根本成就。实现全面建成小康社会的第一个百年目标，必须遵循党的十九大报告的要求，全面贯彻落实十九大精神。

一定要坚持以习近平新时代中国特色社会主义思想为指导。习近平新时代中国特色社会主义思想，从理论和实践的结合上科学回答了新时代坚持和发展什么样的中国特色社会主义、怎样坚持和发展中国特色社会主义这一重大时代课题，是对马克思列宁主义、毛泽东思想、邓小平理论、"三个代表"重要思想、科学发展观的继承和发展，是马克思主义中国化最新成果，是党和人民实践经验和集体智慧的结晶，是中国特色社会主义理论体系的重要组成部分，是全党全国人民为实现中华民族伟大复兴而奋斗的行动指南，是我们党必须长期坚持的指导思想。实现全面建成小康社会，必须把习近平新时代中国特色社会主义思想贯穿在全面建成小康社会各个领域、各个方面，指导全面建成小康社会扎实推进、全面胜利。

一定要坚持新时代中国特色社会主义的基本方略。实现全面建成小康社会奋斗目标，必须全面贯彻新时代坚持和发展中国特色社会主义基本方略，即坚持党对一切工作的领导，坚持以人民为中心，坚持全面深化改革,坚持新发展理念,坚持人民当家作主,坚持全面依法治国,坚持社会主义核心价值体系,坚持在发展中保障和改善民生,坚持人与自然和谐共生,坚持总体国家安全观,坚持党对人民军队的绝对领导,坚持"一国两制"和推进祖国统一,坚持推动构建人类命运共同体,坚持全面从严治党。要全面贯彻党的基本理论、基本路线、基本方略,引领党和人民事业顺利发展。

一定要坚持"五位一体"总体布局和"四个全面"战略布局。"五位一体"总体布局和"四个全面"战略布局,是全面贯彻落实习近平新时代中国特色社会主义思想和基本方略的战略设计。全面建成小康社会,必须遵循"五位一体"总体布局和"四个全面"战略布局的战略安排:一是贯彻新发展理念,建设现代化经济体系。要深化供给侧结构性改革,加快建设创新型国家,实施乡村振兴战略,实施区域协调发展战略,加快完善社会主义市场经济体制,推动形成全面开放新格局。二是健全人民当家作主制度体系,发展社会主义民主政治。要坚持党的领导、人民当家作主、依法治国有机统一,加强人民当家作主制度保障,发挥社会主义协商民主重要作用,深化依法治国实践,深化机构和行政体制改革,巩固和发展爱国统一战线。三是坚定文化自信,推动社会主义文化繁荣兴盛。要牢牢掌握意识形态工作领导权,培育和践行社会主义核心价值观,加强思想道德建设,繁荣发展社会主义文艺,推动文化事业和文化产业发展。四是提高保障和改善民生水平,加强和创新社会治理。要优先发展教育事业,提高就业质量和人民收入水平,加强社会保障体系建设,坚决打赢脱贫攻坚战,实施健康中国战略,打造共建共治共享的社会治理格局,有效维护国家安全。五是加快生态文明体制改革,建设美丽中国。要推进绿色发展,着力解决突出环境问题,加大生态系统保护力度,改革生态环境监管体制。六是坚持走中国特色强军之路,全面推进国防和军队现代化。七是坚持"一国两制",推进祖国统一。八是坚持和平发展道路,推动构建人类命运共同体。九是坚定不移全面从严治党,不断提高党的执政能力和领导水平。要把党的政治建设摆在首位,用习近平新时代中国特色社会主义思想武装全党,建设高素质专业化干部队伍，加强基层组织建设，持之以恒正风肃纪，夺取反腐败斗争压倒性胜利，健全党和国家监督体系，全面增强执政本领。

一定要全面加强新时代党的建设。加强党的建设，是实现全面建成小康社会奋斗目标的政治组织保证。要按照党的十九大报告提出的新时代党的建设总要求，坚持和加强党的全面领导，坚持党要管党、全面从严治党，以加强党的长期执政能力建设、先进性和纯洁性建设为主线，以党的政治建设为统领，以坚定理想信念宗旨为根基，全面推进党的政治建设、思想建设、组织建设、作风建设、纪律建设，把制度建设贯穿其中，深入推进反腐败斗争，把党建设成为始终走在时代前列、人民衷心拥护、勇于自我革命、经得起各种风浪考验、朝气蓬勃的马克思主义执政党。

三　在实现第一个百年奋斗目标的基础上开启全面建设社会主义现代化国家新征程

一切伟大的事业，总是在承前启后、继往开来中不断推向前进。从全面建成小康社会到基本实现现代化，再到全面建成社会主义现代化强国，是新时代中国特色社会主义发展的战略部署。这个战略安排既筹谋决胜全面建成小康社会，同时对第二个百年奋斗蓝图又进行谋划部署，清晰地展示了实现"两个一百年"奋斗目标的历史任务和战略步骤，体现了步步深入推进、行稳致远的发展脉络，表明了我们党既高瞻远瞩，又脚踏实地，一张蓝图绘到底的决心。

必须坚持党对一切工作的领导。十八大以来，改革开放和社会主义现代化建设之所以取得了历史性成就，中国特色社会主义之所以焕发出勃勃生机，在于以习近平同志为核心的党中央的坚强领导，在于习近平新时代中国特色社会主义思想的科学指导，这也是我们取得一切发展进步的根本原因。实现第二个百年奋斗目标、全面建成社会主义现代化强国，必须继续毫不动摇地坚持以习近平同志为核心的党中央的领导，毫不动摇地坚持以习近平新时代中国特色社会主义思想为指导，增强"四个意识"，自觉维护党中央权威和集中统一领导。

必须贯彻以人民为中心的发展理念。人民是历史的创造者，是决定党和国家前途命运的根本力量。要深入贯彻以人民为中心的发展思想，坚持人民主体地位，坚持立党为公、执政为民，践行全心全意为人民服务的根本宗旨，把党的群众路线贯彻到治国理政全部活动之中，把人民对美好生活的向往作为奋斗目标，依靠人民创造历史伟业。

必须着眼于新时代新思想新战略新举措。我们必须站在新的历史起点上和历史方位中，坚持和发展习近平新时代中国特色社会主义思想，进一步增强中国特色社会主义道路自信、理论自信、制度自信、文化自信，坚持党的基本路线不动摇，坚持中国道路、弘扬中国精神、凝聚中国力量，在新时代中国特色社会主义的伟大实践中，凝聚起实现第二个百年奋斗目标的磅礴力量，在全面建成小康社会的基础上，继续把中国特色社会主义事业推向前进，实现中华民族伟大复兴的中国梦。

必须坚持脚踏实地、苦干实干。实现第二个百年奋斗目标是一项光荣而艰巨的事业，需要脚踏实地，付出艰苦努力，用真抓实干、苦干实干托起美好未来。要坚持崇尚劳动、造福劳动者，树立正确政绩观，在全社会大力弘扬真抓实干、苦干实干的良好风尚；要以知难而进、锲而不舍的奋斗精神，敢于啃硬骨头，敢于涉险滩，在克服困难、化解矛盾、解决问题中抓落实；要一步一个脚印，用新的思路、新的举措，扎扎实实把十九大确定的各项目标完成好，把美好蓝图变为现实。

雄关漫道真如铁，而今迈步从头越。更加紧密地团结在以习近平同志为核心的党中央周围，不忘初心、牢记使命，胸怀理想、坚定信念，顽强奋斗、不懈奋斗，中华民族复兴的伟大梦想一定会如期实现。

(原载《光明日报》2018 年 1 月 2 日)

全面准确把握习近平新时代中国特色社会主义思想关于文化的重要论述

建设中国特色社会主义文化，必须全面准确把握习近平新时代中国特色社会主义思想关于文化的重要论述。用习近平中国特色社会主义思想关于文化的重要论述，指导和推动中国特色社会主义文化建设需要增强三个方面的认识，即马克思主义文化基本原理是中国特色社会主义文化的基石，中华优秀传统思想文化是中国特色社会主义文化的血脉和源泉，西方优秀思想文化资源是中国特色社会主义文化的"他山之石"。

一

从性质上来说，中国特色社会主义文化是社会主义的文化。之所以说它是社会主义文化，原因就在于它坚持以马克思主义为指导，以马克思主义文化基本原理作为其理论基石。中国特色社会主义文化坚持以马克思主义为指导，是近代以来我国发展历程赋予的规定性和必然性。如果不坚持以马克思主义为指导，中国特色社会主义文化就会失去灵魂、迷失方向，不能发挥其应有作用。习近平新时代中国特色社会主义思想关于文化的重要论述，以马克思主义文化基本原理作为其理论根基并不断创新，在指导中国特色社会主义文化建设方面，主要表现在于其坚持和发展了马克思主义文化基本原理。

第一，坚持和发展了马克思主义关于文化地位和作用的原理。马克思主义将文化与经济、政治的关系纳入唯物史观的社会有机体理论中进行考察，认为作为意识形态上层建筑的文化的发展虽然以经济发展为基础，但文化并不是消极的、被动的，具有对社会经济发展的反作用，并具有自己相对独立的发展过程和内在规律。习近平新时代中国特色社会主义思想关于文化的理论也反复强调，文化建设一方面必须与经济发展相适应，必须反映我国社会主义经济和政治的基本特征；另一方面文化建设又对经济社会发展和民族生命力、创造力和凝聚力起巨大促进作用和重要支撑作用，必须把文化建设放在与经济建设、政治建设、社会建设、生态文明建设同等重要的位置，必须将文化视作凝聚和激励全国各族人民的重要力量，视作综合国力的重要标志，等等。

第二，坚持和发展马克思主义关于文化发展目标任务的原理。马克思主义认为，文化是人的有目的的活动——劳动的"对象化"和"外化"，它在深层本质上是围绕人且指向人的，文化发展的正确目标应该是促进人的全面而自由的发展。习近平新时代中国特色社会主义思想关于文化的理论坚持马克思主义"以人民为中心"的文化发展观，强调发挥人民在文化建设中的主体作用和坚持马克思主义的文化服务人民大众的基本价值取向，强调坚持文化发展为了人民、文化发展依靠人民、文化发展成果由人民共享，促进人的全面发展，培育有理想、有道德、有文化、有纪律的社会主义公民。

第三，坚持和发展马克思主义关于文化发展多样性的原理。马克思主义认为，不同的民族文化由于环境、风俗、语言、传统习惯等不同而具有差异性和特殊性，这使得由不同民族文化构成的世界文化的发展呈现出多样性的特点。搞文化霸权主义，就是无视和否认世界文化发展的多样性特点。正如马克思指出的："你们赞美大自然令人赏心悦目的千姿百态和无穷无尽的丰富宝藏，你们并不要求玫瑰花散发出和紫罗兰一样的芳香，但你们为什么却要求世界上最丰富的东西——精神只能有一种存在形式呢？"① 世界文化发展的多样性也就决定了不同民族的文化必然相互影响、相互交流、相互融合。不同文

---

① 《马克思恩格斯全集》第 1 卷，人民出版社 1995 年版，第 111 页。

化之间的相互交融，是人类文明发展的重要动力。习近平新时代中国特色社会主义思想关于文化的理论坚持马克思主义文化发展多样性的原理，强调人类文明可以多彩并存，可以在多样性当中和平共处；强调理性处理本国文明与其他文明的差异，"不要看到别人的文明与自己的文明有不同，就感到不顺眼，就要千方百计去改造、去同化，甚至企图以自己的文明取而代之"①；强调"百花齐放，百家争鸣"的繁荣社会主义文化的方针，强调正确处理弘扬主旋律和提倡多样化的关系、教育人民和满足人民多样化精神文化需求的关系，等等。

在社会主义市场经济日益发展和对外开放不断扩大的形势下，不断丰富和发展具有中国特色、符合时代发展要求的社会主义文化建设理论，必须始终坚持马克思主义文化基本原理，使我国文化各方面的发展始终建立在马克思主义深厚的文化理论基础之上。

二

优秀传统文化是一个国家、一个民族传承和发展的基础，如果丢掉了，就割断了精神命脉。历史和现实都表明，一个抛弃了或者背叛了自己历史文化的民族，不仅不可能发展起来，而且很可能上演一场历史悲剧。在5000多年文明发展中孕育的中华优秀传统文化，积淀着中华民族最深沉的精神追求，是中华民族独特的精神标识，是中华民族生生不息、发展壮大的丰厚滋养和永远不能离别的精神家园。事实证明，中华优秀传统文化对中华文明形成并延续发展几千年而从未中断，对形成和维护中国团结统一的政治局面，对形成和巩固中国多民族和合一体的大家庭，对形成和丰富中华民族精神，对激励中华儿女维护民族独立、反抗外来侵略，对推动中国社会发展进步、促进中国社会利益和社会关系平衡，都发挥了十分重要的作用。

中国共产党人不是历史虚无主义者，也不是文化虚无主义者，而

---

① 习近平：《在纪念孔子诞辰2565周年国际学术研讨会暨国际儒学联合会第五届会员大会开幕会上的讲话》，人民出版社2014年版，第8—9页。

是中华优秀传统文化的忠实传承者和弘扬者。习近平新时代中国特色社会主义思想关于文化的重要论述，以保持和发扬自己的民族文化特色，以忠实传承和弘扬中华优秀传统文化为根本，把中华优秀传统思想文化资源作为涵养中国特色社会主义文化的不竭源泉与深厚根基。实践证明，只有扎根中华优秀传统文化，中国特色社会主义文化才能在世界文化激荡中站稳脚跟，才能汇聚中国人民胜利前行的强大精神力量。

所谓扎根中华优秀传统文化，绝不是简单复古，也不是盲目排外，而是高度重视中华优秀传统文化永不褪色的价值，努力从优秀传统文化的丰富哲学思想、人文精神、道德理念和规范中，获得认识世界和改造世界的有益启迪，获得治国理政和解决当代人类面临的难题的有益启示，获得道德建设的有益启发，同时使中国人民的理想和奋斗，中国人民的价值观和精神世界，始终深深植根于中华优秀传统文化的沃土之中，并随着历史和时代前进而不断与日俱新、与时俱进。扎根中华优秀传统文化，必须处理好继承和创造性发展的关系，推动中华优秀传统文化的创造性转化和创新性发展，加强对中华优秀传统文化的挖掘和阐发，努力使中华民族最基本的文化基因与当代文化相适应、与现代社会相协调，把跨越时空、超越国界、富有永恒魅力、具有当代价值的文化精神弘扬起来，激活其生命力，让中华文明同各国人民创造的多彩文明一道，为人类提供正确的精神指引。

三

文明因交流而多彩，文明因互鉴而丰富。世界各民族文化互鉴共进是人类文明的基本特征，也是人类文明发展的重要动力。中国特色社会主义文化虽然坚持忠实传承和弘扬中华优秀传统文化，但不是要把中国特色社会主义文化的发展搞成自我封闭式的发展，更不是要把传承和弘扬中华优秀传统文化搞成唯我独尊。相反，习近平新时代中国特色社会主义思想关于文化的重要论述，强调各国各民族都应该虚心学习、积极借鉴别的国家别的民族思想文化的长处和精华，以利增强本国本民族思想文化的自尊、自觉、自信、自立。鉴于此，习近平新时代中国特色社会主义思想关于文化的重要论述，坚决反对文化排外主义，主张尽量吸收进步的外国文化，包括西方优秀思想文化资源，尤其是西方文化中的科学理性精神、现代人文精神、近代民主政治与法制思想、现代市场经济理论等，成为发展中国特色社会主义文化的"他山之石"。但是，这也绝非意味着迷信西方文化，盲目搬用西方思想文化资源，而是意味着从本国本民族实际出发，坚持取长补短、择善而从，坚持以我为主、为我所用，坚持兼收并蓄、博采众长，使西方优秀思想文化资源的精华，同我们党领导人民在长期革命和建设中形成的优良传统和革命精神有机地结合在一起，并在新的实践基础上不断创新，建设和发展中国特色社会主义文化。

在拓展中国特色社会主义文化发展道路的新征程中，我们不仅要长期坚持经济上的对外开放方针，而且要长期坚持文化上的对外开放，要通过对外文化交流，大胆吸收和借鉴包括西方优秀文化在内的人类思想和文化发展中一切有价值的东西。只有在这种正确的文明学习借鉴中，中国特色社会主义文化才能不断丰富、完善和发展。这里，我们不妨引用列宁的一段名言："马克思主义这一革命无产阶级的思想体系赢得了世界历史性的意义，是因为它并没有抛弃资产阶级时代最宝贵的成就，相反却吸收和改造了两千多年来人类思想和文化发展中一切有价值的东西。只有在这个基础上，按照这个方向……才能认为是发展真正的无产阶级文化。"①

需要指出，习近平新时代中国特色社会主义思想关于文化的重要论述，虽然主张中国特色社会主义文化，要以马克思主义文化基本原理为理论基石，但认为中国特色社会主义文化不是简单套用马克思主义文化基本原理的模板；虽然主张以中华优秀传统思想文化资源为来源基础，但认为中国特色社会主义文化不是简单延续我国历史文化的母版；虽然主张以西方优秀思想文化资源为"他山之石"，但认为中国特色社会主义文化绝不是西方优秀文化资源的翻版。习近平新时代

---

① 《列宁选集》第4卷，人民出版社1995年版，第299页。

中国特色社会主义思想关于文化的重要论述，坚持中国特色社会主义文化，以马克思主义为指导，以培育有理想、有道德、有文化、有纪律的公民为目标，发展面向现代化、面向世界、面向未来的，民族的科学的大众的社会主义文化。在习近平新时代中国特色社会主义思想关于文化的重要论述指导下的中国特色社会主义文化实践，既坚守本根又不断与时俱进，使中华民族保持坚定的民族自信和强大的修复能力，培育共同的情感和价值、共同的理想和精神。

需要特别指出的是，习近平新时代中国特色社会主义思想关于文化的重要论述，高度重视维护世界文化文明的多样性，坚持每个国家每个民族不分强弱、不分大小，其思想文化都应该得到承认和尊重，主张不同文化和文明加强相互交流、相互学习、相互借鉴，反对不同文化和文明的相互隔离、相互排斥、相互取代。习近平的这些思想，既是我们为维护世界文化文明多样性贡献的中国智慧，也是我们为促进世界文化多样化发展和世界更加美丽、各国人民生活更加美好而提供的强劲正能量。

四

党的十八大以来，习近平总书记深刻把握世界文化多样化及深入发展的大趋势和中国特色社会主义文化强国建设实践面临的新形势新要求，紧紧围绕坚持和发展中国特色社会主义，实现中华民族伟大复兴的中国梦，深刻阐述了坚定文化自信、增强文化自觉、奋力开创中国特色社会主义文化建设新局面的重大意义；深刻阐述了文化引领风尚、教育人民、服务社会、推动发展的重要作用；深刻阐述了不忘本来、吸收外来、面向未来，提高文化开放水平，广泛参与世界文明对话，增强国际话语权，展示中华文化独特魅力，增强国家文化软实力，促进文化繁荣发展的原则要求和具体路径。因此，形成了内涵丰富、思想深刻、体系完整的习近平新时代中国特色社会主义思想关于文化的重要论述。

习近平新时代中国特色社会主义思想关于文化的重要论述，在文化的地位和作用，文化建设的内涵，文化改革发展的目标、要求、路径等各个方面，进一步丰富和发展了马克思主义文化基本原理，是新时期我们推动文化改革发展、创造中华文化新辉煌必须遵循的基本原则。

党的十八大以来，在习近平新时代中国特色社会主义思想关于文化的重要论述指导下，中华民族伟大复兴的中国梦和社会主义核心价值观深入人心，文化体制改革进一步深化，文化事业、文化产业持续健康发展，中华优秀传统文化广为弘扬，中华文化国际影响力进一步提升，人民群众精神文化生活更加丰富多彩。中国特色社会主义文化建设取得的这一系列巨大的新成就，使我们更有信心和能力开创全民族文化创造活力持续迸发、社会文化生活更加丰富多彩、人民基本文化权益得到更好保障、人民思想道德素质和科学文化素质全面提高、中华文化国际影响力不断增强的新局面。

（原载《马克思主义研究》2018 年第 1 期）

学会运用习近平新时代中国特色社会主义思想所贯穿的马克思主义思想方法和工作方法

学懂弄通做实习近平新时代中国特色社会主义思想，最根本的就是认真学习、深刻领会、牢固把握、灵活运用其中贯穿的马克思主义哲学世界观方法论，也就是我们通常讲的马克思主义思想方法和工作方法。一定要学会运用习近平新时代中国特色社会主义思想所贯穿的马克思主义思想方法和工作方法，认识和解决新时代中国特色社会主义的一系列重大理论和实践问题，认识和解决我们面临的纷繁复杂的实际工作问题，不断增强马克思主义哲学智慧，切实提升分析解决实际问题的思想水平和工作能力。

一 高度重视马克思主义思想方法和工作方法的学习和运用

世界观是人们对世界的总体看法，是人们认识世界的思维方式；方法论是人们改造世界的根本方法，是人们改造世界的工具手段。世界观解决"怎么看""是什么"的问题，方法论解决"怎么干""干什么"的问题。马克思主义哲学世界观和方法论是有机统一、不可分割，同时又是有区别的。当用于观察认识世界时，就是世界观；当用于改造世界时，就是方法论。比如辩证法，既是世界观又是方法论。毛泽东同志指出："辩证法的宇宙观，主要地就是教导人们要善于去观察和分析各种事物的矛盾的运动，并根据这种分析，指出解决矛盾的方法。"① 按辩证法看世界,世界就是辩证的,就起到了世界观的作用;用辩证法改造世界,就成为改造世界的工具手段,就起到了方法论的作用。

列宁指出:"马克思的哲学是完备的哲学唯物主义,它把伟大的认识工具给了人类,特别是给了工人阶级。"② 马克思主义哲学,即辩证唯物主义和历史唯物主义,是一个科学的哲学理论体系,也是一个科学的世界观和方法论体系,又是一个正确的思想方法和工作方法体系。马克思主义思想方法和工作方法是马克思主义哲学世界观和方法论在实践中的具体运用,即马克思主义哲学世界观和方法论的实践化、具体化。马克思主义思想方法是指用马克思主义哲学世界观指导人们观察认识世界的思维方式,也就是解决"怎么看""是什么"的问题;马克思主义工作方法主要是指运用马克思主义哲学方法论指导人们分析改造世界的工具手段,也就是解决"怎么干""干什么"的问题。

同马克思主义世界观和方法论一样,马克思主义思想方法和工作方法也是有机统一、不可分割的。任何方法论都离不开世界观的指导,而任何世界观如果不用于解决实际问题、不用于改造世界,那就是空洞的理论。思想方法指导工作方法,思想方法不对头,工作方法就不对头。同时,不把思想方法运用到实践、延伸到工作方法,思想方法就是空洞无用的。把思想方法和工作方法统一在一起,是马克思主义哲学的一大特点,是马克思主义哲学世界观和方法论不可分割地统一在实践中的重要特征表现。在认识和改造世界过程中,必须坚持马克思主义思想方法和工作方法的统一。

实践性是马克思主义哲学最显著的特点,是区别于其他哲学的显著标志。马克思主义哲学具有其他一切旧哲学所无法比拟的得天独厚的优势,具有强烈实践性的思想方法和工作方法功能。马克思主义哲学不仅在于解释世界,更重要的在于改造世界,最终落脚于改造世界

---

① 《毛泽东选集》第1卷,人民出版社1991年版,第304页。
② 《列宁选集》第2卷,人民出版社2012年版,第311页。

的实践活动。马克思主义思想方法和工作方法是科学的,因为它的理论基础是马克思主义哲学世界观和方法论;马克思主义思想方法和工作方法是实践的,因为马克思主义哲学不仅具有科学性,还具有实践性。马克思主义思想方法和工作方法辩证统一于认识和改造世界的社会实践活动中。恩格斯指出:"马克思的整个世界观不是教义,而是方法。它提供的不是现成的教条,而是进一步研究的出发点和供这种研究使用的方法。"① 列宁指出:"马克思主义者从马克思的理论中,无疑地只是借用了宝贵的方法"②。习近平总书记强调:"坚持以马克思主义为指导,最终要落实到怎么用上来。'凡贵通者,贵其能用之也。'"③ 坚持马克思主义哲学世界观和方法论,必须学会运用正确的思想方法和工作方法指导认识世界、改造世界的实践活动,这始终是马克思主义政党思想建设的重大任务。

对于马克思主义政党来说,思想方法和工作方法是在实际工作中如何运用马克思主义指导实践的问题,是党的理论、路线和策略的重要组成部分。正确地想问题、办事情,离不开科学的思想方法和工作方法。抓工作、办事情,没有正确的思想方法和工作方法是不行的。如果不采取正确的思想方法和工作方法,就会使工作遭受损失。能否进行正确的实践,取得预想的工作成效,在一定条件下取决于人们采取的思想方法和工作方法是否正确。对于一个政党来说,思想方法和工作方法错误了,理论、路线、大政方针就会错误,行动也会错误。即使有正确的理论、路线、方针和政策,如果具体行动者的思想方法和工作方法错了,落实到实际工作中仍然会出现偏差或失误。中国特色社会主义进入新时代,我们的思想方法和工作方法也要迅速跟上新时代,才能更好地实现十九大确立的奋斗目标。

中国共产党历来重视马克思主义思想方法和工作方法的学习和运

---

① 《马克思恩格斯文集》第 10 卷,人民出版社 2009 年版,第 691 页。
② 《列宁选集》第 1 卷,人民出版社 2012 年版,第 60 页。
③ 习近平:《在哲学社会科学工作座谈会上的讲话》,人民出版社 2016 年版,第 13 页。

用。在中国革命战争年代，毛泽东同志十分注重运用马克思主义思想方法和工作方法认识中国革命规律，探索适合中国实际的中国革命道路，解决中国革命问题。他指出，我们"不但应当了解马克思、恩格斯、列宁、斯大林他们研究广泛的真实生活和革命经验所得出的关于一般规律的结论，而且应当学习他们观察问题和解决问题的立场和方法"①，"学会把马克思列宁主义的理论应用于中国的具体的环境"②。邓小平同志在改革开放初期总结社会主义建设经验教训时强调："主要的是要用马克思主义的立场、观点、方法来分析问题，解决问题。马克思主义的活的灵魂，就是具体地分析具体情况。"③ 习近平总书记反复强调全党要学习和掌握马克思主义哲学，坚持马克思主义思想方法和工作方法，从纷繁复杂的事物表象中把准脉搏、掌握规律，在对历史的深入思考中做好现实工作、更好走向未来，不断开创马克思主义在中国发展的新境界。完成党的十九大提出的战略任务，迫切需要我们学会马克思主义思想方法和工作方法，提高思想水平，提升工作能力。

二 蕴含着马克思主义思想方法和工作方法的精髓要义

习近平新时代中国特色社会主义思想蕴含着辩证唯物主义和历史唯物主义哲学精华，蕴含着马克思主义思想方法和工作方法思想精髓，为我们树立了灵活运用马克思主义思想方法和工作方法的光辉典范。掌握马克思主义思想方法和工作方法，说到底就是要求我们站在马克思主义世界观和方法论的高度，从马克思主义一贯坚持的基本立场出发观察世界，掌握马克思主义一贯坚持的基本观点认识世界，运用马克思主义一贯坚持的基本方法改造世界。

---

① 《毛泽东选集》第2卷，人民出版社1991年版，第533页。
② 同上书，第534页。
③ 《邓小平文选》第2卷，人民出版社1994年版，第118页。

第一，坚持以人民为中心的立场是马克思主义思想方法和工作方法的根本落脚点。

是不是站在工人阶级和广大劳动人民的立场上认识问题、解决问题，这是马克思主义思想方法和工作方法区别于其他哲学思想方法和工作方法的显著特征。马克思主义思想方法和工作方法作为工人阶级的科学世界观和方法论，是科学性与价值性的统一，具有鲜明的党性原则和政治立场。马克思主义从不掩饰认识和解决问题的政治立场，这使其与一切打着价值中立的旗号，鼓吹进行"纯粹客观"研究的旧哲学的思想方法和工作方法从根本上区分开来。马克思说："哲学把无产阶级当做自己的物质武器，同样，无产阶级也把哲学当做自己的精神武器。"① 观察问题的立场不同，对问题的认识就不同，解决问题的方法也不同，实践的结果更不同。

习近平总书记为我们确立了以人民为中心的思想方法和工作方法的立场导向和价值取向，为我们树立了尊重人民主体地位、聚焦人民实践创造的学习榜样。习近平新时代中国特色社会主义思想一以贯之地贯穿着以人民为中心这一马克思主义思想方法和工作方法的基本立场。世界上从来就没有纯而又纯的无立场的思想方法和工作方法，为少数人还是为绝大多数人，是马克思主义思想方法和工作方法的首要问题。习近平总书记指出："人民立场是中国共产党的根本政治立场，是马克思主义政党区别于其他政党的显著标志。"② "党的一切工作，必须以最广大人民根本利益为最高标准。检验我们一切工作的成效，最终都要看人民是否真正得到了实惠，人民生活是否真正得到了改善，人民权益是否真正得到了保障。"③ 对于马克思主义思想方法和工作方法而言，为什么人的问题是根本性、原则性问题。一切为了人民、一切依靠人民、一切从人民出发，是马克思主义思想方法和工作

---

① 《马克思恩格斯选集》第1卷，人民出版社2012年版，第16页。
② 习近平：《在庆祝中国共产党成立95周年大会上的讲话》，人民出版社2016年版，第18页。
③ 《习近平谈治国理政》，外文出版社2014年版，第28页。

方法认识一切问题、分析一切问题、解决一切问题的着眼点和落脚点。在习近平新时代中国特色社会主义思想中，人民占据着最高位置。人心是最大的政治，人民立场是最为根本的立场，这就决定了我们观察问题、认识问题、分析问题、解决问题的认识准则、判断准则和行动准则。

第二，坚持实事求是、一切从实际出发的思想路线，是马克思主义思想方法和工作方法的基本出发点。

列宁指出："马克思主义是以事实，而不是以可能性为依据的"①，从实际情况出发，"这在政治上永远是最好的和唯一正确的办法"②。实事求是、一切从实际出发是马克思主义哲学的精髓要义，是马克思主义思想方法和工作方法的精髓要义，也是习近平新时代中国特色社会主义思想的精髓要义。实事求是、一切从实际出发，是我们党运用马克思主义思想方法和工作方法认识和解决问题一贯秉持的基本出发点。习近平总书记指出："实事求是，是马克思主义的根本观点，是中国共产党人认识世界、改造世界的根本要求，是我们党的基本思想方法、工作方法、领导方法。不论过去、现在和将来，我们都要坚持一切从实际出发，理论联系实际，在实践中检验真理和发展真理。"③

马克思主义思想方法和工作方法本身就是实事求是思想路线的产物。对于中国共产党人而言，实事求是从来就不是一个抽象空洞的哲学命题，而是解决现实问题的强大思想武器。在90多年历程中，中国共产党人就是用实事求是、一切从实际出发这把钥匙，打开了中国历史发展的一个又一个关键点，开启了马克思主义中国化的一个又一个新境界。其间所经历的成功和胜利，无不得益于实事求是思想路线；所遭遇的挫折和失误，也无不源于背离了实事求是这一思想路线。

---

① 《列宁全集》第47卷，人民出版社1990年版，第477页。
② 《列宁全集》第25卷，人民出版社1988年版，第138页。
③ 习近平：《在纪念毛泽东同志诞辰120周年座谈会上的讲话》，人民出版社2013年版，第15页。

习近平新时代中国特色社会主义思想本身就是坚持实事求是思想路线，准确把握客观实际、科学掌握客观规律的创新成果。习近平总书记牢牢坚持实事求是这一精髓，深刻把握当今世界发展不断变化的特征，正确认识和把握我国社会发展的阶段性特征，牢牢把握中国仍处于并将长期处于社会主义初级阶段的最大国情，并从这一最大的实际出发，科学总结十八大以来我国发展的历史性变革，准确判断中国特色社会主义进入新时代，前进到一个新的历史起点上，进而提出解决中国与世界当代问题的科学方案，并付诸实践。这一过程，既是运用马克思主义思想方法和工作方法进行理论探索的过程，也是运用马克思主义思想方法和工作方法实践探索的过程，更是不断开辟21世纪中国马克思主义发展新境界和中国特色社会主义实践新境界的过程。

第三，坚持唯物辩证法的思维方式，是马克思主义思想方法和工作方法的锐利思想武器。

唯物辩证法要求我们必须运用辩证思维方式和工作方法认识和解决问题。唯物辩证法既是观察认识世界的科学世界观，又是改造世界的正确方法论；既是承认矛盾、认识矛盾，找准重点、抓住关键，洞察事物发展规律的思想方法；又是分析矛盾、抓住主要矛盾，解决矛盾、推进实践的工作方法。习近平新时代中国特色社会主义思想处处体现着唯物辩证法的思想方法和工作方法。习近平总书记号召我们要提高辩证思维能力，就是要求我们充分掌握唯物辩证法的思想方法和工作方法，唯物辩证地而不是唯心形而上学地、客观地而不是主观地、发展地而不是静止地、全面地而不是片面地、系统地而不是零散地、普遍联系地而不是孤立地观察事物，在矛盾双方对立统一的过程中把握住事物的发展规律，克服极端化、片面化，从而达到分析问题、解决问题的目的。习近平总书记要求我们提高辩证思维能力，把辩证思维与战略思维、历史思维、创新思维、底线思维统一起来，作为一个完整的思想方法和工作方法体系予以学习掌握，并运用到解决中国的实际问题中去。习近平总书记不仅强调学习唯物辩证法的极端重要性，还为我们提供了坚持唯物辩证法、坚持辩证思维，灵活运用马克思主义思想方法和工作方法的学习榜样。

第四，坚持唯物史观基本观点对社会问题进行历史思维，是马克思主义思想方法和工作方法的历史观总看法总方法。

唯物史观是马克思主义关于社会历史发展问题的哲学总观点、总说明和总方法，是我们共产党人观察和解决一切社会历史问题的望远镜、显微镜和金钥匙，也是习近平新时代中国特色社会主义思想的历史观依据和方法论武器。习近平总书记强调必须坚持以唯物史观为指导，强调提高以唯物史观为基础的历史思维能力，即坚持唯物史观的思想方法和工作方法，用以解决复杂的社会问题。他指出："历史和现实都表明，只有坚持历史唯物主义，我们才能不断把对中国特色社会主义规律的认识提高到新的水平，不断开辟当代中国马克思主义发展新境界。"① 历史和现实的实践已经不可辩驳地证明，中国革命、建设和改革开放取得的每一个伟大胜利，都离不开唯物史观的正确指导和成功运用。习近平总书记站在新的历史起点上，自觉运用生产、群众和社会基本矛盾等唯物史观基本观点，运用唯物史观思想方法和工作方法，深刻思考当代中国和当今世界的重大理论和实践问题，准确把握人类历史发展的基本规律和总趋势，把握中国共产党、中华人民共和国和中国特色社会主义的发展规律和发展趋势，把树立坚定的共产主义远大理想和中国特色社会主义共同理想高度统一起来，科学回答了中国当代社会发展的一系列重大问题，提出新时代坚持和发展中国特色社会主义的一系列战略、策略和举措，扎实推进中国特色社会主义伟大实践，为我们树立了运用唯物史观思想方法和工作方法认识社会、改造社会的成功范例。

三 不断提高掌握马克思主义思想方法和工作方法的水平和能力

一种哲学的生命力，不仅取决于其逻辑论证是否严密，概念体系

---

① 习近平：《推动全党学习和掌握历史唯物主义　更好认识规律　更加能动地推进工作》，《人民日报》2013年12月5日。

是否完备，而且在更为根本的意义上取决于它能否成为一个时代的思想旗帜，能否成为人民群众的理论指南和价值取向，能否成为人民群众所接纳的思想方法和工作方法，一句话即能否为人民所用、满足实践所需。习近平新时代中国特色社会主义思想是科学世界观和方法论的有机统一，是马克思主义思想方法和工作方法的有机统一。它既部署"过河"的方向和任务，又指导如何解决"桥或船"的问题，为我们认识问题、分析问题和解决问题提供了有效的"武器"和"钥匙"。学习习近平新时代中国特色社会主义思想，要深刻理解领悟其哲学智慧，切实做到真学真懂真信真用其所蕴含的马克思主义思想方法和工作方法，不断提高解决实际问题的能力。

学懂，就要在读原著、学原文、悟原理上下功夫。习近平新时代中国特色社会主义思想既有谋划全局的宏观思考，又有解决问题的方法指南，蕴含着极其丰富的思想方法和工作方法的思想光芒。要主动而不是被动地学习、持之以恒而不是一朝一夕地学习，做到深学深悟、常学常新。要突出问题导向，带着问题学、跟着时代学、抓着精髓学，力求把握其内在的马克思主义思想方法和工作方法的实质。

弄通，就要在全面准确、融会贯通上下功夫，深刻领会、准确掌握其思想真谛。既要把习近平新时代中国特色社会主义思想作为一个完整的科学理论体系来把握，又要全面系统地理解和掌握其中所体现的马克思主义思想方法和工作方法，既要关注其站在新的时代高度，面向新的实践，不断开辟21世纪中国马克思主义发展新境界，还要把它作为马克思主义思想方法和工作方法来把握，切实领会其认识问题、分析问题、解决问题的要义实质。

做实，就要在知行合一、学以致用上下功夫。使用是学习的根本目的。学习和运用马克思主义思想方法和工作方法是我们党的优良传统。学习习近平新时代中国特色社会主义思想，就是要在学中用，在用中学，牢牢掌握马克思主义思想方法和工作方法，把学习成果转化为提高判断形势、解决问题、推动工作的能力水平，切实运用到建设中国特色社会主义的伟大实践中去。

开辟新时代、开启新征程、开创新局面、开发新气象，必须认真学习和深刻领会习近平新时代中国特色社会主义思想所秉持的马克思主义思想方法和工作方法，把成就现在、开启未来的钥匙掌握在自己手中，在时代前进的滚滚洪流中，在人类进步的历史进程中，书写中国特色社会主义伟大事业的新篇章。

不忘初心，牢记使命，
为共产主义奋斗终身*

  2018年1月5日，习近平总书记在新进中央委员会的委员、候补委员和省部级主要领导干部学习贯彻习近平新时代中国特色社会主义思想和党的十九大精神研讨班上，发表了重要讲话。讲话深刻阐述了坚持和发展中国特色社会主义要一以贯之、推进党的建设新的伟大工程要一以贯之、增强忧患意识防范风险挑战要一以贯之等重大问题，具有重要指导意义。今年是《共产党宣言》发表170周年。结合学习习近平总书记"1·5"重要讲话，重温《共产党宣言》，我谈几点体会。

一 《共产党宣言》阐述的一般原理是科学正确的，具有强大的生命力和重大的现实意义

  1848年2月，马克思、恩格斯为"共产主义者同盟"起草的党纲《共产党宣言》，是马克思、恩格斯系统阐述自己理论并正式公开问世的第一部马克思主义经典著作，是科学社会主义诞生的重要标志，在马克思主义发展史上，在国际共产主义运动史上，具有里程碑意义。列宁指出："马克思学说中的主要的一点，就是阐明了无产阶级作为社会主义社会创造者的世界历史作用。……马克思首次提出这

---

* 本文系作者在学习习近平总书记2018年"1·5"重要讲话精神及纪念《共产党宣言》发表170周年理论座谈会上的讲话。

个学说是在1844年。马克思恩格斯合著的，于1848年问世的《共产党宣言》，已对这个学说作了完整的、系统的、至今仍然是最好的阐述。"①《共产党宣言》作为第一个关于共产主义的全面而系统的文件，具有广泛的内容和深刻的思想，阐述的一般原理，经过了历史、实践的检验，是科学的因而也是正确的，仍然具有强大的生命力和重大的现实意义。诚如马克思、恩格斯在1872年德文版序言中指出的："不管最近25年来的情况发生了多大的变化，这个《宣言》中所阐述的一般原理整个说来直到现在还是完全正确的。"② 170年来，《共产党宣言》成为全世界工人阶级的"圣经"，推动了世界社会主义运动的发展，影响了人类发展方向，改变了世界进程。正如列宁所说："这本书篇幅不多，价值却相当于多部巨著：它的精神至今还鼓舞着、推动着文明世界全体有组织的正在进行斗争的无产阶级。"③《共产党宣言》阐述的下述原理，今天更彰显出巨大的时代价值。

1. 关于阶级斗争思想

《共产党宣言》开宗明义就指出："至今一切社会的历史（恩格斯在1888年英文版上加了一个注：'这是指有文字记载的全部历史……'）都是阶级斗争的历史。"④ 生产力决定生产关系，生产关系反作用于生产力，经济基础决定上层建筑，上层建筑反作用于经济基础，构成社会基本矛盾，社会基本矛盾的运动是人类社会发展的动力。生产力和生产关系，经济基础和上层建筑的矛盾在阶级社会中就表现为阶级斗争，阶级斗争是阶级社会发展的动力。马克思主义最基本的观点是，在阶级社会中要用阶级的观点，用阶级分析的方法看问题。坚持阶级、阶级斗争的观点和阶级分析的方法不等于认为在我国社会主义初级阶段阶级斗争还是主要矛盾，主张以阶级斗争为纲。在复杂的国际国内因素作用下，我国社会主义初级阶段还存在着阶级差

---

① 《列宁选集》第2卷，人民出版社2012年版，第305页。
② 《马克思恩格斯选集》第1卷，人民出版社2012年版，第376页。
③ 《列宁选集》第1卷，人民出版社2012年版，第93页。
④ 《马克思恩格斯选集》第1卷，人民出版社2012年版，第400页。

别和阶级矛盾，存在一定范围内的甚至有时还很激烈的阶级斗争，这就决定了我们共产党人既不能搞以阶级斗争为纲，同时也要反对阶级斗争熄灭论。

2. 关于"两个必然"原理

《共产党宣言》明确指出："资产阶级的灭亡和无产阶级的胜利是同样不可避免的。"① 170 年人类历史发展，证明了"两个必然"是科学的真理，经受住了历史的检验。虽然世界发生变化了，马克思主义经典作家所判定的大的"历史时代"出现了阶段性变化，但人类社会发展的必然趋势没有变，资本主义社会的固有弊端与内在矛盾没有变，共产主义的必然历史趋势没有变。不管资本主义国家如何变，"现代的国家政权不过是管理整个资产阶级的共同事务的委员会罢了"②。"不管生产方式本身由于劳动从属于资本而产生了怎样的变化，生产剩余价值或榨取剩余劳动，是资本主义生产的特定的内容和目的。"③ 2008 年金融危机再次证明了资本主义的基本矛盾没有变，共产主义的必然历史趋势没有变。《共产党宣言》对资本主义社会作出深刻透彻批判的基本事实没有变，我们依然处在马克思、恩格斯所判断的大的历史时代，在该时代始终贯穿着社会主义和资本主义两种前途、两种命运、两种力量的博弈，共产主义是历史的必然，从而是每一个共产党人的崇高理想与坚定信念。

3. 关于"两个决裂"思想

《共产党宣言》指出："共产主义革命就是同传统的所有制关系实行最彻底的决裂；毫不奇怪，它在自己的发展进程中要同传统的观念实行最彻底的决裂。"④"在所有这些运动中，他们都强调所有制问题是运动的基本问题，不管这个问题的发展程度怎样。"⑤ 最终消灭私有制是社会主义的题中应有之义，正如《共产党宣言》所说的

---

① 《马克思恩格斯选集》第 1 卷，人民出版社 2012 年版，第 413 页。
② 同上书，第 402 页。
③ 《马克思恩格斯全集》第 44 卷，人民出版社 2001 年版，第 344 页。
④ 《马克思恩格斯选集》第 1 卷，人民出版社 2012 年版，第 421 页。
⑤ 同上书，第 435 页。

"共产党人可以把自己的理论概括为一句话：消灭私有制"①，虽然这是一个漫长的历史过程，但也决定了在我国社会主义现阶段，必须要坚持以公有制为主体的多种所有制并存的基本经济制度，必须始终坚持习近平总书记所提出的"必须毫不动摇巩固和发展公有制经济，毫不动摇鼓励、支持、引导非公有制经济发展"的"两个毫不动摇"的观点。这是由今天我们所处的历史条件所决定的。在所有制问题上，既不能搞超越现阶段的政策，也不能放弃公有制的社会主义基本原则。我们共产党人不屑于隐瞒自己的观点，虽然现阶段要保护和发展私营经济，但按照历史发展的逻辑，私营经济将来一定要走向灭亡，公有制一定代替私有制，共产主义一定代替资本主义，对于这个历史的必然逻辑与结果，对于这个信念我们必须坚定不移。有人鼓吹"经济人假设"，宣称人性是自私的，集中攻击公有制，攻击国有经济，大喊"私有制万岁"，从反面证明了坚持"两个决裂"思想，对我们共产党人坚持公有制的社会主义基本原则的极端重要性。

4. 关于共产党是工人阶级先锋队思想

《共产党宣言》透彻地论述了共产党是工人阶级先锋队思想，指出"共产党人不是同其他工人政党相对立的特殊政党"，"他们没有任何同整个无产阶级的利益不同的利益"②。这一思想是共产党人始终能够保持先进性的根本原因，是共产党与其他剥削阶级政党的根本区别，是共产党执政能够跳出历史周期律的内在基因，也是习近平同志关于全面从严治党思想的目的所在。

5. 关于无产阶级专政思想

《共产党宣言》指出："共产党人的最近目的是和其他一切无产阶级政党的最近目的一样：使无产阶级形成为阶级，推翻资产阶级的统治，由无产阶级夺取政权。"③《共产党宣言》虽然没有提出无产阶级专政这个概念，但提出了无产阶级政治统治的思想，后来马克思用

---

① 《马克思恩格斯选集》第 1 卷，人民出版社 2012 年版，第 414 页。
② 同上书，第 413 页。
③ 同上。

无产阶级专政这个"简短、尖锐、准确、鲜明的公式"①进行了科学概括。在马克思和恩格斯的著作里，无产阶级专政和无产阶级的政治统治这两个概念常常交替使用。无产阶级专政表明国家的阶级性质，指明社会主义的国家政权，是无产阶级在其中必须居于统治地位的国家政权。

民主与专政是不可分的。任何剥削阶级国家，包括资本主义国家，都不会放弃实行专政的职能。有的人从庸俗的资产阶级观点看问题，把民主和专政这两个概念看成是互相排斥、互相对立的，攻击无产阶级专政是"暴政""专制""独裁"等。殊不知，无产阶级公开宣布自己政权的阶级性质，恰恰表明无产阶级专政代表了广大人民群众的利益和愿望，表明绝大多数人享有真正的民主权利。"资产阶级国家的形式虽然多种多样，但本质是一样的：所有这些国家，不管怎样，归根到底一定都是资产阶级专政。从资本主义向共产主义过渡，当然不能不产生非常丰富和多样的政治形式，但本质必然是一样的：都是无产阶级专政。"② 在我国的具体国情下，人民民主专政就是无产阶级专政的中国形式，是带有中国特色的无产阶级专政，是马克思主义关于无产阶级专政基本原理在中国的实践化。

二 《共产党宣言》阐述的一般原理的运用，"随时随地都要以当时的历史条件为转移"

《共产党宣言》的一般原理是正确的，但是，"这些原理的实际运用，正如《宣言》中所说的，随时随地都要以当时的历史条件为转移"③。《共产党宣言》170年的实践历史说明，《共产党宣言》的一般原理必须与各国具体实际相结合，才能有效发挥指导作用。

我们党把《共产党宣言》所阐述的阶级斗争学说与中国具体实际

---

① 《列宁选集》第3卷，人民出版社2012年版，第497页。
② 同上书，第140页。
③ 《马克思恩格斯选集》第1卷，人民出版社2012年版，第376页。

相结合，探索出了一条在中国这样落后的农业国家通过新民主主义革命走上社会主义的独特革命道路。我们党把《共产党宣言》所阐述的无产阶级专政理论和中国具体实际相结合，建立了人民民主专政的社会主义国家政体。坚持人民民主专政，是我们党始终坚持的四项基本原则之一。党的十九大报告强调"我国是工人阶级领导的、以工农联盟为基础的人民民主专政的社会主义国家，国家一切权力属于人民"。坚持无产阶级专政观点，就必须始终坚持人民民主专政的社会主义国体不动摇。

我们党把《共产党宣言》建立公有制和发展生产力思想与社会主义初级阶段基本国情相结合，提出两个"毫不动摇"的重要主张，是符合《共产党宣言》基本精神的。发展非公经济，是由我国今天国情所决定的。我国正处于社会主义初级阶段，生产力还不发达，要动员一切社会力量、一切社会资本发展社会生产力，这就需要发展私营经济等一切非公经济。正是坚持公有制为主体、多种所有制经济共同发展的社会主义初级阶段基本经济制度，我们党领导人民创造了中国特色社会主义，创造了人类历史上的中国奇迹，成为21世纪科学社会主义发展的旗帜，成为振兴21世纪世界社会主义的中流砥柱。

三 学习习近平总书记"1·5"重要讲话，落实"三个一以贯之"，做共产主义远大理想和中国特色社会主义共同理想的坚定信仰者和忠实实践者

习近平总书记"1·5"重要讲话，高屋建瓴，视野宏大，思想深邃，内涵丰富，是新时代的中国共产党宣言。今天纪念《共产党宣言》的最好方式，就是学习习近平总书记"1·5"重要讲话，落实"三个一以贯之"，夺取新时代中国特色社会主义伟大胜利。

第一，坚定共产主义远大理想，一以贯之坚持和发展中国特色社会主义。

实现共产主义，是中国共产党人的初心和最高使命。习近平总书

记指出,"社会主义是共产主义初级阶段,共产主义是我们的最高理想。我们现在做的是社会主义初级阶段的事情,但不能忘记初衷,不能忘了我们的最高奋斗目标。在这个问题上,不要含糊其辞、语焉不详。含糊其辞、语焉不详是理想信念模糊甚至动摇的一种表现,好像这个东西太遥远,我们也拿不准,所以就不愿提及了。眼前的事情,我们看得到,所以敢提,社会主义初级阶段敢提,'两个一百年'敢提,全面建成小康社会2020年就能实现了,看得挺准,更敢提。我觉得,作为党章明确规定的内容,作为我们党一贯明确坚持的理想,我们要坚定信念,坚信它是具有科学性的。如果觉得心里不踏实,就去钻研经典著作,《共产党宣言》多看几遍"①。习近平总书记在党的十九大报告中再次强调,中国共产党一经成立,就把实现共产主义作为党的最高理想和最终目标。② 坚持中国特色社会主义的科学社会主义方向,就要毫不动摇地坚持和发展壮大公有制经济,在鼓励、支持非公经济发展的同时,引导非公经济沿着社会主义方向发展。坚持公有制为主体,对中国特色社会主义发展来讲,是根本性的问题。恩格斯早就指出:社会主义制度"同现存制度的具有决定意义的差别当然在于,在实行全部生产资料公有制(先是单个国家实行)的基础上组织生产"③。公有制是社会主义最主要、最重要、最根本的经济基础。丢了为主体的公有制,就不是社会主义了,我们国家就会失去正确的发展方向,就会走到误党误国的道路上去。非公经济发展必须有利于和服务于社会主义方向,要引导非公经济沿着社会主义方向健康发展。

第二,永葆马克思主义政党的革命本色,一以贯之推进党的建设新的伟大工程,以党的自我革命推动党领导的伟大社会革命。

---

① 中央文献研究室编:《习近平总书记重要讲话文章选编》,中央文献出版社、党建读物出版社2016年版,第338页。

② 习近平:《决胜全面建成小康社会 夺取新时代中国特色社会主义伟大胜利——在中国共产党第十九次全国代表大会上的报告》,人民出版社2017年版,第13页。

③ 《马克思恩格斯全集》第37卷,人民出版社1971年版,第443页。

我们党一以贯之地推进党的建设新的伟大工程，其根本目的就是不忘初心，牢记使命，不要忘记我们是共产党人，我们是革命者，不要丧失了革命精神。

习近平总书记在"1·5"重要讲话中，纠正了那种认为我们党现在已经从"革命党"转变成了"执政党"的错误观点，提出了"两个革命"的重要思想，即我们共产党必须坚定不移地推进社会革命，同时必须坚定不移地推进自我革命。"两个革命"相辅相成、互相促进、缺一不可。他明确指出，我们党是马克思主义执政党，但同时是马克思主义革命党，要保持过去革命战争时期的那么一股劲、那么一股革命热情、那么一种革命精神，把革命工作进行到底。他还强调，越是和平环境、太平盛世，越不能忘记革命，远离革命。他要求，全党同志必须保持革命精神、革命斗志，发扬彻底的自我革命精神，以党的自我革命来推动党所领导人民进行的伟大社会革命，勇于把我们党领导人民进行了97年的伟大社会革命继续推进下去，决不能因为成就而懈怠，决不能因为困难而退缩，努力使中国特色社会主义展现更加强大、更有说服力的真理力量。

第三，开展意识形态伟大斗争，一以贯之增强忧患意识防范风险挑战，打赢社会主义意识形态保卫战。

意识形态领域的斗争是一定条件下阶级斗争的表现。近来，围绕着关于《共产党宣言》"消灭私有制"的观点，网上网下展开了争论。很多人发表了坚持和发展马克思主义的观点，也有人发起了对坚持公有制这一重要社会主义原则的攻击。这是一场重要的意识形态较量。对直接否定社会主义制度的错误思潮绝不能视而不见、不为所动、任其泛滥，必须旗帜鲜明地予以斗争。要充分认识到意识形态斗争的长期性、复杂性、艰巨性，发扬斗争精神，提高斗争本领，不断夺取意识形态斗争新胜利。

用习近平新时代中国特色社会主义
思想指导新型智库建设

　　党的十九大是在我国全面建设小康社会和中国特色社会主义进入新时代的关键阶段召开的一次十分重要的大会。十九大确立了习近平新时代中国特色社会主义思想，开启了全面建设社会主义现代化强国的新征程，这次盛会举世瞩目，对中国、对世界具有深远意义。习近平总书记在十九大报告中对哲学社会科学工作也提出了更高的要求："要深化马克思主义理论研究和建设，加快构建中国特色哲学社会科学，加强中国特色新型智库建设。"这是以习近平同志为核心的党中央赋予全国哲学社会科学战线新时代的历史任务。我们一定要认真学习领会、坚决贯彻党的十九大精神，特别是习近平新时代中国特色社会主义思想，紧紧围绕坚持和发展中国特色社会主义这一新时代主题，坚持马克思主义指导地位，贯彻"百花齐放、百家争鸣"方针，坚持为人民做学问理念，立时代潮头，通古今之变，发思想先声，繁荣中国学术，发展中国理论，传播中国思想，为发展21世纪中国的马克思主义，构建中国特色哲学社会科学学科体系、学术体系、话语体系，加强中国特色新型智库建设作出新的更大的贡献。下面，我想围绕哲学社会科学战线的同志们深入学习贯彻党的十九大精神，讲几点意见。

一　深化马克思主义理论研究和建设

　　坚持以马克思主义为指导，大力推进马克思主义中国化、时代化和大众化，建设马克思主义坚强阵地，是以习近平同志为核心的党中央对全国哲学社会科学界第一位的政治要求。社会科学院作为我国哲学社会科学研究的重要力量，必须自觉坚持以马克思主义为指导，解决好"真懂真信真用、为什么人、怎么用"的问题，把马克思主义立场观点方法贯穿到研究和各项工作的全过程。要从世界观和方法论的高度系统把握马克思主义的思想精髓和精神实质，不断提高运用马克思主义指导科学研究的能力和水平。坚持为人民做学问理念，勇于创新创造，多出经得起实践和历史检验的优秀学术成果，努力培养忠诚服务党和人民事业、值得党和人民信赖、对党和人民有贡献的学问家。

一要深入学习、研究和阐释习近平新时代中国特色社会主义思想，努力推进马克思主义中国化、时代化、大众化。党的十八大以来，以习近平同志为主要代表的中国共产党人，在推进实践创新的同时，进行着划时代的理论创新，创立了习近平新时代中国特色社会主义思想。这次党的十九大对这一成果的历史地位作出评价，确立为我们党必须长期坚持的指导思想。习近平新时代中国特色社会主义思想具有严谨的逻辑，丰富的内容，科学的体系，实践的品格，博大精深，意义深远。社会科学院的同志们一定要深入学习、研究、阐释习近平新时代中国特色社会主义思想。要下功夫学原文、悟原理，不断增强政治认同、理论认同、思想认同、情感认同，增强用以指导哲学社会科学研究的自觉性坚定性。要围绕这一党的理论创新最新成果，在各学科领域确立一批研究选题，组织精干力量，深入研究阐释，推出更多有分量的研究成果。

二要加强马克思主义理论学科建设。要围绕习近平新时代中国特色社会主义思想制定马克思主义学科发展规划，扎实推进马克思主义理论学科建设和理论创新，努力把马克思主义学科建设成为哲学社会科学的优势学科，发挥好马克思主义学科的支撑引领作用，为推动党的理论创新成果入脑入心、书写当代中国马克思主义新篇章提供有力的学理支撑。

三要密切关注党和国家面临的重大现实问题，以理论联系实际的学风开展理论研究。要准确把握我国改革发展所呈现出的一系列新的阶段性特征，充分认识人民日益增长的美好生活需要和不平衡不充分的发展之间的社会主要矛盾，立足我国改革开放和社会主义现代化建设的伟大实践，着眼于马克思主义理论的实际运用，着眼于对实际问题的理性思考，着眼于新的实践和新的发展，深入研究和回答重大理论和现实问题，不断把党带领人民创造的成功经验上升为理论，在理论与实践的双重探索中不断推进党的理论创新进程。

二 加快构建中国特色哲学社会科学

习近平总书记在哲学社会科学工作座谈会上指出："一个没有发达的自然科学的国家不可能走在世界前列，一个没有繁荣的哲学社会科学的国家也不可能走在世界前列。坚持和发展中国特色社会主义，哲学社会科学具有不可替代的重要地位，哲学社会科学工作者具有不可替代的重要作用。"我们一定要以高度的文化自觉和文化自信，在加快构建中国特色哲学社会科学方面发挥引领带动作用。

一要加强中国特色哲学社会科学学科建设。大力发展对哲学社会科学具有支撑作用的基础学科、具有重要现实意义的新兴学科和交叉学科，发展具有龙头作用的优势重点学科，发展具有重要文化价值和传承意义的"绝学"、冷门学科，形成基础学科健全扎实、重点学科优势突出、新兴学科和交叉学科创新发展、冷门学科代有传承、基础研究和应用研究相辅相成、学术研究和成果应用相互促进的学科体系。

二要加强中国特色哲学社会科学学术创新体系建设。坚持不忘本来、吸收外来、面向未来，贯彻"百花齐放、百家争鸣"方针，瞄准学术前沿，着力搭建哲学社会科学创新平台，不断推进知识创新、理论创新、方法创新，逐步提升学术命题、学术思想、学术观点、学术标准、学术话语的产出能力和水平，打造具有中国特色、中国风格、中国气派的新概念、新理论，打造中国特色哲学社会科学学术创新体系。

三要加强中国特色哲学社会科学话语体系建设。善于提炼标识性概念，展示中国学术的特色和优势，打造国际社会易于理解和接受的新概念、新范畴、新表述，着力体现中国思想、中国理论、中国道路、中国立场、中国价值、中国智慧和中国方案，不断增强国际学术影响力和话语权。推进评价体系创新，建立科学权威、公开透明的哲学社会科学成果质量标准和评价体系，抢占学术评价制高点。

三 加强中国特色新型智库建设

党的十八大以来，习近平总书记从推动科学民主依法决策，推进国家治理体系和治理能力现代化与增强国家软实力的战略高度，就加强中国特色新型智库建设作出重要论述。2015年1月，中央又颁布了《关于加强中国特色新型智库建设的意见》，对新型智库建设的重大意义、指导思想、基本原则、总体目标等提出了具体要求。习近平总书记的重要论述和《意见》精神，为加强中国特色新型智库建设指明了根本方向，提供了根本遵循，给哲学社会科学工作者赋予了新的历史任务。大家一定要切实肩负起这一光荣使命，以高度的使命感、责任感、紧迫感积极投身新型智库建设，为"两个一百年"奋斗目标，建设富强民主文明和谐美丽的社会主义现代化强国提供更多的智库产品。

一要坚持围绕中心、服务大局，以重大理论和现实问题为主攻方向。密切联系世情国情民情社情变化实际，紧紧围绕全面建成小康社会、全面深化改革、全面依法治国、全面从严治党的重大任务，结合东北振兴实际，深入研究党和国家面临的一系列亟待回答与解决的重大理论和现实问题，有针对性地就经济社会发展中的全局性、前瞻性、战略性、综合性问题，以及国内外普遍关注的热点焦点难点问题开展政策研究，推出一批系统性、有影响力的研究成果和具有现实性、建设性、可操作性的对策建议，为提高党和政府的科学民主依法决策能力提供强有力的智力支持。

二要坚持以人民为中心、人民至上，坚定不移地站在人民立场上做学问。哲学社会科学工作者要把为人民服务、为人民谋利益作为中国特色新型智库的重要使命，真正践行为人民做学问，自觉把哲学社会科学研究事业与党和伟大复兴中国梦紧密联系在一起，把哲学社会科学工作者个人的前途命运与党和国家的前途命运紧密联系在一起，始终站在党和人民的立场上，为党和国家的长治久安出谋划策，为解决人民疾苦和提高群众福祉而集思广益。做到与时代共奋进、与国家共荣辱、与人民共呼吸，努力成为忠诚服务于党和人民事业、值得党和人民信赖、对党和人民有贡献的学问家。

三要坚持尊重人才、人才为重，建设中国特色新型智库型人才队伍。建设中国特色新型智库，必须造就一批马克思主义基本理论功底扎实、熟悉世情国情党情社情民情、具有理论创新能力和政策对策阐发能力的高端智库人才，培养一批能够运用马克思主义立场观点方法分析解答党和国家关注的重大理论和现实问题的对策性研究人才。要重视学者型人才向智库型人才的转变，促进学术研究成果向对策建议的转换，增强智库专家的社会责任感和诚信意识，牢固树立"四个意识"和国家安全意识、信息安全意识、保密纪律意识，积极主动为党和政府决策贡献聪明才智。

四要坚持正面宣传为主、弘扬正能量，围绕智库功能加快传播平台建设。中国特色新型智库建设要坚守好宣传思想舆论阵地，巩固马克思主义在意识形态领域的指导地位，壮大主流意识形态，打好主动仗，弘扬主旋律，传播正能量。这就要重点加快期刊、图书馆、网站、数据库等学术媒介建设，使其成为拓展智库权威性和影响力的重要平台。办好各类学术会议、论坛等活动，打造学术传播品牌、增强国际学术话语权。不断提高学术传播的质量和水平，探索创新学术传播手段，充分挖掘微博、微信、新闻客户端等新媒体传播效力，把握好时、度、效，着力打造融通中外的新概念、新范畴、新表述，讲好中国故事，传播好中国声音。

（原载《社会科学辑刊》2018年第1期；本文系作者2017年11月24日在辽宁丹东召开的东北"三省一区"社会科学院院长联席会议上的讲话）

以习近平新时代中国特色社会主义思想为指导，加快构建中国特色哲学社会科学

党的十九大郑重提出了习近平新时代中国特色社会主义思想，并把这一重要思想确定为中国共产党必须长期坚持的指导思想。它深刻反映了中国特色社会主义新时代的理论诉求，体现了马克思主义与时俱进的理论品格，开辟了中国特色社会主义实践新局面和马克思主义中国化理论新境界。深入学习研究宣传习近平新时代中国特色社会主义思想是当前最重要的政治和理论任务，我们要坚持以习近平新时代中国特色社会主义思想为指导，统领哲学社会科学各项工作，聚焦党和国家关注的重大问题，加强中国特色新型智库建设，全力办好习近平新时代中国特色社会主义思想研究中心，为建设和发展中国特色社会主义作出新贡献。

一　深入学习研究宣传习近平新时代中国特色社会主义思想是当前最重要的政治和理论任务

习近平新时代中国特色社会主义思想，是党的十九大报告的灵魂，是新时代中国共产党人的思想旗帜。党的十九大郑重提出习近平新时代中国特色社会主义思想，并把这一重要思想确立为我们党必须长期坚持的指导思想。这是党的十九大的历史性决策和历史性贡献，实现了党的指导思想又一次与时俱进，体现了我们党在理论上的高度成熟、思想上的高度自觉、政治上的高度自信。学习贯彻党的十九大精神，首先要聚焦到习近平新时代中国特色社会主义思想是党必须长

期坚持的指导思想上，把深入学习研究宣传习近平新时代中国特色社会主义思想作为当前最重要的政治和理论任务。

第一，习近平新时代中国特色社会主义思想，深刻反映了中国特色社会主义新时代的理论诉求。

时代是思想之母，实践是理论之源。恩格斯指出，我们的理论"是一种历史的产物，它在不同的时代具有完全不同的形式，同时具有完全不同的内容"①。任何理论都属于它那个时代。中国特色社会主义进入新时代，是习近平新时代中国特色社会主义思想产生的时代依据。党的十八大以来，面对党和国家事业发展的历史性变革，面对我国社会主要矛盾发生的历史性变化，面对决胜全面建成小康社会和全面建设社会主义现代化强国"两个一百年"奋斗目标的历史性重任，以习近平同志为核心的党中央，紧紧围绕新时代中国特色社会主义提出的重大时代课题，紧密结合新的时代条件和实践要求，以全新的视野深化对共产党执政规律、社会主义建设规律、人类社会发展规律的认识，进行了艰辛的理论探索，集中回答了在新时代坚持和发展什么样的中国特色社会主义、怎样坚持和发展新时代中国特色社会主义这一重大时代课题，取得了重大理论成果，形成了习近平新时代中国特色社会主义思想。习近平新时代中国特色社会主义思想深刻回答了新时代坚持和发展中国特色社会主义的总目标、总任务、总体布局、战略布局和发展方向、发展方式、发展动力、战略步骤、外部条件、政治保证等基本问题，为中国特色社会主义注入了新的科学内涵，极大地丰富和发展了中国特色社会主义理论体系。习近平新时代中国特色社会主义思想，是新时代中国特色社会主义伟大实践的思想反映，是新时代中国特色社会主义伟大事业的理论概括，是新时代坚持和发展中国特色社会主义的行动指南。

第二，习近平新时代中国特色社会主义思想，深刻体现了马克思主义与时俱进的理论品格。

坚持以马克思主义为指导，是中国特色社会主义鲜明的理论特

---

① 《马克思恩格斯选集》第 4 卷，人民出版社 1995 年版，第 284 页。

质。与时俱进，也是马克思主义鲜明的理论品格。在长期的革命斗争和社会主义现代化建设中，一代又一代的中国共产党人将马克思主义基本原理与中国实际相结合，实现了马克思主义中国化的两次飞跃，形成了毛泽东思想和中国特色社会主义理论体系，解决了中国人民"站起来""富起来"的重大问题。在实现"站起来""富起来"的基础上，继续实现"强起来"，建设社会主义现代化强国，是新时代中国特色社会主义面临的重大实践问题。继续推进马克思主义中国化，发展21世纪马克思主义、当代中国马克思主义，是新时代中国特色社会主义面临的重大理论问题。

党的十八大以来，以习近平同志为核心的党中央，在实践创新和理论创新的双向互动过程中，深刻认识中国特色社会主义的本质和特点，深刻揭示中国发生根本性变革所蕴含的历史经验和发展规律，深刻把握世界历史的脉络和走向，以高度的理论自觉和理论自信，为发展马克思主义作出了原创性贡献，创立了习近平新时代中国特色社会主义思想，实现了马克思主义中国化的与时俱进，丰富发展了马克思列宁主义、毛泽东思想和中国特色社会主义理论体系。

第三，习近平新时代中国特色社会主义思想，开辟了中国特色社会主义实践新局面和马克思主义中国化理论新境界。

习近平新时代中国特色社会主义思想以全新的历史站位、宽阔的历史视野、深厚的理论底蕴、高远的战略眼光，反映了时代发展变化的丰富内涵；以逻辑严密、系统完整、相互贯通的思想体系，回应了新时代坚持和发展中国特色社会主义的实践要求，开辟了治国理政新境界、管党治党新境界，深刻体现了共产党人敢于创新、敢于担当的高度理论自觉。习近平新时代中国特色社会主义思想贯穿改革发展稳定、内政外交国防、治党治国治军各个领域，实现了马克思主义基本原理与中国实际相结合的创新发展，开辟了马克思主义中国化理论新境界。习近平新时代中国特色社会主义思想从理论和实践上回答了坚持和发展什么样的中国特色社会主义、怎样坚持和发展中国特色社会主义，深刻揭示了新时代中国特色社会主义的本质特征、发展规律和建设路径，进一步彰显了中国特色社会主义的时代特色、实践特色、理论特色、民族特色,开辟了中国特色社会主义实践新局面,为新的时代条件下坚持和发展中国特色社会主义提供了科学的理论指引。

第四,坚持不懈地用习近平新时代中国特色社会主义思想武装全党和教育人民。

思想建设是党的基础性建设。毛泽东同志曾经指出:"掌握思想教育,是团结全党进行伟大政治斗争的中心环节。如果这个任务不解决,党的一切政治任务是不能完成的。"① 纵观我们党的历史,党的理论创新每前进一步,党的理论武装就跟进一步,这是加强党的建设的一条重要经验。我们要认真贯彻落实党的十九大精神,按照中央要求,以领导班子和领导干部这个"关键少数"为重点,加强学习和理论武装,深刻领会习近平新时代中国特色社会主义思想的时代背景、精神实质、丰富内涵、历史地位和重大贡献,深刻领会其中蕴含的马克思主义立场观点方法,提高马克思主义理论水平和认识世界、改造世界的能力,努力做到认识上有新提高、思想上有新收获,更好地用习近平新时代中国特色社会主义思想统一思想,引领党的事业发展,推动全党全社会更加自觉地为实现新时代党的历史使命不懈奋斗。当前,全党特别是思想理论战线面临的首要任务,就是系统地、深入地、全面地学习研究宣传习近平新时代中国特色社会主义思想。这不仅是重大的政治任务,也是重大的理论任务,不仅是党的事业发展的必然要求,也是广大党员和人民群众的迫切期盼。成立习近平新时代中国特色社会主义思想研究中心,是用习近平新时代中国特色社会主义思想武装全党和教育人民的重大举措,有助于组织专门力量对这一科学理论进行全面深入研究,推动习近平新时代中国特色社会主义思想更加深入人心,不断提高全党全社会的思想理论水平。

---

① 《毛泽东选集》第3卷,人民出版社1991年版,第1094页。

二 用习近平新时代中国特色社会主义思想统领哲学社会科学各项工作

党的十九大报告提出要构建中国特色哲学社会科学。我们要自觉以习近平新时代中国特色社会主义思想为指导，把十九大精神贯彻到哲学社会科学研究的各项工作中，结合贯彻落实习近平总书记在哲学社会科学座谈会上的"5·17讲话"精神，加快构建中国特色哲学社会科学。

第一，坚持以习近平新时代中国特色社会主义思想为指导，建设党的意识形态和马克思主义坚强阵地。

坚持以马克思主义为指导，是当代中国哲学社会科学区别于其他哲学社会科学的根本标志，是构建中国特色哲学社会科学必须要解决好的首要问题。当前，坚持习近平新时代中国特色社会主义思想对哲学社会科学的指导，就是坚持马克思主义对哲学社会科学的指导。习近平新时代中国特色社会主义思想没有丢掉老祖宗，始终坚持马克思主义的立场观点方法，处处闪耀着马克思主义的真理光辉。特别是在许多重大原则问题上旗帜鲜明地坚持和捍卫马克思主义，理直气壮地驳斥各种奇谈怪论。我国广大哲学社会科学工作者要自觉坚持以习近平新时代中国特色社会主义思想为指导，真学真懂真信真用，学习贯彻习近平新时代中国特色社会主义思想的坚定信仰力量、鲜明人民立场、强烈历史担当、求真务实作风、勇于创新精神和科学方法论，自觉把习近平新时代中国特色社会主义思想贯穿在哲学社会科学研究和教学的全过程，转化为清醒的理论自觉、坚定的政治信念、科学的思维方法。

第二，推进哲学社会科学创新工程向纵深发展，奋力打造哲学社会科学创新工程"升级版"。

理论的生命力在于创新。创新是哲学社会科学发展的永恒主题，也是社会发展、实践深化、历史前进对哲学社会科学的必然要求。习近平总书记指出："构建中国特色哲学社会科学是一个系统工程，是一项极其繁重的任务,要加强顶层设计,统筹各方面力量协同推进。要实施哲学社会科学创新工程,搭建哲学社会科学创新平台,全面推进哲学社会科学各领域创新。"① 中央在加快构建中国特色哲学社会科学的顶层设计中,实施创新工程是重点推出的举措。在加快构建中国特色哲学社会科学的"四梁八柱"改革任务中,创新工程发挥着顶梁柱的作用。创新工程是一场思想观念的革命,是一场体制机制制度的革命。要适应中国特色社会主义进入新时代和加快构建中国特色哲学社会科学的要求,以习近平新时代中国特色社会主义思想为指导,在总结经验的基础上,完善制度机制,大力推进理论创新、学术创新、研究方法和手段创新,多出重大成果和优秀人才,全面从严管理,打造新时代创新工程"升级版"。

第三,立足中国特色社会主义新时代,聚焦党和国家关注的重大问题,加强中国特色新型智库建设。

中国特色社会主义进入新时代,具有深远的历史意义。坚持问题导向是中国特色哲学社会科学的鲜明特点。问题是创新的起点,也是创新的动力源。只有聆听时代的声音,回应时代的呼唤,认真研究解决重大而紧迫的问题,才能真正把握住历史脉络、找到发展规律,揭示我国社会发展、人类社会发展的大逻辑大趋势。十九大提出,加强中国特色新型智库建设。和创新工程一样,国家高端智库建设也是加快构建中国特色哲学社会科学的标志性举措。中国社会科学院基础学科雄厚,应用学科齐全,这是智库发展的有利条件和独特优势。要坚持以党的十九大提出的重大理论和实践问题为研究重点,着力打造国家亟须、特色鲜明、制度创新、引领发展的高端智库,开展全局性、战略性、前瞻性、针对性、储备性对策研究。与决胜全面建成小康社会同步,力争在建党一百年时,把中国社会科学院建设成为国家级智库研究综合集成中心、马克思主义理论创新中心、党和国家重大决策咨询服务中心、哲学社会科学学科学术观点创新中心、高素质智库人

---

① 习近平:《在哲学社会科学工作座谈会上的讲话》,人民出版社2016年版,第24—25页。

才孵化中心、国家哲学社会科学文献中心和国际知名智库交流合作中心,更好地为党中央和国务院决策服务,为党和国家事业发展服务,努力将中国社会科学院打造成为在国内外有广泛影响力、世界知名的国家级综合性新型高端智库。

三 全力办好习近平新时代中国特色社会主义思想研究中心,为坚持和发展中国特色社会主义作出新贡献

为进一步发挥中国社会科学院作为马克思主义坚强阵地和理论创新基地的作用,2017年10月26日经中国社会科学院党组讨论研究决定,依托中国特色社会主义理论体系研究中心,成立中国社会科学院习近平新时代中国特色社会主义思想研究中心。经过中央批准,中国社会科学院习近平新时代中国特色社会主义思想研究中心于2017年12月29日正式成立,成为全国首批十家习近平新时代中国特色社会主义思想研究中心(院)之一。这是中国社会科学院深入贯彻党的十九大精神的重大战略举措,旨在整合院内外资源,集全院之力,全力办好习近平新时代中国特色社会主义思想研究中心,为坚持和发展中国特色社会主义作出新贡献。

第一,进一步深入学习宣传阐释习近平新时代中国特色社会主义思想。

用习近平新时代中国特色社会主义思想武装全院特别是领导干部,这是当前中国社会科学院首要的政治任务,是保证我院实现中央"三个定位"要求的根本性战略举措,也是办好习近平新时代中国特色社会主义思想研究中心的根本前提。全面准确领会、学懂弄通做实,增强学习贯彻习近平新时代中国特色社会主义思想的自觉性和坚定性,将学习成果转化为干部职工干事业的巨大力量。要抓好全员学习培训,集中开展宣讲活动,精心组织理论宣传,认真组织研究阐释,发挥全院报纸、期刊、出版社、网站、信息报送、大学等平台优势,形成全方位、多角度、立体化宣传格局。要紧密联系十九大精神

和我院实际,以问题为导向,与学习马克思主义经典著作结合起来,与学习党史、国史、党章结合起来,与学习党的文献结合起来,与研究解决当代中国重大理论和实践问题结合起来。增强学习研究宣传的理论深度、实践力度、情感温度,增进政治认同、思想认同、情感认同。

第二,进一步深入推进习近平新时代中国特色社会主义思想研究和建设工程。

完成好中央马克思主义理论研究和建设工程任务,深化中国社会科学院马克思主义理论研究和建设,加强马克思主义理论研究阵地集群建设。依托习近平新时代中国特色社会主义思想研究中心,紧密结合新时代中国特色社会主义伟大实践,发挥院学科齐全优势,集中全院力量,整合院内外学术资源,组织专家学者深入学习研究习近平新时代中国特色社会主义思想的时代背景、理论渊源、重大意义、丰富内涵、科学体系、核心要义、精神实质和贯穿其中的科学世界观和方法论,深入解读内涵,准确把握外延,防止片面性、简单化,及时推出有分量有深度的学术研究成果。通过广泛的资料积累,深入的学理研究,扎扎实实的学科建设,把习近平新时代中国特色社会主义思想研究中心建设成为 21 世纪马克思主义理论创新智库,打造成为习近平新时代中国特色社会主义思想研究的国家级高端平台,成为习近平新时代中国特色社会主义思想研究的重要思想库、资料库,引领全国习近平新时代中国特色社会主义思想研究。恩格斯曾经说过:"即使只是在一个单独的历史事例上发展唯物主义的观点,也是一项要求多年冷静钻研的科学工作,因为很明显,在这里只说空话是无济于事的,只有靠大量的、批判地审查过的、充分地掌握了的历史资料,才能解决这样的任务。"① 对习近平新时代中国特色社会主义思想的学习研究,不能采取浅尝辄止、蜻蜓点水的态度,要当作一项严肃的科学,在充分占有资料基础上进行全面系统研究。

---

① 《马克思恩格斯选集》第 2 卷,人民出版社 1995 年版,第 39 页。

第三，进一步深入推动习近平新时代中国特色社会主义思想学科体系建设。

组织精干研究力量，加强习近平新时代中国特色社会主义思想学科体系、学术体系、话语体系、教材体系建设，将习近平新时代中国特色社会主义思想的核心思想、关键话语体现到各学科领域，深化习近平新时代中国特色社会主义思想的学理阐释，形成符合学术特点的表述方式、表达风格，将其转化体现到哲学社会科学各学科领域的话语表达之中，实现习近平新时代中国特色社会主义思想进学科、进教材、进课堂、进头脑。创新对外话语表达方式，开展理论外交和学术外宣，打造易于为国际社会所理解和接受的概念、范畴、表达，做好习近平新时代中国特色社会主义思想国际传播。统筹布局对外理论传播研究力量，建设一批习近平新时代中国特色社会主义思想国际传播研究基地，举办和参与国际学术会议，办好对外系列国际学术论坛，向世界广泛传播习近平新时代中国特色社会主义思想。

对马克思最好的纪念就是始终不渝地高举马克思主义伟大旗帜

——学习习近平总书记在纪念马克思诞辰200周年大会上的讲话（之一）

马克思已经诞辰200周年了，马克思所创立的马克思主义仍然具有强大而持久的生命力。马克思主义是有史以来人类思想最优秀的成果，最完备、最严整、最科学的理论体系。其内在的理论品格蕴含着强大的自我革命力量，在同世界工人运动和人类解放实践创造性结合的过程中，既发挥了强大的理论指导力量，又彰显了持久的内生创造力量，不断实现自身的与时俱进。习近平新时代中国特色社会主义思想，在新的历史条件下再次攀登马克思主义的高峰，把马克思主义中国化推进到新的境界，让马克思主义在21世纪放射出更加璀璨的真理光芒。

一　马克思主义实现了人类思想史上迄今为止最伟大的革命

19世纪40年代，马克思、恩格斯全面系统地总结人类文明成果和工人阶级革命实践经验，深刻揭示自然、社会、人类思维的规律，创立了博大精深、系统完整、逻辑严密的马克思主义科学真理，为无产阶级革命实践和全人类的发展提供了科学的行动指南，实现了人类思想史上的伟大革命。

第一，马克思主义所实现的思想革命是立场上的伟大革命。

立场问题是一个为谁服务的根本问题，决定着思想理论的根本立足点和发展方向。马克思主义从根本上改变了剥削阶级思想家维护统治阶级利益的狭隘立场，坚定不移地维护工人阶级和最广大人民群众的根本利益，确立并坚持了最彻底、最深厚、最广泛、最坚定的人民立场。

1835年中学毕业时，17岁的马克思在思考职业选择时就明确提出要为人类的幸福而工作。他在中学毕业论文中写道："人们只有为同时代人的完美、为他们的幸福而工作，才能使自己也达到完美。"① 1844年春，马克思在《〈黑格尔法哲学批判〉导言》中旗帜鲜明地强调，新哲学和无产阶级是紧密联系在一起的，"哲学把无产阶级当做自己的物质武器，同样，无产阶级也把哲学当做自己的精神武器"，人类解放的"头脑是哲学，它的心脏是无产阶级"。② 1845年春，在"包含着新世界观的天才萌芽的第一个文献"——《关于费尔巴哈的提纲》中，马克思明确提出："旧唯物主义的立脚点是市民社会，新唯物主义的立脚点则是人类社会或社会的人类。"③ 这就是说，马克思主义是无产阶级及其广大人民的思想体系，同资产阶级思想体系在内的一切剥削阶级思想体系的立场是根本对立的。资产阶级思想体系是站在市民社会即资产阶级的立场上，而马克思主义，即工人阶级思想体系是站在无产阶级和广大劳动人民的立场上。1848年，在标志着新世界观公开问世的《共产党宣言》中，马克思和恩格斯鲜明地强调，以马克思主义武装起来的共产党，"没有任何同整个无产阶级的利益不同的利益"④。马克思主义的根本目的就是要指导无产阶级战胜资产阶级，实现包括工人阶级在内的全人类的彻底解放。这就是马克思主义的根本立场。

这样的立场决定了马克思主义必然要无情地批判资本主义和剥削

---

① 《马克思恩格斯全集》第40卷，人民出版社1982年版，第7页。
② 《马克思恩格斯文集》第1卷，人民出版社2009年版，第17—18页。
③ 同上书，第502页。
④ 《马克思恩格斯文集》第2卷，人民出版社2009年版，第44页。

制度现存的一切，同一切旧的观念、制度进行彻底的决裂，建构崭新的无产阶级思想体系，并用这种思想来引领人们建立新制度和全人类的发展。彻底的人民立场决定了马克思主义的科学性、阶级性、革命性和斗争性，使得它在发展的每一个关节点上都要经过艰苦的斗争，而同一切旧思想旧观念特别是同资产阶级思想体系的斗争，成为马克思主义发展的根本特点和根本途径，也是它批判超越一切旧思想的内在逻辑依据。正是在这种斗争中，马克思主义对工人阶级和全人类解放的指导作用充分体现出来，马克思主义的真理力量得到了充分彰显。

第二，马克思主义所实现的思想革命是观点上的伟大革命。

马克思主义是人类思想发展的最高结晶，是由哲学、政治经济学和科学社会主义学说共同组成的博大精深的真理体系，全面系统地科学揭示了自然界、人类社会和人类思维的发展规律，它包括一系列科学的理论原理和基本观点。其中，最具有革命性意义的内容就是被恩格斯称之为"两个发现"的唯物史观和剩余价值学说这两个最根本的原理。

1883年3月14日，马克思这位世界上最伟大的思想家停止了思想。3月17日，恩格斯在马克思的墓前讲道："正像达尔文发现有机界的发展规律一样，马克思发现了人类历史的发展规律，即历来为繁芜丛杂的意识形态所掩盖着的一个简单事实：人们首先必须吃、喝、住、穿，然后才能从事政治、科学、艺术、宗教等等；所以，直接的物质的生活资料的生产，从而一个民族或一个时代的一定的经济发展阶段，便构成基础，人们的国家设施、法的观点、艺术以至宗教观念，就是从这个基础上发展起来的，因而，也必须由这个基础来解释，而不是像过去那样做得相反。"恩格斯继续讲道："不仅如此。马克思还发现了现代资本主义生产方式和它所产生的资产阶级社会的特殊的运动规律。由于剩余价值的发现，这里就豁然开朗了，而先前无论资产阶级经济学家或者社会主义批评家所做的一切研究都只是在黑暗中摸索。"① 唯物史观和剩余价值是人类思想史上两个最伟大的

---

① 《马克思恩格斯文集》第3卷，人民出版社2009年版，第601页。

发现。

唯物史观是人类思想史上全新的历史观，是"关于现实的人及其历史发展的科学"，对人类历史发展的基本规律做了深刻阐释，对人类社会发展的基本矛盾和客观必然趋势做了全面分析，为人们认识社会历史问题提供了根本看法，是正确认识和改造人和人类社会，推进人和社会的自由全面发展的锐利思想武器。剩余价值学说深刻洞察了资本主义剥削的秘密，深刻揭示了资本主义社会的基本矛盾及其发展趋势。这两大原理构成了科学社会主义的理论基石，使社会主义学说从空想上升到科学，明确了无产阶级和全人类解放的根本道路和发展目标，引起了人类思想史上的伟大革命。

马克思主义包含着一系列极端重要的观点，其中最核心的、最具有创造性的，是生产实践的观点、阶级的观点和群众的观点。生产实践的观点，明确了人类社会历史的第一个前提是现实的个人所从事的物质生产实践，人类社会发展的历史就是人的物质生产实践的过程，离开生产实践，人类历史就无从存在，生产实践的观点彻底打破了一切旧历史观的存在基础。阶级的观点，明确了自原始社会解体以来的阶级社会中，阶级、阶级矛盾和阶级斗争是同生产发展的一定历史阶段相联系的客观存在，阶级斗争是阶级社会历史发展的直接动力，阶级斗争必然导致无产阶级专政，无产阶级专政是达到消灭一切阶级和进入无阶级社会的过渡。在阶级社会中，人的社会性首先体现为阶级性，人与人之间的经济的、政治的和文化的关系，无不打上阶级的烙印，每一个历史阶段内占统治地位的思想必然是统治阶级的思想，同时每一个时代的思想领域都存在着不同阶级思想之间的斗争和交锋。群众的观点，揭示了人类历史发展的根本主体在于人民群众，而不是思想理念、帝王将相或英雄人物，人民群众不仅是物质财富的创造者，而且是精神财富的创造者，同时也是社会变革的根本力量，群众的观点彻底打破了唯心史观的理念决定论、英雄决定论。这些重大的基本观点，揭示了历史发展的根本基础是生产实践，阶级社会前进的直接动力是阶级斗争，社会的根本主体是人民群众，在历史观上掀起了一场根本性的彻底革命。

第三，马克思主义所实现的思想革命是方法上的伟大革命。

马克思主义彻底地改造了头脚倒置的唯心辩证法，把唯物主义同辩证法结合起来，完成了辩证法发展史上的伟大革命，创立了最彻底、最完备的辩证法形态——唯物辩证法。唯物辩证法科学地揭示了自然、社会和人类思维运动变化的一般规律，既为人们认识世界和改造世界提供了科学的世界观，又为人们认识世界和改造世界提供了正确的思想方法论，成为指导人们处理一切问题、改造主观世界和客观世界的"最好的工具和最锐利的武器"①。赋予工人阶级及广大人民群众最管用的思想方法和工作方法。

唯物辩证法在其方法论运用中突出地展开为矛盾分析的方法。唯物辩证法的实质和核心是对立统一规律，它揭示了事物发展的根本原因在于事物的内部矛盾，矛盾发展、矛盾展开和矛盾解决的过程就是从量变到质变、从渐进式变化到突变式飞跃的过程，其实现路径就是否定之否定过程。这个规律要求人们分析任何事物的时候，都要抓住事物内部的根本矛盾，从自我革命、自我否定的角度看问题。但是事物发展不是直线式的，而是螺旋式上升、波浪式前进的过程，为此必须要从发展变化的、普遍联系的、曲折上升的角度看问题，从重点论和两点论相结合的角度看问题，要辩证地而不是形而上学地看问题是马克思主义活的灵魂。

唯物辩证法要求人们必须唯物地、辩证地、具体地、历史地认识和改造世界，尤其是推进人类社会发展问题。唯物地、辩证地认识社会，就是一定要从社会存在，从物质经济原因、社会经济基础出发，从广大人民群众的社会实践出发，联系地、发展地、全面地观察、分析、认识社会现象。具体地、历史地分析社会，就是要把任何一种社会现象都放在具体的历史环境中、特殊的历史条件下来分析，把任何社会现象看作发展变化的过程，既要看到它的过去，又要看到它的现状和未来，具体地分析具体的问题，这是马克思主义活的灵魂。

辩证唯物地、具体历史地分析社会历史问题，就要突出地把经济

---

① 《马克思恩格斯文集》第4卷，人民出版社2009年版，第298页。

分析、阶级分析和利益分析作为分析社会现象的基本方法。列宁指出，"必须到生产关系中间去探求社会现象的根源，必须把这些现象归结为一定阶级的利益"①。这段话阐明了经济分析、阶级分析、利益分析在社会历史分析中的极端重要性。经济分析方法，就是要把物质经济因素看作是全部社会生活的基础和推动社会发展的决定性力量，就是要认识到一切社会问题的最深厚的根源在于经济事实当中，必须注意把握社会的经济结构及其变动趋势，牢牢坚持生产力标准，把握生产力是社会历史发展的根本动力，坚持物质关系决定思想关系的原则，从物质的经济关系来说明思想的、政治的和其他各种关系。阶级分析方法，就是要把阶级和阶级斗争的观点运用到阶级社会历史分析当中，明确在阶级社会中人与人之间的关系都会打上阶级的烙印，要从阶级利益、阶级斗争的角度去分析每一个阶级社会时代中不同社会阶级矛盾斗争的过程，而且阶级关系要随着历史发展而发生变化。利益分析方法，就是认为一定的经济关系和阶级关系必然表现为一定的利益关系，分析社会历史发展就要揭示出人们社会活动背后的利益动因，从这些利益动因和利益关系出发来说明各种社会关系和社会历史现象，考察不同利益群体在利益关系中的地位和作用，分析和解决不同利益群体之间的矛盾。

二　马克思主义的生命力在于随着实践的发展而不间断地创新

马克思主义的生命力在于随着实践的发展而不断创新，它永远不会停止在一个水准上。马克思主义的生命力内在地体现在理论性与实践性、真理性与创新性、世界性与民族性的高度统一上，这种高度统一促使它必然要不断走向生动的社会实践以实现自身的理论创造性，不断同各民族的历史、文化及时代特征相结合以展现其真理价值并获得当代形态，不断在认识世界的过程中实现其改造世界的目的，这正

---

① 《列宁全集》第1卷，人民出版社1984年版，第464页。

是马克思主义强大生命力的所在。

第一，马克思主义生命力体现为理论完整性与实践指向性的高度统一。

马克思主义是严密的科学理论体系，具有深刻的学术理论性；同时它又具有强烈的实践指向性，只有在实践中才能实现自身的目的和使命。追求理论的完整性和严密性，同时追求理论向实践的转化，是马克思主义的两个相互联系的发展向度，这两个向度必然使马克思主义始终处于理论和实践的有机结合之中，不断实现理论创新和实践创新的良性互动。致力于理论与实践的高度结合是马克思主义发展的内生动力，也是马克思主义强大生命力的根本所在。

一方面，马克思主义是逻辑严密的理论体系，以完整科学的理论形态而存在。马克思主义的原理观点都是科学研究的结果，具有深刻的学术理论性。马克思说："我的见解，不管人们对它怎样评论，不管它多么不合乎统治阶级的自私的偏见，却是多年诚实研究的结果。"① 作为深邃的科学真理，马克思主义是对社会生产、生活的高度理论抽象，具有特定的逻辑体系、概念系统和理论架构。列宁指出，"马克思的观点极其彻底而严整，这是马克思的对手也承认的"②。"马克思学说具有无限力量，就是因为它正确。它完备而严密，它给人们提供了……完整的世界观。"③ 马克思终其一生都在追求自身理论的科学性和体系性，直到生命的终结都没有放弃对自己理论体系科学性的构建和完善。

另一方面，也是更为重要的，马克思主义具有强烈的实践指向性，只有结合实践指导实践才能发挥其改造世界的功能，实现自身的目的和使命。在创立新世界观之始，马克思就明确指出，"哲学家们只是用不同的方式解释世界，问题在于改变世界"④。马克思是一个

---

① 《马克思恩格斯文集》第 2 卷，人民出版社 2009 年版，第 594 页。
② 《列宁专题文集·论马克思主义》，人民出版社 2009 年版，第 7 页。
③ 《列宁选集》第 2 卷，人民出版社 1995 年版，第 309 页。
④ 《马克思恩格斯文集》第 1 卷，人民出版社 2009 年版，第 502 页。

深邃的思想家,但首先是一个在实践中顽强战斗的战士,始终处在实践斗争之中。正如恩格斯所说:"马克思首先是一个革命家。他毕生的真正使命,就是以这种或那种方式参加推翻资本主义社会及其所建立的国家设施的事业,参加现代无产阶级的解放事业,……斗争是他的生命要素。很少有人像他那样满腔热情、坚韧不拔和卓有成效地进行斗争。"① 马克思主义的发展历史,就是不断同工人阶级的具体实践相结合的过程,在指导实践的过程中实现实践与理论、理论与实践的双向飞跃。

理论完整性和实践指向性二者的高度结合,是马克思主义本身的特质。这种特质决定了马克思主义必然要在同各国工人阶级实践的结合过程中,一方面发挥自己的伟大指导力量改造世界,另一方面探索解决实践问题的答案,在实践中产生新观点,丰富和发展自身,这是马克思主义理论创新与实践创新互动的基本路径。

第二,马克思主义生命力体现为科学真理性与开放发展性的高度统一。

马克思主义揭示了整个世界发展的客观规律,它的基本原理并不会随着时间的流逝而过时,毫不动摇地坚持马克思主义的立场观点方法是一切马克思主义者的基本要求。但是,马克思主义又是与时俱进的科学真理,随着实践和认识的发展而不断地丰富和创新自己的理论内容,这是马克思主义固有的理论品质。科学真理性是马克思主义的本质特征,与时俱进性是马克思主义的理论品质,把二者统一起来是马克思主义发展的内在要求,也是马克思主义强大生命力的关键所在。

一方面,马克思主义站在人类文明发展的制高点上,吸收了自然科学、社会科学和人类实践的最高成果,揭示了自然界、人类社会和人类认识的客观规律,是客观科学的真理。马克思主义哲学把伟大的认识工具给了人类,是指导人们行动的科学世界观和方法论;政治经济学通过对资本主义生产方式的内在矛盾的深刻分析,揭示了资本主

---

① 《马克思恩格斯文集》第3卷,人民出版社2009年版,第602页。

义的发展规律和总体趋势；科学社会主义揭示了资本主义向社会主义和共产主义发展的客观规律，阐明了无产阶级解放的历史条件、实现途径。马克思主义的真理性意味着它的基本原理不会过时，作为立场观点方法将长期指导人们的实践。

另一方面，马克思主义并不是封闭的"最终真理"，而是随着人类文明和社会实践发展而发展的开放性真理，在开放发展中不断获得新的生命。恩格斯指出："我们的理论是发展着的理论，而不是必须背得烂熟并机械地加以重复的教条。"① 马克思、恩格斯就是与时俱进发展马克思主义理论的典范，他们强调自己的理论"随时随地都要以当时的历史条件为转移"②。把理论同现实结合起来，抓住特定时代的主要矛盾和特征，解答时代问题，不断实现马克思主义的时代化，是马克思主义发展的内在必然，也是马克思主义强大生命力的事实所在。

真正的马克思主义者，就是要把真理性和创新性有机统一起来，毫不动摇地坚持马克思主义基本原理，同时又着眼于活生生的社会实践，着眼于客观形势和时代特征的发展变化，及时总结实践中的新做法、新经验，创造新理论、新观点，丰富和发展马克思主义理论宝库。

第三，马克思主义生命力体现为世界普遍性与民族特殊性的高度统一。

马克思主义具有而且能够发挥指导各民族具体实践的功能，这是马克思主义的普遍性的要求；马克思主义运用于各个国家各个民族的具体实践时，必须尊重各个国家民族的具体特点，把普遍性的真理转化为指导各国具体实践的具体性的真理，这是马克思主义的特殊性要求。普遍性和特殊性、世界性和民族性的有机结合，是马克思主义理论本身包含的两个不可分割的特征，是马克思主义发展的内在逻辑，也是马克思主义强大生命力的依据所在。

---

① 《马克思恩格斯文集》第 10 卷，人民出版社 2009 年版，第 562 页。
② 《马克思恩格斯选集》第 1 卷，人民出版社 1995 年版，第 258 页。

一方面，马克思主义是具有普遍指导意义的科学世界观和方法论，它的普遍原理具有一般性价值和世界历史性意义。毛泽东多次讲到马克思主义是"放之四海而皆准的普遍真理"，是观察和分析事物的世界观和方法论。马克思主义之所以具有这样的世界历史性，能够成为全世界工人阶级和最广大人民的强大思想武器，在于其科学性和革命性的统一。对此，列宁指出，马克思主义"对世界各国社会主义者所具有的不可遏止的吸引力，就在于它把严格的和高度的科学性（它是社会科学的最新成就）同革命性结合起来……把二者内在地和不可分割地结合在这个理论本身中"[①]。

另一方面，马克思主义必须同各民族的具体特点相结合，在具体实践中发挥指导作用。离开具体特点而教条主义地套用马克思主义词句，就会最终窒息马克思主义的生命力。列宁指出："我们决不把马克思的理论看做某种一成不变的和神圣不可侵犯的东西；恰恰相反，我们深信：它只是给一种科学奠定了基础，社会党人如果不愿落后于实际生活，就应当在各方面把这门科学推向前进。我们认为，对于俄国社会党人来说，尤其需要独立地探讨马克思的理论，因为它所提供的只是总的指导原理，而这些原理的应用具体地说，在英国不同于法国，在法国不同于德国，在德国又不同于俄国。"[②] 这就是说，马克思主义必须尊重各国具体特点的特殊性，在同各国实际结合的过程中，以民族化的形式存在和发展。毛泽东特别强调："离开中国特点来谈马克思主义，只是抽象的空洞的马克思主义。因此，使马克思主义在中国具体化，使之在其每一表现中带着必须有的中国的特性，即是说，按照中国的特点去应用它，成为全党亟待了解并亟须解决的问题。"[③]

作为普遍真理的马克思主义具有世界普遍性，能够运用到各个国家和民族当中，成为普遍性的行动指南。但是，因为存在着各个民族

---

① 《列宁专题文集·论马克思主义》，人民出版社2009年版，第297页。
② 同上书，第96页。
③ 《毛泽东选集》第2卷，人民出版社1991年版，第534页。

之间、各个国家之间的特殊差别,各国的马克思主义者在运用马克思主义的时候,不能自以为是地要求消除多样性、差别性和特殊性,而是要在马克思主义普遍真理同各民族具体特点的结合中发挥其真理性力量。坚持马克思主义普遍性与具体性、一般性与特殊性相统一的原则,就是既要把马克思主义基本原理作为根本指导思想,同时又必须结合本国具体实际来运用和发展马克思主义。

三 马克思主义在指导实践、改造世界的历史进程中显示出了强大的生命活力

马克思主义创立以来,一直都在指导着世界无产阶级和全人类的发展,为人类实践和思想发展提供了强大理论指南,并在实践的基础之上实现自身的丰富发展,获得经久不衰的生命活力。

第一,马克思、恩格斯在领导国际工人运动中丰富和发展马克思主义。

马克思主义从产生之日起就同工人阶级解放和世界共产主义运动紧密关联。1848年革命期间,马克思、恩格斯把新创立的世界观运用到革命实践当中,成为革命实践的重要思想指导。1864年,他们领导创立了第一国际,指导国际工人运动蓬勃展开,并进一步发展和完善无产阶级革命学说、科学社会主义理论。1871年巴黎公社运动期间,他们全力投入到指导巴黎公社的运动中,深刻地总结巴黎公社运动的经验和教训,总结巴黎公社的原则,为工人运动的深入发展提供了宝贵的理论指导和经验参照。19世纪80年代后期,恩格斯领导创立了第二国际,领导从自由资本主义向垄断资本主义转变时期的国际工人运动,掀起了国际工人运动的又一次高潮。马克思主义在为世界社会主义运动提供科学指导的同时,也获得了自身发展的强大动力,不断地吸收实践经验和同时代思想理论的最新成果,在理论形态上更加丰富、更加完善、更加完整。

第二,马克思主义在俄国的运用和发展体现了强大的真理力量。

资本主义从自由资本主义阶段发展到垄断资本主义即帝国主义阶

段之时，马克思主义在分析新形势、解决新问题、完成新任务的过程中，产生了重大的新观点、新思想、新理论，形成了帝国主义和无产阶级革命时代的马克思主义，即列宁主义。

列宁在批判主观社会学、"合法马克思主义"、机会主义、修正主义、经验批判主义的过程中，充分吸收和深刻总结了当时自然科学和社会科学发展的最新成果，创作了《唯物主义和经验批判主义》《哲学笔记》等重要哲学著作，创造性地发展了马克思主义的哲学思想。他在批判第二国际的过程中，领导创建了以民主集中制为根本组织制度的新型无产阶级政党，创作了《怎么办？》《进一步，退两步》《社会民主党在民主革命中的两种策略》等重要著作，创造性地发展了马克思主义的党建学说。他创作了《俄国资本主义的发展》《帝国主义是资本主义的最高阶段》等重要著作，深刻揭示了帝国主义即垄断资本主义的根本特征、基本矛盾及其发展趋势，创立了帝国主义理论，创造性地发展了马克思主义的政治经济学。他创作了《国家与革命》等重要著作，明确指出国家的实质是阶级统治的工具，政权是革命的首要问题，无产阶级革命必须打碎旧的国家机器，建立新的国家机器，通过无产阶级专政最终走向共产主义，创造性地发展了马克思主义的国家学说和无产阶级专政理论。他结合新的历史特点和俄国革命的具体实际，创立了"一国胜利论"，并领导十月革命取得了伟大胜利，创建了世界上第一个社会主义国家，使科学社会主义从理论上升到制度实践，开辟了人类历史发展的新纪元，创造性地发展了马克思主义的社会革命理论和科学社会主义学说。他在领导社会主义建设的过程中，形成了新经济政策理论、社会主义建设理论、执政党建设理论等一系列重大理论创新成果，极大地丰富和发展了马克思主义关于社会主义革命和建设的理论。

马克思主义在俄国的成功运用、发展和完善，是马克思主义发展史上辉煌的一页。列宁之后的苏联以及东欧的共产党人，在苏联以及东欧的社会主义建设实践中，有经验、有教训，特别是苏东剧变的教训为共产主义运动和马克思主义发展提供了特别的鉴戒。这些都充分证明，马克思主义的真理性力量会随着时代的发展、实践的发展而释放出耀眼的智慧之光、真理之芒。

第三，马克思主义中国化的成功发展彰显了马克思主义生生不息的活力。

马克思主义诞生以来170年的历史，也是中国由屈辱、落后到逐步实现站起来、富起来到强起来的历史。中国先进分子自从找到并自觉接受马克思主义以后，中国人的精神、中华民族的面貌就焕然一新，在马克思主义的指导下，中国共产党应时而生，中国的历史命运发生了根本性转变。在中国革命、中国社会主义建设和中国改革开放的伟大历史进程中，马克思主义同中国具体实际的创造性结合，即马克思主义中国化的成功创建，是马克思主义发展史上更为辉煌的一页。

中国共产党创立之后，就开始把马克思主义同中国的具体实际相结合，不断推进马克思主义的中国化、大众化和时代化，当然这个过程并不是一开始就一帆风顺的。在马克思主义中国化的早期，经过艰苦曲折探索，中国共产党在关于"什么是马克思主义、怎样坚持马克思主义"这个核心问题上，把马克思主义同中国的革命实践、民族特点、历史文化等第一次创造性地结合起来，实现了马克思主义中国化的第一次伟大历史性飞跃，创立了中国化马克思主义第一个重大理论成果——毛泽东思想，并在毛泽东思想的指导下迅速实现了新民主主义革命和社会主义革命的彻底胜利，创建了社会主义制度，完成了中华民族站起来的历史使命，实现中华民族发展史上最伟大的社会革命。

从20世纪50年代开始，毛泽东同志就提出要实现马克思主义同中国社会主义建设的具体实践的第二次伟大结合，领导党和国家探索具有中国特点的、适合中国国情的社会主义建设道路，拉开了中国特色社会主义探索的序幕。

20世纪70年代后期，在国际国内形势发生重大变化之时，中国社会主义向何处去的重大历史选择历史地摆在中国共产党人面前。邓小平同志带领党和国家开启了社会主义建设新时期，成功启动了马克思主义中国化第二次历史性结合和伟大飞跃，开创了中国特色社会主义伟大事业。此后，江泽民同志、胡锦涛同志领导全党全国人民不断把中国特色社会主义推向前进。在改革开放和社会主义现代化建设的伟大实践中，中国共产党人创立了邓小平理论、"三个代表"重要思想、科学发展观等重大理论成果，中国化马克思主义的第二个重大理论成果——中国特色社会主义理论体系逐步创立、发展和完善。党的十八大以来，以习近平同志为核心的党中央，在新的历史起点上，把中国特色社会主义推进到一个全面发展的新时代，创立了习近平新时代中国特色社会主义思想，标志着当代中国马克思主义进入新的发展阶段。

马克思主义中国化的历史进程表明，马克思主义是全人类的最先进思想成果，它在与不同民族、不同国家的具体实践相结合的过程中，展示出其内在的生命力和强大的真理力量。当今的中国共产党人，离开马克思主义的指导，离开中国化马克思主义的创建，就会迷失方向、误入歧途。在当代中国，坚持马克思主义指导，坚持马克思主义中国化、时代化、大众化，就必须全面贯彻落实新时代习近平中国特色社会主义思想。

四 马克思主义在 21 世纪中国释放出更加璀璨的真理光芒

经过长期不懈的努力，中国特色社会主义进入了新时代，这是当代中国发展新的历史方位。新时代中国特色社会主义的伟大实践，为马克思主义的新发展开辟了新境界，使马克思主义在 21 世纪释放出更加璀璨的真理光芒。

在中国特色社会主义进入新时代之际，习近平同志以非凡的政治智慧、顽强的意志品质、强烈的责任担当、巨大的创新勇气，团结带领全党全军全国各族人民，进行具有许多新的历史特点的伟大斗争，推进党的建设新的伟大工程，发展中国特色社会主义伟大事业，实现中华民族复兴的伟大梦想。

伟大时代产生伟大理论，伟大实践创造伟大思想。习近平同志坚持解放思想、实事求是、与时俱进、求真务实,紧密结合新的时代条件和实践要求,牢牢地抓住且科学回答了"新时代坚持和发展什么样的中国特色社会主义、怎么样坚持和发展中国特色社会主义"这个重大时代问题,以全新的视野深化了对共产党执政规律、社会主义建设规律、人类社会发展规律的认识,对新时代坚持和发展中国特色社会主义的总目标、总任务、总体布局、战略布局和发展方向、发展方式、发展动力、战略步骤、外部条件、政治保障等一系列基本问题作出了科学回答,系统阐述了"八个明确"的思想要义和"十四个坚持"的基本方略,创立了习近平新时代中国特色社会主义思想,为全党全国人民实现中华民族伟大复兴提供了科学的行动指南,形成了马克思主义中国化的最新理论成果,极大地推进了马克思主义中国化的历史进程,把21世纪马克思主义发展到了新的境界。

习近平新时代中国特色社会主义思想是坚持和发展马克思主义的光辉典范。它坚持了马克思主义的立场观点方法,蕴含着辩证唯物主义和历史唯物主义的哲学精华,在新的历史条件下攀登了马克思主义的新高峰。

第一,习近平新时代中国特色社会主义思想,在立场、观点、方法层面上提出了新论断,把马克思主义世界观方法论的坚持和运用提升到了一个新高度。

习近平同志系统阐发了以人民为中心的基本立场,在坚持马克思主义立场方面有了新认识。习近平新时代中国特色社会主义思想的突出特色,就是坚持以人民为中心的核心立场,坚持人民主体地位的根本原则,坚持以人民为中心的发展思想,始终把满足人民日益增长的美好生活需要当作判断执政党执政能力的根本标准,突出地强调人民群众是历史的创造者,是决定党和国家前途命运的根本力量,必须牢牢坚持立党为公、执政为民,依靠人民创造中国特色社会主义的历史伟业。

习近平同志系统阐发了生产的观点、阶级的观点和群众的观点,在发展马克思主义观点方面有了新认识。他特别重视生产观点,坚持以经济建设为中心,大力解放和发展生产力,推动党和国家事业实现重大跃升。他运用阶级观点分析国际形势、现阶段国内阶级关系和人民内部矛盾，强调要把坚持党的领导、人民当家作主、依法治国三者统一起来，发展社会主义民主政治，坚持人民民主专政的社会主义国体。他坚决贯彻党的群众路线，突出地强调必须多谋民生之利、多解民生之忧，保证人民群众共享发展成果，提高人民群众生活的幸福红线。

习近平同志系统阐发了马克思主义的基本方法，在运用马克思主义方法论方面有了新认识。他善于运用矛盾分析法来分析当代国际局势、国内问题、时代特征、历史方位，创造性地继承和发展了马克思主义的矛盾学说，提出了我国主要矛盾发生新变化的重大政治判断，阐述了进行具有许多新的历史特点的伟大斗争的重大思想。他创造性地将阶级分析方法运用于现实社会生活，强调坚持阶级分析方法就是坚持马克思主义的政治立场，大力推进全面从严治党，着力开展反腐败斗争，抵制西方反动势力对我国西化分化、和平演变、"颜色革命"，牢牢把握意识形态工作的领导权、管理权、话语权。

第二，习近平新时代中国特色社会主义思想，在思想路线、社会历史发展规律理论、辩证思维和认识改造世界功能等方面提出了新思想，把辩证唯物主义和历史唯物主义重要原理及其应用提升到了一个新高度。

习近平同志科学把握马克思主义要领，从变化发展的实际中提炼出事关全局的根本问题，结合新时代的特点和要求，实现了新时代马克思主义的创新发展。他丰富了实事求是思想路线这一马克思主义的精髓，在阐述实践创新与理论创新的互动方面形成了新见解，明确提出要切实做到求真务实、敢于担当，必须高度重视理论的作用，增强理论自信和战略定力，勇于推进实践基础上的理论创新，不断拓展新视野、作出新概括，实现实践创新和理论创新的互动。

习近平同志深刻论述了中国特色社会主义共同理想与共产主义远大理想的辩证关系，在丰富马克思主义历史发展规律理论方面形成了新见解。他反复强调，共产主义是人类历史不可逆转的大趋势，要坚持共产主义理想信念这个安身立命的根本，我们的事业是中国特色社会主义的事业,这个事业的本源和依据就是共产主义远大理想;中国特色社会主义是党的最高纲领和基本纲领的统一,既是从我国正处于并将长期处于社会主义初级阶段的基本国情出发的,也没有脱离党的最高理想;既要坚定走中国特色社会主义道路的信念,集中精力办好自己的事情,不断壮大综合国力,也要胸怀共产主义的崇高理想,不断改善人民生活,扎扎实实地为共产主义远大理想而努力。

习近平同志系统阐述了富有时代特点和哲学意蕴的辩证思维方式,在发展马克思主义唯物辩证法方面形成了新见解。他出色地运用和发展了马克思主义唯物辩证法思维方式,创造性地提出和阐述了战略思维、系统思维、辩证思维、创新思维、法治思维、历史思维、底线思维、精准思维等科学思想方式方法,形成了习近平新时代中国特色社会主义思想的唯物辩证法体系。

第三,习近平新时代中国特色社会主义思想,在系统完整性、逻辑严谨性和实际操作性方面提出了新认识,把马克思主义认识和改造世界的作用提升到了一个新高度。

习近平新时代中国特色社会主义思想"八个明确"的核心内容,涉及生产力与生产关系、经济基础与上层建筑的辩证关系,涵盖了经济建设、政治建设、文化建设、社会建设、生态文明建设以及国防、外交、党的建设各个领域,体现了马克思主义认识世界的系统性、严谨性和科学性。

新时代中国特色社会主义"十四个坚持"的基本方略,从领导力量、发展思想、根本路径、发展理念、政治制度、治国理政、思想文化、社会民生、绿色发展、国家安全、军队建设、祖国统一、国际关系、党的建设等方面作出理论分析和政策指导,深刻回答了新时代怎样坚持和发展中国特色社会主义的一系列重大问题,对习近平新时代中国特色社会主义思想的理论精髓和思想要义展开具体阐述,形成了可付诸实践的战略策略和对策举措,体现了马克思主义改造世界的实践功能。

习近平新时代中国特色社会主义思想,以广阔的历史视野、邃远的理论思维、科学的哲学创造、博大的天下情怀,从时代与哲学的关系上深刻回答了当代中国向何处去、共产党向何处去、社会主义向何处去、人类社会向何处去等一系列当今时代最本质、最根本、最深层的理论问题,为解决当代人类问题提供了中国智慧、中国思想,"从世界的原理中为世界阐发新原理"①,将当代中国马克思主义推进到了一个新的理论境地和理论深度,展示出马克思主义在21世纪的真理性光芒。

历史已经并将继续证明,马克思主义是发展的、科学的真理体系,对全世界工人阶级和全人类的解放具有不可替代的指导意义。时代在发展,实践在进步,马克思主义也会随着历史的发展而不断地得到丰富、发展和完善。随着以中国特色社会主义为集中代表的科学社会主义在21世纪中国的辉煌发展,马克思主义一定能够展现出更璀璨的真理光辉。

---

① 《马克思恩格斯全集》第47卷,人民出版社2004年版,第66页。

把学好马克思主义作为共产党人的看家本领

——学习习近平总书记在纪念马克思诞辰200周年大会上的讲话（之二）

今年是马克思诞辰200周年。习近平总书记指出，党的各级领导干部要原原本本学习和研读经典著作，努力把马克思主义作为自己的看家本领，坚定理想信念，坚持正确政治方向，提高战略思维能力、综合决策能力、驾驭全局能力，团结带领人民不断书写改革开放历史新篇章。习近平总书记强调把马克思主义作为我们的"看家本领"，充分体现了以习近平同志为核心的党中央对马克思主义地位的充分认识和高度重视，是总书记基于理论逻辑、历史经验教训和现实发展对全党提出的要求，也是对马克思最有价值、最有意义的纪念。

学习掌握马克思主义，最重要的是掌握马克思主义放之四海而皆准的立场、观点和方法，即马克思主义哲学世界观和方法论，又称为辩证唯物主义和历史唯物主义。马克思主义的辩证唯物主义和历史唯物主义揭示了自然、社会和人类思维发展的本质和规律，是科学的世界观和方法论，是马克思主义理论体系的核心。学好、用好马克思主义，把马克思主义的真理转化为观察问题的立场和解决问题的思想方法、工作方法，不断增强理论思维能力和提高驾驭复杂局面、处理复杂问题的本领，不断提高驾驭矛盾和分析解决问题的能力，准确把握党和国家事业发展大势和历史发展规律，从而能动地推进中国特色社会主义事业建设，是党的思想理论建设的一项重要战略任务。

一 掌握好看家本领必须坚定马克思主义信仰

习近平总书记指出,理想信念是共产党人精神上的"钙",没有理想信念,理想信念不坚定,精神上就会"缺钙",就会得"软骨病"。马克思主义是指导我们事业的理论基础,也是每一个共产党人坚不可摧的精神支柱。我们必须把对马克思主义的信仰、对社会主义和共产主义的信念作为毕生追求,在改造客观世界的同时不断改造主观世界,解决好世界观、人生观、价值观这个"总开关"问题,真正成为马克思主义的坚定信仰者和忠实践行者。

马克思主义为什么可以成为每一个共产党人坚不可摧的精神支柱?

第一,辩证唯物主义与历史唯物主义是马克思主义最根本的世界观和方法论,体现了马克思主义的科学性。毛泽东同志曾经指出:"马克思主义有几门学问:马克思主义的哲学,马克思主义的经济学,马克思主义的社会主义——阶级斗争学说,但基础的东西是马克思主义哲学。"① 辩证唯物主义揭示了自然、人类社会和人类思维的三大规律。在马克思主义诞生以前的人类哲学思想发展中,唯物论和辩证法各自发展到了高原,但又各自表现出了一定的局限性。马克思主义继承了人类哲学唯物论和辩证法的精髓,把二者有机结合,形成了辩证唯物主义,克服了唯物论、辩证法各自发展的局限,达到了唯物辩证法的高峰。历史唯物主义把辩证唯物主义运用到社会历史领域,揭示了人类历史的一般规律,是马克思对人类认识的伟大贡献。以辩证唯物主义和历史唯物主义作为最根本的世界观和方法论,决定了马克思主义理论体系的科学性。目前我们仍然处于马克思所判定的唯物史观大的"历史时代"。虽然在具体时代条件、格局、特点和形势方面发生了变化,但大的"历史时代"所贯穿的社会主义与资本主义两种社会形态、两种社会制度、两种前途、两条道路、两种力量的反复较

---

① 《毛泽东文集》第6卷,人民出版社1999年版,第396页。

量和生死博弈并没有改变。必须始终坚定对马克思主义的信仰,坚持用辩证唯物主义与历史唯物主义的基本观点和科学方法分析问题、解决问题,准确判断中国特色社会主义新时代的历史方位,明确发展中国特色社会主义事业的伟大意义。

第二,致力于实现以劳动人民为主体的最广大人民的根本利益是马克思主义最鲜明的政治立场,体现了马克思主义的革命性。毛泽东同志在1938年召开的中共六届六中全会上指出:"我们的任务,是领导一个几万万人口的大民族,进行空前的伟大的斗争。所以,普遍地深入地研究马克思列宁主义的理论的任务,对于我们,是一个亟待解决并须着重地致力才能解决的大问题。"① 没有革命的理论就没有革命的行动。马克思主义是在无产阶级革命实践中产生、发展起来的,是无产阶级根本利益的科学表现,是革命的理论。中国正是在马克思主义指导下建立起社会主义制度,人民群众真正掌握了自己的命运,成为国家和社会的主人。今天,对于领导13亿多中国人民发展中国特色社会主义伟大事业、实现中华民族伟大复兴的中国共产党来说,必须始终坚定对马克思主义的信仰,坚持以人民为中心的发展思想,顺应人民群众对美好生活的向往,增进人民福祉、促进人的全面发展和社会全面进步。

第三,坚持一切从实际出发,理论联系实际,实事求是,在实践中检验真理和发展真理是马克思主义最重要的理论品质,体现了马克思主义的实践性。马克思说:"哲学家们只是用不同的方式解释世界,问题在于改变世界。"② 不满足于"解释世界",而致力于"改变世界",是马克思主义所具有的鲜明的实践品格。空谈误国,实干兴邦,社会主义是干出来的。推进中国特色社会主义伟大事业进程中的机遇和挑战,需要从实践的角度进行认知,并在实践的层面得到解决。马克思主义是在无产阶级革命实践中产生、发展起来的科学道理。必须始终坚定对马克思主义的信仰,坚持以科学的理论指导中国特色社会

---

① 《毛泽东选集》第2卷,人民出版社1991年版,第533页。
② 《马克思恩格斯选集》第1卷,人民出版社2012年版,第136页。

主义伟大实践，早日把我国建成富强民主文明和谐美丽的社会主义现代化强国。

第四，实现物质财富极大丰富、人民精神境界极大提高、每个人自由而全面发展的共产主义社会是马克思主义最崇高的社会理想，体现了马克思主义的高尚性。革命理想高于天。中国共产党之所以叫共产党，就是因为从成立之日起我们党就把共产主义确立为远大理想。我们党之所以能够经受一次次挫折而又一次次奋起，归根到底是因为我们党有远大理想和崇高追求。"砍头不要紧，只要主义真"，"敌人只能砍下我们的头颅，决不能动摇我们的信仰"，这些视死如归、大义凛然的铿锵誓言生动表达了共产党人对远大理想的坚贞。今天，我们党面临"四大危险"和"四大考验"，必须始终坚定对马克思主义的信仰，坚持共产主义远大理想和中国特色社会主义共同理想的高度统一。

二 掌握好看家本领必须提倡马克思主义学风

当今世界发展变化很快，当代中国发展变化也很快，新情况新问题新事物层出不穷。同过去相比，我们今天的学习任务不是轻了，而是更重了。这是因为，我们遇到的问题中，有些是老问题，或者是我们长期努力解决但还没有解决好的问题，或者是有新的表现形式的老问题，但大量是新出现的问题，出现了新办法不会用、老办法不管用、硬办法不敢用、软办法不顶用的情况。要认识好、解决好这些问题，唯一的途径就是增强我们自己的本领。只有加强学习，才能增强工作的科学性、预见性、主动性，才能使领导和决策体现时代性、把握规律性、富于创造性，避免陷入少知而迷、不知而盲、无知而乱的困境，才能克服本领不足、本领恐慌、本领落后的问题。

学习的目的全在于运用，要通过学习增强工作本领、提高解决实际问题的水平。古人讲，"纸上得来终觉浅，绝知此事要躬行"，"耳闻之不如目见之，目见之不如足践之"，说的就是学以致用这个道理。学习马克思主义，要发扬理论联系实际的学风，带着问题学，拜人民为师，做到干中学、学中干，学以致用、用以促学、学用相长，千万不能夸夸其谈、陷于"假大空"。

第一，学习马克思主义必须坚持问题意识、问题导向。事物矛盾运动的基本原理要求我们不断强化问题意识，坚持问题导向，瞄着问题去、奔着问题来，积极面对和化解前进中遇到的矛盾。学习马克思主义就是为了能够把马克思主义运用到实践中，用马克思主义指导实践，因此，学习马克思主义必须带着问题学，在解决问题的过程中深化对马克思主义的认识。毛泽东同志指出："要有目的地去研究马克思列宁主义的理论，要使马克思列宁主义的理论和中国革命的实际运动结合起来，是为着解决中国革命的理论问题和策略问题而去从它找立场，找观点，找方法的。这种态度，就是有的放矢的态度。'的'就是中国革命，'矢'就是马克思列宁主义。我们中国共产党人所以要找这根'矢'，就是为了要射中国革命和东方革命这个'的'的。这种态度，就是实事求是的态度。"① 党的十九大报告指出，我国社会主要矛盾已经转化为人民日益增长的美好生活需要和不平衡不充分的发展之间的矛盾。当前我国社会的主要矛盾就是我们学习马克思主义的"的"，学习马克思主义要聚焦我国社会主要矛盾，着力在马克思主义中找到解决矛盾的观点、方法，做到理论与实际的统一。

第二，学习马克思主义关键是学习马克思主义的基本观点和科学方法。马克思主义理论体系包括马克思主义的基本观点和科学方法。马克思和恩格斯在《〈共产党宣言〉1872 年德文版序言》中指出，"这些原理的实际运用，正如《宣言》中所说的，随时随地都要以当时的历史条件为转移"②，由于每个具体时代的条件、格局、特点和形势各有不同，因此，学习马克思主义的关键是学习马克思主义的基本观点和科学方法，将基本观点和科学方法运用于不同地域、不同历史时期的革命实践中，增强马克思主义在实践领域的有效性，实现理论与实践的高度统一。

---

① 《毛泽东选集》第 3 卷，人民出版社 1991 年版，第 801 页。
② 《马克思恩格斯选集》第 1 卷，人民出版社 2012 年版，第 376 页。

第三，学习马克思主义要不断推进马克思主义中国化的发展。马克思主义关于认识的本质及发展规律告诉我们，认识发展的总过程就是实践—认识—再实践—再认识，逐步深化和提高的过程。学习马克思主义的目的在于实践，而不同时期的实践经验也为进一步丰富和深化马克思主义提供了质料。毛泽东同志曾说过，不如马克思，不是马克思主义者；等于马克思，不是马克思主义者；只有超过马克思，才是真正的马克思主义者。这是中国共产党人数十年来对坚持马克思主义的经验总结。我们党将马克思主义的基本原理同中国革命建设实践的不断结合就是对马克思主义的不断超越，只有超过马克思，才能发展马克思主义，只有不断发展马克思主义，才能从根本上坚持马克思主义。习近平新时代中国特色社会主义思想，是对马克思列宁主义、毛泽东思想、邓小平理论、"三个代表"重要思想、科学发展观的继承和发展，是马克思主义中国化最新成果，是党和人民实践经验与集体智慧的结晶，是中国特色社会主义理论体系的重要组成部分，是全党全国人民为实现中华民族伟大复兴而奋斗的行动指南，必须长期坚持并不断发展。今天，学习马克思主义关键是学懂弄通做实习近平新时代中国特色社会主义思想。

三 掌握好看家本领必须掌握马克思主义思想方法和工作方法

马克思主义思想方法和科学的工作方法，是马克思主义世界观、方法论，即马克思主义立场观点方法的具体化，是马克思主义的思想宝藏和哲学精华。学习掌握马克思主义，说到底就是学习和掌握马克思主义思想方法和工作方法，正确而灵活地运用到实际工作中，发现问题、解决问题。恩格斯指出："马克思的整个世界观不是教义，而是方法。它提供的不是现成的教条，而是进一步研究的出发点和供这种研究使用的方法。"[①] 列宁指出："马克思主义者从马克思的理论

[①] 《马克思恩格斯文集》第10卷，人民出版社2009年版，第691页。

中，无疑地只是借用了宝贵的方法"①。习近平新时代中国特色社会主义思想蕴含着辩证唯物主义和历史唯物主义哲学精华，蕴含着马克思主义思想方法和工作方法思想精髓，为我们树立了灵活运用马克思主义思想方法和工作方法的光辉典范。习近平新时代中国特色社会主义思想是科学世界观和方法论的有机统一，是马克思主义思想方法和工作方法的有机统一，既讲是什么、怎么看，又讲怎么办、怎么干；既部署"过河"的任务，又指导解决"桥或船"的问题，让人豁然开朗、茅塞顿开，为我们认识问题、分析问题和解决问题提供了有效的"武器"和"钥匙"。学懂弄通做实习近平新时代中国特色社会主义思想，最根本的就是认真学习、深刻领会、牢固把握、灵活运用其中贯穿的马克思主义思想方法和工作方法。这就要求我们站在马克思主义世界观和方法论的高度，从马克思主义一贯坚持的基本立场出发观察世界，掌握马克思主义一贯坚持的基本观点认识世界，运用马克思主义一贯坚持的基本方法改造世界。

第一，坚持以人民为中心的立场，把握马克思主义思想方法和工作方法的根本落脚点。

是不是站在工人阶级和广大劳动人民的立场上认识问题、解决问题，这是马克思主义思想方法和工作方法区别于其他哲学思想方法和工作方法的显著特征。马克思主义思想方法和工作方法作为工人阶级的科学世界观和方法论，是科学性与价值性的统一，具有鲜明的党性原则和政治立场。马克思主义从不掩饰认识和解决问题的政治立场，这使其与一切打着价值中立的旗号，鼓吹进行"纯粹客观"研究的旧哲学的思想方法和工作方法从根本上区分开来。马克思说，"哲学把无产阶级当做自己的物质武器，同样，无产阶级也把哲学当做自己的精神武器"②。观察问题的立场不同，对问题的认识就不同，解决问题的方法也不同，实践的结果更不同。

习近平总书记为我们确立了以人民为中心的思想方法和工作方法

---

① 《列宁选集》第1卷，人民出版社1995年版，第60页。
② 《马克思恩格斯选集》第1卷，人民出版社2012年版，第16页。

的立场导向和价值取向,为我们树立了尊重人民主体地位、聚焦人民实践创造的学习榜样。习近平新时代中国特色社会主义思想贯穿着以人民为中心这一马克思主义思想方法和工作方法的基本立场。世界上从来就没有纯而又纯的无立场的思想方法和工作方法,为少数人还是为绝大多数人,是马克思主义思想方法和工作方法的首要问题。习近平总书记指出:"人民立场是中国共产党的根本政治立场,是马克思主义政党区别于其他政党的显著标志。"①"党的一切工作,必须以最广大人民根本利益为最高标准。检验我们一切工作的成效,最终都要看人民是否真正得到了实惠,人民生活是否真正得到了改善,人民权益是否真正得到了保障。"② 对于马克思主义思想方法和工作方法而言,为什么人的问题是根本性、原则性问题。一切为了人民、一切依靠人民、一切从人民出发,是马克思主义思想方法和工作方法认识一切问题、分析一切问题、解决一切问题的着眼点和落脚点。在习近平新时代中国特色社会主义思想中,人民占据着最高位置。人心是最大的政治,人民立场是最为根本的立场,这就决定了我们观察问题、认识问题、分析问题、解决问题的认识准则、判断准则和行动准则。

第二,坚持实事求是、一切从实际出发的思想路线,把握马克思主义思想方法和工作方法的基本出发点。

实事求是、一切从实际出发是马克思主义哲学的精髓要义,是马克思主义思想方法和工作方法的精髓要义,也是习近平新时代中国特色社会主义思想的精髓要义。实事求是、一切从实际出发,是我们党运用马克思主义思想方法和工作方法认识和解决问题一贯秉持的基本出发点。习近平总书记指出:"实事求是,是马克思主义的根本观点,是中国共产党人认识世界、改造世界的根本要求,是我们党的基本思想方法、工作方法、领导方法。不论过去、现在和将来,我们都要坚持一切从实际出发,理论联系实际,在实践中检验真理

---

① 《习近平谈治国理政》第2卷,外文出版社2017年版,第40页。
② 《习近平谈治国理政》,外文出版社2014年版,第28页。

和发展真理。"①

马克思主义思想方法和工作方法本身就是实事求是思想路线的产物。对于中国共产党人而言，实事求是从来就不是一个抽象空洞的哲学命题，而是解决现实问题的强大思想武器。在建党90多年的艰苦历程中，中国共产党人就是用实事求是、一切从实际出发这把钥匙，打开了中国历史发展的一个又一个关键点，开启了马克思主义中国化的一个又一个新境界。其间所经历的成功和胜利，无不得益于实事求是的思想路线；所遭遇的挫折和失误，也无不源于背离了实事求是这一思想路线。

习近平新时代中国特色社会主义思想本身就是坚持实事求是思想路线、准确把握客观实际、科学掌握客观规律的创新成果。习近平总书记牢牢坚持实事求是这一精髓，深刻把握当今世界发展不断变化的特征，正确认识和把握我国社会发展的阶段性特征，牢牢把握中国仍处于并将长期处于社会主义初级阶段的最大国情，并从这一最大的实际出发，科学总结十八大以来我国发展的历史性变革，准确判断中国特色社会主义进入一个新时代，前进到一个新的历史起点上，进而提出解决中国与世界当代问题的科学方案，并付诸实践。这一过程，既是运用马克思主义思想方法和工作方法进行理论探索的过程，也是运用马克思主义思想方法和工作方法进行实践探索的过程，更是不断开辟21世纪中国马克思主义发展新境界和中国特色社会主义实践新境界的过程。

第三，坚持唯物辩证法的科学方法，把握马克思主义思想方法和工作方法的正确思维方式。唯物辩证法要求我们必须运用辩证思维方式和方法认识和解决问题。唯物辩证法既是观察认识世界的科学世界观，又是改造世界的正确方法论；既是承认矛盾、认识矛盾，找准重点、抓住关键，洞察事物发展规律的思想方法，又是分析矛盾、抓住主要矛盾，解决矛盾、推进实践的工作方法。习近平新时代中国特色

---

① 习近平：《在纪念毛泽东同志诞辰120周年座谈会上的讲话》，人民出版社2013年版，第15页。

社会主义思想处处体现着唯物辩证法的思想方法和工作方法。习近平总书记号召我们要提高辩证思维能力，就是要求我们充分掌握唯物辩证法的思想方法和工作方法，唯物辩证地而不是唯心形而上学地、客观地而不是主观地、发展地而不是静止地、全面地而不是片面地、系统地而不是零散地、普遍联系地而不是孤立地观察和看待事物，在矛盾双方对立统一的过程中把握住事物的发展规律，克服极端化、片面化，从而达到分析问题、解决问题的目的。习近平总书记要求我们提高辩证思维能力，把辩证思维与战略思维、历史思维、创新思维、底线思维统一起来，作为一个完整的思想方法和工作方法体系予以学习和掌握，并运用到解决中国的实际问题中去。习近平总书记不仅强调学习唯物辩证法的极端重要性，还为我们提供了坚持唯物辩证法、坚持辩证思维、灵活运用马克思主义思想方法和工作方法的学习榜样。

第四，坚持唯物史观的历史思维方式，把握马克思主义思想方法和工作方法的历史观总看法、总方法。

唯物史观是马克思主义关于社会历史发展问题的总观点、总说明和总方法，是我们共产党人观察和解决一切社会历史问题的望远镜、显微镜和金钥匙，也是习近平新时代中国特色社会主义思想的历史观依据和方法论武器。习近平总书记强调必须坚持以唯物史观为指导，强调提高以唯物史观为基础的历史思维能力，即坚持唯物史观的思想方法和工作方法，用以解决复杂的社会问题。他指出："历史和现实都表明，只有坚持历史唯物主义，我们才能不断把对中国特色社会主义规律的认识提高到新的水平，不断开辟当代中国马克思主义发展新境界。"① 历史和现实的实践已经不可辩驳地证明，中国革命、建设和改革开放取得的每一个伟大胜利，都离不开唯物史观的正确指导和成功运用。习近平总书记站在新的历史起点上，自觉运用生产、群众和社会基本矛盾等唯物史观基本观点，运用唯物史观思想方法和工作方法，深刻思考当代中国和当今世界的重大理论和实践问题，准确把

---

① 习近平：《推动全党学习和掌握历史唯物主义　更好认识规律　更加能动地推进工作》，《人民日报》2013年12月5日。

握人类历史发展的基本规律和总趋势，把握中国共产党、中华人民共和国和中国特色社会主义的发展规律和发展趋势，把树立坚定的共产主义远大理想和中国特色社会主义共同理想高度统一起来，科学回答了中国当代社会发展的一系列重大问题，提出新时代坚持和发展中国特色社会主义的一系列战略、策略和举措，扎实推进中国特色社会主义伟大实践，为我们树立了运用唯物史观思想方法和工作方法认识社会、改造世界的成功范例。

坚持和发展马克思的伟大事业，不断丰富21世纪中国马克思主义的实践贡献和时代价值

——学习习近平总书记在纪念马克思诞辰200周年大会上的讲话（之三）

今年是马克思主义的创始人、伟大的思想家和革命实践家卡尔·马克思诞辰200周年，也是标志马克思主义诞生的《共产党宣言》发表170周年。马克思指出："哲学家们只是用不同的方式解释世界，而问题在于改变世界。"马克思之所以被誉为"千年第一思想家"，不仅因为他创立的学说开创了人类思想革命的新纪元，是迄今为止人类理论思维的最高峰，而且因为马克思主义引导世界无产阶级和进步力量极其深刻地改变了人类历史发展进程，改变了整个世界的面貌。马克思能取得如此大的成就，就在于他首先是一个革命家，始终以满腔的热情，坚韧不拔和卓有成效地进行斗争。

作为马克思主义的坚定信仰者和忠诚践行者，我们怀着万分虔诚的感情，深切缅怀马克思，追溯他的伟大思想和历史贡献。习近平总书记在5月4日纪念马克思诞辰200周年大会上的讲话中指出："两个世纪过去了，人类社会发生了巨大而深刻的变化，但马克思的名字依然在世界各地受到人们的尊敬，马克思的学说依然闪烁着耀眼的真理光芒！""共产党人要把读马克思主义经典、悟马克思主义原理当作一种生活习惯、当作一种精神追求，用经典涵养正气、淬炼思想、升华境界、指导实践。"一定要掌握马克思主义的"看家本领"。这充分体现了以习近平同志为核心的党中央对马克思主义的深刻认识和高

度重视,是习近平总书记基于理论逻辑、历史经验和现实发展对全党提出的时代使命,也是对马克思最有价值、最有意义的纪念。我们一定要遵循习近平总书记的要求,高举马克思主义伟大旗帜,真正把马克思主义这个看家本领学精悟透用好,继承和发扬马克思的崇高理想和革命斗志,不断坚持和发展马克思开创的事业,不断充实21世纪中国马克思主义的伟大实践贡献和时代意义。

一 马克思主义是与时俱进、颠扑不破的真理体系

科学性,即真理性,是马克思主义的本质特征。马克思主义诞生于19世纪。英国文学家狄更斯指出,"这是最好的时代,也是最坏的时代"。资本主义机器大生产的发展,一方面创造了空前的社会财富,另一方面造成并暴露了尖锐的社会矛盾,两极严重分化,经济危机频发,劳动人民备受压迫。马克思和恩格斯深入剖析了当时的社会矛盾,在吸收前人研究成果的基础上,第一次把哲学变成了一门完备的科学,在人类认识史上实现了革命性变革,创立了辩证唯物主义和历史唯物主义;发现了剩余价值学说,揭露了资本主义生产和剥削的秘密,指明了无产阶级和资产阶级对立和斗争的根源,创立了马克思主义政治经济学;使社会主义从空想变成了科学,揭示了人类社会发展规律,证明社会主义是资本主义经济发展的必然结果,创立了科学社会主义理论体系。马克思主义为无产阶级革命、实现社会主义和共产主义提供了科学的世界观和方法论。

19世纪后期到20世纪前期,第二次科技革命使资本主义从自由走向垄断,资本主义列强为重新瓜分世界进行了世界大战,革命风起云涌,出现了马克思、恩格斯不曾预见的新情况、新问题。列宁深入研究了当时的时代特征,指出帝国主义是资本主义的最高阶段,认为在资本主义统治链条最薄弱环节可以率先实现社会主义革命,建立无产阶级政权,实行社会主义制度。列宁领导俄国无产阶级和广大劳苦大众成功地在资本主义世界打开了缺口,取得了十月革命的胜利,建

立了世界上第一个社会主义国家，使科学社会主义从理想变为现实。列宁主义是无产阶级革命实践经验的结晶，是帝国主义和无产阶级革命阶段的马克思主义。

十月革命一声炮响，给中国送来了马克思列宁主义。中国先进分子从马克思列宁主义的科学真理中找到了解决中国问题的正确出路。马克思列宁主义使中国人在精神上由被动转入主动，极其深刻地改变了中华民族的精神面貌和历史命运。毛泽东同志牢牢把握时代发展特征和中国革命实际，创造性地坚持和发展马克思主义，把马克思列宁主义与中国具体实际相结合，带领中国人民找到了一条以农村包围城市、武装夺取政权的正确革命道路。经过28年浴血奋战，建立了中华人民共和国，又成功领导了社会主义革命，确立了符合我国实际的先进的社会主义制度。在伟大的革命实践和国家建设中，毛泽东思想应运而生，并不断丰富发展，实现了马克思主义中国化的第一次伟大结合与历史性飞跃。

1978年，中国进入了改革开放新的历史时期。邓小平同志精辟地分析了国内外重大变化，判断出和平与发展已经成为时代主题，坚持解放思想、实事求是，紧紧围绕"什么是社会主义、怎样建设社会主义"这个根本问题，开辟了中国特色社会主义道路，确立了中国特色社会主义制度，创建了中国特色社会主义理论体系，极大地推动了马克思主义中国化的新进展，实现了马克思列宁主义与中国实际的第二次伟大结合与历史性飞跃。

世纪之交，经济全球化和社会主义市场经济的发展使中国共产党人面临着诸多挑战，焦点集中到"建设一个什么样的党、怎样建设党"这个战略问题上。江泽民同志提出的"三个代表"重要思想回应了时代要求，将马克思主义中国化的最新成果推向了21世纪。党的十六大以来，胡锦涛同志准确把握世界发展趋势，深入分析我国发展的阶段性特征，提出以人为本、全面协调可持续的科学发展观。这一重要思想坚持马克思主义的立场、观点和方法，系统回答了"实现什么样的发展、怎样发展"这一重大课题，实现了马克思主义中国化的又一次与时俱进，进一步丰富了中国特色社会主义理论体系。

进入21世纪，我们党团结带领全国各族人民沿着中国特色社会主义道路砥砺前行，社会主义现代化建设取得了辉煌成就。特别是党的十八大以来，以习近平同志为核心的党中央举旗定向、谋篇布局，统筹推进"五位一体"总体布局，协调推进"四个全面"战略布局，提出了一系列治国理政新理念新思想新战略，解决了许多长期想解决而没有解决的难题，办成了许多过去想办而没有办成的大事，推动党和国家事业发生历史性变革，中国特色社会主义进入了新时代。习近平同志以马克思主义政治家、思想家的政治自觉、政治勇气、政治毅力、政治定力，带领全党全国人民统揽伟大斗争、伟大工程、伟大事业、伟大梦想，从理论和实践结合上系统回答了"新时代坚持和发展什么样的中国特色社会主义、怎样坚持和发展中国特色社会主义"这一重大时代课题，为党和国家事业开辟了光明前景，在伟大的社会实践中形成了习近平新时代中国特色社会主义思想。习近平新时代中国特色社会主义思想攀登了马克思主义理论思维的新高峰，开创了当代中国马克思主义的新境界，是马克思主义和中国特色社会主义伟大实践相结合的最新成果。习近平新时代中国特色社会主义思想将马克思主义中国化的理论成果提到了前所未有的高度，实现了马克思主义中国化的新的伟大结合与历史性飞跃，极大地丰富和发展了21世纪中国马克思主义。

马克思诞辰至今200年的世界风云变幻已经毋庸置疑地证明，马克思主义是一脉相承又不断发展的科学理论，是与时俱进、颠扑不灭的伟大真理，是始终照耀中国人民和世界人民推动历史前进的永不熄灭的灯塔。

二　21世纪中国马克思主义的历史性实践贡献

实践性是马克思主义优于人类一切理论体系的鲜明特质。任何科学理论都不是凭空产生的，既是社会实践的产物，又是社会实践的指南。作为 21 世纪的马克思主义,习近平新时代中国特色社会主义思想源于伟大的社会实践,也必将成为夺取中国特色社会主义伟大胜利、实现中华民族伟大复兴的实践指南,必定为全世界的实践发展作出重要贡献。

党的十八大以来,习近平同志准确把握当今世界和中国发展大势,顺应实践要求和人民愿望,推动党和国家事业发生历史性变革。这些变革是深层次、根本性的,变革的力度之大、范围之广、效果之显、影响之深,在党的历史上、在中华人民共和国历史上、在中华民族发展史上,都具有开创性意义。正是这些伟大的社会实践孕育了 21 世纪中国马克思主义——习近平新时代中国特色社会主义思想,也正是 21 世纪中国马克思主义——习近平新时代中国特色社会主义思想指引了中国人民的伟大社会实践。

实践探索没有止境,理论创新也没有止境。创新的科学理论必须通过伟大的社会实践才能得以创新并展现其真理性。作为 21 世纪中国马克思主义,习近平新时代中国特色社会主义思想具有高度的理论价值和实践意义,其实践要求突出体现在中国特色社会主义的基本方略上。基本方略首先明确了新时代中国特色社会主义实践的领导核心。中国特色社会主义最本质的特征是中国共产党的领导,中国特色社会主义制度的最大优势是中国共产党的领导。党政军民学,东西南北中,党是领导一切的。党的领导地位是历史的选择、人民的选择。中国革命建设改革的伟大实践表明,没有党的领导,就没有新中国,就没有社会主义在中国的实践,就没有中国特色社会主义的开创和发展,中华民族伟大复兴必然会沦为空谈。基本方略还规划了新时代中国特色社会主义实践的全新格局,全面体现了"五位一体"总体布局和"四个全面"战略布局,明确了以人民为中心、全面深化改革、新发展理念、人民当家作主、全面依法治国、社会主义核心价值体系、在发展中保障和改善民生、人与自然和谐共生、总体国家安全观、党对人民军队的绝对领导、"一国两制"和推进祖国统一、构建人类命运共同体、全面从严治党等"十四条基本方略"。这"十四条基本方略"既是习近平新时代中国特色社会主义思想的重要组成部分,又是夺取中国特色社会主义伟大胜利，决胜全面建成小康社会，进而全面建设社会主义现代化强国的根本遵循，为中国特色社会主义建设作出了极其重要的理论与实践贡献。

马克思主义揭示了人类社会由低级到高级、由简单到复杂的发展规律，即人类社会由原始社会、奴隶社会、封建社会、资本主义社会，经过社会主义的长过程，进入共产主义社会，这是一个不可逆转的历史趋势。20世纪末，世界社会主义运动遭遇挫折，有人妄言历史已经终结，有人认定只有西方发展模式才能实现现代化。然而事实证明，这些观点全是井底之蛙所见。当世界社会主义运动暂时陷入低谷之时，我们党团结带领全国各族人民走上了中国特色社会主义道路的康庄大道。几十年来，我们坚持聚精会神搞建设、一心一意谋发展，创造了人类历史的奇迹。中国人民的生活从短缺走向充裕、从贫困走向小康，并将在2020年全面建成小康社会，在2035年基本实现社会主义现代化，在21世纪中叶把我国建成富强民主文明和谐美丽的社会主义现代化强国。中国人民的成功实践昭示世人，中国道路、中国方案是通向现代化的光明之路，只要找准方向、确定道路、坚定不移、驰而不息，一定能够到达胜利的彼岸。

中国共产党是为中国人民谋幸福的伟大政党，也是为人类进步事业而奋斗的伟大政党，中国共产党始终把为人类作出新的更大的贡献作为自己的使命。习近平总书记提出的"人类命运共同体"理念既体现出马克思主义宏大的世界视野，又彰显出为世界谋大同的伟大情怀。作为构建人类命运共同体的伟大探索，"一带一路"指明了新型经济全球化发展的方向，使沿线国家能够共同发展、共享繁荣，开创了中国特色社会主义开放发展新实践。在习近平新时代中国特色社会主义思想的引领下，广大发展中国家可以根据本国实际，自愿选择不经过资本主义的"卡夫丁峡谷"，不经过资本主义制度的痛苦而实现现代化，给世界上那些既希望加快发展又希望保持自身独立性的国家和民族提供了全新选择。这是21世纪中国马克思主义对全世界全人类最重要的实践贡献。

三 习近平新时代中国特色社会主义思想
具有伟大的时代意义

时代是个内涵丰富的概念，有广义和狭义之分。广义的时代概念是指从唯物主义历史观的角度所判定的人类社会形态发展的大的历史时代，狭义的时代概念是指人类社会发展进程中以经济、政治、文化、科技等具体状况为依据所判定的历史阶段。这两个角度的时代概念是深刻理解当代中国习近平新时代中国特色社会主义思想时代意义的两个重要观察维度。

从两个时代维度看，一方面我们仍处在马克思主义所判定的大的"历史时代"，即人类社会处在世界资本主义占统治地位而又由资本主义向社会主义、社会主义向共产主义过渡的大时代。在这一历史进程中，资本主义基本矛盾没有改变，人类社会演进的历史趋势也没有改变。另一方面，经过长期努力，中国特色社会主义进入了新时代，这是我国发展新的历史方位。中国特色社会主义新时代，既符合社会发展的大的"历史时代"，又有别于唯物主义历史观所判定的大的历史时代。习近平新时代中国特色社会主义思想是马克思主义时代化的最新成果，既是人类历史大的发展时代的时代产物，又深深植根于中国特色社会主义新时代的实际国情。它紧扣当今中国和世界的时代特征，又准确把握住了十八大以来我国社会主要矛盾的变化和社会发展的新特征，从而科学回答了21世纪中国和世界面临的新的时代课题，极大地拓展了马克思主义在21世纪的新的时代视野，极大地丰富了马克思主义世界观和方法论，使科学社会主义在21世纪的中国焕发出强大生机活力，奏响了马克思主义在21世纪的最强音。习近平新时代中国特色社会主义思想是当之无愧的21世纪中国的马克思主义，这一重要思想不仅开启了新时代，也必将引领新时代。

中国所处的当今世界，既是一个充满机遇与挑战的时代，又是一个正在深刻变革的时代。一方面，物质财富不断积累，新一轮科技和产业革命给人类社会发展带来新的机遇，人类文明发展到历史最高水平；另一方面，世界两极分化进一步扩大，世界矛盾更加尖锐化，一些国家和地区的人民仍然生活在战争和冲突的阴影之下，很多老人、妇女、儿童依然饱受饥饿和贫穷的折磨，气候变化、恐怖主义、战争流血、各种灾难、重大传染性疾病等依然是人类面临的重大挑战。"面对复杂变化的世界，人类社会向何处去？亚洲前途在哪里？"国家主席习近平在2018年博鳌亚洲论坛上发出了"时代之问"。世界潮流，浩浩荡荡，顺之则昌，逆之则亡。习近平同志深刻分析了21世纪的世界大势和时代潮流，总结了"和平合作""开放融通""变革创新"三个关键词，明确提出共创和平、安宁、繁荣、开放、美丽的亚洲和世界的中国方案，为世界发展贡献了中国智慧。英国著名学者艾瑞克·霍布斯鲍姆指出，要解决21世纪世界面临的难题，就必须思考马克思所提出的问题。在新世纪，马克思主义愈加显现出跨越时代的真理魅力。作为21世纪中国的马克思主义，习近平新时代中国特色社会主义思想在把握历史规律，认清世界大势，顺应时代潮流的基础上，完美地回答了"时代之问"，充分彰显了其伟大的时代意义。

时代是思想之母，实践是理论之源。要聆听时代的声音，回应时代的呼唤，把握历史脉络，在新时代中国特色社会主义伟大实践中坚持和发展21世纪中国马克思主义。习近平新时代中国特色社会主义思想是历史性与时代性的辩证统一，是理论性与实践性的高度统一，为马克思主义的发展、世界社会主义运动的发展、全人类的发展作出了极其重要的贡献，具有伟大的时代意义。

坚持党对人民政协民族宗教工作的全面领导,坚定不移走中国特色解决民族宗教问题的道路

人民政协民族宗教工作是党的民族宗教工作重要组成部分,做好民族宗教工作是党赋予人民政协的重要任务。习近平总书记要求,人民政协要全面贯彻党的民族政策和宗教政策,积极引导各族群众增强对伟大祖国、中华民族、中华文化、中国共产党、中国特色社会主义的认同,充分发挥宗教界人士和信教群众在推动经济社会发展中的积极作用,促进民族团结、宗教和睦。一定要以习近平总书记关于加强和改进人民政协工作的重要思想和关于民族宗教工作的重要论述为指导,做好人民政协民族宗教工作。

一 坚持党的领导加强党的建设,是做好人民政协民族宗教工作的根本保证

习近平总书记强调,做好人民政协工作,必须坚持中国共产党的领导。人民政协事业要沿着正确方向发展,就必须毫不动摇地坚持中国共产党的领导。坚持人民政协民族宗教工作坚定正确的政治方向,做好人民政协民族宗教工作,最根本的一条,就是坚持党对人民政协民族宗教工作的全面领导。

坚持党对人民政协民族宗教工作的领导,必须自觉地服从并不折不扣地执行以习近平同志为核心的党中央的决策部署。坚持党的领导最重要的就是在思想上、理论上、政治上、行动上与以习近平同志为

核心的党中央保持高度一致。这就要求作为人民政协民族宗教工作机构的民宗委必须强化政治意识、大局意识、核心意识、看齐意识，深入学习贯彻习近平新时代中国特色社会主义思想和党的十九大精神，全面地学习领会习近平总书记关于加强和改进人民政协工作的重要思想，坚决维护习近平总书记党中央的核心地位、全党的核心地位，坚决维护党中央权威和集中统一领导，把以习近平同志为核心的党中央的一切理论、路线、方针、政策扎扎实实地贯彻落实到人民政协民族宗教工作的一切过程中。

坚持党对人民政协民族宗教工作的领导，必须自觉地服从并坚决地执行政协党组的领导。民族宗教工作政治性、敏感性强，做好人民政协民族宗教工作，使党对人民政协民族宗教工作的领导落地生根，保证民宗委坚持正确的政治方向，履行好民宗委工作职责和工作任务，必须坚持在全国政协党组领导下开展工作，坚持向全国政协党组负责并报告工作，自觉接受全国政协机关党组指导，确保党的理论、路线、方针、政策落实。贯彻好党对人民政协民族宗教工作的要求，使党的主张成为民宗委分党组和全体委员的共识，带领民宗委全体委员履行好政治协商、民主监督、参政议政职责。

坚持党对人民政协民族宗教工作的领导，必须充分发挥民宗委分党组的政治引领作用。民宗委分党组是在政协党组统一领导下的民宗委的领导核心。民宗委分党组自身建设坚强不坚强，领导核心巩固不巩固，引领作用发挥好不好，是做好人民政协民族宗教工作的关键。民宗委分党组首先要抓好自身建设，把分党组建设成为让党中央和政协党组放心、能够充分发挥党对人民政协民族宗教工作政治引领作用的坚强有力的党组织。要及时传达学习、贯彻执行党的理论、路线、方针、政策，加强对重要工作和事项的研究，确保党中央和全国政协党组决策部署落实到民宗委各项工作中。真正做到一切重要工作在党的领导下展开，一切重要活动围绕党和国家中心任务进行，一切重要安排在广泛征求意见基础上报请上级党组织审批后实施。要严格学习制度，强化理论武装；坚决执行分党组议事规则和程序，充分发挥分党组和中共委员作用；立足鲜明统战特点，密切联系民族宗教界非中共委员，及时沟通情况，虚心听取建议，充分营造民主氛围；把加强学习提高、团结联谊作为重要职责，着力巩固全体民宗委委员团结奋斗的共同思想政治基础，不断增强对中国共产党和中国特色社会主义的政治认同、思想认同、理论认同、情感认同；实现分党组党的领导和自身建设制度化、规范化，建立长效机制。

坚持党对人民政协民族宗教工作的领导，必须加强民宗委党的建设。坚持党的领导，必须落实在加强党的建设上。要全面加强民宗委党组织的政治建设、思想建设、组织建设、作风建设、纪律建设和制度建设，实现基层党组织在民宗委党员中全覆盖，建设好基层党支部，发挥好战斗堡垒作用。要把加强思想建设基础摆在首位。认真组织民宗委全体党员学习马克思主义和马克思主义民族宗教理论，学习习近平新时代中国特色社会主义思想和关于民族宗教工作的重要论述。把习近平新时代中国特色社会主义思想作为统揽民宗委各项工作的总纲，深入贯彻落实习近平总书记关于统一战线、人民政协、民族宗教工作的新思想新要求，着力在学懂弄通做实上下功夫。打好基础，带好队伍，建设一支懂政协、会协商、善议政、守纪律、讲规矩、重品行的中共委员队伍，不断提高政治把握能力、调查研究能力、联系群众能力、合作共事能力。认真落实从严治党主体责任，在政治立场、政治方向、政治原则、政治道路上同以习近平同志为核心的党中央保持高度一致，严格遵守政治纪律和政治规矩，严格遵守党章和党内政治生活准则。把民宗委党的建设抓紧抓好抓出成效，抓好非中共委员队伍自身建设。

二 坚持以马克思主义民族宗教理论为指导，贯彻落实习近平总书记关于民族宗教工作的重要论述，是做好人民政协民族宗教工作的重要基础

马克思主义经典作家运用辩证唯物主义和历史唯物主义世界观和方法论认识和解决民族宗教问题，形成了马克思主义民族宗教理论。

中国共产党在中国革命、建设、改革的伟大实践中，坚持把马克思主义民族宗教理论同中国民族宗教的具体实际结合起来，不断推进马克思主义民族宗教理论中国化，提出了一系列符合中国具体国情的认识和处理民族宗教问题的理论、路线、方针和政策，开创了中国特色解决民族宗教问题的正确道路，形成了马克思主义中国化的民族宗教理论。中国共产党对马克思主义民族宗教理论的创新和发展，体现了马克思主义民族宗教理论在中国具体历史条件下的成功运用，是解决中国民族宗教问题，做好民族宗教工作的理论指南。在中国特色社会主义新时代，习近平总书记坚持马克思主义民族宗教理论，坚持马克思主义中国化的民族宗教理论，灵活运用于中国民族宗教问题的具体实践，形成了关于民族宗教工作的重要论述。马克思主义民族宗教理论和习近平总书记关于民族宗教工作的重要论述，是正确认识和处理我国民族宗教问题的理论指南和基本遵循。

做好人民政协民族宗教工作，就要坚持马克思主义民族宗教理论的指导地位，学会运用马克思主义立场、观点、方法认识和解决民族宗教问题。马克思主义民族宗教理论、马克思主义中国化的民族宗教理论、习近平总书记关于民族宗教工作的重要论述贯穿了解决民族宗教问题的马克思主义立场、观点和方法。民族宗教问题错综复杂，历史上的民族宗教问题与当今的问题既有一致性又大不相同，世界上的民族宗教问题与中国的民族宗教问题既有一致性又大不相同，马克思主义经典作家所遇到的民族宗教问题与中国共产党人所遇到的民族宗教问题既有一致性又大不相同，中国革命、建设、改革各个时期的民族宗教问题与今天新时代的民族宗教问题既有一致性又大不相同。在处理新时代中国的民族宗教问题时，一定要从当今中国的具体实际出发，具体问题具体分析具体解决。这就要求民宗委既要学习和坚持马克思主义民族宗教理论，又要结合新的实际灵活运用。而最重要的就是学会运用认识处理民族宗教问题的马克思主义立场、观点和方法于解决新时代的民族宗教问题。必须坚持马克思主义民族宗教理论在民族宗教工作中的指导地位，坚持以习近平新时代中国特色社会主义思想及其关于民族宗教工作的重要论述为指导，用马克思主义民族宗教理论、马克思主义中国化民族宗教理论，习近平总书记关于民族宗教工作的重要论述武装头脑，指导人民政协民族宗教工作。真正做到学懂悟透用实。马克思主义民族宗教理论、马克思主义中国化民族宗教理论，习近平关于新时代民族宗教工作的重要论述，具体体现在中央文件、党的领导人重要讲话和重要会议精神上。做好人民政协民族宗教工作，就要学深吃透中央有关民族宗教工作的重要精神，切实把思想和行动统一到中央精神上来。

做好人民政协民族宗教工作，就要积极宣传好党的民族宗教主张，做好民族宗教界代表人士的统战工作。民宗委要认真组织民宗委委员和民族宗教界人士学习了解党的民族宗教工作方针政策，及时传达宣讲中央精神，让委员和民族宗教界认识理解、支持、赞成党的主张。要充分发挥委员在所联系群众中的特殊影响力，利用各类媒体的传播渠道，通过报纸、杂志、网站、微信等媒体和平台，广泛宣传党的方针政策，主动解疑释惑，促进全社会加深对党的民族宗教政策的认识和理解，最广泛凝聚各方面的力量，善于把党关于民族宗教工作的政策变成各民族人民和信教群众的自觉行动。要敢于直面问题，发挥民族宗教界委员和政协组织的社会影响力，在事关原则和国家利益等重大敏感问题上主动发声，坚定不移地反对民族分裂主义、宗教极端主义和暴力恐怖主义，促进民族团结、宗教和睦和社会稳定。

从全球范围看，我国的民族宗教工作是成功的。长期实践证明，党的民族宗教方针政策是正确的，在维护民族团结、宗教和睦、国家统一和社会稳定方面取得的成就不容置疑，彰显出中国特色民族宗教工作的特有价值和意义。我们要坚定中国特色解决民族宗教问题的理论自信，在处理有关民族宗教问题时不被外界不同声音干扰，牢牢坚持党的民族宗教工作基本方针不动摇，坚定不移走中国特色解决民族宗教问题的正确道路。

三 坚定不移走中国特色解决民族问题的正确道路,是做好人民政协民族工作的基本要求

习近平总书记指出:"总结历史和现实的经验,处理好民族关系,关键是找到符合自身实际的正确道路。"① 坚持中国特色解决民族问题的正确道路,是新形势下做好民族工作必须牢牢把握的正确的政治方向,也是人民政协民族工作的基本方针。

中国特色解决民族问题的正确道路,就是坚持在中国共产党领导下,坚持中国特色社会主义道路,坚持维护祖国统一,坚持各民族一律平等,坚持和完善民族区域自治制度,坚持各民族共同团结奋斗、共同繁荣发展,坚持打牢中华民族共同体的思想基础,坚持依法治国,加强各民族交往交流交融,促进各民族和睦相处、和衷共济、和谐发展,巩固和发展平等团结互助和谐的社会主义民族关系,共同实现中华民族伟大复兴。十九大报告强调,要"深化民族团结进步教育,铸牢中华民族共同体意识,加强各民族交往交流交融,促进各民族像石榴籽一样紧紧抱在一起,共同团结奋斗、共同繁荣发展"。这是以习近平同志为核心的党中央关于我国民族工作方向的集中概括表达,是新时代做好民族工作的中心任务,也是人民政协认识和处理民族工作领域复杂问题的方法和遵循,是中国特色解决民族问题的正确途径。

做好人民政协民族工作,就是要围绕民族工作中重大问题和涉及少数民族群众切身利益的实际问题,研究防范化解新时代民族工作面临的重大风险,研究解决各民族交往交流交融中的新情况新问题,提出务实有效的应对之策,维护国家长治久安和中华民族繁荣昌盛。民宗委要更加深入地调查研究抓好第一手材料,提出深入的举措意见,

---

① 《牢牢把握正确方向 坚持中国特色社会主义道路——一论以习近平总书记重要论述推动民族工作创新发展》,《中国民族报》2014年4月4日第1版。

争取转化为党和政府决策和政策实施的有价值建议，为做好新形势下民族工作发挥参谋助手和决策咨询作用。

一是聚焦民族地区全面建成小康社会，着力解决发展不平衡不充分的主要问题，推动民族地区融入全国经济大局。由于我国多数民族地区地处高原、高寒、干旱、边境地区，基础设施历史欠账多，社会发育程度低，城镇化进程慢，生态保护任务重，内生发展动力不足，对国家财政补贴的依赖度偏高，"民族地区"和"贫困地区"往往重叠。要实现全面建成小康社会战略目标，民族地区仍然是重点难点，发展不平衡不充分是当前民族工作面临的主要问题。民宗委要在解决加快民族地区、边疆地区发展的突出问题上下功夫。围绕区域协调发展战略，服务打赢民族地区扶贫脱贫攻坚战大局，集中调研力量为推动民族地区加快发展经济，让民族地区群众不断得到实实在在的实惠，让民族地区同全国一道实现全面建成小康社会目标建言献策。

二是铸牢中华民族共同体意识，不断增进各族群众对伟大祖国、中华民族、中华文化、中国共产党、中国特色社会主义的认同。中华民族是一个命运共同体，一荣俱荣、一损俱损。各民族必须把自己的命运同中华民族的命运紧紧连接在一起。民宗委要在铸牢中华民族共同体意识，加强各民族交往交流交融上下功夫。正确处理差异性和共同性的关系，营造尊重各民族文化、风俗习惯的社会氛围，为解决民族地区经济社会文化发展中的突出问题，促进各民族交往交流交融不断深入发展积极建言献策。

三是巩固和发展平等团结互助和谐的社会主义民族关系，共同实现中华民族伟大复兴。在多民族国家，只有民族团结，才能实现民族解放，才能建设好国家，才能有幸福生活。民宗委要在促进民族关系和谐，实现各民族团结奋斗、共同繁荣发展上下功夫。充分发挥少数民族界、宗教界委员桥梁纽带作用，巩固维护祖国统一和促进民族团结进步基础。将坚持各民族共同团结奋斗、共同繁荣发展的主题贯穿到民宗委各项工作中。坚决抵制、反对一切破坏民族大团结的言行，及时研判影响民族团结的情况和问题，坚决反对境内外敌对势力利用民族问题进行分裂、渗透、破坏活动，坚决支持依法惩处和打击暴力恐怖活动，筑牢民族团结、社会稳定、国家统一的铜墙铁壁。坚决反对大汉族主义和狭隘民族主义。要多做深化各民族平等关系的工作，坚持法律面前人人平等，用法律来保障各民族公民平等权利，促进中华民族大家庭成员的团结。要推动有关部门对具有普遍性、社会反响大的事件及时公布处理结果，加强网络舆论引导，防止煽动炒作。依法积极稳妥处理涉民族因素的矛盾和问题，保障民族团结，深化各民族平等关系。

四 坚持党的宗教工作基本方针，走中国化的道路，积极引导宗教与社会主义社会相适应

习近平总书记在全国宗教工作会议上指出，纵观历史和现实，宗教问题始终是我们党治国理政必须处理好的重大问题，宗教工作在党和国家工作全局中具有特殊重要性，关系中国特色社会主义事业发展，关系党同人民群众的血肉联系，关系社会和谐、民族团结，关系国家安全和祖国统一。十九大报告进一步强调，要全面贯彻党的宗教工作基本方针，坚持我国宗教的中国化方向，积极引导宗教与社会主义社会相适应。

党的十八大以来，在习近平新时代中国特色社会主义思想指导下，宗教工作取得重大进展。但由于社会生活急剧变化和内外各种因素起作用，宗教领域也出现了种种值得关注的消极动向，"逆本土化""去中国化""极端化""商业化"不断出现；境内外敌对势力利用宗教进行的渗透不断加剧，"三股势力"打着宗教旗号传播极端主义分裂主义思想；一些组织以经贸合作、扶贫济困、文化交流为掩护秘密传教，资助建立地下教会；网上宗教活动迅速扩散，特别是宗教极端思想通过互联网传播，隐蔽性强，监管难度大；马克思主义无神论受到弱化和贬斥，甚至被歪曲为"无道德"的同义语，否定"始终保持马克思主义无神论作为主流意识形态在人民群众思想中占据主导地位"；宗教的积极作用被无限夸大，消极作用基本被忽视等情况。这些问题，有的是过去就长期存在的老问题，在新的条件下又有所反复

或出现新的表现形式,有的则是新形势下出现的新情况。但所有这些问题都带有紧迫性、严峻性,而这些问题又需要长期的努力,做艰苦扎实的工作才能解决。

做好人民政协宗教工作,就要坚决贯彻落实习近平总书记关于宗教工作的一系列新思想、新观点、新要求和党中央关于宗教工作的重大决策部署。民宗委要站在国家安全、意识形态安全、文化安全和巩固加强党的执政地位的战略高度认识宗教问题,重视人民政协宗教工作,积极协助党政部门把宗教纳入国家治理体系管住管好,最大限度把广大信教和不信教群众团结在党的周围。必须坚持运用马克思主义立场、观点、方法正确认识和处理宗教问题,坚持党的宗教工作基本方针,坚持中国特色社会主义宗教理论,遵循宗教和宗教工作规律,深入研究和妥善处理宗教领域各种问题,积极向党中央进言。

做好人民政协宗教工作,就要坚持用社会主义核心价值观来引领和教育宗教界人士和信教群众。民宗委要积极引导我国宗教界坚持走中国特色社会主义道路的正确方向不动摇,不断适应我国社会主义事业的新发展和新要求,在培育和践行社会主义核心价值观、弘扬中华优秀传统文化、防范西方意识形态渗透、抵御宗教极端主义思潮影响等方面作出不懈努力。注重发挥宗教界积极性和主动性,加强宗教团体建设和宗教界代表人士队伍培养,发挥爱国宗教人士团结引领作用,支持各宗教在保持基本信仰、核心教义、礼仪制度的同时,深入挖掘教义教规中有利于国家发展、社会稳定等符合当代中国发展进步要求的内容,对教规教义作出符合中华优秀传统文化、符合时代要求的阐释,并用广大信教群众喜闻乐见的方式讲深讲透。要积极引导宗教界开展公益慈善事业,在现实社会生活中多做有益于民众幸福、社会和谐的事,丰富参与公益事业的形式并拓展渠道,减轻信众宗教活动负担,树立济世助人的良好社会形象。要支持和鼓励宗教界在相互尊重、平等友好的基础上开展对外交往,积极走出去,在国际上讲好中国宗教故事。

做好人民政协宗教工作,就要把积极引导宗教与社会主义社会相适应作为工作的根本方向和目的。民宗委要坚决贯彻党的宗教工作基本方针，坚持独立自主自办原则，积极引导宗教与社会主义社会相适应。要广泛宣传党关于宗教问题的理论和方针政策，宣传宗教相关法律法规，积极引导宗教界爱国守法，引导信众树立国家意识、公民意识和法治意识，拥护中国共产党的领导和社会主义制度，发扬爱国主义的光荣传统，不断增强爱国热情，维护国家利益，服从政府依法管理，依法依规开展宗教活动，主动投入国家建设进程。坚持政教分离，反对境外利用宗教搞渗透和分裂活动的图谋，在事关祖国统一、国家主权和民族团结等重大政治问题上与党和国家保持一致，做到政治上坚定认同，文化上自觉融合，主动适应社会、服务社会、履行社会责任。

在引导宗教与社会主义社会相适应过程中，民宗委要把防止宗教极端化倾向作为工作重点之一。发挥爱国宗教人士团结引领作用，教育引导信教群众自觉抵制宗教极端化、"去中国化"、清真泛化等错误思潮。支持宗教界继承和弘扬我国宗教理性、温和、宽容的传统并不断赋予新的时代内涵，加强正面思想引导，引导广大信教群众正信正行，自觉抵制和反对宗教极端、民族分裂和暴力恐怖思想行为。要注意把握政策，不能以"去极端化"为由限制正常宗教活动，把信教群众推向对立面。

做好人民政协宗教工作，就要坚持我国宗教的中国化方向。积极引导宗教与社会主义社会相适应，一个重要任务就是支持宗教坚持中国化方向。只有坚持中国化方向的宗教，才能更好地与我国社会主义社会相适应，在我国社会发展进步中发挥积极作用。经过历史上长期中国化进程，经过党数十年来的政治引导，我国各宗教已经具有中国化的强烈自觉和优良传统。同时也要看到，我国宗教坚持中国化方向还有很多工作要做，要注意防止宗教封建特权等一些已经过时、早被否定的东西借"中国化"的名义死灰复燃；要注重防止在某些敌对势力支持下的地下宗教，借"中国化"名义大搞渗透分裂活动，意在与我争夺群众。坚持中国化原则，就要坚持宗教信仰自由原则，防止把宗教与民族文化、民族特征强行捆绑，既保护信教自由，也要保护不信教、信其他合法宗教以及改变宗教信仰的自由，保证、促进各宗教多元化并存、和睦共处形态。

做好人民政协宗教工作，就要加强和创新宗教社会化治理。民宗委要自觉服从于党和国家事业的大局，旗帜鲜明地支持党和政府的宗教事务管理工作，推动完善《宗教事务条例》等有关政策法规，加强宗教社会化治理，提高对宗教事务的管理水平。要密切关注现实生活中宗教领域的态势，掌握真实情况，作出准确判断，科学预见未来，向党和政府提出政策性建议和工作建议，加快推进宗教事务法治化、常态化管理，依法保障正常宗教活动。

要坚持宗教不干预世俗社会生活的原则，坚决反对将行政执法权力交给政府部门之外的社会组织或人员，警惕宗教插手属于政府行政、国民教育的职能。坚决反对利用宗教进行破坏社会秩序、损害公民身心健康和损害国家利益、社会公共利益、公民合法权益的活动。加大对非法宗教活动和商业化倾向治理整治力度，推进对宗教活动场所的财务监管，切断借教敛财利益链，严禁商业资本介入宗教。在城市建设规划中，既要保护合法宗教活动的需要，同时又要反对滥建宗教活动场所。

要积极支持宗教团体加强自身建设，充分发挥宗教团体团结、联系宗教界人士和广大信教群众的桥梁和纽带作用，帮助他们明确他们的职能定位，完善体制机制，推动他们加强自我管理、民主管理，健全规章制度，加强思想建设、组织建设、作风建设和制度建设。

做好人民政协宗教工作，就要积极宣传马克思主义无神论。坚持马克思主义无神论是大原则。民宗委必须坚守共产党员不信教这一政治纪律，旗帜鲜明地坚持马克思主义无神论的宣传教育工作，始终保持马克思主义无神论作为主流意识形态在人民群众思想中占据主导地位。应当清醒地看到，当前某些宗教狂热已经构成对主流意识形态的严重冲击，要坚决反对只讲宗教信仰的个体属性而不讲社会属性，忽视宗教背后包含的复杂社会政治因素。反对将宗教信仰作为信仰的全部，鼓吹以宗教拯救道德，试图推动宗教站上道德高位，甚至作为我国道德规范的主流；反对打着"抵制渗透""提升社会道德水平"等名义人为扩大宗教阵地，甚至抬一种宗教打一种宗教，搞"一教独大",侵占、动摇党的群众思想基础。要积极扩大无神论在意识形态领域的影响力,向社会宣传普及辩证唯物主义和历史唯物主义世界观。要切实避免和反对只强调团结联谊,忽视意识形态职能,有意无意被宗教意识形态"统战"的现象。要最大限度地把广大信教和不信教的群众团结起来,最大限度发挥宗教的积极作用,最大限度抑制宗教的消极作用。

五　充分认识民族宗教工作的特殊重要性,做好新时代人民政协民族宗教工作

习近平总书记强调,"民族工作、宗教工作都是全局性工作"①。民族宗教工作是关系党和人民事业全局的重大工作。人民政协作为中国人民爱国统一战线的组织,中国共产党领导的多党合作和政治协商的重要机构,我国政治生活中发扬社会主义民主的重要形式,国家治理体系的重要组成部分,具有中国特色的制度安排,理所当然要把民族宗教工作作为重要内容,巩固和发展平等团结互助和谐的社会主义民族关系,团结宗教界爱国人士和宗教信仰者为祖国的建设和统一贡献力量。

做好人民政协民族宗教工作,就要高度重视民族宗教工作的特殊性。纵观历史和现实,民族宗教问题始终是我们党治国理政必须处理好的重大问题,民族宗教工作在党和国家工作全局中具有特殊重要性,关系中国特色社会主义事业发展,关系党同人民群众的血肉联系,关系社会和谐、民族团结,关系国家安全和祖国统一。民宗委一定要从党和国家事业发展的全局和整体战略高度来认识处理民族宗教问题,努力提高做好党的民族宗教工作的主动性和自觉性。

人民政协具有广泛代表性和巨大包容性。从九届政协起,每个少数民族都有全国政协委员;从十届政协起,人口百万以上的少数民族

---

① 《迈向强国时代的中国民族宗教理论——深入学习习近平总书记关于民族宗教工作的重要论述》,《光明日报》2015年8月22日第11版。

都有全国政协常委。十三届全国政协的 2157 位委员中，有 245 位是少数民族，占全部委员的 11.4%。各全国性宗教团体，都有自己的代表参加政协，至少有 1 名常委。在地方各级政协组织中，都设有民族和宗教委员会或从事相关工作的机构，也都有相当数量的少数民族界、宗教界委员。他们代表性强、在少数民族群众和信教群众中具有较高威信和影响力。民宗委要发挥好他们的作用，通过他们向群众宣传贯彻党的各项方针政策。

做好人民政协民族宗教工作，民宗委就要加强对党的民族、宗教理论和方针政策的学习，总结历史经验，关注并研究现实工作中的重大情况和重大问题，全面提升自身理论水平、政策水平和工作能力。民宗委要全面了解民族宗教领域的历史和当前实际的情况以及社会热点问题，紧紧围绕民族宗教领域具有战略性、宏观性、前瞻性的重点难点问题开展持续深入的研究。在全面贯彻党的民族宗教理论方针政策基础上，坚持把民族工作的侧重点放在促进各民族交往交流交融上，把宗教工作的侧重点放在引导与社会主义社会相适应、坚持中国化方向上。努力发挥好协调关系、汇聚力量、建言献策、服务大局的作用，协助、支持、配合党和政府做好新形势下的民族宗教工作。要充分发挥委员的主体作用，努力建设民族宗教领域智库，加强与党政部门、各民主党派中央、全国性宗教团体，党校行政学院、社科院、高校、社会智库的联系，密切关注民族和宗教学术领域的研究动态，了解重要观点和重点课题，为参政议政打下坚实的理论和实践基础。积极建立完善对口协商制度，推动国家民族、宗教法律法规政策的贯彻落实。建立与民主党派的联系，及时解决民族宗教界重大关切。建立全国政协和各地方政协民宗委联席会议制度，加强交流合作，互相支持配合，形成参政议政合力。加强委员会办公室自身建设，发挥参谋助手作用，加强同少数民族界、宗教界委员和各宗教团体工作层面的联系，做好政协民族宗教工作的服务保障工作。

坚持和完善党对人民政协的集中统一领导，加强和改进新时代人民政协工作

党的十八大以来，以习近平同志为核心的党中央对人民政协提出一系列新思想新论断新要求，深刻回答了人民政协面临的一系列方向性、全局性、战略性问题，深刻阐明了人民政协必须坚持中国共产党领导这一最重大的政治原则，为加强和改进人民政协工作指明了正确方向。加强和改进新时代人民政协工作，最根本、最重要的就是全面坚持和加强党在人民政协的领导地位，毫不动摇地坚持和完善党对人民政协的集中统一领导，这对于推动人民政协事业在新的起点上创新发展、继续前进，具有十分重要的意义。

一 做好新时代人民政协工作，必须全面坚持和加强党对人民政协的领导

习近平总书记指出："中国特色社会主义最本质的特征是中国共产党领导，中国特色社会主义制度的最大优势是中国共产党领导。"① 中国共产党是中国特色社会主义事业的领导核心，是最高政治领导力量，党的领导是做好一切工作的根本保证。人民政协是在中国共产党领导下建立和发展的，是中国共产党领导的统一战线组织，是以中国共产党为领导核心的中国特色社会主义的重要制度安排，是中国共产党团结各民主党派、各族各界人士的政治平台，坚持中国共产党的领

---

① 《习近平谈治国理政》第2卷，外文出版社2017年版，第43页。

导既是人民政协必须恪守的根本政治原则，也是人民政协必须继承和发扬的光荣传统、成功经验。在夺取新时代中国特色社会主义伟大胜利、实现中华民族伟大复兴中国梦的征程上，人民政协担负着为实现伟大梦想凝聚人心、汇聚力量的崇高任务，只有全面坚持和完善党对人民政协的领导，坚定不移地贯彻落实党的方针政策和决策部署，才能完成好历史赋予人民政协的职责和使命。

当前，各级政协在坚持党的全面领导方面总体上是好的，取得了一系列成绩，探索和积累了许多成功经验，但是在思想认识和实际工作中还存在着一些问题和不足，主要表现为两个方面的问题，这些问题虽然是个别的，但是值得我们高度注意：一是存在忽视或弱化党的领导的倾向。这种倾向表现为片面强调政协的特殊性，在某种程度上弱化了党对政协的领导。二是忽视政协的统一战线特殊性并以党的领导包办一切的倾向。这种倾向表现为忽视人民政协作为统战组织的特殊性，把人民政协等同于一般党政组织和党政机关，用党政机关的作用和工作方式替代政协的作用和工作方式，在某种程度上影响了政协作用的更好发挥。这两种倾向都没有正确认识坚持党的领导与做好政协工作的关系，而是把两者割裂开来、对立起来。从当前各级政协的实际情况来看，忽视或弱化党的领导是主要问题。在注重政协统战特殊性的同时，必须集中解决加强党对人民政协全面领导这个主要问题。做好新时代人民政协工作，必须真正把党的领导落实到政协工作的全过程和各方面，真正让人民政协在党的领导下充分履行职能更好发挥作用。

第一，全面坚持和加强党对人民政协的领导，必须坚持和加强党对人民政协的集中统一领导。"集中"就是要在充分发挥民主的基础上，确保政协一切重要工作必须在党的领导下展开，一切重要活动必须围绕党和国家中心任务进行，一切重要安排必须在广泛征求意见基础上报党中央和上级党委审批后实施。"统一"就是在政治立场、政治方向、政治原则、政治道路上同以习近平同志为核心的党中央保持高度一致，真正做到同以习近平同志为核心的党中央在思想上、理论上、政治上、行动上保持高度一致，统一思想、统一意志、统一步调、统一行动。必须明确的是，人民政协与党委、政府、人大等都是政治组织，虽然在落实党的决策部署的方式上有所区别，但在坚持党的集中统一领导方面的政治责任都是相同的；在人民政协，中国共产党同各党派团体、各族各界人士是一个政治共同体，不论是中共委员还是非中共委员，落实中共中央对人民政协的领导和对政协工作的要求的政治责任也都是相同的。必须明确的是：人民政协是中国共产党领导下的团结各民主党派、无党派人士、各族各界人士的统一战线组织，是中国共产党通过人民政协把自己的理论、路线、方针、政策和举措宣介给党外人士，以求得党外人士的接受、拥护和支持，真正做到同共产党同心同德。在坚持党的集中统一领导这一根本政治原则方面，不存在两个标准，不存在你多我少、你轻我重，必须用一把尺子量到底。

第二，全面坚持和加强党对人民政协的领导，必须坚持坚定正确的政治方向，把党的主张贯穿于人民政协各项工作。政治方向关系前途命运和事业成败，做好新时代人民政协工作必须坚定不移地坚持党对人民政协的全面领导，把党中央的决策部署和对政协工作的要求落实下去。正确处理好党和非党的关系，把海内外中华儿女实现中华民族伟大复兴的智慧和力量凝聚起来，广泛团结和动员各族各界人士为决胜全面建成小康社会、夺取新时代中国特色社会主义伟大胜利作贡献。政协党组织和党员要时刻把党的意识作为第一意识，把党的身份作为第一身份，在根本原则问题上把正方向、管住大局、保障落实。要解决好在政协工作中谁领导谁、谁影响谁的问题。要处理好党的领导与团结民主的关系。人民政协通过促进团结、发扬民主，更好地巩固党的领导地位和执政地位，使党和人民的事业建立在更加广泛、更加强大、更加牢固的社会基础之上。要处理好一致性与多样性的关系。在把坚持和发展中国特色社会主义作为巩固共同思想政治基础的主轴的同时，发扬求同存异、体谅包容的优良传统，贯彻民主协商、平等议事的工作原则，努力找到最大公约数，画出最大同心圆。必须明确的是，人民政协不是参议院，不是西方三权鼎立的分权机构，不是多党执政、轮流坐庄的地方。对背离共同思想政治基础的言行，要旗帜鲜明开展积极的思想斗争，不能使其在团结民主和"多样性"的名义下行其道、害其本。

第三，全面坚持和加强党对人民政协的领导，必须健全和完善政协党的领导体制机制。要进一步建立和完善各级政协的党组、机关党组、专委会分党组的设置，形成上下贯通的党的领导体系和工作机制，使党的领导在各级政协中充分发挥把方向、管大局、保落实的领导核心作用。要进一步加强政协中共委员临时党支部制度建设，对于各级政协全体会议等活动，实现政协中共委员全覆盖，设立相应党的临时组织。要探索实行党员组织关系双重管理的途径方法，开展经常化、制度化的组织生活。对非中共人士界，也要研究建立党组织的联系机制，努力使党的主张和要求在各个界别中得到充分体现和落实。

二　加强和改进新时代人民政协工作，必须全面加强政协系统党的建设、从严治党

党兴则政协兴，党强则政协强。人民政协的制度优势和特色能否发挥好，党对人民政协的领导能否落实好，关键在于能否抓好政协系统党的建设，能否把政协各级党组织锻造得更加坚强有力，建成党的坚强堡垒。各级政协党组织都要牢固树立抓好党建是本职、不抓党建是失职、抓不好党建是不称职的观念，全面加强政协系统党的建设，以党建为统领推动政协的各项工作。

把政治建设摆在首位。人民政协作为政治组织，必须旗帜鲜明地讲政治。旗帜鲜明地加强党的政治建设，就是要坚决维护以习近平同志为核心的党中央权威和集中统一领导，坚持和完善中国共产党领导的多党合作和政治协商制度，坚持和运用好协商民主这一实现党的领导的重要方式，团结带领广大委员坚决贯彻执行党的基本理论、基本路线、基本方略。政协党组织和党员要牢固树立"四个意识"，强化为党做好政协工作的使命感、责任感，确保党的领导在政协工作中的全面落实。在一些事关重大原则的问题上，必须做到立场坚定、旗帜鲜明地发出党的声音。

认真做好思想建设。各级政协党组织和党员要带头用习近平新时代中国特色社会主义思想武装头脑、指导实践、推动工作,带头在学懂弄通做实上下功夫。用科学的理论、先进的思想引导参加政协的非中共各界人士不断增强对中国共产党的政治认同、思想认同、理论认同、情感认同,始终与党同心同德、同心同向、同心同行。要建设学习型人民政协,建立各级政协党组织理论学习中心组学习制度,加强和改进委员学习培训工作,把学习教育与视察考察、专题调研等结合起来,使广大委员通过履职实践,感受新成就、领悟新思想,把思想和行动统一到决胜全面建成小康社会、夺取新时代中国特色社会主义伟大胜利的任务上来。要改进和创新人民政协自我教育制度,通过学习、调研、宣讲、民主生活会、专题教育活动等多种形式开展政协委员的自我教育活动,不断地改进思想,树立社会主义核心价值观。进一步改革调研活动,使调研活动不仅是通过实践发现问题、解决问题,而且成为向群众学习、向实践学习的好途径。

全面加强组织建设。进一步完善政协党的组织设置,做到哪里有党员哪里就有党的组织,哪里有党的组织哪里就有健全的组织生活和党的组织作用的充分发挥。哪里有政协委员哪里就有党的工作,实现党的组织对所有党员的全覆盖,党的工作对所有工作对象的全覆盖。要充分发挥政协党组织在委员推荐过程中的作用,把好委员产生、去留的入口关,真正把拥护中国共产党领导、代表性强、议政水平高、群众认可、德才兼备的优秀人士吸收到委员队伍中来。

着力强化作风建设。各级政协机关要按照铁一般信仰、铁一般信念、铁一般纪律、铁一般担当的要求打造党员干部队伍,做到信念过硬、政治过硬、责任过硬、能力过硬、作风过硬。中共委员要当好"关键少数",在理论学习、履行职责、联系群众、遵章守纪的各个方面都充分发挥先锋模范作用,通过自身的良好作风、良好形象,增强党对广大政协委员和社会各界人士的感召力、向心力。政协党组织要大力弘扬求真务实和平等待人、善于协商的优良作风,把各族各界人士更好地团结和凝聚起来。

严格抓牢纪律建设。各级政协党组织要坚持把纪律和规矩挺在前面，坚决防止和反对个人主义、分散主义、自由主义，坚决防止一切违反政治纪律、政治规矩和消极腐败的行为，用严明的纪律维护党的团结统一和先进性、纯洁性。坚持开展反腐败斗争，从严治党，加强党风廉政建设。作为政协委员，无论是中共委员还是非中共委员，都要自觉做到守纪律、讲规矩、重品行，既行使好委员的权利，又履行好委员的义务，对于违反党的纪律和政协章程的行为，要坚决作出处理。

切实推进履职能力建设。要把党建工作同履行职能有机结合起来，避免形成"两张皮"。各级政协党组织要充分发挥先锋模范作用，把党建工作的成效真正落实到提高政治把握能力、调查研究能力、联系群众能力、合作共事能力上，落实到提高人民政协各项工作的质量上，落实到围绕党和国家中心任务献计出力上。

把制度建设贯穿其中。制度建设带有根本性、全局性、稳定性、长期性，是做好工作的基础和保障。无论是抓好政治建设、思想建设、组织建设，还是强化作风建设、纪律建设、履职能力建设，都要根据人民政协党建工作特点，不断健全完善现有各项工作制度，不断探索建立新的制度。要抓好制度的实施，充分发挥制度的刚性约束和正向激励作用，推动政协党建工作不断创新发展。

三 把全面加强党的领导，全面坚持党的建设制度化，全面提升人民政协党建工作的科学化水平

全面坚持党对人民政协的领导，全面加强党的建设从严治党，是加强和改进新时代人民政协工作的牛鼻子，只有抓好这"两个全面"，才能全面落实习近平总书记对人民政协提出的要求和党中央赋予人民政协的历史使命。

要抓好"两个全面"，首先要提高认识，形成共识，在常抓不懈、久久为功上下功夫，做到出实招、见实效。同时必须形成一整套严格的制度、体制和机制，使党的领导和党的建设成为一种制度性的安

排，让党的领导、党的建设常态化、制度化，真正发挥作用，把制度建设贯穿到党的领导和党的建设一切环节、一切过程中。

为此建议：建立健全全国政协党组向党中央、各级政协党组向同级党委报告制度，形成全国政协党组向党中央、各级政协党组向同级党委定期报告和及时请示重大事项体制机制；建立健全全国政协党组主动接受中共中央领导，各级政协党组主动接受同级党委领导，机关党组、分党组主动接受同级政协党组领导，政协系统基层党组织主动接受上级党组织领导的制度，形成政协系统党组织自上而下的一元化领导体制机制；建立健全政协系统党组织理论学习制度，形成学习型人民政协体制机制；建立健全人民政协党的纪律和内部纪律巡察制度和民主生活会制度，形成人民政协从严治党、从严管理体制机制；建立健全人民政协中共委员和非中共委员自我学习、自我提高的学习座谈会、宣讲报告团、实践考察团制度，形成人民政协向人民学习、向实践学习的自我教育体制机制；建立健全一级抓一级，各级政协党组主要负责同志为第一责任人的党建工作责任制度，形成逐级负责、逐级落实的人民政协党建责任体制机制；建立健全人民政协党组织覆盖全体党员，党的工作覆盖全体政协委员和组织生活制度，形成人民政协党的领导、党的建设全覆盖的体制机制；建立健全党的工作督导督办制度，形成人民政协党的领导、党的建设检查落实体制机制；建立健全意识形态责任制度，形成人民政协意识形态工作体制机制。

当然，以上这些制度、体制、机制，需要有一个从人民政协实际出发，根据政协工作的特殊规律，逐步建立、逐步成熟、逐步配套的过程。

为此提议：围绕这一整套"两个全面"制度，建立一个与双周协商座谈会相类似的、以政协党的建设和政协委员自身建设为主题的"双月座谈会"制度。每两个月选择人民政协党的领导和党的建设实施过程中的带有普遍性、全面性、战略性、前瞻性的突出问题，开展全方位、多方面的研讨，提出解决办法，形成共识，推动工作。

抓好"两个全面"工作，还要注意做好以下几点：一是清醒认识人民政协性质定位，认识和把握人民政协工作规律和党的建设规律；

二是从人民政协实际出发，逐步建立"两个全面"制度，成熟一个、制定一个、落实一个，让制度真正能够长期发挥作用；三是从人民政协党组开始，明确从严治党主体责任，层层落实责任制，对没有承担好党的领导和党的建设责任的党组织，要追责；四是一年召开一次党建工作会议，总结上一年工作情况，布置下一年工作任务，找出存在的问题，逐个研究解决；五是设立一个具有督办督查职能的工作机构，定期检查落实情况。

文化自信：在改革开放中砥砺坚定

文化自信是最根本的民族自信，是社会进步不可或缺的精神动力。中国人民的当代文化，其内涵包括当今时代最先进的马克思主义和中国化马克思主义文化；中国共产党领导中国人民所创建的革命战争年代的红色传统文化和建设、改革年代的社会主义文化；为中华民族所吸纳并与中国文化相融合的世界优良文化；源远流长、博大精深的中华民族优秀传统文化，这四种文化因素的有机融合，构成了中国人民的精神特质、思想动力和文化坚守，是中国人民的当代文化自信的坚定内容。改革开放四十年，既是中国共产党带领中国人民以坚定的文化自信走出一条中国特色社会主义新路，建设社会主义现代化强国的伟大历程，又是中国共产党带领中国人民，不断推进马克思主义中国化、时代化和大众化，承继和弘扬中华优秀传统文化、红色传统文化和社会主义文化，兼收并蓄世界先进文化，建设中国特色社会主义先进文化，文化自信愈加坚定的伟大历程。

一 以坚定的文化自信推进改革开放

物质变精神，精神文明生产随着物质文明生产的改造而改造。自中国共产党成立以来领导中国人民所建立起来的文化自信，在改革开放进程中得到进一步充实、光大和巩固。改革开放四十年，伟大的祖国发生了突飞猛进的物质文明大跃进，已跃居世界第二大经济体，正高歌猛进于强国建设之路。改革开放极大地解放了生产力，物质文明大发展引起了生产关系的深刻变革，经济、政治、文化、社会发生了深度转型，推动人民的思想观念也发生了深刻变化，进入了思想大活跃、观念大碰撞、文化大交融的时代，代表中国先进文化前进方向的当代中国马克思主义不断创新，开阔思路和视野的中华优秀文化吸纳和融合了世界优良文化，继承和弘扬了中国优秀传统文化，中国人民文化自信的内容更加丰富、更加充实，基础更加巩固、底气更加坚定。

精神变物质，发展了的精神文明又反作用于物质文明，物质文明随着精神文明的发展而发展。在改革开放进程中，砥砺坚定的文化自信构成了中国经济社会全面发展的强大精神动力，中国人民的文化自信焕发了改造世界的巨大物质力量，创造了物质文明建设的伟大成就。

坚定的文化自信是改革开放不断取得胜利的思想保证。在改革开放进程中构建中国特色社会主义先进文化，坚定文化自信，一要坚持和巩固马克思主义在思想文化领域的指导地位；二要坚守中国优秀传统文化的根基；三要摒弃反动、腐朽、落后的文化糟粕；四要承继弘扬中国共产党带领中国人民百年构筑的红色传统文化和社会主义文化；五要兼收并蓄世界优良文化。

党领导的改革开放是一场史无前例的伟大的社会革命，它不仅面临着严峻的政治挑战、经济挑战和军事挑战，还面临着严峻的思想文化挑战。为有效应对这些挑战，从思想文化上保证改革开放顺利推进，坚定文化自信，对实现中华民族伟大复兴中国梦尤为重要且必要。

改革开放伊始，中共中央就指出，建设高度的社会主义精神文明，是社会主义现代化的重要目标，也是实现四个现代化的必要条件。邓小平同志反复强调，必须抓紧社会主义精神文明建设，坚决纠正一手硬、一手软的状况。1982年9月，十二大报告对社会主义精神文明作了全面的论述，把建设高度的精神文明，作为党的一个战略方针，把社会主义精神文明建设的内容概括为思想建设和文化建设两大方面。1986年党的十二届六中全会通过《关于社会主义精神文明建设指导方针的决议》，把"精神文明建设"作为我国社会主义现代化建设"三位一体"总体布局的重要组成部分。1996年党的十四届六中全会通过《中共中央关于加强社会主义精神文明建设若干重要问题的决议》，明确指出社会主义精神文明建设的指导思想和根本任务。1997年，在党的十五大上，江泽民同志全面阐述了中国特色社会主义文化，要求全党从社会主义事业兴旺发达和民族振兴的高度，充分认识文化建设的重要性和紧迫性。2002年，在党的十七大上，胡锦涛同志提出了"坚持社会主义先进文化前进方向，兴起社会主义文化建设新高潮"的号召，并在党代会报告中第一次使用了"国家文化软实力"的概念。2011年，十七届六中全会通过《中共中央关于深化文化体制改革推动社会主义文化大发展大繁荣若干重大问题的决定》，再次强调增强国家文化软实力，并提出"努力建设社会主义文化强国"的战略目标。改革开放自始至终，我们党都将筑牢思想文化根基作为战略举措狠抓不放。

党的十八大以来，以习近平同志为核心的党中央高度重视文化自信、文化自觉和文化建设，他在党的宣传思想文化等一系列工作座谈会上发表重要讲话，站在全局和战略的高度凝练地提出文化自信的概念，反复强调文化是一个国家、一个民族的灵魂，文化自信是更基础、更广泛、更深厚的自信，是更基本、更深沉、更持久的力量。没有高度的文化自信，没有文化的繁荣兴盛，就没有中华民族伟大复兴。习近平总书记亲自谋划部署、亲自指导大力培育中国人民的文化自信。他明确指出："增强文化自觉和文化自信，是坚定道路自信、理论自信、制度自信的题中应有之义。"①"我们说要坚定中国特色社会主义道路自信、理论自信、制度自信，说到底是要坚定文化自信。"② 在庆祝中国共产党成立九十五周年大会上，他第一次把道路自信、理论自信、制度自信和文化自信并列提出。在十九大报告中，强调全党要更加自觉地增强和坚定道路自信、理论自信、制度自信、文化自信，建设社会主义文化强国，文化自信成为习近平新时代中国特色社会主义思想的重要内容。在以习近平同志为核心的党中央领导

---

① 习近平：《在文艺工作座谈会上的讲话》，人民出版社2015年版，第25页。
② 习近平：《在哲学社会科学工作座谈会上的讲话》，人民出版社2016年版，第17页。

下，文化建设的密度之大、力度之强、目标之明、效果之好前所未有。主旋律更加响亮，正能量更加强劲，思想共识更加凝聚，精神支撑更加坚实，文化自信更加坚定，国家文化软实力和中华文化影响力大幅提升。

正确的思想、先进的文化是在斗争中确立起来的。文化自信要在批评各种错误思想文化的基础上才能牢固树立起来。百余年前，鸦片战争的炮声震醒了"天朝上国"迷梦里的中国人，在西方列强的殖民攻势下，中国沦为半殖民地半封建的劣等弱国，在众多中国人心中的"文化自大"沦为"文化自卑"。在逆境中救亡图强的中国先进分子失去了对自己传统文化的信心，中国传统文化救不了中国，何种文化可以解救中国？中国先进分子苦苦追寻。十月革命一声炮响，送来了马克思列宁主义。中国先进分子接受了马克思主义这一崭新的先进思想，并与中国实际和中国优秀传统文化相结合，建立了中国共产党，创造了中国化的马克思主义，努力构建以马克思主义为灵魂的民族的科学的大众的文化，即中华民族的新文化，中国人民就从精神上由被动转入主动。正是怀着如此坚定的文化自信，中国共产党领导中国人民取得了革命、建设、改革的伟大胜利。与此同时，在革命、建设、改革的历史进程中，中华民族的文化自信又得以重构和牢筑。

改革开放以来，历史虚无主义、全盘西化主义、文化复古主义等错误思潮对我们的文化自信形成了严峻的挑战。有的借"反思历史"之名，行"虚无历史"之实，拿中国革命史、新中国历史做文章，攻击、丑化、污蔑革命领袖和英模人物，意图反对共产党领导、搞乱人心、颠覆社会主义国家政权；有的借实现"现代化"之名，行"全盘西化"之实，从鼓吹资产阶级自由化，到鼓噪新自由主义，贬低中华优秀文化，否定中华民族的历史贡献，宣扬"全盘西化"才是现代化之正途；有的大肆宣扬西方"普世价值"，"以洋为尊""以洋为美""唯洋是从"，热衷于"去思想化""去价值化""去历史化""去中国化""去意识形态化"那一套；有的借"继承传统"之名，行"文化复古"之实，摒弃辩证唯物主义和历史唯物主义，企图"儒化中国"，用儒教来代替马克思主义的指导地位，试图"回归孔孟道统"，策动传统文化中的糟粕泛滥开来，贻害百姓。今天我们的文化自信正是在与这些错误思想的坚决斗争中砥砺坚定，从而保证改革开放的社会主义方向不动摇。

二 坚守中华民族的文化自信不动摇

改革开放四十年来，中华民族的文化自信之所以能栉风沐雨、砥砺歌行、自得坚定，得益于始终坚持马克思主义的指导，得益于始终坚持中国共产党的领导，得益于始终坚持中国特色社会主义的正确道路，得益于始终坚持海纳世界优良文化的中华优秀传统文化的丰厚滋养，得益于始终坚持发挥红色传统文化和社会主义文化的支撑作用。

第一，马克思主义和中国化马克思主义是文化自信的精髓灵魂，必须始终不渝地坚持。

思想是文化的灵魂，马克思主义是迄今为止世界最先进的思想文化。马克思主义深刻揭示了自然界、人类社会、人类思维发展的普遍规律，为我们坚定文化自信指明了方向；马克思主义以实现人的自由而全面的发展和全人类解放为己任，为我们坚定文化自信提供了价值支撑；马克思主义作为"伟大的认识工具"和分析问题的有力思想武器，为我们坚定文化自信提供了方法论指导。马克思主义不是排斥或贬低中华传统文化，而是与中国优秀传统文化相结合，形成中国特色、中国风格和中国气派，从而提升中华优秀文化在世界文化中的地位。

中国人民接受了马克思主义并将其与时代特征和中国实际相结合、与中国优秀传统文化相结合，创造了毛泽东思想、邓小平理论、"三个代表"重要思想、科学发展观等中国化的马克思主义，特别是创立了21世纪中国马克思主义——习近平新时代中国特色社会主义思想，促使近代以来至今中国发生了翻天覆地的变化。马克思主义和中国化马克思主义是中华优秀文化的灵魂和精髓。坚定文化自信，丢掉了马克思主义这个根本，就会失去灵魂、迷失方向。坚持文化自信，必须坚持马克思主义指导地位不动摇。

第二，中国特色社会主义道路自信、理论自信、制度自信是文化自信的核心要义，必须始终不渝地坚持。

改革开放之初，我们党发出了走自己的路、建设有中国特色社会主义的伟大号召，中国特色社会主义成为改革开放以来党的全部理论和实践的主题。中国共产党团结带领全国各族人民经过四十年的不懈奋斗，始终高举中国特色社会主义伟大旗帜，取得了举世瞩目的成就，推动我国经济实力、科技实力、国防实力、文化实力等综合国力进入世界前列，我国国际地位实现前所未有的提升。当前，同一些发达国家受困于金融危机、债务危机相比，同一些发展中国家政治动荡、社会混乱、陷入发展陷阱相比，我国发展尽管面临诸多困难和挑战，但我们仍可以自信地说"风景这边独好"。中华民族迎来了从站起来、富起来到强起来的伟大飞跃，在世界上高高举起了社会主义大旗，为解决人类问题贡献了中国智慧和中国方案。正如习近平总书记所言："当今世界，要说哪个政党、哪个国家、哪个民族能够自信的话，那中国共产党、中华人民共和国、中华民族是最有理由自信的。"① 中国特色社会主义道路的正确性、理论的指导性和制度的优越性决定了我们的道路自信、理论自信和制度自信，从而构成了我们文化自信的核心内容，极大地增强了文化自信的底气。坚定文化自信，必须始终坚持中国特色社会主义不动摇。

第三，中国共产党的领导是文化自信的根本保证，必须始终不渝地坚持。

中国共产党作为中国革命、建设和改革的领导力量，是马克思主义和中国化马克思主义的领导者和创新者，是中国人民革命文化的创立者和发扬者，是世界优良文化的吸收者和融合者，也是中华优秀传统文化的传承者和弘扬者，是坚定文化自信的中流砥柱。我们不仅要对自己民族的优秀传统文化充满自信，而且对中国共产党人创建的中国化马克思主义、创建的红色传统文化和社会主义文化同样满怀自

---

① 习近平：《在庆祝中国共产党成立95周年大会上的讲话》，人民出版社2016年版，第12页。

信。中国共产党人的文化自信既是一种对民族文化的自信,也是一种对党的力量的自信。历史和事实雄辩地证明,中国共产党从中华民族的文化血脉之中和人民的拥护爱戴之中吸取力量,代表了社会主义先进文化的前进方向。改革开放以来,在中国共产党的领导下,中国的快速发展与和平崛起,打破了长期处于主导地位的"西方中心论",使中华民族的文化自信力得以重新振兴焕发。面对贬低、诋毁中华优秀传统文化,质疑、反对马克思主义,反对红色传统文化和社会主义文化的错误思潮,如果没有中国共产党的领导,就无法坚守我们的文化自信。削弱或否定中国共产党的领导,中华民族会再度丧失文化自信的勇气,甚至会犯无可挽回的历史性错误。坚定文化自信,必须坚持党的领导不动摇。

第四,中华优秀传统文化是文化自信的深厚基础,必须始终不渝地坚持。

中华优秀传统文化是中华民族的突出文化优势,也是今天中国特色社会主义的先进文化之源。五千多年连绵不断、博大精深、和而不同的中华优秀传统文化,包含着中华民族最根本的精神基因,是坚定文化自信取之不尽、用之不竭的源泉。历史上,中华传统文化中的优秀成分,对形成和维护中国团结统一的政治局面,对形成和丰富中华民族精神,对激励中华儿女维护民族独立、反抗外来侵略,对推动中国社会发展进步,发挥了不可替代的作用。中华优秀传统文化所蕴含的中国精神和中国智慧,对开展社会主义改革开放,对推进中国特色社会主义伟大事业,对解决当代人类面临的共同难题都具有重要的价值意义。习近平总书记指出:"中华民族生生不息绵延发展、饱受挫折又不断浴火重生,都离不开中华文化的有力支撑。中华文化独一无二的理念、智慧、气度、神韵,增添了中国人民和中华民族内心深处的自信和自豪。"① 中华优秀传统文化奠定了我们文化自信的前提和基础,必须坚持汲取中华优秀传统文化的丰厚滋养。

---

① 习近平:《在中国文联十大、中国作协九大开幕式上的讲话》,人民出版社2016年版,第4页。

第五，红色传统文化和社会主义文化是文化自信的坚强基石，必须始终不渝地坚持。

党领导人民创建的红色传统文化和社会主义文化植根于中华优秀传统文化，立足于中国革命、建设、改革实际，继承了中国传统的爱国主义精神，体现了自强不息的民族精神，高扬共产主义的理想风帆，吸纳了世界优良文化，是中华民族精神的集中表现形式。为中华优秀文化注入了新鲜的内容，极大增强了中国人民的文化实力和文化定力，具有强大的历史和现实价值。

每个时代都有每个时代的精神文化，每个时代都有每个时代的价值观念。社会主义先进文化体现了当代中国的社会性质，体现了当代中国的价值追求。人类社会发展的历史表明，对一个民族、一个国家来说，最持久、最深层的力量是全社会共同认可的核心价值观。社会主义核心价值观是当代中国精神的集中体现，是凝聚中国力量的思想道德基础，是决定社会主义文化性质和方向的最深层次要素。进入21世纪以来，积极培育和践行社会主义核心价值体系，切实把社会主义核心价值观贯穿于社会生活的方方面面，使社会主义核心价值观内化于心，外化于行，最大限度地把全社会意志和力量凝聚起来，是坚定文化自信的价值依据。坚定文化自信，必须坚持红色传统文化、社会主义文化和社会主义核心价值观不动摇。

三　大力构建中国特色社会主义先进文化

坚定文化自信，必须大力构建中国特色社会主义先进文化，建设社会主义文化强国。中国特色社会主义先进文化，是以马克思主义和中国化马克思主义作灵魂、为指导，根植于中国特色社会主义伟大实践，源自于中华民族五千多年文明历史所孕育的中华优秀传统文化，熔铸于党领导人民在革命、建设、改革中创建的红色传统文化和社会主义文化，兼收并蓄世界优良文化。中国特色社会主义进入新时代，中国特色社会主义文化建设也进入新时代，必须立足新方位，找准新坐标，抓住新机遇，把统一思想、凝聚力量作为中心环节，更加自信地建设中国特色社会主义先进文化,以坚定文化自信与自觉。

一要建设具有强大凝聚力和引领力的社会主义意识形态。

意识形态工作是一项极端重要的工作,是为国家立心、为民族立魂的工作,关乎旗帜、关乎道路、关乎国家政治安全、关乎人心向背。没有意识形态的自信,就没有文化自信。中国人民的文化自信,就是马克思主义理论自信、社会主义意识形态自信。检验意识形态工作做得好坏,不是看口号喊得响不响,关键要看凝聚人心、引领人心的效果好不好。要把社会主义意识形态凝聚力和引领力强不强作为判断意识形态工作效果的重要标尺,重在建设,以立为本,破立结合。通过锻造理想认同、确立信仰认同、增强理论认同、汇聚价值认同、凝聚利益认同、形成话语认同、营造情感认同等途径,运用个性化制作、可视化呈现、互动化传播等方式,加强传播手段和话语方式创新。用社会主义意识形态凝聚引领人心,要抓好马克思主义和中国化马克思主义特别是习近平新时代中国特色社会主义思想的理论武装,筑牢马克思主义的指导地位把红色传统文化和社会主义文化融入主流意识形态建设,把红色资源利用好、把红色传统发扬好、把红色基因传承好。要以培养担当民族复兴大任的时代新人为着眼点,强化教育引导、实践养成、制度保障,发挥社会主义核心价值观的引领作用,把社会主义核心价值观融入社会发展各方面,转化为人们的情感认同和行为习惯。

二要深入挖掘中华优秀传统文化精华,重视吸收优良外来文化,做好我国优秀传统文化的创造性转换和发展,做好世界优良文化的创新性吸收和融合。

要加强对中华优秀传统文化的挖掘和阐发,使中华民族最基本的文化基因与当代文化相适应、与世界先进文化相结合,把优秀传统文化的精神标识提炼出来、展示出来,把优秀传统文化中具有当代价值、世界意义的文化精髓提炼出来、展示出来。把跨越时空、超越国界、富有永恒魅力、具有当代价值的中国文化精神弘扬起来。始终坚持不忘本来、吸收外来、面向未来,既向内看,又向外看;既向前看,又向后看,在推动中华文明创造性转化、创新性发展、创建性结合的过程中，激活其生命力，坚定文化自信。

三要繁荣发展社会主义文化，推动文化事业和文化产业发展。

要引导广大文化工作者坚持以人民为中心的文化发展导向，书写中华民族新史诗。要坚持把社会效益放在首位，引导文化工作者坚定文化自信，树立正确的历史观、民族观、国家观、文化观，自觉讲品位、讲格调、讲责任，坚决抵制低俗庸俗媚俗，用健康向上的文化作品和做人处事陶冶情操、启迪心智、引领风尚。要推出更多健康优质的网络文化产品。推动公共文化服务标准化、均等化，完善公共文化服务体系，提高基本公共文化服务的覆盖面和适用性。推动文化产业高质量发展，健全现代文化产业体系和市场体系，推动各类文化市场主体发展壮大，培育新型文化业态和文化消费模式，以高质量文化供给增强人们的文化获得感、幸福感，坚定中国人民的文化自信。

（原载《求是》2018年第23期）

不断夺取新时代伟大斗争新胜利

习近平总书记在党的十九大报告中强调:"实现伟大梦想,必须进行伟大斗争。"深入学习贯彻这一重要论述,要充分认识伟大斗争的长期性、复杂性和艰巨性,发扬斗争精神,提高斗争本领,自觉投入伟大斗争实践,不断夺取新时代伟大斗争新胜利。

新时代新征程的伟大时代使命

中国特色社会主义进入了新时代,这是习近平总书记在科学把握时代发展大势、科学把握我国社会主要矛盾的转化、科学把握实现"两个一百年"奋斗目标和中华民族伟大复兴新要求的基础上作出的战略性政治论断。这一政治判断,从新时代的高度进一步明确了我国发展的历史方位,进一步确立了我们党的初心理想、旗帜道路、理论遵循、发展战略、历史使命和目标任务,必将指引我们在全面建成小康社会基础上踏上全面建设社会主义现代化强国新征程。

进入新时代,踏上新征程,在中华人民共和国发展史上、在中华民族发展史上、在世界社会主义发展史上、在人类社会发展史上均具有重大时代意义,包含着丰富的时代内涵。这个新时代,中华民族进入从站起来、富起来到强起来的承前启后、继往开来的重要发展阶段,是在新的历史条件下夺取中国特色社会主义伟大胜利的时代;中国人民进入决胜全面建成小康社会、进而开启全面建设社会主义现代化强国新征程的重要发展阶段,是逐步实现全体人民共同富裕、奋力实现中华民族伟大复兴中国梦的时代;中国进入继续高举和平发展合作共赢的旗帜、坚持走和平发展道路、推动构建人类命运共同体的重要发展阶段，是不断为世界社会主义、为全人类作出更大贡献的时代。进入新时代，表明中国特色社会主义事业发展达到了一个新境界，表明我们党带领全国人民开启了坚持和发展新时代中国特色社会主义的新实践。

新时代要求中国共产党人担当起统揽"四个伟大"的时代重任，奋力实现从全面建成小康社会到基本实现现代化、再到全面建成社会主义现代化强国的战略安排。肩负着光荣历史使命的中国共产党人，必须在习近平新时代中国特色社会主义思想的正确指导下，在以习近平同志为核心的党中央坚强领导下，不忘初心、牢记使命，带领中国人民为实现近代以来中华民族最伟大的梦想、实现中国特色社会主义共同理想和共产主义远大理想而勠力同心、不懈奋斗。

实现伟大梦想必须进行伟大斗争

习近平总书记指出："中华民族伟大复兴，绝不是轻轻松松、敲锣打鼓就能实现的。全党必须准备付出更为艰巨、更为艰苦的努力。"我们党要团结带领全国人民实现伟大梦想，必须在伟大斗争中有效应对重大挑战、抵御重大风险、克服重大阻力、解决重大矛盾，协调推进"五位一体"总体布局，统筹推进"四个全面"战略布局。

社会是在矛盾中发展的，事业是在斗争中前进的。中国共产党领导中国人民从革命到建设、再到改革开放所取得的一切成就，可以说都是在斗争中取得的。认识和把握社会矛盾运动规律，坚持斗争、敢于斗争、善于斗争，在斗争中发展自己、壮大自己、成就自己，这是中国共产党人的光荣传统，也是中国人民的光荣传统。中国共产党无论弱小还是强大，中国共产党人无论过去、现在还是将来，无论顺境、逆境还是险境，都初心不改、矢志前行，历经激流险滩，前仆后继，付出巨大牺牲，以无比顽强的斗争精神砥砺前行。

今天，我们正在进行具有许多新的历史特点的伟大斗争，面对世情国情党情的深刻复杂变化。从世情看，20世纪80年代末90年代初,苏东剧变,世界社会主义遭遇严重波折,而中国人民在中国共产党领导下经过艰辛探索,成功开辟出中国特色社会主义道路;2008年国际金融危机对全球产生重大影响,世界进入大变革大调整时期,国际力量对比发生新的此消彼长,出现一系列新趋势新特点,中国面对错综复杂的国际环境。从国情看,经过改革开放,我国经济社会发展取得举世瞩目的成就,同时改革进入攻坚期和深水区,出现一系列新情况新问题新挑战。从党情看,党的十八大以来,党内政治生态展现新气象,反腐败斗争取得压倒性胜利;但反腐败斗争形势依然严峻复杂,全面从严治党仍然任重而道远。

进行伟大斗争具有历史必然性。我们正在进行的是包含着丰富内容和千难万险的伟大斗争,是党的历史上从未有过的伟大斗争,是面对许多矛盾和困难、风险和挑战的伟大斗争,是必须得到人民认可、经得起历史检验的伟大斗争。进行具有许多新的历史特点的伟大斗争,是中国共产党人以巨大的政治勇气和智慧,以战略谋划和科学举措,夺取中国特色社会主义事业新胜利的总体战和攻坚战。这场伟大斗争的艰巨复杂程度超乎寻常、世所罕见,给我们党带来的严峻考验前所未有、世所罕见。全党必须以非凡的政治勇气、高度的理论清醒、顽强的斗争精神、高强的斗争本领,开展这场具有许多新的历史特点的伟大斗争。

以高度实践自觉投入伟大斗争

全党要在习近平新时代中国特色社会主义思想的正确指导下,在以习近平同志为核心的党中央坚强领导下,以高度的实践自觉、昂扬的精神状态自觉投入伟大斗争中去,积极实践、勇于实践、善于实践、创新实践。

敢于并善于进行伟大斗争是马克思主义政党的一种精神状态、一种革命品质。进行伟大斗争,必须保持不畏艰难、知难而进、迎难而上、锐意进取的精神状态。要坚决摒弃当太平官、打"太极拳"、过太平日子的思想,坚决杜绝革命意志衰退、干劲不足、消极懈怠的现象，充分激发进取精神，保持战斗姿态和无畏气概。

伟大斗争就是伟大实践。进行伟大斗争绝不是一句简单的口号，而是要付诸实践的，是破除千难万险的实际举措与具体行动。开展伟大斗争，必须保持高度的实践自觉。要坚持用习近平新时代中国特色社会主义思想武装头脑、指导实践、推动工作，牢固树立"四个意识"，始终坚定"四个自信"，坚决做到"两个维护"，自觉在思想上政治上行动上同以习近平同志为核心的党中央保持高度一致。始终坚持以人民为中心，把全心全意为人民服务作为开展斗争实践的根本宗旨，把人民拥护不拥护、赞成不赞成、高兴不高兴作为检验斗争效果的根本标准。

开展伟大斗争，必须进行伟大革命，以高度的实践自觉投入社会革命和自我革命中去。中国共产党是一个不断进行社会革命、永续推动社会进步的马克思主义革命党，领导中国人民经过艰苦卓绝的革命斗争，成功完成了新民主主义革命、社会主义革命，建立起社会主义基本制度，进行了社会主义建设伟大探索，为开创中国特色社会主义提供了宝贵经验、理论准备、物质基础。改革开放是第二次革命，是我们党领导的伟大社会革命的继续。要把改革开放这场伟大社会革命进行到底，就必须始终保持那么一股革命精神、斗争精神、牺牲精神和创新精神，自觉投入改革开放的伟大社会革命实践中，敢于并善于啃改革的硬骨头，敢于并善于破解各种发展难题，敢于并善于同一切错误思潮和言行作斗争，敢于并善于同一切风险和挑战作斗争。要取得社会革命的成功，必须在推进社会革命的过程中自觉进行党的自我革命。中国共产党是具有自我革命精神的马克思主义政党，勇于刀刃向内，敢于刮骨疗毒、壮士断腕，敢于并善于同党内和社会上的一切消极腐败现象作坚决斗争，敢于并善于同自身的一切缺点错误作坚决斗争，不断增强党的自我净化、自我完善、自我革新、自我提高能力。

（原载《人民日报》2019年1月2日）

唯物史观大的"历史时代"与习近平新时代中国特色社会主义思想

习近平总书记认为:"时代在变化,社会在发展,但马克思主义基本原理依然是科学真理。尽管我们所处的时代同马克思所处的时代相比发生了巨大而深刻的变化,但从世界社会主义500年的大视野来看,我们依然处在马克思主义所指明的历史时代。这是我们对马克思主义保持坚定信心、对社会主义保持必胜信念的科学根据。"[①] 以唯物史观来看,马克思主义关于大的"历史时代"的判断是不能否定的,如果否定了,就会误认为资本主义的基本矛盾不存在了,误认为马克思主义过时了,就会否定马克思主义。

时代概念具有广义和狭义之分。广义的时代概念是从历史观的角度对人类社会发展大的历史发展进程的判定。狭义的时代概念是从某个特定的角度对某个社会发展阶段的判定。不搞清楚广义的时代概念,即大的"历史时代",就看不清狭义时代所处的大的历史方位和国际条件。要把从历史观出发判断的广义的时代概念与从其他视角出发判断的狭义的时代概念区别开来。这两种时代概念既有区别,又是辩证统一的。

习近平总书记在十九大报告中指出:"中国特色社会主义进入了新时代,这是我国发展新的历史方位",这是运用辩证唯物主义和历史唯物主义立场观点方法科学判断世情国情,从我们党和国家发展的角度提出来的,这个重要的科学论断是完全正确的。中国特色社会主

---

① 《习近平谈治国理政》第2卷,外文出版社2017年版,第66页。

义新时代与马克思主义所判断的大的"历史时代"在唯物史观基础上是一致的，同时又是有区别的。中国特色社会主义新时代特指中国特色社会主义已经站在一个新的历史起点上，进入一个新的历史阶段，处在一个新的历史方位上。只有站在大的"历史时代"背景上，从我国新时代的特殊国情条件出发观察分析，才能深刻认识中国特色社会主义进入新时代和习近平新时代中国特色社会主义思想的伟大意义。

一 深刻理解唯物史观大的"历史时代"的科学内涵

马克思主义唯物史观关于大的"历史时代"的概念，是从生产力所决定的生产关系出发，以社会经济形态为标准对人类社会大的历史时代的判定。从唯物史观为指导所判定的大的历史时代来看，我们今天到底处在什么样的时代呢？回答这个问题，首先就要回答以什么标准判断时代；然后再用正确的标准判断时代，回答我们现在究竟处在什么样的历史时代。

恩格斯在《共产党宣言》1883年德文版序言中指出："每一历史时代[①]的经济生产以及必然由此产生的社会结构，是该时代政治的和精神的历史的基础；因此（从原始土地公有制解体以来）全部历史都是阶级斗争的历史，即社会发展各个阶段上被剥削阶级和剥削阶级之间、被统治阶级和统治阶级之间斗争的历史；而这个斗争现在已经达到这样一个阶段，即被剥削被压迫的阶级（无产阶级），如果不同时使整个社会永远摆脱剥削、压迫和阶级斗争，就不再能使自己从剥削它压迫它的那个阶级（资产阶级）下解放出来。"[②] 马克思、恩格斯在《共产党宣言》正文中明确指出："我们的时代，资产阶级时代，却有一个特点：它使阶级对立简单化了。整个社会日益分裂为两大敌

---

① 着重号为引用者所加。
② 《马克思恩格斯文集》第2卷，人民出版社2009年版，第9页。

对的阵营，分裂为两大相互直接对立的阶级：资产阶级和无产阶级。"① 他们进一步说明："在过去的各个历史时代，我们几乎到处都可以看到社会完全划分为各个不同的等级，看到社会地位分成多种多样的层次。在古罗马，有贵族、骑士、平民、奴隶，在中世纪，有封建主、臣仆、行会师傅、帮工、农奴，而且几乎在每一个阶级内部又有一些特殊的阶层。"② 他们又说明："从封建社会的灭亡中产生出来的现代资产阶级社会并没有消灭阶级对立。它只是用新的阶级，新的压迫条件，新的斗争形式代替了旧的。"③

根据以上马克思主义经典作家的论述，可以得出这样的结论：

第一，马克思主义唯物史观的"历史时代"概念，是指占统治地位的社会形态所历经的整个历史进程。

马克思主义经典作家明确提出了"历史时代"概念，即唯物主义历史观所指的大的"历史时代"。唯物史观的历史时代概念是指占统治地位的社会形态所历经的整个历史进程，该历史时代的进程从该社会形态取代前一社会形态在人类社会占据统治地位起，历经兴盛、衰落，直到为下一社会形态所取代而不再占据统治地位止。当然，每一个历史时代可以划分为不同的发展阶段。在资本主义社会时代，已历经了自由竞争资本主义阶段、垄断资本主义阶段即帝国主义阶段，现在正处在现代垄断资本主义阶段。

第二，必须以唯物史观为武器，把"经济的社会形态"作为历史时代根本判断标准。

唯物史观是判断历史时代的思想武器。运用唯物史观判断历史时代，就要看一看该历史时代的生产力是什么，生产关系是什么，经济基础是什么，由经济基础所决定的上层建筑又是什么。也就是说，从生产力所决定的生产关系、经济基础，以及由这一基础所决定的"经济的社会形态"出发来判断历史时代。看一看占据统治地位的"经济

---

① 《马克思恩格斯文集》第 2 卷，人民出版社 2009 年版，第 32 页。
② 同上书，第 31—32 页。
③ 同上书，第 32 页。

的社会形态"的本质是什么,也就知道该历史时代是什么。

第三,人类历史已先后历经原始社会时代、奴隶社会时代、封建社会时代、资本主义社会时代,未来人类社会将经过社会主义社会过渡,进入共产主义社会时代。

马克思、恩格斯按照唯物史观关于社会形态演变理论,根据"经济的社会形态"的根本性质来划分历史时代,把历史时代划分为原始社会、奴隶社会、封建社会、资本主义社会等历史时代,未来社会将经过无产阶级专政的社会主义过渡,而进入消灭阶级剥削、压迫与阶级斗争的新的历史时代,即进入共产主义社会时代。

第四,我们今天仍然处于马克思主义经典作家所判断的历史时代。

运用唯物史观的标准判断我们现在究竟处在什么样的历史时代呢?马克思、恩格斯在《共产党宣言》中明确指出,我们的时代,即"资产阶级时代"。从时代的根本性质和大的历史进程来看,目前仍然处于马克思主义经典作家当时所揭示的资本主义社会时代。马克思主义经典作家认为人类社会的历史时代已经前进到资本主义社会代替封建社会而占据统治地位的历史发展进程。从全球范围来讲,现在仍然是资本主义社会形态占主要地位的历史时代,而这个时代又是新的社会形态即经过社会主义过渡而进入共产主义社会,逐步最终取代资本主义社会的历史时代。在该时代无产阶级及其广大被剥削阶级如果不通过推翻最后一个剥削社会,即通过消灭最后一个剥削阶级的社会革命,使整个社会永远摆脱剥削、压迫和阶级斗争,否则就不能解放全人类,从而也就不可能最终使无产阶级自己解放自己,就不可能以一个新的社会形态取代资本主义社会形态。共产主义必然代替资本主义,但需要经过一个漫长的历史过程。当然,在今天世界资本主义体系内已经产生了相当的社会主义因素,在全世界已经产生了若干社会主义国家。但是,新的社会形态在全世界并不占据统治地位。据一位学者研究认为:"当今世界95%以上的国家建立的是资本主义制度。在资本全球化的进程中,不仅自然资源、土地、矿产等公共资源被私有资本所圈占,就连我们赖以生存的水源、空气、语言、文化,甚至物种和人类基因等也被逐步私有化了。按照西方左翼学者的说法,这种私有化已经把人类逼到整体灭绝的边缘"①。

第五,资本主义社会固有的不可克服的内部矛盾必然导致其灭亡。

在资本主义的整个发展进程中,其内在矛盾不断激化,经历了激化、缓和、再激化、再缓和……直至激化到再也不能缓和而导致最终灭亡。资本主义不可克服的基本矛盾的最现实的表现就是不可解脱的两极分化,且这种两极分化又不断得到强化。资本主义社会的两极分化表现为两个层次:一是资本主义国家本国内部的阶级与阶级、民族与民族、阶层与阶层之间的两极分化不断强化;二是世界范围内国家与国家、地区与地区、民族与民族、阶级与阶级之间的两极分化也不断强化。两极分化的一极是高度垄断的资产阶级利益集团,垄断资本主义国家的国民也仅仅是享受到资本主义利益集团高额利润的一杯羹。另一极是整个工人阶级及其广大劳动人民的贫困、落后,发展中的国家、地区和民族的贫困、落后。资本主义国家内部越来越两极分化,整个世界也越来越两极分化。当代资本主义国家内部的动荡、全球的动荡都跟两极分化有关系,两极分化的背后则是不可克服的资本主义基本矛盾。

从英国的资产阶级革命到现在,上下几百年的历史过程,人类社会历经了封建社会在世界的解体,到资本主义生产方式在全世界占统治地位,从资本主义繁荣、兴盛再到资本主义内在矛盾不断激化而至走向衰落。实际上,资本主义一产生,其内部就产生了反对资本主义的力量和因素:工人阶级和新的社会形态萌芽。在资本主义社会时代,始终贯穿着社会主义与资本主义、工人阶级与资产阶级两个命运、两股力量、两项前途、两种制度、两条道路的斗争,一直到工人阶级通过无产阶级革命和无产阶级专政消灭压迫、剥削和阶级斗争,最终迎来新的社会形态为止。

第六,资本主义社会时代最终必然为共产主义社会时代所替代。

习近平总书记指出:"事实一再告诉我们,马克思、恩格斯关于资本主义社会基本矛盾的分析没有过时,关于资本主义必然消亡、社

---

① 秦宣:《大数据与社会主义》,《教学与研究》2016 年第 5 期。

会主义必然胜利的历史唯物主义观点也没有过时。这是社会历史发展不可逆转的总趋势，但道路是曲折的。资本主义最终消亡、社会主义最终胜利，必然是一个很长的历史过程。"① 资本主义社会在创造巨大社会财富的同时，创造了贫富差距、两极分化、不可克服的矛盾，从而也创造了自己的掘墓人，一步一步走向自己的反面，最终将为新的社会形态所代替。2008 年爆发的金融危机说明了资本主义的内在矛盾是不可避免的、不可调和的、不可克服的。中国特色社会主义表现出了新社会形态强劲的生命力，说明社会主义和共产主义最终是不可战胜的，是必然的历史发展趋势。尽管目前全球总体上还是资本主义强、社会主义弱，但是社会主义是新生事物，一定能够经过无产阶级革命和无产阶级专政，消灭人类历史最后一个阶级社会——资本主义社会，使人类进入一个没有剥削、压迫、阶级差别和阶级斗争的无阶级的新的社会形态，最后战胜并代替资本主义。

第七，在资本主义社会时代，在思想领域集中表现为无产阶级与资产阶级两种根本对立的意识形态斗争。

在资本主义社会时代，无产阶级与资产阶级的阶级矛盾和阶级斗争必然反映在思想领域，表现为社会主义和资本主义两种意识形态的斗争。马克思、恩格斯在《共产党宣言》中指出："至今所有一切社会的历史都是在阶级对立中演进的，而这种对立在各个不同的时代又是各不相同的。但是，不管这种对立具有什么样的形式，社会上的这一部分人对另一部分人的剥削却是过去一切世纪所共有的事实。所以，毫不奇怪，各个时代的社会意识，尽管形形色色、千差万别，总是在一定的共同的形态中演进的，也就是在那些只有随着阶级对立的彻底消逝才会完全消逝的意识形态中演进的。"② 自从原始共产主义社会解体以来的人类历史都是阶级斗争的历史。社会存在决定社会思想，社会思想反映并反作用于社会存在。阶级社会的阶级对立与斗争决定了阶级社会不同性质的意识形态的对立与斗争。阶级社会的社会

---

① 《十八大以来重要文献选编》上，中央文献出版社 2014 年版，第 117 页。
② 《马克思恩格斯全集》第 4 卷，人民出版社 1958 年版，第 489 页。

思想是该社会的阶级、阶级矛盾和阶级斗争的意识形态反映。在奴隶社会,代表奴隶主阶级利益的统治阶级思想与作为被统治阶级的奴隶阶级的思想之间存在不可调和的对立和斗争。封建社会贯穿着地主阶级思想与农民阶级思想的对立与斗争。在资本主义社会,贯穿着资产阶级与工人阶级的思想斗争。毛泽东同志鲜明地指出:"无产阶级要按照自己的世界观改造世界,资产阶级也要按照自己的世界观改造世界。"① 两种世界观的斗争就是资本主义社会时代阶级之间的思想斗争。毛泽东同志甚至断言,在我国社会主义现阶段,在意识形态领域"社会主义和资本主义之间谁胜谁负的问题还没有真正解决"②。可以说,社会主义和资本主义在意识形态领域谁胜谁负的斗争,还需要一个相当长的时间才能解决。列宁在《卡尔·马克思》一文中明确教导我们:"马克思主义给我们指出了一条基本线索,使我们能在这种看来迷离混沌的状态中找出规律性来。这条线索就是阶级斗争的理论。"③ 从总体和主线索上来说,自从有文字记载以来的人类历史是阶级斗争的历史,有文字记载以来的人类历史也是阶级之间的意识形态斗争史。因此,我们一定要学会运用阶级观点和阶级分析方法认识和把握意识形态领域的斗争。

二 科学把握中国特色社会主义新时代的伟大意义

习近平总书记指出:"中国特色社会主义进入新时代,在中华人民共和国发展史上、中华民族发展史上具有重大意义,在世界社会主义发展史上、人类社会发展史上也具有重大意义。"④ 深刻理解中国

---

① 《毛泽东著作选读》下册,人民出版社1986年版,第785页。
② 同上。
③ 《列宁全集》第21卷,人民出版社1959年版,第39页。
④ 习近平:《决胜全面建成小康社会 夺取新时代中国特色社会主义伟大胜利——在中国共产党第十九次全国代表大会上的报告》,人民出版社2017年版,第12页。

特色社会主义新时代，要从大的"历史时代"背景下来考量，深刻理解习近平新时代中国特色社会主义思想要从大的"历史时代"条件下——中国特色社会主义新时代的背景下来认识。只有站在马克思主义唯物史观关于大的"历史时代"的宽广视野上，站在中国特色社会主义进入新时代的特定角度上，将两个时代判断、国际国内两个视角结合起来，才能真正理解中国特色社会主义进入新时代的伟大意义。

第一，中国特色社会主义进入新时代，开辟了中华民族伟大复兴的新格局，在中华人民共和国发展史和中华民族发展史上具有重大意义。

在中华人民共和国发展史上，我们现在已经踏上了建设社会主义现代化强国的新征程，在站起来、富起来的基础上，进一步解决强起来的时代主题，建设社会主义的现代化强国。这说明中华人民共和国发展已经进入一个新的历史阶段，正致力于到21世纪中叶实现中华民族伟大复兴，这在中华民族发展史上是一件了不起的大事。

中华民族是人类最伟大的民族之一，曾经创造了人类历史上最为辉煌的文明。然而，在17世纪中叶资本主义工业革命后，中华民族却停滞了巨人的脚步，落后于时代。从1840年鸦片战争开始，逐步沦落为西方资本主义列强欺压剥削的半殖民地半封建国家。从那时起，中华民族有志之士为了中华民族的重振，不断为追求真理、选择解救中国的思想利器和复兴之路而进行着前仆后继、流血牺牲的努力奋斗。从鸦片战争到太平天国起义，从洋务运动到甲午海战，从戊戌变法到辛亥革命，中华民族先进分子依照他们所提出的一个又一个思想观点和救国方案，而发动的中华民族复兴大业一次又一次遭受失败。毛泽东同志一针见血地指出："帝国主义的侵略打破了中国人学西方的迷梦。很奇怪，为什么先生老是侵略学生呢？中国人向西方学得很不少，但是行不通，理想总是不能实现。多次奋斗，包括辛亥革命那样全国规模的运动，都失败了。"[①] 这些失败的根本原因就在于，没有先进思想的指导，没有先进思想武装起来的先进阶级的先进政党

---

① 《毛泽东选集》第4卷，人民出版社1991年版，第1470页。

的领导，没有找到正确思想指导下的适合本国的发展道路。用使西方列强发达起来的资产阶级思想武器、用曾经让中国辉煌显赫的封建传统思想武器无法根本改变中国人民的精神面貌和思想状况，也无法根本扭转中国积贫积弱的现状，最终也无法根本解决中华民族的振兴。

十月革命的成功给中国人民带来了新的希望。毛泽东同志指出："这时，也只是在这时，中国人从思想到生活，才出现了一个崭新的时期。中国人找到了马克思列宁主义这个放之四海而皆准的普遍真理，中国的面目就起了变化了。"① 在十月革命的启发下，从失败的教训中，从比较借鉴中，中华民族先进分子深刻认识到，当人类历史进入资本主义社会时代，资本主义列强绝不允许落后国家独立自主地选择资本主义的富民强国之路，只能成为资本主义的附庸。只有选择引领世界潮流的先进思想——马克思主义科学社会主义思想，并逐步把马克思主义先进思想与中国的实际国情和优良的传统思想相结合，走非资本主义的社会主义现代化道路才是唯一的出路。中华民族的先进分子，坚定地选择了马克思主义，选择了社会主义和共产主义，创建了中国工人阶级和中国人民的先锋队组织——中国共产党。从此，中华民族的精神面貌和思想意识发生了根本性改变，这既是中华民族命运的根本转折点，又是中华民族发展史的一个新的生长点。

以马克思主义为行动指南的中国共产党成立后，中华民族伟大复兴就有了成功的希望。一代又一代中国共产党人坚持马克思主义指导思想，并与中国实际相结合、与中国优秀传统思想相结合，高举社会主义和共产主义的旗帜，不断前进、不断探索，勇于变革、勇于创新，开创了具有中国特色的新民主主义和社会主义革命道路、具有中国特色的社会主义发展道路，取得了革命、建设、改革，特别是十八大以来的伟大成就，创造了一个又一个人间奇迹，使中华民族以崭新的姿态屹立于世界的东方，开辟了中国特色社会主义新时代和中华民族伟大复兴的新格局。

第二，中国特色社会主义进入新时代，开启了世界社会主义运动

---

① 《毛泽东选集》第 4 卷，人民出版社 1991 年版，第 1470 页。

走向发展的新境界，在世界社会主义发展史上具有重大意义。

1848年《共产党宣言》发表，科学社会主义问世，社会主义思想从空想变成科学，科学社会主义日益成为工人阶级夺取政权并建立社会主义制度的现实运动。在马克思主义的指导下，列宁成功领导了十月革命，建立了世界上第一个社会主义国家，科学社会主义从理论变成了现实。在十月革命和社会主义苏联的带动下，世界社会主义运动在20世纪上半叶迎来一次高潮，民族解放和无产阶级革命运动风起云涌，一大批社会主义国家纷纷建立。社会主义作为崭新的社会形态，脱胎于资本主义世界，登上世界历史舞台，成为历史的现实。

社会主义作为新生事物，其发展并不是一帆风顺的。由于复杂的主客观原因，在西方资本主义势力的强大攻势及"和平演变"下，苏联以及东欧社会主义国家在社会主义实践中偏离了马克思主义的正确方向，离开了科学社会主义基本思想，最终导致20世纪后期发生了东欧剧变、苏联解体等一系列重大事件，世界社会主义遭受了严重挫折，跌入低谷。正是在这一大的历史背景下，毛泽东同志带领全党独立自主地探索适合中国国情的社会主义建设道路；邓小平同志开创了改革开放和中国特色社会主义新时期；江泽民、胡锦涛同志不断推进中国特色社会主义伟大事业；习近平同志带领全党全国人民进入中国特色社会主义新时代。

中国特色社会主义进入新时代，意味着科学社会主义在21世纪的中国焕发出强大生机活力。在习近平新时代中国特色社会主义思想指引下，我们党以强大的战略定力，牢牢坚持科学社会主义基本原则，坚定不移地走中国特色社会主义道路，经受住了社会主义低潮的考验，西方敌对势力搞"颜色革命"的考验，资本主义世界经济危机的考验，抵制了西方所鼓吹的"普世价值""宪政民主"等错误思潮，有力地打破了所谓的"共产主义失败论""历史终结论"，有力地回击了"社会主义低潮综合征"。

如果说20世纪是社会主义拯救了中国，那么21世纪则是中国拯救了社会主义。正是中国在21世纪扛起了社会主义的大旗，以新时代的伟大成就和伟大目标再次证明了科学社会主义的正确性和社会主义的优越性。正如十月革命在 20 世纪初开辟了世界社会主义发展新纪元一样,中国特色社会主义新时代在 21 世纪初揭开了世界社会主义运动驶出低谷走向复苏的新局面,为世界社会主义发展创造了新的辉煌。

第三,中国特色社会主义进入新时代,拓展了发展中国家通过非资本主义道路走向现代化的新途径,在人类社会发展史上具有重大意义。

马克思通过对人类历史发展特别是资本主义历史发展的科学研究,提出了著名的"世界历史"理论。他认为,世界进入资本主义历史时代,把世界连成一片,人类历史由此进入了"世界历史"。在"世界历史"进程中,先进入资本主义而成为世界列强的资本主义国家,在第一次世界大战前就已经把世界瓜分完毕了,它们从自身资本利益出发绝不允许落后国家再独立自主地走资本主义的强国之路,强迫后发国家成为自己的附庸,服从自己的剥削利益,半殖民地半封建旧中国的悲惨遭遇就是铁证。

马克思晚年研究东方社会,研究非资本主义发展道路,提出落后国家可以不经过资本主义制度的"卡夫丁峡谷",走出一条非资本主义的发展道路,即落后国家可以不经过资本主义制度的苦难,而通过社会主义制度实现现代化,这就是著名的"跨越卡夫丁峡谷"的科学设想。中国特色社会主义的成功发展使这个科学设想成为现实,为落后国家实现现代化和赶超提供了新希望新选择新方案新思想,人们已经看到了经由社会主义而进入共产主义的历史必然曙光。俄国十月革命的例证,中国特色社会主义成功的例证,说明了马克思晚年关于非资本主义道路的设想,要成为现实需要满足一定的历史条件,在具体的客观条件已经具备时,主观条件至为重要。

资本主义囿于固有的本质,总是竭力阻止其他国家的独立发展,以利于自己转嫁危机和掠夺资源,它们不仅动用经济的、政治的、军事的力量来制约其他国家,而且动用意识形态机器,利用文化软实力向全世界兜售所谓的"普世价值""西方现代性"等观念,打造西方现代化模式唯一性的神话。纵观当今世界,许多国家已经深陷这种资本主义意识形态神话的陷阱难以自拔。第二次世界大战以后在民族解放运动中争得独立的新兴国家，选择走资本主义民主道路的，罕见有成功的，要么发展不起来，要么即便获得了某种程度的发展，也摆脱不了西方资本主义大国的控制而难以获得完全的独立。一些国家为了捍卫独立主权和利益，拒绝接受西方现代化模式，则往往因为西方资本主义发达国家的制裁或"颜色革命"而陷入了混乱境地。如何开辟出一条新路，既实现快速发展又保持社会稳定，既对外开放吸收世界先进文明又保持自身的独立自主，既同发达资本主义国家在竞争中合作又不成为他们的附庸，成为世界上发展中国家共同追索的重大问题。

中国特色社会主义成功地破解了这个难题。它把市场经济与社会主义制度、经济快速发展与保持社会稳定、对外开放与独立自主有机地结合起来，开辟了一条在改革开放中实现社会主义现代化的新路，迎来了从站起来、富起来到强起来的历史性跨越。中国特色社会主义的成功探索表明，中国作为一个曾经相对落后的半殖民地半封建国家，不经过资本主义社会制度的折磨，走出一条非资本主义的中国特色社会主义发展道路，一跃成为世界第二大经济体，极大地拓展了发展中国家通向现代化的途径，给世界上那些既希望加快发展又希望保持自身独立性的国家和民族提供了全新选择，为解决人类问题贡献了中国智慧、中国思想和中国方案。

三 充分认识习近平新时代中国特色社会主义思想的划时代价值

有什么样的时代，就会产生什么样的时代主题，就会产生什么样的时代人物，解答历史提出的时代课题，产生代表时代前进方向的先进思想。每一个时代都有每一个时代的标志性理论体系。创立习近平新时代中国特色社会主义思想，在马克思主义发展史上、马克思主义中国化发展史上都具有里程碑式的、划时代的重要政治意义、理论意义和实践意义。必须认真理解和深刻把握党的这个重大理论创新成果的深远意义、历史地位和重大价值。

习近平新时代中国特色社会主义思想，深刻回答了新时代中国特色社会主义的理论渊源、历史根据、本质特征、独特优势、发展规律和举措路径，为在新的时代条件下坚持和发展中国特色社会主义提供了科学的理论指引。它源于实践、指导实践，为新时代坚持和发展中国特色社会主义、推进党和国家事业发展提供了基本遵循，为马克思主义的当代发展作出了历史性贡献，必须长期坚持并不断发展。将它确立为党与时俱进的指导思想，是中国特色社会主义进入新时代的必然要求，是符合党心民意的重大决策，对党和国家事业发展必将产生重大而深远的影响。

以毛泽东同志为主要代表的中国共产党人，把马克思列宁主义的基本原理同中国革命的具体实践结合起来，创立了毛泽东思想。毛泽东思想是马克思列宁主义在中国的运用和发展，是被实践证明了的关于中国革命和建设的正确的经验总结和理论概括。在中国革命战争年代，毛泽东同志创造性地把马克思主义和中国实际进行了第一次伟大结合。在社会主义建设探索时期，毛泽东提出"第二次伟大结合"的任务，开始探索适合中国特点的社会主义建设道路，为开创中国特色社会主义奠定了基础，毛泽东思想得到了进一步的丰富和发展。

以邓小平同志为主要代表的中国共产党人，牢牢立足于中国特色社会主义的伟大实践，把马克思列宁主义的基本原理同当代中国实践和时代特征相结合，回答了在中国这样的经济文化比较落后的国家建设什么样的社会主义、如何巩固和发展社会主义的首要的基本问题，创立了邓小平理论，实现了"第二次伟大结合"，谱写了中国特色社会主义理论体系的开篇。邓小平理论是中国特色社会主义理论体系的开创之作，奠定了中国特色社会主义理论体系的基本框架。

以江泽民、胡锦涛同志为主要代表的中国共产党人，深刻认识和准确把握世情、国情、党情的发展变化，抓住重要战略机遇期，创立了"三个代表"重要思想和科学发展观，继续推进"第二次伟大结合"，把对中国特色社会主义规律的认识提高到新的水平，撰写了中国特色社会主义理论体系的续篇在中国特色社会主义进入新时代之际,习近平总书记继承和发展了马克思列宁主义、毛泽东思想、中国特色社会主义理论体系的理论精髓和活的灵魂,以当代世界格局和时代特征为背景,以发展着的中国特色社会主义为实践基础,着眼于全面建成小康社会、实现中华民族伟大复兴的中国梦,紧紧围绕坚持和发展中国特色社会主义这个主题,对全面坚持和发展中国特色社会主义的指导思想、奋斗目标、根本要求、总体布局、战略格局、发展理念、军队国防外交、党的建设等重大问题作出了科学回答,创立了习近平新时代中国特色社会主义思想,实现了再次"伟大结合",极大地推进了马克思主义中国化的历史进程。习近平新时代中国特色社会主义思想既是对马克思列宁主义、毛泽东思想的继承和发展,又是当代中国马克思主义的最新理论创新成果;既是中国特色社会主义理论体系的组成部分,又是对中国特色社会主义理论体系的发展和丰富。

(原载《马克思主义研究》2019 年第 1 期;本文系作者 2018 年 8 月 23 日在第四届唯物史观与马克思主义史学理论论坛上的讲话)

从中华优秀传统思想中汲取智慧

——学习习近平总书记关于继承弘扬
中华优秀传统的重要论述

中国特色社会主义进入新时代，时代呼唤中华思想史的创新研究。思想是对历史与实践的深刻把握、理论反映和精神传承。人类思想史与人类社会发展史相一致，人类思想史是人类历史的记忆与精粹。学习历史理应学习思想史，研究历史必须研究思想史。

中华优秀传统思想是中国文化软实力的深厚基础

"推古验今，所以不惑。先揆后度，所以应卒。"不了解中国的历史及其思想，难以全面把握当代中国的社会状况，难以全面把握当代中华民族的初心、抱负和梦想，难以全面把握中国人民选择的发展道路和奋斗目标。对于中华优秀传统思想，中国共产党历来高度重视。毛泽东同志说："学习我们的历史遗产，用马克思主义的方法给以批判的总结，是我们学习的另一任务。我们这个民族有数千年的历史，有它的特点，有它的许多珍贵品。对于这些，我们还是小学生。今天的中国是历史的中国的一个发展；我们是马克思主义的历史主义者，我们不应当割断历史。从孔夫子到孙中山，我们应当给以总结，承继这一份珍贵的遗产。这对于指导当前的伟大的运动，是有重要的帮助的。"[1]

---

[1] 《毛泽东选集》第2卷，人民出版社1991年版，第533—534页。

习近平总书记接任历史重担，继承了毛泽东等中国共产党的历代领导人对中国历史及其优秀传统思想的科学态度，特别强调中国共产党人不是历史虚无主义者，不是文化虚无主义者，是中华优秀传统思想的传承者和弘扬者，鲜明地表达了中国共产党对中华优秀传统思想的正确立场和基本原则。他认为："人类已经有了几千年的文明史，任何一个国家、一个民族都是在承先启后、继往开来中走到今天的"①，"当代中国是历史中国的延续和发展，当代中国思想文化也是中国传统思想文化的传承和升华，要认识今天的中国、今天的中国人，就要深入了解中国的文化血脉，准确把握滋养中国人的文化土壤"②；中华优秀传统思想文化"体现着中华民族世世代代在生产生活中形成和传承的世界观、人生观、价值观、审美观等，其中最核心的内容已经成为中华民族最基本的文化基因"③，"在5000多年文明发展中孕育的中华优秀传统文化，在党和人民伟大斗争中孕育的革命文化和社会主义先进文化，积淀着中华民族最深层的精神追求，代表着中华民族独特的精神标识"④，"要加强对中华优秀传统文化的挖掘和阐发，使中华民族最基本的文化基因同当代中国文化相适应、同现代社会相协调，把跨越时空、超越国界、富有永恒魅力、具有当代价值的文化精神弘扬起来，激活其内在的强大生命力，让中华文化同各国人民创造的多彩文化一道，为人类提供正确精神指引"⑤。中华优秀传统思想积淀着中华民族最深沉的精神追求，是中华民族生生不息、发展壮大的丰厚滋养，也是中华民族的突出优势，是我们文化软实力的深厚基础。"只有坚持从历史走向未来，从延续民族文化血脉

---

① 习近平：《在纪念孔子诞辰2565周年国际学术研讨会暨国际儒学联合会第五届会员大会开幕会上的讲话》，人民出版社2014年版，第7页。
② 同上书，第12页。
③ 同上。
④ 《习近平谈治国理政》第2卷，外文出版社2017年版，第36页。
⑤ 习近平：《在中国文联十大、中国作协九大开幕式上的讲话》，人民出版社2016年版，第15—16页。

中开拓前进，我们才能做好今天的事业。"① 中国共产党成立以来，始终是中国优秀传统思想的继承者和弘扬者，注意汲取其中积极的养分。我们不能割断历史，也不能隔断与世界优秀思想的联系。

习近平新时代中国特色社会主义思想吸取了丰富的中华优秀传统思想

习近平总书记站在唯物主义历史观的高度，充分肯定了中华优秀传统思想的内在价值，为学习研究继承弘扬中华优秀传统思想作出了光辉典范。

第一，中华优秀传统思想是中华民族的不朽灵魂。

思想是一个国家、民族的灵魂。无论哪一个国家、民族，如果不珍惜自己的思想，丢掉了思想这个灵魂，这个国家、民族是立不住、发展不起来的。中华民族的优秀传统思想就是中华民族的"魂"。中华民族所创造的文明之所以历经5000多年而不衰，就是因为没有抛弃优秀传统思想，没有割断精神命脉，其"魂"一直延绵至今。中华优秀传统思想对中华文明的形成、维系和发展起着至关重要的作用，务必珍视。

习近平总书记站在时代高度，纵览历史，深情地说："中华民族具有5000多年连绵不断的文明历史，创造了博大精深的中华文化，为人类文明进步作出了不可磨灭的贡献。经过几千年的沧桑岁月，把我国56个民族、13亿多人紧紧凝聚在一起的，是我们共同经历的非凡奋斗，是我们共同创造的美好家园，是我们共同培育的民族精神，而贯穿其中的、更重要的是我们共同坚守的理想信念。"② 中华优秀传统思想强调人在社会中的位置与责任，注重自强不息、厚德载物、刚健有为的理想信念和道德追求，这是中华民族最根本的精神基因。

---

① 习近平：《在纪念孔子诞辰2565周年国际学术研讨会暨国际儒学联合会第五届会员大会开幕会上的讲话》，人民出版社2014年版，第14页。

② 《习近平谈治国理政》，外文出版社2014年版，第39页。

中华优秀传统思想所倡导的大一统、讲仁爱、重民本、守诚信、崇正义、尚和合、求大同等思想理念，牢固积淀在中华民族的思维模式和行为方式中，深刻影响着一代又一代中华儿女。中华优秀传统思想是中华民族共有的精神家园，是中华民族生命力、凝聚力、创造力的重要源泉和内在动力。

第二，中华优秀传统思想是中国社会发展进步的精神力量。

中华优秀传统思想对中华民族和中国社会的进步产生了深刻影响，记载了中华民族自古以来在建设家园的奋斗中开展的精神活动、进行的理性思维、创造的思想成果，反映了中华民族的精神追求，是中华民族生生不息、发展壮大的思想滋养。习近平总书记深刻指出："包括儒家思想在内的中国传统思想文化中的优秀成分，对中华文明形成并延续发展几千年而从未中断，对形成和维护中国团结统一的政治局面，对形成和巩固中国多民族和合一体的大家庭，对形成和丰富中华民族精神，对激励中华儿女维护民族独立、反抗外来侵略，对推动中国社会发展进步、促进中国社会利益和社会关系平衡，都发挥了十分重要的作用。"[①]

第三，中华优秀传统思想是中国共产党治国理政的智慧资源。

习近平总书记系统地梳理了中华优秀传统思想，提炼出了许多安邦济世、治国理政的优秀思想。比如，关于道法自然、天人合一的思想，关于天下为公、大同世界的思想，关于自强不息、厚德载物的思想，关于以民为本、安民富民乐民的思想，关于为政以德、政者正也的思想，关于脚踏实地、实事求是的思想，关于知行合一、经世致用、躬行实践的思想，关于清廉从政、勤勉奉公的思想，关于俭约自守、力戒奢华的思想，关于和而不同、和谐相处的思想，关于安不忘危、存不忘亡、治不忘乱、居安思危的思想，等等。他指出，这些"哲学思想、人文精神、教化思想、道德理念等，可以为人们认识和改造世界提供有益启迪，可以为治国理政提供有益启示，也可以为道

---

① 习近平：《在纪念孔子诞辰2565周年国际学术研讨会暨国际儒学联合会第五届会员大会开幕会上的讲话》，人民出版社2014年版，第5—6页。

德建设提供有益启发"①。这些重要思想为中国共产党长期执政、执好政，领导人民夺取中国特色社会主义伟大胜利提供了重要的思想借鉴。要解决今日中国和当代人类面临的许多难题，不仅需要运用中华民族和全人类今天创造和发展的思想智慧，而且需要运用中华民族和全人类历史上储存的思想智慧，使之造福中国、造福人类。

第四，中华优秀传统思想是涵养社会主义核心价值观的道德源泉。

中华传统思想博大精深，学习和掌握其中的各种精华，对树立正确的世界观、人生观、价值观大有益处。中华优秀传统思想素以道德教化为特色而闻名于世。习近平总书记指出："古人说：'大学之道，在明明德，在亲民，在止于至善。'核心价值观，其实就是一种德，既是个人的德，也是一种大德，就是国家的德、社会的德。"② 他进而指出："国无德不兴，人无德不立。如果一个民族、一个国家没有共同的核心价值观，莫衷一是，行无依归，那这个民族、这个国家就无法前进。"③ 中国是一个有着13亿多人口、56个民族的大国，必须确立反映全国人民共同认可的价值观，使全体人民同心同德、团结奋进，其功在当代，利在千秋。习近平总书记指出："中华文明绵延数千年，有其独特的价值体系"，"植根在中国人内心，潜移默化影响着中国人的思想方式和行为方式。今天，我们提倡和弘扬社会主义核心价值观，必须从中汲取丰富营养，否则就不会有生命力和影响力"。④ 他如数家珍，列举了"民惟邦本"，"和而不同"，"天行健，君子以自强不息"，"大道之行也，天下为公"，"天下兴亡，匹夫有责"，"言必信，行必果"，"仁者爱人"，"与人为善"，"己所不欲，勿施于人"，"扶贫济困"，"爱国爱民"等思想理念。习近平总书记提出党员干部要做到"三严三实"，即严以修身、严以用权、严以律己，谋事要实、创业要实、做人要实，也是从儒家几千年来倡导的"修身、

---

① 习近平：《在纪念孔子诞辰2565周年国际学术研讨会暨国际儒学联合会第五届会员大会开幕会上的讲话》，人民出版社2014年版，第7页。
② 《习近平谈治国理政》，外文出版社2014年版，第168页。
③ 同上。
④ 同上书，第170页。

齐家、治国、平天下""吾日三省吾身"等理念中提炼、改造而来。他认为:"像这样的思想和理念,不论过去还是现在,都有其鲜明的民族特色,都有其永不褪色的时代价值","我们提倡的社会主义核心价值观,就充分体现了对中华优秀传统文化的传承和升华"。

第五,中华优秀传统思想是当代中国马克思主义的理论营养。

毛泽东同志在《唯心历史观的破产》一文中指出:"即从一八四〇年的鸦片战争到一九一九年的五四运动的前夜,共计七十多年中,中国人没有什么思想武器可以抗御帝国主义……一九一七年的俄国革命唤醒了中国人,中国人学得了一样新的东西,这就是马克思列宁主义。"① 马克思主义是解救中国、推动中国走向繁荣富强的中国特色社会主义道路的指导思想和理论基础。然而,马克思主义如果不与中国的实际相结合,不从中华优秀传统思想中汲取养分、汲取精华,就会变成形而上的空中楼阁,在中国的大地上发挥不了现实作用。中华优秀传统思想既是中国化马克思主义的"源",同时也是"流"。中华优秀传统思想是中国化马克思主义的理论养料,它的血管里始终流淌着中华优秀传统思想。譬如,毛泽东思想,其中蕴含着丰富的中华优秀传统思想,实事求是思想路线就是马克思主义认识论的中国化表达。习近平新时代中国特色社会主义思想吸取了丰富的中华优秀传统思想。

为优秀传统思想注入新的时代内涵和现实价值

学习研究继承弘扬中华优秀传统思想的出发点和落脚点,应当是:理出一条清晰、明确的脉络和主线,挖掘出中华思想的精华,结合当今时代特点实现中华优秀传统思想的创造性结合、创造性转换、创新性发展,为实现"两个一百年"奋斗目标和中华民族伟大复兴的中国梦服务。

因此,学习研究继承弘扬中华优秀传统思想,一是要贯通古今。

---

① 《毛泽东选集》第4卷,人民出版社1991年版,第1513—1514页。

无论从时间断限还是从思想脉络来看，都要上溯远古，下迄党的十九大，将中华民族在漫长的历史长河中形成的优秀思想挖掘总结、提炼集成起来，为中国共产党总结历史、开创未来提供丰富的思想资源，为世界文明和人类智识的提升作出属于中华民族的奉献。

二是既要挖掘传承中国优秀传统思想，又要融合会通外来先进思想。要深入探寻中国历史上的思想宝藏，同时注意中华思想对优秀外来思想的吸收融合，从中国和世界、历史与现实的双重维度深入发掘中华优秀传统思想的精髓内核，探索中华民族绵延不绝的内在精神，为中华民族走向复兴不断注入精神力量。

三是明确中国化马克思主义，特别是习近平新时代中国特色社会主义思想在中华思想史上的崇高地位。从中华文明历史变迁的角度，审视鸦片战争以来，尤其是中国共产党成立以来中华思想发展轨迹，从学理上牢固确立中国化马克思主义、习近平新时代中国特色社会主义思想在中华思想史上的地位，弘扬几千年中国优秀传统思想和马克思主义相结合所形成的先进思想，即中国化马克思主义、习近平新时代中国特色社会主义思想。

英国哲学家罗素曾经指出："中国至高无上的伦理品质中的一些东西，现代世界极为需要。"经过多年努力和积累，中华优秀传统思想的研究已经渐渐抵近中华优秀思想的核心，开始向中华优秀传统思想的内核发起攻坚探索，希冀发掘出中华民族最深层的精神追求，提炼出中华优秀思想的精神标识。这既是中国发展的需要，也将是中国人民对世界发展的贡献。这是一项艰巨的学术任务，必须拿出跨越古今的气魄、百炼成钢的毅力、玉汝于成的精神，在注重中华优秀传统思想连续性与广阔性的同时，充分注意世界先进思想与中华传统优秀思想的结合，马克思主义与中华传统优秀思想的对接，为当代中国化的马克思主义找到中华传统优秀思想的原始基因和发展动力，进而在服务国家和民族的进程中，在中华民族奉献于世界的进程中，凸显中华思想的时代价值和伟大意义。

如何对待中国历史上的传统思想，近代中国以来存在两种极端的做法：一种是把传统思想看作一团漆黑的文化虚无主义；另一种是固守传统思想不分精华与糟粕的文化保守主义。这都是不对的。习近平总书记要求必须坚持辩证取舍、批判改造、推陈出新、古为今用、洋为中用的正确方针和科学态度。他指出："要加强对中华优秀传统文化的挖掘和阐发，努力实现中华传统美德的创造性转化、创新性发展，把跨越时空、超越国度、富有永恒魅力、具有当代价值的文化精神弘扬起来，把继承优秀传统文化又弘扬时代精神、立足本国又面向世界的当代中国文化创新成果传播出去。"①"要处理好继承和创造性发展的关系，重点做好创造性转化和创新性发展。"② 因为中华传统思想在其形成和发展过程中，不可避免会受到当时历史条件、社会制度和民众认识水平的局限、制约和影响，难免夹杂一些陈旧过时或糟粕性的东西。这就要求我们在今天不能简单地照套照用。必须运用科学的立场观点方法，厘清哪些是应该吸取的精华，哪些是必须剔除的糟粕；同时立足新的实践，对优秀传统思想作出合乎逻辑的新阐释，为优秀传统思想注入新的时代内涵和现实价值。

要实现学习研究继承弘扬中华优秀传统思想的初衷，作出经得起历史与时代检验的成功之作，就要经历恩格斯所说的痛苦的"脱毛"过程。"虑天下者，常图其所难。"推进中华优秀传统思想的学习研究和继承，既要抓住中国特色社会主义新时代的重要机遇，更要主动回应时代关切，通古今之变化、发思想之先声，为深入贯彻落实习近平新时代中国特色社会主义思想，坚定文化自信、思想自信，更好地构筑中国精神、中国价值、中国力量，作出应有的贡献。

（原载《紫荆》2019 年 2 月）

---

① 《习近平谈治国理政》，外文出版社 2014 年版，第 106 页。
② 同上书，第 164 页。

辩证唯物主义世界观方法论是中国共产党全部理论与实践的思想基础

2019年新年伊始,《求是》杂志第1期发表了习近平总书记《辩证唯物主义是中国共产党人的世界观和方法论》一文,意义重大、非同一般。

近代以来,当中华民族深陷于帝国主义侵略压迫给中国人民带来的沉重灾难之中时,中华民族先进分子呐喊出"振兴中华"的民族最强音。在对指导救国救民各种思想武器的比较选择中,中华民族先进分子接受了马克思主义,把马克思主义作为实现民族复兴大业的唯一思想武器。从此,中国共产党人运用辩证唯物主义世界观方法论,把马克思主义与中国实际相结合,创造了中国化马克思主义。在马克思主义和中国化马克思主义指引下,中国共产党人带领中国人民浴血征战、艰辛努力,经过革命、建设和改革的百年奋斗,取得了从站起来到富起来,再到强起来的伟大胜利,实现中华民族伟大复兴中国梦即在眼前、胜利在望。中华民族的百年奋斗史雄辩证明,中国人民的伟大胜利是马克思主义的伟大胜利,是辩证唯物主义世界观方法论的伟大胜利。学会运用辩证唯物主义世界观和方法论,中国共产党人就会无坚而不摧、无往而不胜。

一 辩证唯物主义是放之四海而皆准的科学真理

毛泽东同志指出:"马克思主义有几门学问……但基础的东西是

马克思主义哲学。"① 马克思主义作为科学的理论体系，内含三个层次：第一个层次，也就是最高层次，是马克思主义哲学世界观方法论，也称马克思主义立场、观点和方法，即辩证唯物主义和历史唯物主义，可统称为辩证唯物主义。第二个层次是马克思主义基本原理，也称马克思主义一般结论，是马克思主义经典作家运用马克思主义立场、观点和方法，认识自然、社会和思维客观规律而得出的科学理论。第三个层次是马克思主义的具体结论，也就是运用马克思主义立场、观点和方法，根据马克思主义的基本原理，对特定历史条件下的具体问题作出具体分析所得出的具体判断。哲学世界观方法论层次、一般原理层次和具体结论层次，这三个层次构成了马克思主义系统的、科学的、不断创新的理论体系。

马克思主义哲学即辩证唯物主义，揭示了宇宙间一切事物的一般规律及其本质特征，是对自然、社会和思维最一般规律及其本质特征的科学概括，是颠扑不破、放之四海而皆准的真理。譬如，世界是物质的、物质是运动的，时空是运动的基本形式，运动是有规律的，对立统一是根本规律，规律是可以认识的；社会存在决定社会意识，社会意识是社会存在的反映，人的认识是社会实践的产物，实践是认识的源泉、动力与唯一检验标准；劳动创造了人与人类社会，人类社会由无阶级社会发展到阶级社会，再发展到无阶级社会，在阶级社会中阶级差别、阶级矛盾和阶级斗争是客观存在的，阶级斗争是阶级社会发展的直接动力；生产力是推动历史发展的最终动因，生产力决定生产关系、上层建筑决定经济基础的社会基本矛盾运动推动历史发展……这些辩证唯物主义关于自然、社会、思维最一般规律的真理，是马克思主义整个理论体系的核心、基础和前提，是马克思主义经典作家观察问题、分析问题、处理问题的立场、观点、方法，是共产党人观察认识问题的世界观，也是共产党人分析解决问题的方法论。掌握辩证唯物主义，也就掌握了真理、掌握了最锐利的思想武器，在实际斗争中就可以少犯错误、少走弯路、少受挫折。

---

① 《毛泽东文集》第6卷，人民出版社1999年版，第396页。

马克思主义一般原理,是马克思主义经典作家们运用马克思主义立场、观点和方法分析判断问题而得出的一般结论,反映了事物发展的客观规律和必然趋势,也是客观真理。譬如,关于人类社会形态由低级到高级演变规律的理论、关于共产主义必然代替资本主义必然趋势的理论,等等,是马克思主义最基本的观点。是共产党人认识和处理一切问题必须遵循的基本原则,是不能违背的,违背了,就要犯认识上和实践上的错误。

马克思主义具体结论,是在特定条件下运用马克思主义立场、观点和方法分析具体问题而得出的具体认识,是人们在特定历史条件下处理具体问题的具体的指导方针和重要依据,会因时间、地点等具体条件的改变而改变,具有一定的历史局限性和认识局限性。譬如,马克思主义经典作家关于社会主义革命只能在几个西方发达资本主义国家同时进行才能取得胜利的具体结论,也就是通常所说的"数国同时胜利论",是马克思在当时自由资本主义的历史条件下所形成的。在列宁所处的无产阶级革命和帝国主义阶段,由于时间、地点、条件的变化而改变。列宁发现了帝国主义经济政治发展不平衡的规律,得出了社会主义革命可以在帝国主义统治的薄弱环节率先实现,形成了"一国胜利论",指导十月社会主义革命取得成功。马克思主义的具体结论是有局限性的。条件变了,仍然死抱着马克思主义具体结论不放,脱离具体的现实条件,就会犯教条主义错误。给中国革命带来重大失败与挫折的,大多是因为教条主义错误而造成的。

学习掌握马克思主义最重要、最根本的,是学习马克思主义哲学世界观方法论,即辩证唯物主义。把马克思主义哲学概括为辩证唯物主义和历史唯物主义,或统称为辩证唯物主义,这两种说法是一致的,都是正确的。那种认为辩证唯物主义只解决了对自然界一般规律的认识,而对社会、思维一般规律的认识尚未涉及是偏颇的。辩证唯物主义是关于自然、社会、思维最一般规律的科学。自然、社会、思维三者既一致又有区别。人类社会说到底是自然的一部分,社会发展过程也是一个自然历史过程。人类社会是自然的一部分,又是自然的特殊部分，是自然界中由有意识的人有意识地利用自然、改造自然，对象化自然的特殊部分。思维是人的思维，说到底也是自然的一部分，是自然更为特殊的部分。人的思维是自然物质发展到一定阶段的产物，是作为物质的人脑的机能，是人在社会实践中对外部世界的反映，是人的社会实践的产物。人对自然的科学认识，如果不包括对人类社会发展一般规律、对人的思维一般规律的认识，就不可能完成对整个自然的科学认识。只有完成包括人类社会历史、人类思维一般规律的科学认识，才能完成对自然一般规律的全部科学认识，才能形成最彻底的辩证唯物主义哲学，才能完成对旧哲学的彻底改造，实现哲学革命。当马克思主义完成了对自然，同时完成了对社会历史和人类思维的认识，创造了历史唯物主义和唯物主义认识论，才真正创造了辩证唯物主义。辩证唯物主义是包括了唯物论、辩证法、历史观、认识论、价值观、人生观等全部观点在内的系统的科学体系。辩证唯物主义自然而然地包括了历史唯物主义和唯物主义认识论，同时如果没有历史唯物主义和唯物主义认识论也就没有辩证唯物主义。

辩证唯物主义之前的一切旧唯物主义其根本缺陷：一是唯物主义与辩证法的分离：唯物主义往往与辩证法分离，辩证法往往又与唯物主义分离；二是不能把唯物论与辩证法有机结合起来，揭示人类历史发展的客观规律，在历史观领域表现为历史唯心主义；三是不能把唯物论与辩证法有机结合起来，运用于说明人的思维是怎样产生的，人的正确思想是从哪里来的，不能揭示人类思维发展的一般规律。旧唯物主义表现在历史观领域和认识论领域都是唯物论与辩证法相分离，最终仍然坠入唯心主义泥坑。马克思主义哲学是彻底、完备的唯物主义哲学，突破了唯心主义和形而上学的局限，把唯物主义和辩证法结合起来应用于社会历史领域和人的思维领域，完成了历史观领域和认识论领域的彻底革命，从根本上克服了旧唯物主义的根本缺陷，克服了以往一切哲学在历史观和认识论上的唯心主义，使辩证唯物主义完成了对自然、社会、思维发展最一般规律的哲学概括，实现了唯物论和辩证法在一切领域的有机统一，构成了无产阶级及其政党正确思想路线的理论基础。

在辩证唯物主义那里,唯物论与辩证法是一个有机结合起来的思想体系。自然观、历史观和认识论也是统一的,历史观和认识论既是自然观的重要组成部分,又是自然观的特殊组成部分。这表现在:一方面,没有结合在一起的唯物论和辩证法作为科学世界观和方法论,就不可能对社会历史作出科学的说明,不可能对人类思维过程,即认识过程作出科学的说明,不可能确立历史唯物主义和唯物主义认识论;另一方面,没有对社会历史过程的唯物论、辩证法的理解,对人的思维过程的唯物论、辩证法的理解,特别是对人类物质实践意义的揭示,就不可能完成唯物论与辩证法的彻底结合,从而也就不可能完成对整个世界的彻底的唯物论和辩证法的认识,不可能摒弃历史唯心主义和唯心主义反映论,不可能建立起完整的辩证唯物主义世界观和方法论理论体系。

辩证唯物主义、历史唯物主义和唯物主义认识论,构成马克思主义哲学严密的科学体系。只有掌握了有机结合起来的唯物论辩证法,才能揭示人的思维即人的认识的一般规律,同时也只有确立了唯物主义历史观,才能揭示人的思维,即人的认识的一般规律。从马克思主义哲学体系的构成上来看,唯物主义认识论可以融入辩证唯物主义理论体系,是辩证唯物主义的重要组成部分。所以又把马克思主义哲学世界观和方法论合称为辩证唯物主义和历史唯物主义。说到底,统称为辩证唯物主义。当然,在统一完整的马克思主义哲学体系中,绝不能偏废任何一个重要部分。正是在这个意义上说,辩证唯物主义是马克思主义哲学世界观方法论的全部。共产党人必须要用辩证唯物主义作为自己的世界观方法论,反对形形色色的唯心主义和形而上学,反对历史唯心主义,以正确指导实践。

二 辩证唯物主义是最科学、最管用的思想方法和工作方法

习近平总书记认为,当前,结合我国实际和时代条件,必须学习

和运用辩证唯物主义世界观方法论着重解决四个问题：一是掌握世界统一于物质、物质决定意识的原理，坚持从客观实际出发制定政策、推动工作；二是学习掌握事物矛盾运动的基本原理，不断强化问题意识，积极面对和化解前进中遇到的矛盾；三是学习掌握唯物辩证法的根本方法，不断增强辩证唯物思维能力，提高驾驭复杂局面、处理复杂问题的本领；四是学习掌握认识和实践的关系的原理，坚持实践第一的观点，不断推进实践基础上的理论创新。

马克思主义思想方法和工作方法是辩证唯物主义世界观方法论在实践中的具体运用。习近平总书记高度概括了辩证唯物主义最基本的观点，创造性地把辩证唯物主义基本观点转化为指导实践的思想方法和工作方法，为我们结合今天新的实际，掌握辩证唯物主义，指导实际工作指明了方向和路径。今天，学习辩证唯物主义，重点要掌握好以下几个方面最基本的思想方法和工作方法：

第一，一切从实际出发。

世界是物质的，物质是第一性的，不是精神决定物质，而是物质决定精神，世界统一于物质性，是辩证唯物主义一个基本观点。

什么是物质，即怎样给物质下一个科学的定义，人类经历了一个长期曲折的认知过程。辩证唯物主义与旧唯物主义的区别不在于承认不承认物质是第一性的，而在于旧唯物主义把物质归结于某种具体的物质实体，而辩证唯物主义却给物质作了科学的定义。如中国古代朴素唯物主义"五行说"，直观地、形而上学地把世界归结于"金木水火土"五种最基本的物质元素，认为它们是构成世界的最原初的物质。古希腊唯物主义哲学把世界或归结于原子或归结为一团燃烧的火等某种具体物质形态。这些看法只不过是一种朴素的、缺乏科学根据的猜测。近代唯物主义根据当时自然科学关于原子是物质最小单位的认识，把原子归结为物质的最基本单位，具有不可分性、质量不变性，认为物质就是由原子构成的。原子说虽然是朴素唯物主义的进步，但仍然逃脱不了旧唯物主义的局限性。一切旧唯物主义虽然坚持了世界的物质性，但由于把物质直观简单、形而上学地归结为某种具体物质实体，无法说明世界的本原，最终导向唯心主义。

辩证唯物主义第一次科学地解决了物质概念问题，明确了科学的物质概念，确立了辩证唯物主义的物质观。恩格斯说："物、物质无非是各种物的总和，而这个概念就是从这一总和中抽象出来的。"① 哲学上的物质概念，不是指具体的物质形态或结构，而是指物质的全体，是对一切领域和一切物质形态的共同本质的抽象概括。列宁给物质下了一个科学的定义："物质是标志客观实在的哲学范畴，这种客观实在是人通过感觉感知的，它不依赖于我们的感觉而存在，为我们的感觉所复写、摄影、反映。"② 世界上千差万别的物质实体，其唯一的共同特征就是它们的客观实在性。辩证唯物主义的物质概念克服了旧唯物主义把世界归结于某种物质具体形态的形而上学局限性，对形形色色的具体物质形态作出了科学的抽象，奠定了唯物主义物质观的基石。马克思主义经典作家把唯物主义物质观的基本观点运用到历史观领域和认识论领域形成了科学的实践观，建立了实践基础上的唯物主义认识论，从而确立了包括实践观在内的最科学、最完备的唯物主义物质观。

坚持辩证唯物主义物质观，具体化为指导实践的思想方法和工作方法，可以归结为一句话，一切从实际出发。遵循辩证唯物主义物质观的基本观点，在实际工作中必须遵循实事求是、一切从实际出发的思想路线。实事求是、一切从实际出发，是马克思主义的精髓，是我们党从事革命、建设和改革必须遵循的正确的思想方法和工作方法。正是基于实事求是、一切从实际出发的思想路线，中国共产党人把马克思主义与中国具体实践和时代条件相结合，一切从中国国情实际出发，制定了新民主主义和社会主义革命的理论、路线、方针和政策，取得了中国革命的胜利，完成了使中国人民站起来的伟大历史任务。也正是靠实事求是、一切从实际出发，我们党把马克思主义与中国国情、与建设改革实践相结合，走出了一条具有中国特色的社会主义道路，实现了富起来的伟大历史任务，正在向强起来进军。

---

① 《马克思恩格斯选集》第4卷，人民出版社1995年版，第343页。
② 《列宁全集》第18卷，人民出版社1988年版，第130页。

第二，一切以时间、地点、条件为转移。

世界是物质的，物质是运动的，物质和运动是不可分的，没有不运动的物质，也没有离开物质的运动，物质世界，包括精神现象在内的一切都处在永不停歇的运动、变化和发展之中，也是辩证唯物主义的一个基本观点。

一切都是运动变化发展的观点，运用到思想方法和工作方法上，就是一切以时间、地点、条件为转移。没有停止不前的实践，没有永恒不变的认识，也没有亘古不改的理论。世界是变化的，实践是发展的，一切事物都因时间、地点、条件的变化而变化。条件改变了，人们的认识，人们所采取的指导思想、行动路线、方针政策也要随着时间、地点、条件的变化而变化。俄国十月革命走的是率先在中心城市举行武装暴动取得政权，然后再向农村进军，以城市带动农村的革命道路。中国革命的具体情况与俄国不同，国情实际发生了根本变化，照搬俄国革命的具体道路就会遭受失败。中国共产党人从曲折和失败中找到了一条成功的道路，即农村包围城市的中国革命道路。理论创新，恰恰说明条件变化了，理论认识也会随之发生变化。一切以时间、地点、条件为转移，是实事求是、一切从实际出发思想路线的深化。

第三，具体问题具体分析。

世界统一于物质，物质世界又是多种多样、千变万化的，每类具体物质形态的运动既存在与其他一切物质形态共同的普遍规律和一般本质，又具有其特殊规律和特殊本质，物质世界是一般与特殊、普遍与个别的有机统一，又是辩证唯物主义的一个基本观点。

个别就是指单个的、具体的事物。一般则是指不同事物之间在本质上的共同点。个别是具体的、特殊的、活生生的，而一般则是抽象的、普遍的、干巴巴的。比如，人们所看到的人是一个一个具体的人，或是男人，或是女人，或是黄种人，或是白种人，或是黑种人，这些一个一个的具体的人就是个别的人。而人们所说的人则是一般概念，因为不管是男人还是女人，是黄种人、白种人还是黑种人，这个人还是那个人，都具有人的共同本质，都是人。具体的人就是个别人，个别人是具体的、生动的、实实在在的人；一切个别人的共同的、普遍的本质则是一般的人。一般的人是人们在长期的实践中对千千万万具体的、个别的、特殊的人的共同本质的抽象认识，是一般概念。

个别和一般并不是彼此孤立、互相排斥的，而是具有内在统一性的。一般只能在个别中存在，只能通过个别而存在。在个别事物中，蕴含着一般、普遍、共同的本质和规律；如果离开了个别的、具体的事物，一般就是空洞的、虚幻的、没有内容的东西。不能设想，离开了一个个具体的、个别的、特殊的人，还能存在什么抽象的、一般的、普遍的人。从这个意义上说，"个别就是一般"，"任何个别（不论怎样）都是一般"①。不能把一般作为脱离个别的独立存在，与个别、具体的东西相提并论。

从认识个别到认识一般、从认识具体到认识抽象、从认识特殊到认识普遍，这是人类认识的一般规律。认识一般只能通过认识个别而实现，否则就会得出荒谬的认识结论。由于人的认识总是由个别到一般，也就是人的认识总是从认识个别事物开始的，进而认识到一般，然后再从一般认识到个别。没有对个别的认识就无法形成对一般的认识。因此，辩证唯物主义要求我们，"在分析任何一个社会问题时，马克思主义理论的绝对要求，就是要把问题提到一定的历史范围之内"②，"马克思主义的精髓，马克思主义的活的灵魂：对具体情况作具体分析"③。

共性与个性、个别与普遍辩证关系的道理，是辩证唯物主义的真理，不懂得这点，就等于背叛和抛弃了辩证唯物主义。这个道理在思想方法和工作方法上必然体现为对具体问题要做具体分析。具体问题具体分析是辩证唯物主义的精髓，是马克思主义思想方法和工作方法活的灵魂。

---

① 《列宁专题文集·论辩证唯物主义和历史唯物主义》，人民出版社2009年版，第150页。
② 《列宁专题文集·论马克思主义》，人民出版社2009年版，第302页。
③ 同上书，第293页。

把马克思主义基本原理与中国特色国情相结合,是中国共产党人秉持具体问题具体分析的道理在思想方法和工作方法上的灵活运用。只有把马克思主义的一般原理应用于中国的"具体环境"和"特殊条件",使之发生内容和形态的改变,才能形成适应中国实际需要的、具有中国内容和表现形态的、为中国人民所接受的中国化的马克思主义,才能用于指导中国的实际。既要肯定"一般性",坚持马克思主义一般原理,又要肯定"特殊性",坚持马克思主义一般原理与中国特殊实际相结合;不能因为强调"特殊性"而否定"一般性",从而否定马克思主义一般原理;也不能因为强调"一般性"而否定"特殊性",从而否定马克思主义中国化的必要性。因为强调"特殊性"而否定"一般性",是拒绝和否定马克思主义的指导作用;因为强调"普遍性"而否定"特殊性",就会脱离中国的具体国情,脱离中国的历史文化,脱离中国的人民大众。因为强调"普遍性"而否定"特殊性",就是教条主义;因为强调"特殊性"而否定"普遍性",就是经验主义。教条主义离开具体实际,生搬硬套马克思主义的结论和词句,拿来指导实践,就会走弯路,使事业遭受损失。经验主义否定马克思主义的普遍指导作用,拒绝马克思主义指导,离开马克思主义的正确指南,就会迷失方向。

第四,矛盾分析是最根本的分析方法。

对立统一规律是世界最普遍、最根本的规律,社会、自然、思维等世界上的一切规律皆服从于它、根源于它。对立统一观点则是对立统一普遍规律的高度抽象,是辩证唯物主义的实质和核心观点,亦是辩证唯物主义的一个基本观点。

唯物辩证法认为自然、社会和人类思维有三大规律,即质量互变规律、否定之否定规律和对立统一规律,对立统一规律是其中最根本的规律。列宁认为,事物运动、变化和发展是"对立面的统一(统一物之分为两个互相排斥的对立面以及它们之间的相互关系)"[1],这是

---

[1] 《列宁专题文集·论辩证唯物主义和历史唯物主义》,人民出版社2009年版,第149页。

辩证唯物主义关于对立统一规律的精辟概括。辩证唯物主义关于对立统一规律的哲学概括，从根本上揭示了事物的存在状态和发展规律，说明了事物发展的根本原因。人们认识事物及其规律本质，必须认识和分析该事物具体的运行规律及其特征。对立统一的观点和对立统一的分析方法，就是辩证唯物主义世界观和方法论，使之见之于实际，就是马克思主义思想方法和工作方法。

毛泽东同志创造性地把对立统一规律形象地称为矛盾规律，把唯物辩证法的对立统一观点，概括为矛盾观点，把对事物对立统一状况的分析称为矛盾分析，并把掌握矛盾观点和矛盾分析方法上升到马克思主义思想方法和工作方法的高度。毛泽东同志是矛盾论的大师。早在1937年，为克服党内存在的严重的教条主义思想，他撰写了《矛盾论》，系统阐述了事物的矛盾法则即唯物辩证法的最根本法则。1956年12月26日，毛泽东同志发表了《论十大关系》。《论十大关系》是运用对立统一观点即矛盾观点分析认识中国社会主义建设规律的典型范例。毛泽东同志以矛盾观点和矛盾分析方法为武器，实事求是地分析了中国社会主义建设的十大关系。十大关系问题是关乎中国社会主义建设全局的十大矛盾。毛泽东同志说："这十种关系，都是矛盾。世界是由矛盾组成的。没有矛盾就没有世界。我们的任务，是要正确处理这些矛盾。"[①] 世界是辩证的，矛盾是辩证法的核心，辩证法的核心观点是矛盾观点。认识世界，必须用辩证法认识世界；用辩证法认识世界，必须用矛盾观点认识世界。矛盾概念形象地概括了万事万物的既对立又统一、在对立统一中发展的最普遍的客观法则。矛盾观点是对立统一观点的辩证唯物主义中国化的通俗表述。毛泽东同志谆谆教导我们要学会用矛盾观点分析问题、认识问题和解决问题。矛盾观点是观察世界、认识世界、改造世界的世界观方法论，运用矛盾观点认识说明世界，就是世界观；运用矛盾观点分析改造世界，就是方法论，矛盾观点与矛盾分析法是一致的。

是否承认对立统一，即是否承认世界上的一切事物和现象都包含

---

① 《毛泽东文集》第7卷，人民出版社1999年版，第44页。

着矛盾，是否承认矛盾是事物运动、变化和发展的根本原因，是辩证法和形而上学两种世界观方法论的根本分歧。形而上学的基本特征是否认矛盾，否认事物的自我运动和自我发展，看不到事物自身的矛盾是事物发展的源泉和动力，否认事物根本性质的变化，把事物看成是不包含任何差异、变化的抽象的同一，认为事物内部是绝对同一的，同一事物永远是同一事物，不是别的事物；认为事物变化发展是数量上的增减和场所上的变化，并把这种变化归结为外部原因。在矛盾的普遍性与特殊性、同一性与斗争性、外因与内因、一般与个别、共性与个性、绝对与相对问题上，辩证法与形而上学都是有原则分歧的。辩证法是一种全面的、运动的、普遍联系的、突出重点的、对立统一的观点，形而上学是一种孤立的、静止的、片面的、割裂的、绝对同一的观点。形而上学与辩证法关于矛盾问题认识上的本质区别，决定了人们思想方法和工作方法的根本不同。

正确认识世界、改造世界，一定要学习马克思主义的对立统一观点，学会运用矛盾分析方法具体分析任何事物的特殊矛盾，认清矛盾的性质、特点，对不同质的矛盾采用不同的解决办法，分析矛盾、解决矛盾，从而推动事物的转化和发展。

第五，实践是检验真理的唯一标准。

辩证唯物主义高度重视实践的作用。马克思、恩格斯自认是"实践的唯物主义"者。列宁认为："生活、实践的观点，应该是认识论的首要的和基本的观点。"[①] 实践的观点是马克思主义认识论的首要观点，同样是辩证唯物主义的一个基本观点。

马克思主义以前的旧唯物主义反对唯心主义，是应当肯定的。但它的根本缺陷是因为不了解实践的作用，因而在认识和解释社会历史和人的思维发展规律时，离开人的实践去说明社会历史和人的认识问题，不了解实践创造了人和人类社会、不了解实践在认识中的作用，不能把辩证法应用到社会历史和人的思维问题的认识上，把人看作感

[①] 《列宁专题文集·论辩证唯物主义和历史唯物主义》，人民出版社2009年版，第49页。

性的、被动的人，看不到人的实践能动性，看不到实践是认识的动力和源泉，离开人的社会性、离开人的历史，把认识看作对客观实在的直观的、被动的、消极的反映，结果自然又掉进唯心主义历史观和认识论的泥潭中。

辩证唯物主义第一次自觉地把实践作为自己哲学的基础，从而科学地说明了人类社会历史和人的思维发展历史，把唯心主义从历史观和认识论中彻底驱逐出去。在被恩格斯称作"包含着新世界观的天才萌芽的第一个文献"[①] 的《关于费尔巴哈的提纲》中，马克思涉及了实践在社会历史和人的思维发展中的根本作用问题，奠定了辩证唯物主义的理论基石。列宁认为，实践"不仅具有普遍性的品格，而且还具有直接现实性的品格"[②]。实践具有共通性和普遍性，个别的、特殊的事物的普遍本质与一般规律能够在实践中逐步显露出来，只要具备了同样的条件，实践就可以随时随地产生合乎规律的运动，从而证明规律与必然性的存在，证明正确的思想、理论是与规律相符合的，是对客观事物的本质的认识。更重要的是，实践具有直接现实性。实践作为在一定思想指导下的感性物质活动，能够把在实践中获得的认识经过感性阶段上升到理性阶段，形成理论、路线、方针、政策、计划、方案等，并将理论、路线、方针、政策、计划、方案付诸行动，产生改造客观世界和主观世界的结果。如果在实践中达到了预期的目的，就证明了人的认识的正确性。如果经过反复实践都不能达到预期的目的，就是对于一种认识的证伪。判断一种理论、一个方案是否正确，要看它在实践中是不是行得通，看能不能取得预期的结果。

毛泽东同志特别强调实践第一的观点。他针对教条主义者轻视实践，不了解中国实际，不尊重中国实践及其经验，不重视调查研究，生搬硬套马克思主义的词句和外国革命的经验，给中国革命造成严重

---

① 《马克思恩格斯文集》第 4 卷，人民出版社 2009 年版，第 266 页。
② 《列宁专题文集·论辩证唯物主义和历史唯物主义》，人民出版社 2009 年版，第 139 页。

危害的现实，特别强调了实践的极端重要性。他把自己的辩证唯物主义的另一篇著作称为《实践论》。从实践是认识的来源、认识发展的动力、检验真理的标准和认识的目的四个方面说明了实践对于认识的决定作用，并以实践为基础，第一次对认识的辩证发展过程作了全面的论述，第一次将实践摆在改造世界的人的历史活动中，深刻揭示了实践在认识过程和社会历史进程中的基础地位和决定作用，创造性地发展了辩证唯物主义哲学。

马克思主义发展到今天，始终保持旺盛的生命力，不仅因为马克思主义解释的是反映自然、社会和思维发展普遍规律的真理，更因为一代又一代的马克思主义者既坚持辩证唯物主义，又发展辩证唯物主义，不断推进实践创新基础上的理论创新，实践、实践再实践，认识、认识再认识，实践需要理论，实践孕育理论，不断发展的实践推进理论的不断创新。列宁回答了帝国主义阶段的时代问题，并结合俄国国情和革命实践，找到了俄国革命的正确道路，成功地领导俄国十月社会主义革命，缔造了世界上第一个社会主义国家，创立了列宁主义；毛泽东同志把马克思列宁主义同中国具体国情和现实实践相结合，走出了一条不同于俄国革命道路的中国革命道路，创建了中华人民共和国，把中国引导到社会主义发展道路上，创立了毛泽东思想。以邓小平、江泽民、胡锦涛等为代表的中国共产党人把马克思列宁主义、毛泽东思想与中国改革开放新的实践永续结合，创立和不断充实了中国特色社会主义理论体系。在十八大以来的新时代条件下，习近平创立了新时代中国特色社会主义思想，进一步丰富发展了中国特色社会主义理论体系。

从作为思想方法和工作方法的指导意义上来看，实践是检验真理的唯一标准的观点，对于马克思主义政党来说至关重要。因为马克思主义政党最重视理论对实践的指导作用。那么，怎样检验理论的正确与否？这对于马克思主义政党来说又是至关重要的。马克思在《关于费尔巴哈的提纲》中指出："人的思维是否具有客观的真理性，这不是一个理论的问题，而是一个实践的问题。人应该在实践中证明自己思维的真理性，即自己思维的现实性和力量，自己思维的此岸性。关于离开实践的思维的现实性或非现实性的争论,是一个纯粹经院哲学的问题。"① 只有人们的社会实践,才是人们对于外界认识的真理性的判断标准。判定认识或理论是否具有真理性,不是依主观上觉得如何而定,而是依客观上社会实践的结果如何而定。检验真理的标准只能是社会实践。

实践之所以是检验真理的唯一标准,是由真理的本性和实践的特性决定的。真理是人们的思想对于客观事物及其规律的正确反映,是主观与客观相符合的认识。判断一种认识是不是真理,在主观的范围内是不能解决的,客观事物本身也不能自动地把自己与人的认识相对照。作为检验真理的标准,既不能到主观领域中去寻找,也不能到纯粹客观的领域中去寻找,只能到能够把主客观联结起来的东西中去寻找。这只能是实践。

毛泽东同志在《实践论》中特别强调实践检验标准的唯一性。所谓唯一性,即只有一个标准。一种理论、一种思想、一个观点、一个办法是否正确,只能由实践来说话、来判断、来裁定。什么谁的指示、谁的讲话、谁的本本,都必须服从实践标准。改革开放之初展开的实践是检验真理的唯一标准的大讨论,是一场空前的马克思主义教育和思想解放运动,把人们从对马克思主义教条化的理解、对错误路线的无条件地服从和执行、对个人的盲目崇拜迷信的思想禁锢中解放出来了,开启了社会主义改革开放的新篇章。坚定不移地坚持实践是检验真理的唯一标准,是中国共产党人必须遵循的马克思主义思想方法和工作方法。

正因如此,无产阶级政党必须勇于实践、善于实践,不但要善于认识世界,更重要的是在斗争实践中改造世界,建立一个新世界。并且要在实践创新基础上推进理论创新,在理论创新指导下进行实践创新,不断用实践检验理论、推动创新,这正是马克思主义政党永葆生命力的根本所在。

---

① 《马克思恩格斯文集》第 1 卷,人民出版社 2009 年版,第 503—504 页。

三 针对新的实际，真学真懂真信真用辩证唯物主义

毛泽东同志高度重视用辩证唯物主义世界观方法论武装全党、指导实践。早在井冈山斗争时期，他就写出《反对本本主义》这一坚持辩证唯物主义"一切从实际出发"根本观点的哲学名著，提倡辩证唯物主义，反对以教条主义、经验主义为主要特征的主观主义，反对形而上学，提倡实事求是、一切从实际出发的马克思主义思想路线。在抗日战争最困难的时期，也是重要转折时期，毛泽东同志发动了全党的马克思主义教育运动，发表了《矛盾论》《实践论》《论持久战》等著名著作，用辩证唯物主义教育全党、武装革命，统一全党的思想，为中国革命的伟大胜利奠定了辩证唯物主义世界观方法论的思想基础。在社会主义建设时期，毛泽东同志发表了《论十大关系》《关于正确处理人民内部矛盾的问题》《人的正确思想是从哪里来的？》《学习马克思主义的认识论和辩证法》等重要著作，为探索中国特色的社会主义建设道路提供了世界观和方法论的武器。无论在革命战争时期，还是社会主义建设时期，毛泽东同志反复强调全党要学哲学、用哲学，学会用辩证唯物主义指导工作。在改革开放时期，邓小平、江泽民、胡锦涛等同志也反复要求全党学会运用辩证唯物主义世界观方法论分析和处理问题。

中国特色社会主义进入新时代，习近平总书记指出："今天，我们党要团结带领人民实现'两个一百年'奋斗目标，实现中华民族伟大复兴的中国梦，必须不断接受马克思主义哲学智慧的滋养，更加自觉地坚持和运用辩证唯物主义世界观和方法论，更好在实际工作中把握现象和本质、形式和内容、原因和结果、偶然和必然、可能和现实、内因和外因、共性和个性的关系，增强辩证思维、战略思维能力，把各项工作做得更好。"[①]

[①] 习近平：《辩证唯物主义是中国共产党人的世界观和方法论》，《求是》2019年第1期。

为什么要学习和掌握辩证唯物主义，这是由辩证唯物主义的真理本性所决定的。我们共产党人所秉持的中国特色社会主义共同理想和共产主义远大理想，皆源于对辩证唯物主义真理的信仰，我们共产党人只相信真理，为真理而奋斗。

辩证唯物主义作为真理除了显著的阶级性之外，其科学性在于实践性、发展性和创造性。辩证唯物主义第一个特点是实践性。辩证唯物主义之所以永不枯竭，永远具有蓬勃的生命力，首先在于它的实践性。辩证唯物主义始终强调要把马克思主义与常新的实践相结合，要同各国的实际相结合。毛泽东同志讲过：理论正确不正确，要拿到实践中去检验；实践是检验正确理论的标准，这就叫作唯物论。邓小平同志也讲过，一个科学理论的提出，都是总结、概括实践经验的结果。没有前人和今人、中国人和外国人的实践经验，怎样总结、概括出新的理论呢？马克思主义特别强调实践性，强调一切从实际出发，把理论同各国的实际相结合。正因为辩证唯物主义有这样一个根本特性，从而决定了我们党必须按照辩证唯物主义基本原则，高度重视理论和实际相结合。如果离开实践，不是理论与实际相联系，而是理论与实际相脱离，那么，就会把辩证唯物主义变成空洞的、无用的教条。只有坚持理论和实际相结合，辩证唯物主义才能永葆蓬勃的生机和活力。

辩证唯物主义的另一个特点是发展性。辩证唯物主义之所以是真理，在于它不会永远停留在同一个水平上，永远向更高的水平发展。这种发展性，是由实践性带来的。辩证唯物主义要求人们实践、实践、再实践，同时也就需要对实践认识、认识、再认识。辩证唯物主义必然随着实践的发展而发展。实践常新，理论也常新。恩格斯讲过："我们的理论是发展着的理论，而不是必须背得烂熟并机械地加以重复的教条。"① 恩格斯还讲过："马克思的整个世界观不是教义，而是方法。它提供的不是现成的教条，而是进一步研究的出发点和供

---

① 《马克思恩格斯选集》第 4 卷，人民出版社 1995 年版，第 681 页。

这种研究使用的方法。"① 辩证唯物主义是世界观和方法论的统一，只有运用它的立场、观点和方法不断地解决新的问题，才具有蓬勃的生命力，才会不断地向前发展。毛泽东同志于1959年底到1960年初在读苏联政治经济学教科书的时候讲过：马克思、恩格斯、列宁的书必须读，这是第一。但是任何国家的共产党人，任何无产阶级的思想家都要形成新的理论，写出新的著作，产生自己的理论家。他还讲：我在第二次国内革命战争中和抗日战争初期，写了《实践论》和《矛盾论》，都是适应当时需要不能不写的，现在我们进入社会主义时代，出现了一系列的问题，如果不适应新的需要，写出新的著作，形成新的理论，这是不行的。任何孤立地、静止地研究辩证唯物主义，把它同现实生活中的生动发展割裂开来、对立起来，是毫无出路的。总之，辩证唯物主义是发展的，必须随着实践的发展而不断充实新的理论内容。

辩证唯物主义还有一个特点就是创造性。辩证唯物主义是科学的理论，因为它同实际相结合，不断地在实践中提出新问题、解决新问题，提出新观点，形成新的哲学理论，这就决定了辩证唯物主义具有创造性的特点。创造性这一点，首先体现在马克思、恩格斯身上。马克思、恩格斯是停留在同一水平上。他们随着实践的发展不断地思考和研究新的问题，不断地充实和完善自己的理论，继承了以往一切哲学的优良品质和科学观点，创立了辩证唯物主义，实现了人类哲学观的创新革命。列宁在帝国主义和无产阶级革命阶段，在俄国革命和社会主义新的探索实践中，充实和丰富了马克思主义哲学，形成了列宁主义哲学思想。毛泽东同志在中国革命和建设实践中，发展和丰富了列宁主义哲学思想，形成了毛泽东哲学思想。邓小平哲学思想是在马克思列宁主义哲学、毛泽东哲学思想基础上的创新。习近平总书记在新的历史条件下，又开拓了马克思主义哲学的新境界。

实现辩证唯物主义在中国特色社会主义新时代的历史条件下的创造性运用和发展，必须做到：

---

① 《马克思恩格斯文集》第10卷，人民出版社2009年版，第691页。

第一，刻苦读书真学。

一个人的哲学素养和哲学运用能力不是天生的，而是后天勤奋刻苦学习获得的。学习有两个途径：一是向书本学习。认真读书，认真研读马克思主义经典哲学著作，研读中国哲学史、外国哲学史，研读历史、文学、科学等著述。有条件的同志要多读书，条件差些的同志也要少而精地读书，不读书是绝对掌握不了辩证唯物主义的。二是向社会学习。社会是所大学堂，是无字之书，人民群众是老师。向社会学习，就是要向人民学习、向实践学习，勤于实践、善于从实践中获取真知。

第二，深入思考真懂。

"学而不思则罔。"读书而不思考、接触实际而不研究，就等于吃东西而不认真咀嚼、囫囵吞枣，不会从书本中和实践中获得丰富的营养，即使读了书也是白读，接触了实际也是白接触。要做到真学而真懂，一要真正弄明白书中讲的道理，需要逐字逐句读、反复细致读，要弄清楚书中所包含的深刻道理。二要围绕书中所涉及的事例、典故、史实，多方面阅读相关的书籍，融会贯通多方面知识。三要结合思想实际和工作实际反复研究思考，多问几个为什么。

第三，坚定理想真信。

共产党人坚定的理想信念是基于对真理的信仰而建立起来的。马克思主义也是一种信仰，是以真理支撑的信仰。辩证唯物主义是支撑共产党人理想信念的哲学依据和真理基础。学习辩证唯物主义而不相信它的真理性，是无法坚定理想信念的。学习辩证唯物主义，必须把它作为对真理的信仰、对真理的追求，要更加坚定对它所揭示的人类社会发展客观规律和必然趋势的信心和信念。不能把学习辩证唯物主义仅仅当作对知识的追求，也不能把辩证唯物主义当作追求功名利禄的梯子，当作解决温饱的饭碗，当作自己养家糊口的家伙，更不能把辩证唯物主义当作手电筒只照别人、不照自己，学习辩证唯物主义必须真信。

第四，联系实际真用。

学习辩证唯物主义的目的在于运用。辩证唯物主义不仅仅在于解释世界，更重要的在于改造世界。毛泽东同志指出："不应当把马克思主义的理论当成死的教条。对于马克思主义的理论，要能够精通它、应用它，精通的目的全在于应用。"① 他强调了一个十分重要的观点：学习理论的目的在于应用。学习辩证唯物主义怎样运用呢？他用了一个十分生动的比喻——"有的放矢"。他说，马克思主义和中国革命的关系，就是箭和靶的关系。我们要用马克思列宁主义之箭，去射中国革命之的。学习辩证唯物主义必须做到"学以致用""有的放矢"。

学习辩证唯物主义真学真懂真信真用，"学以致用""有的放矢"，必须要解决好理论联系实际的学风问题，把辩证唯物主义运用到改造客观世界和改造主观世界的实际中去。毛泽东同志指出："学风问题是领导机关、全体干部、全体党员的思想方法问题，是我们对待马克思列宁主义的态度问题，是全党同志的工作态度问题。既然是这样，学风问题就是一个非常重要的问题，就是第一个重要的问题。"② 学风问题是对待辩证唯物主义的根本态度问题，是马克思主义的一个基本原则问题。要学会运用辩证唯物主义研究和解决两个实际问题：一个是工作实际，一个是思想实际。马克思讲，无产阶级在改造客观世界的同时也要改造自己的主观世界，要联系和解决好客观世界和主观世界这两个实际。客观世界的实际，就是工作实际，包括国内外大局的实际、本地区本单位的实际、个人具体工作的实际。主观世界的实际，包括人们的思想实际，如个人的世界观、人生观、价值观，道德作风操行，政治思想状况，等等；党内和社会上带有普遍性的思想实际，如社会风气，干部群众的思想状况，等等。联系客观世界的实际也好，联系主观世界的实际也好，都是运用辩证唯物主义来认识、分析和解决工作实际和思想实际两个方面的问题，在改造客观世界的同时改造主观世界。解决两个实际的问题：一是解决能力问题，即提高运用马克思主义立场、观点和方法分析和解决工作实际的

---

① 《毛泽东选集》第3卷，人民出版社1991年版，第815页。
② 同上书，第813页。

能力；一个是解决品德问题，即提高思想政治素质、道德作风素质。解决两个实际，归到一点，都是要解决树立辩证唯物主义的世界观方法论问题，树立马克思主义思想方法和工作方法问题。

（原载《哲学研究》2019年第3期）

马克思主义哲学是中国共产党人的必修课

哲学是关于世界观和方法论的学问，是一种理论化、系统化的世界观和方法论。马克思主义哲学是工人阶级的科学世界观和方法论，为人们提供了观察和处理问题的唯一正确的立场、观点和方法，是人们认识世界、改造世界的锐利思想武器，是工人阶级政党确立正确的路线、纲领、方针、政策的理论依据，是科学的思想方法、工作方法和优良的工作作风的世界观、方法论基础。

学哲学、用哲学是中国共产党的一大优良传统，我们党历来高度重视哲学的学习、研究和运用。毛泽东同志终生酷爱哲学，长于理论思维，他之所以能比他同时代的人站得更高，看得更远，想得更深，就是因为他有哲学头脑，熟练地掌握了辩证唯物主义和历史唯物主义。邓小平同志也特别重视哲学思维的运用，强调"搞社会主义一定要遵循马克思主义的辩证唯物主义和历史唯物主义"[1]。陈云同志一直倡导党员干部学习哲学，认为学哲学是共产党员树立正确的思想方法、工作方法和少犯错误的关键。他说："学习哲学，可以使人开窍。学好哲学，终身受用。"[2] 他这里讲的"学习哲学"，特指"学习马克思主义哲学"。党的十八大以来，习近平总书记多次强调学习和掌握马克思主义哲学基本原理和方法论的重要性，要求各级领导干部特别是高级干部要努力把马克思主义哲学作为"看家本领"。历史和现实一再表明，共产党人只有学好哲学，用好哲学，不断地锤炼过硬的"看家本领"，

---

[1] 《邓小平文选》第3卷，人民出版社1993年版，第118页。
[2] 《陈云文选》第3卷，人民出版社1995年版，第362页。

才能更好地肩负起建设中国特色社会主义事业的伟大使命。

马克思主义哲学是马克思主义的基石。共产党员以马克思主义为行动指南，就要从学习和掌握马克思主义哲学开始。马克思主义哲学是迄今为止人类历史上理论思维的最高峰，它第一次在科学的基础上把唯物主义和辩证法统一起来，把唯物主义彻底地贯彻到社会历史领域，创立了辩证唯物主义和历史唯物主义，使哲学的内容、性质和使命都发生了不同以往一切哲学的革命性变革，第一次使哲学获得了真正科学的性质，成为全新的、科学的哲学世界观，标志着人类哲学思想进入一个崭新的阶段。科学性、阶级性、实践性和创新性是马克思主义哲学的本质特征，马克思主义哲学是科学性与革命性、理论与实践的高度统一，是工人阶级立场、观点、方法的高度统一。马克思主义哲学在当今时代依然有着强大的生命力，依然是指导我们共产党人前进的强大思想武器。做一名合格的共产党员，树立正确的世界观、人生观和价值观，必须努力学习掌握和运用马克思主义哲学世界观和方法论。

马克思主义哲学具有强烈的指导实践的作用。实践的观点是马克思主义哲学最基本、最核心的观点。它要求把理论和实践贯通起来，打破了以往哲学知行脱节的严重弊端。正如马克思所说："哲学家们只是用不同的方式解释世界，问题在于改变世界。"① 实践性使马克思主义哲学把认识世界和改造世界有机地统一起来。马克思主义哲学认为，实践本身就是人类能动地改造世界的客观物质活动，是人们"改变世界"、变革现实的根本途径，离开了实践，改造世界或变革现实就是一句空话。实践是认识的来源、动力和检验真理的标准，也是认识世界的根本途径。马克思主义哲学正是通过理论化的世界观、方法论参与实践、作用实践，从而帮助人们认识世界、改造世界。中国共产党人所从事的中国特色社会主义事业，是认识世界、改造世界的伟大实践行动，要完成这一伟大的历史使命，必须把马克思主义哲学作为必修课，学好马克思主义哲学，用好马克思主义哲学。

---

① 《马克思恩格斯选集》第 1 卷，人民出版社 2012 年版，第 136 页。

马克思主义中国化时代化大众化伟大进程的 70 年

——纪念中华人民共和国成立 70 周年

从 1949 年 10 月 1 日到 2019 年 10 月 1 日,中华人民共和国迎来了七十华诞。经过 70 年的革命、建设和改革历程,中国共产党不间断地把马克思主义与中国具体实践和时代特征相结合,不间断地推进马克思主义中国化时代化大众化,不间断地引领革命、建设和改革实践创新发展,不间断地开辟马克思主义发展的新境界。

一 一条根本的经验:与中国具体实际相结合,永续推进马克思主义中国化

中华人民共和国成立 70 年,是中国共产党把马克思主义与中国社会主义革命、建设和改革具体实际、与时代特征相结合的 70 年,是马克思主义中国化时代化大众化的 70 年。中国共产党是始终坚持马克思主义理论指导、善于推进马克思主义理论创新的工人阶级革命政党。马克思主义是指导工人阶级和人民大众求解放、谋幸福的真理,然而任何真理离开具体的时间、地点、条件,就会误导实践。与中国实际相结合,实现马克思主义中国化,这是从遵义会议前的多次严重挫折失败中深刻总结出来的根本经验,也是中国革命、建设、改革从胜利走向胜利的根本经验。只有马克思主义才能救中国,说到底,只有中国化的马克思主义才能救中国,这是千真万确的真理。

从 1921 年成立以来，中国共产党为中华民族作出了四项伟大的历史性贡献。一是完成了新民主主义革命，建立了中华人民共和国，彻底结束了帝国主义、封建主义和官僚资本主义的统治，实现了国家独立和民族解放；二是完成了社会主义革命，推进了社会主义所有制改造，消灭了两千多年的剥削阶级和剥削制度，建立了人民民主专政的社会主义国家；三是开展了社会主义道路的艰辛探索，为中国特色社会主义准备了物质条件和理论前提；四是进行了改革开放第二次伟大革命，开辟了中国特色社会主义道路，使中国由落后于时代到大踏步赶上时代并日益走近世界舞台中央。新中国成立 70 年来，久经磨难的中华民族迎来了从站起来到富起来、再到强起来的伟大飞跃，迎来了实现中华民族伟大复兴的光明前景。

四次伟大的历史性贡献，与马克思主义中国化的进程紧密联系在一起。在马克思主义中国化的进程中，中国共产党实现了两次伟大结合，完成了两次历史性飞跃。第一次结合是把马克思主义与新民主主义革命和社会主义革命的实际相结合，第一次飞跃形成了毛泽东思想。第二次结合是把马克思主义同中国特色社会主义实际相结合，第二次飞跃形成了中国特色社会主义理论体系。

马克思主义与中国实践的第一次伟大结合是由两个相互联系的阶段构成：一是新民主主义革命阶段；二是社会主义革命阶段。在新民主主义革命阶段，毛泽东同志领导开启了第一次伟大结合，在社会主义革命阶段，完成了第一次结合。毛泽东同志在领导中国社会主义建设道路艰辛探索之初，提出并探索了马克思主义与中国实践第二次伟大结合的时代任务。

马克思主义与中国实践的第二次伟大结合，也是由两个相互联系的阶段组成：一是中国特色社会主义理论体系的酝酿准备阶段。从 1956 年党的八大开始，毛泽东同志领导全党开启了中国特色社会主义建设道路的艰辛探索，提出并形成了一系列关于中国社会主义建设的重要观点，为中国特色社会主义理论体系的形成提供了理论前提；二是中国特色社会主义理论体系的形成发展阶段。十一届三中全会，拉开了改革开放和中国特色社会主义建设的历史大幕，在 40 年历史进程中，中国特色社会主义理论体系得以创立和不断发展。

中国特色社会主义理论体系，紧跟时代潮流，以社会主义初级阶段为历史依据，以建设中国特色社会主义为主题，系统回答了在中国建设什么样的社会主义、怎样建设社会主义，建设什么样的党、怎样建设党，实现什么样的发展、怎样发展，新时代坚持和发展什么样的中国特色社会主义、怎样坚持和发展中国特色社会主义等一系列重大时代课题。党的十八大以来，中国特色社会主义进入新时代，创立了习近平新时代中国特色社会主义思想，开辟了马克思主义中国化理论创新的新天地。习近平新时代中国特色社会主义思想是继邓小平理论、"三个代表"重要思想、科学发展观后，马克思主义中国化的最新成果，是中国特色社会主义理论体系的重要组成部分，把马克思主义中国化推向一个新的阶段，实现了马克思主义与中国特色社会主义实际的新结合，是21世纪中国的马克思主义。

二　一条基本规律：坚持实事求是思想路线，不间断地推进理论创新与实践创新双向互动

始终不渝地坚持实事求是思想路线，实践、认识、再实践、再认识，不间断地实现理论创新与实践创新的双向互动，以实践创新带动理论创新，理论创新引导实践创新，是马克思主义中国化生生不息、不断创新发展的运行逻辑和发展线索。

实事求是思想路线是指导。马克思主义中国化的进程是不断坚持实事求是思想路线的进程。正确的思想路线是制定和执行正确的政治路线的基础。实事求是是马克思主义活的灵魂，是中国化马克思主义的精髓，一旦偏离实事求是思想路线，再好的理论也会成为僵化空洞的教条，在实践中就会犯"左"或右的主观主义错误。坚持和发展马克思主义中国化，说到底，必须坚持实事求是思想路线。马克思主义中国化的每一次结合、每一次飞跃，处于不同实践条件下，面对和解

决不同的时代课题。不论马克思主义中国化产生何种理论形态，但都始终贯穿了实事求是思想路线的红线。正是实事求是思想路线的重新确立，我们党坚决纠正了"以阶级斗争为纲"的"左"的错误，把工作重心转移到经济建设上来，逐步形成了中国特色社会主义理论体系、中国特色社会主义制度和中国特色社会主义道路。

坚持解放思想是法宝。马克思主义中国化的进程又是不断解放思想的进程。解放思想始终是我们党坚持的一个基本原则，是发展中国特色社会主义的一大法宝。我们在理论上的重大发展，在政策上的成功调整，在体制改革、经济建设和社会全面进步上所取得的巨大成就，都是解放思想、实事求是的结果。如果没有解放思想，就不能做到实事求是，就不可能实现理论上的突破，不断开辟马克思主义的新境界；就不可能实现思想观念的根本转变，以新的眼光和视野观察新的实践中出现的新问题；就不可能积极全面推进改革，探索中国特色社会主义发展的新路子。在建设中国特色社会主义这样的大事上，在马克思列宁主义的本本上找不到。每个国家都有自己的情况，各自的经历也不同，实践在发展，情况在变化，只有解放思想、独立思考，在干中学，在实践中摸索，不断研究新情况，总结新经验，创造新理论，才能把中国化的马克思主义不断推向新的高度。

不断地实现实践创新是动力。马克思主义中国化的进程是不断通过实践创新推进理论创新的进程。实践第一的观点是马克思主义的基本观点之一。马克思主义具有强烈的实践性，它在实践中产生，在实践中发展，在实践中不断实现中国化，在实践中发挥其改造客观世界的巨大力量。马克思主义中国化是随着时代的变迁，随着革命、建设和改革开放主题的转换，随着人民群众波澜壮阔的实践的不断深化而不断丰富和发展的。社会实践没有止境，马克思主义中国化的理论创新也没有止境。列宁曾明确表示，决不把马克思的理论看作某种一成不变的和神圣不可侵犯的东西，马克思主义者必须考虑生动的实际生活，必须考虑现实的确切事实，而不应当抱住昨天的理论不放。在中国特色社会主义的伟大实践中，马克思主义中国化的每一次重大突破，都是实践的历史性跨越的结果，都是马克思主义与具体实践相结合进行理论创新的结果。既要坚定地坚持马克思主义的立场、观点和方法，又要尊重实践权威，勇于在实践中探索真理、发现真理、发展真理，根据历史条件的变化，对我们在前进中遇到的一些重大问题给予符合实际的科学回答，在实践中不断丰富和推进马克思主义中国化。

理论联系实际的学风是关键。马克思主义中国化的进程是理论联系实际的进程。学风问题是对待马克思主义的根本态度问题，是第一位的重要问题。是从本本出发，还是从实际出发，是对待马克思主义根本态度的分歧点，是采取什么样的学风的分水岭。推进马克思主义中国化，必须弘扬理论联系实际的马克思主义学风。如果学风不正，对待马克思主义的根本态度出了问题，把马克思主义变成教条，脱离实际，就会给党的事业带来灾难性的危害。永续推进马克思主义中国化，必须始终坚持和弘扬理论联系实际的优良学风。

密切联系群众是基础。马克思主义中国化的进程也是密切联系群众的进程。是联系群众还是脱离群众，是依靠群众还是依靠少数人，是对待马克思主义的重要态度，也是能不能解决好马克思主义中国化的基础问题。联系实际与联系群众是一致的，联系实际最根本的就是联系群众实际，坚持理论联系实际的学风，最重要的是坚持密切联系群众的作风。一切为了人民群众，一切依靠人民群众，从群众中来、到群众中去，以人民群众为中心、为主体，只有牢固树立群众观点和群众路线，才能不断推进马克思主义中国化。

坚持实践的真理检验标准是根本。马克思主义中国化的进程就是不断地通过实践检验真理、发展真理，并运用真理指导实践的进程。坚持马克思主义中国化，必须适应实践的发展，以实践来检验一切，自觉地从思维方式、思想理论以及观念、体制、做法等多个层面入手，纠正、革除错误的、不合时宜的思想观念，打破过时的僵化体制和习惯做法，消除对马克思主义的错误的和教条式的理解，破除主观主义和形而上学的思维方式，才能使我们的思想和行动更加符合客观实际，更加符合社会主义初级阶段的国情和时代发展的要求。实践是马克思主义中国化发展的不竭动力。

中华人民共和国成立 70 年上溯至中国共产党成立近百年来，我们党努力开创马克思主义在中国发展的新境界，归根到底，是科学回答了在新的时代和中国特殊国情的条件下，"什么是马克思主义，如何对待马克思主义，怎样在新的历史条件下，与具体实践和时代特征相结合，不断发展马克思主义"这一核心问题，故而能够带领人民战胜一切艰难险阻，闯过一个个关口，取得中国革命的伟大胜利，取得社会主义建设和改革的辉煌成就。

三 一条繁荣发展的成功之路：不断创新理论内容，永续推进马克思主义时代化中国化大众化

马克思主义中国化，就是把马克思主义同中国的具体实际和新的时代特征相结合，不断创造适应中国国情、具有中国风格、反映中国需要、运用中国话语、指导中国实践的内容不断创新的理论形态。

马克思主义中国化，实际上是两个方面的任务。首先是创造马克思主义中国化的理论成果，推进马克思主义中国化的不断创新；其次是让马克思主义中国化的成果为广大群众所接受、所实践，成为中国大众化的马克思主义。马克思主义中国化，既继承了马克思主义的一般真理，继承了人类社会最先进的思想，具有鲜明的时代特征，又具有中国鲜明的民族形式和特征，富有中国本土思想文化的精华材料和中国共产党人的创新内容。实现马克思主义中国化，内在地包括了马克思主义的时代化、本土化（或称为民族化）和大众化。

习近平总书记指出："要根据时代变化和实践发展，不断深化认识，不断总结经验……实现理论创新和实践创新良性互动，在这种统一和互动中发展二十一世纪中国的马克思主义。"[①] 在新时代，坚持和发展中国特色社会主义，必须坚定不移地以习近平新时代中国特色社会主义思想为指导、为遵循、为武器，保持理论自信和战略定力。

[①] 《习近平关于社会主义文化建设论述摘编》，中央文献出版社 2017 年版，第 65 页。

同时，又必须随着时代和实践的发展，不断运用习近平新时代中国特色社会主义思想思考新问题、解决新问题，在实践创新中不断充实、丰富习近平新时代中国特色社会主义思想，永续推进21世纪中国马克思主义的不断创新。

（原载《光明日报》2019年9月27日）